プリント形式のリアル過去問で本番の臨場感

鹿児島県

ラ・サール高等学校

2025年春受験用　解答集

本書は，実物をなるべくそのままに，プリント形式で年度ごとに収録しています。
問題用紙を教科別に分けて使うことができるので，本番さながらの演習ができます。

■　収録内容

・解答集（この冊子です）

書籍ＩＤ番号，この問題集の使い方，最新年度実物データ，リアル過去問の活用，
解答例と解説，ご使用にあたってのお願い・ご注意，お問い合わせ

・2024（令和６）年度　～　2020（令和２）年度　学力検査問題

JN132015

○は収録あり　年度	'24	'23	'22	'21	'20	
■ 問題収録	○	○	○	○	○	
■ 解答用紙	○	○	○	○	○	
■ 配点(大問ごと)※1	○	○	○	○	○	
■ 英語リスニング原稿※2	○		○	○	○	

全教科に解説があります

※1…配点は，国語・数学・理科にあり
※2…リスニングの音声は収録していません
注）国語問題文非掲載：2020年度の≪一≫

問題文の非掲載につきまして

著作権上の都合により，本書に収録している過去入試問題の本文の一部を掲載しておりません。ご不便をおかけし，誠に申し訳ございません。

本文の一部を掲載できなかったことによる国語の演習不足を補うため，論説文および小説文の演習問題のダウンロード付録があります。弊社ウェブサイトから書籍ＩＤ番号を入力してご利用ください。

なお，問題の量，形式，難易度などの傾向が，実際の入試問題と一致しない場合があります。

教英出版

■　書籍ＩＤ番号

入試に役立つダウンロード付録や学校情報などを随時更新して掲載しています。
教英出版ウェブサイトの「ご購入者様のページ」画面で，書籍ＩＤ番号を入力してご利用ください。

書籍ＩＤ番号　105546

（有効期限：2025年9月30日まで）

【入試に役立つダウンロード付録】
「ラストチェックテスト（標準／ハイレベル）」
「高校合格への道」

■　この問題集の使い方

年度ごとにプリント形式で収録しています。針を外して教科ごとに分けて使用します。①片側，②中央のどちらかでとじてありますので，下図を参考に，問題用紙と解答用紙に分けて準備をしましょう（解答用紙がない場合もあります）。

針を外すときは，けがをしないように十分注意してください。また，針を外すと紛失しやすくなりますので気をつけましょう。

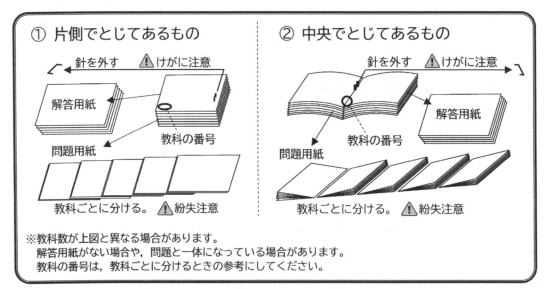

① 片側でとじてあるもの　　② 中央でとじてあるもの

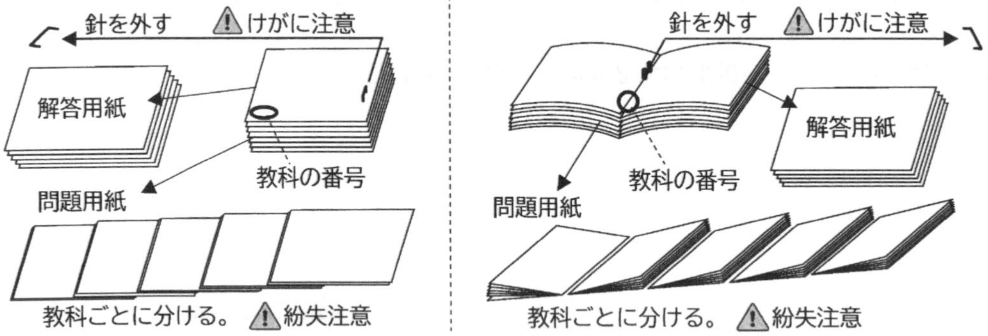

※教科数が上図と異なる場合があります。
解答用紙がない場合や，問題と一体になっている場合があります。
教科の番号は，教科ごとに分けるときの参考にしてください。

■　最新年度　実物データ

実物をなるべくそのままに編集していますが，収録の都合上，実際の試験問題とは異なる場合があります。実物のサイズ，様式は右表で確認してください。

問題用紙	Ｂ４片面プリント
解答用紙	Ｂ４片面プリント

リアル過去問の活用

~リアル過去問なら入試本番で力を発揮することができる~

本番を体験しよう！

問題用紙の形式（縦向き / 横向き），問題の配置や余白など，実物に近い紙面構成なので本番の臨場感が味わえます。まずはパラパラとめくって眺めてみてください。「これが志望校の入試問題なんだ！」と思えば入試に向けて気持ちが高まることでしょう。

入試を知ろう！

同じ教科の過去数年分の問題紙面を並べて，見比べてみましょう。

① 問題の量

毎年同じ大問数か，年によって違うのか，また全体の問題量はどのくらいか知っておきましょう。どのくらいのスピードで解けば時間内に終わるのか，大問ひとつにかけられる時間を計算してみましょう。

② 出題分野

よく出題されている分野とそうでない分野を見つけましょう。同じような問題が過去にも出題されていることに気がつくはずです。

③ 出題順序

得意な分野が毎年同じ大問番号で出題されていると分かれば，本番で取りこぼさないように先回りして解答することができるでしょう。

④ 解答方法

記述式か選択式か（マークシートか），見ておきましょう。記述式なら，単位まで書く必要があるかどうか，文字数はどのくらいかなど，細かいところまでチェックしておきましょう。計算過程を書く必要があるかどうかも重要です。

⑤ 問題の難易度

必ず正解したい基本問題，条件や指示の読み間違いといったケアレスミスに気をつけたい問題，後回しにしたほうがいい問題などをチェックしておきましょう。

問題を解こう！

志望校の入試傾向をつかんだら，問題を何度も解いていきましょう。ほかにも問題文の独特な言いまわしや，その学校独自の答え方を発見できることもあるでしょう。オリンピックや環境問題など，話題になった出来事を毎年出題する学校だと分かれば，日頃のニュースの見かたも変わってきます。

こうして志望校の入試傾向を知り対策を立てることこそが，過去問を解く最大の理由なのです。

実力を知ろう！

過去問を解くにあたって，得点はそれほど重要ではありません。大切なのは，志望校の過去問演習を通して，苦手な教科，苦手な分野を知ることです。苦手な教科，分野が分かったら，教科書や参考書に戻って重点的に学習する時間をつくりましょう。今の自分の実力を知れば，入試本番までの勉強の道すじが見えてきます。

試験に慣れよう！

入試では時間配分も重要です。本番で時間が足りなくなってあわてないように，リアル過去問で実戦演習をして，時間配分や出題パターンに慣れておきましょう。教科ごとに気持ちを切り替える練習もしておきましょう。

心を整えよう！

入試は誰でも緊張するものです。入試前日になったら，演習をやり尽くしたリアル過去問の表紙を眺めてみましょう。問題の内容を見る必要はもうありません。どんな形式だったかな？受験番号や氏名はどこに書くのかな？…ほんの少し見ておくだけでも，志望校の入試に向けて心の準備が整うことでしょう。

そして入試本番では，見慣れた問題紙面が緊張した心を落ち着かせてくれるはずです。

※まれに入試形式を変更する学校もありますが，条件はほかの受験生も同じです。心を整えてあせらずに問題に取りかかりましょう。

2024 解答例 令和6年度　ラ・サール高等学校

《国　語》

《一》問一．統計学的に～という営み　　問二．治療法の選択は際限なく続き、その治療法が自分には効かない可能性がつきまとうから。　　問三．日本人の平均寿命が世界一位であることは単なる指標に過ぎないのに、全ての日本人が健康に長生きするかのように見なされること。　　問四．エ　　問五．人々は統計を客観的な事実と捉えて、数値に基づいたリスクを避ける選択を良しとするが、リスク計算を意識しすぎると、自分の人生や社会が息苦しいものになるということ。　　問六．A．森羅万象　B．提唱　C．占　D．慎重　E．露骨　F．獲得　G．蓄積　H．維持　I．憧　J．帰

《二》問一．A．エ　B．ウ　C．ア　　問二．菊池さんの「おいでよ、ほら早く」という手招きが、二年前の入学式の朝の記憶と重なったから。　　問三．オ　　問四．生の世界と隔絶され、死を待つだけの世界。
問五．死期が近い人も健康な人も、毎日死に近づいていると同時に今を生きているという点では同じだということ。　　問六．不安を抱えた自分に学校で生きぬく勇気をくれた菊池さんが、母親の死の恐怖で弱ってしまい不登校になっている現状は寂しいので、元気になって学校生活に戻ってほしいから。　　問七．a．イ　b．シ　c．ス　d．ク　e．オ　f．オ　g．ア　h．ケ　　問八．うまく／いく／の／か／不安で／も／あっ／た

《三》問一．ⅰ．寺　ⅱ．修行者　ⅲ．鬼(ども)　　問二．a．ウ　b．オ　c．ア　d．エ　　問三．呪文による加護で不動尊に見えている修行者に、自分の座るべき場所をとられていたから。　　問四．どうしてそのように質問なさるのか。　　問五．摂津国で寺から外へと鬼に放り出されたはずなのに、いまの自分が、遥か遠くの肥前国にいると言われたから。　　問六．百鬼夜

《数　学》

1　(1) $17-\frac{19\sqrt{30}}{15}$　　(2) $-\frac{x}{9y}$　　(3) $\frac{1}{2}(x-3)(x-8)$

2　(1) m＝5　n＝3　　(2) $\frac{3}{2}$　　(3) $(12,\ -\frac{4}{3})$，$(12,\ \frac{-3-\sqrt{57}}{2})$　　(4) $11\pi+3\sqrt{3}$
(5)ねじれの位置　理由…３点A，R，Fで決まる平面上に点Tはないから。

3　※7時36分

4　(1) $\frac{7}{108}$　　(2) $\frac{1}{36}$　　(3) $\frac{13}{108}$

5　(1) (1，10)　　(2) $-\frac{7}{2}$　　(3) $(\frac{11}{2},\ \frac{31}{4})$

6　(1) $\sqrt{2}$　　(2) $\frac{2}{3}\pi$　　(3) π

※の途中経過は解説を参照してください。

《英　語》

［1］ Part1．1．c　2．b　3．c　4．b　5．a
Part2．1．a　2．c　3．b　4．c　5．b　6．c　7．a　8．b
Part3．1．losing　2．believe　3．179　4．down　5．lock　6．star　7．proud

［2］ Last summer, I went on a camping trip with my cousins in Kirishima, and it was awful! The worst part was sleeping in the tent. When it started raining at night, my sleeping bag and all of my clothes got so wet! The next day it got worse because my back hurt so much from sleeping on the hard ground.／60

［3］ A．イ　B．しかし最後は，私は新しい環境に慣れ，居心地がよくなった。　C．3．ウ　4．オ　5．イ　6．ア　D．異文化の一番よいところと自国の文化を結びつけることに成功した人たち。　E．サイモンが宝くじの券をバスの乗車券と勘違いして購入したことが面白かったから。　F．ウ，オ

［4］ A．イ　B．criticize　C．3．for the rich to visit in　7．over 1,500 times more than a family car　D．エ　E．暑く乾燥した天候の中で，ゴルフが大量の水を必要とするスポーツであること。　F．ぜいたくな生活様式が気候の問題を，よりいっそう悪化させている　G．8A．ア　8B．エ　8C．イ　H．ア

《理　科》

【1】A．(1)100　(2)電流…0.015　電力…0.0025　(3)0.011　(4)ア　(5)ダイオードを流れる電流…0.007　b点を流れる電流…0.019　B．(1)15　(2)a：b　(3)f：b－f　(4)ア．$\frac{1}{a}$　イ．$\frac{1}{b}$　(5)30，60　(6)22.5

【2】(1)1000hPa…ウ，キ，ク　1008hPa…イ，エ，キ　(2)カ　(3)温暖前線…エ，キ　寒冷前線…オ，カ　(4)オ　(5)イ　(6)①M　②ア

【3】A．(1)B．KNO_3　E．$CuSO_4$　(2)あ．塩化銀　い．硫酸バリウム　(3)$AgNO_3 + NaCl \rightarrow AgCl + NaNO_3$　(4)$BaCl_2 + Na_2SO_4 \rightarrow BaSO_4 + 2NaCl$

B．(1)鉄　(2)95　(3)1.2　(4)①滴下ろうと　②B．エ　C．ア　③0.75　④1.84　(5)①イ　②ア

【4】(1)イ　(2)トリプシン　(3)デオキシリボ核酸　(4)64　(5)Phe…UUU　Thr…ACA　His…CAC　(6)血しょう　(7)ウ　(8)ア，エ　(9)陽性…ウ　陰性…イ

《社　会》

1　問1．カ　問2．オ，キ　問3．クロムウェル　問4．カ　問5．アークライト　問6．マルタ会談　問7．天安門事件

2　問1．A．アトラス　B．ニジェール　C．ギニア　D．ビクトリア　E．マダガスカル　問2．イ　問3．オ　問4．第1位…ブラジル　第2位…ベトナム　問5．サヘル　問6．エ　問7．②ア　③イ　④オ　問8．フェアトレード　問9．ウ　問10．イ　問11．アパルトヘイト

3　問1．a→b→d→c　問2．c　問3．a→d→b→c　問4．A．大黒屋光太夫　B．平家納経　問5．藤原純友　問6．カ→イ→ア→×→×　問7．西廻り航路が開かれると，多くの荷物が船で直接大坂に運ばれたため，それまでに多かった，敦賀に陸揚げされて陸路や琵琶湖の水運を使い京や大坂に送られる荷物が大幅に減った。　問8．函館　問9．ア，イ　問10．イ

4　問1．ア　問2．エ　問3．ウ　問4．ア　問5．エ　問6．エ　問7．イ　問8．イ　問9．ア　問10．(1)－12　(2)ウ　問11．ウ　問12．イ　問13．イ　問14．エ

《2024　国語　解説》

《一》

問一　７行前の「これ」が指すものは、「エビデンス（根拠）に基づく医療（ＥＢＭ）」である。

問二　前の行に「つねに数値をめぐって患者は『効かないかもしれない』と不安な状態に置かれることになる」とある。例えば、死に関わる病が進行していくなかで、四〇％の人には有効であったという治療法を選んでも、その治療はその患者には効かない可能性があり、その人はずっと「不安な状態に置かれることになる」。しかも、「治療を選ぶプロセスには際限がな」く、こうした選択がずっと続くのである。そのため、こうしたリスク計算を意識しすぎると「人生の残り時間が確率と不安に支配されるものになってしまう」のである。

問三　直後に「一人ひとりの日本人は早く亡くなることも長寿のこともあるのだから、『世界一の長寿国』というラベルが個人の余命を説明するわけではない。ましてや一人ひとりの高齢者が具体的にどのような暮らしをしているのかを示すわけではない～病院で寝たきりなのか～元気なのか、同じ九〇歳でもさまざまだろう」とある。ここで述べているのは、「世界一の長寿国」というラベルは、全ての日本人が健康で長生きすることを表しているわけではないということ。つまり、傍線部③は、平均寿命が世界一であるというのは単なる数字に過ぎないのに、そのことで、全ての日本人が健康で長生きするという事実があるかのように見なされていることを表している。

問四　エ．直後に「これら（＝さまざまな校則）は大人が外部からなにか非難を受けないために、生徒をあらかじめしばりつけるものである。子どものためと見せかけて、大人が自分の不安ゆえに子どもの行動を制限しようとしている。リスク計算は自分の身を守るために他者をしばりつけるものなのだ」とある。生徒Ｄの発言は、この部分を子ども側の視点から読みかえた内容に沿ったものである。

問五　文章中に、「統計は世界のリアリティについてのある程度の傾向を示す指標と見なされていたが、次第に統計が世界の法則そのものであると考えられるようになった。統計は事実に近い近似値ではなく事実そのものの位置を獲得するのだ」とある。これは、人々が統計を客観的な事実と捉えるようになったことを意味する。がん治療の例にあるように、統計学を用いた「エビデンスにもとづく医療」では、数値に基づくリスクを避ける選択が際限なく続く。そして、リスクを気にしすぎると、エビデンスに基づくリスク計算に追われて「人生の残り時間が確率と不安に支配されるものになってしま」い、人生が息苦しいものになってしまう。また、校則の例にあるように、「個々人が責任ある行為者とみなされ、行為がもたらすネガティブの結果のリスクが計算され」、そのリスクの責任を個人が負う社会では、「未来のリスクを見越して個人個人が備えることが、合理的な行動となる」。このように、「社会や未来がリスクとして認識されるようにな」り、不安が満ちた状態では、「弱い立場に置かれた人ほど、上からやってきた規範に従順になることで」生き残ろうとする。これもまた、リスク計算を意識することで、人生や社会が息苦しくなることを示している。

《二》

問二　既視感とは、実際は体験したことがないのに、すでにどこかで体験したことのように感じる現象である。文章の最後の方の、中学校の入学式の朝のことを描いた場面に、「わたし」に向かって「『おいでよ。ほら早く』と手招き」する菊池さんの姿が描かれている。場所や状況は異なるが、菊池さんの言動が二年前と同じだったことで、既視感を感じたのである。

問三　直前の「病院で？　ありえない」という発言から、「わたし」の考えを読み取る。現代の常識で考えれば、病院で煙草が吸えるというのは違和感があり、「わたし」は「ありえない」と思っている。一方、菊池さんは、昔の屋上について、「病院で息が詰まったときの逃げ場。どこを歩いてもいいし、どこに座ってもいいし、煙草だって吸える場所」と言っている。菊池さんは、自由に使えて喫煙すらできた昔の屋上は「病院で息が詰まったときの逃げ場」になっていたと考えている。また、後の方で「せめて屋上くらい逃げ場にさせてほしいのに、目に入ってくるのは人工的で窮屈なものばかり。もううんざりだよ」と言っている。このように、昔の屋上を「逃げ場」として肯定的に捉える一方で、今の屋上は自由のない窮屈な場所だと考え、うんざりしている。よって、オが適する。

問四　菊池さんが考える「こっち」は、「生きている人の世界〜当たり前に健康な人の世界」とは「逆の世界」であり、「別世界」である。菊池さんは、「こっち」を、生きている人の世界とは隔絶された、健康な人とは逆の、死を待つだけの人がいる世界だと考えている。

問五　菊池さんが傍線部④の「わたし」の言葉をそのままくり返した後、「わたし」は「死が向こうからやってきている人も、健康で何不自由なく暮らしている人も、等しく“生きている人”なんだよ。同時に〜確実に死に近づく“死んでいく人”でもある」と言っている。つまり、傍線部④の「二つの世界はつながってる」とは、死が近い人も健康な人も、今を生きていて確実に死に近づいているという点では同じだということ。

問六　少し前に、「わたしは『菊池さん』と呼ばれているその子に、生きぬく勇気を分けてもらった気がした」とある。そして、菊池さんが突然不登校になったと知ったときは動揺し、心配した。そして、三年で同じクラスになってからは、「ずっと空いている後ろの席が、本当に寂しかった」。「わたし」は、自分に勇気をくれた菊池さんが不登校になっている現状を寂しく思い、元気になって学校に戻ってきてほしいと思っている。

問七 a　自立語で活用があり、動作や作用を表しているので、イの「動詞」。　**b**　付属語で活用がないので助詞。「は」は、シの副助詞。　**c**　付属語で活用がないので助詞。「よ」は、スの終助詞。終助詞は文末にくることが多い。　**d**　自立語で活用がなく、用言を修飾しているので、クの「副詞」。　**e・f**　オの「感動詞」は、自立語で活用がなく、他の文節とは比較的独立して用いられる。感動や呼びかけ、あいさつなどに用いられる。**g**　方向や場所を指し示す語なので代名詞。よって、アの「名詞」。　**h**　付属語で活用があるので、ケの「助動詞」。

《三》

問三　この鬼が座るべき場所に、修行者が座っていた。修行者は不動尊の加護を願う呪文を唱えていたので、この鬼には修行者が不動尊に見えていた。

問四　「など」は、なぜ、どうしてという意味。「かく」は、このようにという意味。動詞の後につく「給ふ」は尊敬の意味を表し、「お〜になる」「〜なさる」などと訳す。

問六　百鬼夜行とは、鬼や妖怪、化け物が、夜中に群れ歩くこと。

【古文の内容】

今は昔、(ある)修行者がいたが、摂津国まで行ったところで日が暮れて、(そこに)竜泉寺という大きな寺で古くなって人も住んでいない(寺)があった。これは人の泊まらない所だが、そのあたりにほかに泊まれそうなところがなかったので、しかたがないと思って、笈《おい》を下して中に入った。

不動尊の加護を願う呪文を唱えていると、「夜中ごろになったか」と思った時分に、人々の声がたくさんして、近づいてくるような音がする。見ると、それぞれの手に火をともして、百人ほどがこの堂の中に入って来て集まった。近くで見ると、目が一つついているなどさまざまである。人間でもなく、気味の悪い者どもであった。あるいは角が生えている。顔も言葉にできないほどに恐ろしそうな者どもである。恐ろしいとは思うが、どうしようもなくて座っていると、それぞれみな腰を下ろした。(その中の)一人が居場所もなくて座れずに、火を振りながら私をよくよく見て言うには、「わしの座るべき場所に新しい不動尊がお座りになっている。今夜だけはほかの場所にいらっしゃいませ」と言って、片手で私を引き下げて、堂の軒下に移した。やがて、「明け方になった」と言って、この人々は大騒ぎをして帰っていった。なんと気味悪く恐ろしい場所だ。早く夜が明けてくれ。出て行こう」と思っていると、ようやく夜が明けた。あたりを見回したところ、(昨夜は)あった寺もない。はるばると(自分が)通ってきた野原も見えない。人の踏み分けた道も見えない。進むべき方角が分からないので、どうしようかと思っているうちに、たまたま馬に乗った人たちが、供の者をたくさん連れて現れた。とてもうれしくて、「ここは何という所ですか」と問うと、「どうしてそのように質問なさるのか。肥前国ですよ」と言うので、(これは)驚いたことだと思い、事の次第を詳しく話したところ、この馬に乗った人も、「とても珍しいことだ。肥前国の中でもここは奥の方の郡です。私は肥前国の庁舎に向かうところです」と言うので、修行者は喜んで、「道も分かりませんので、それでは道に出るまで(一緒に)まいりたい」と言って(ついて)行くと、そこから京へ行ける道などを教えたので、船に乗って京へ上った。

さて人々に、「このような驚きあきれることがあった(のですよ)。摂津国の竜泉寺という寺に泊まったところ、鬼どもが来て『場所が狭い』と言って、『新しい不動尊。しばらく軒下にいらっしゃいませ』と言って、(私を)抱き上げて軒下にひょいと置いたところ、肥前国の奥の郡にいた(のですよ)。このような驚きあきれることに遭った(のですよ)」と、京に来て語ったという。

《2024　数学　解説》

1 (1) 与式$=(5+\sqrt{3})\times\frac{1}{\sqrt{30}}(5-\sqrt{3})+(2-2\sqrt{30}+15)=\frac{\sqrt{30}}{30}(25-3)+17-2\sqrt{30}=\frac{11\sqrt{30}}{15}+17-\frac{30\sqrt{30}}{15}=$
$17-\frac{19\sqrt{30}}{15}$

(2) 与式$=-\frac{12x^2y^3\times x^2y^2}{27x^3y^6\times 4}=-\frac{x}{9y}$

(3) 与式$=\frac{3}{4}x+\frac{1}{12}x^2+19-\frac{19}{4}x-\frac{5}{3}x+\frac{5}{12}x^2-7+\frac{1}{6}x=\frac{1}{2}x^2+\frac{9}{12}x-\frac{57}{12}x-\frac{20}{12}x+\frac{2}{12}x+12=\frac{1}{2}x^2-\frac{11}{2}x+12=$
$\frac{1}{2}(x^2-11x+24)=\frac{1}{2}(x-3)(x-8)$

2 (1) **【解き方】$\frac{1}{a}+\frac{1}{b}=144$ より，$\frac{10}{a}+\frac{10}{b}=1440$ である。**

$\frac{10}{a}+\frac{10}{b}=1440$ に$\frac{10}{a}=\frac{15}{b}$を代入すると，$\frac{15}{b}+\frac{10}{b}=1440$　　$b=\frac{25}{1440}=\frac{5}{288}$

$\frac{10}{a}=\frac{15}{b}$に$b=\frac{5}{288}$を代入すると，$\frac{10}{a}=15\times\frac{288}{5}$　　$a=\frac{10}{3\times288}=\frac{5}{432}$

$\frac{10}{a}=10\times\frac{432}{5}=864$ で，$864=2^5\times3^3$だから，$m=5$，$n=3$

(2) **【解き方】直線ＡＢの傾きは$\frac{6-1}{3-1}=\frac{5}{2}$だから，直線ℓが線分ＡＢと交わらないとすると，ＡＣ＞ＢＤかＡＣ＜ＢＤとなる。**

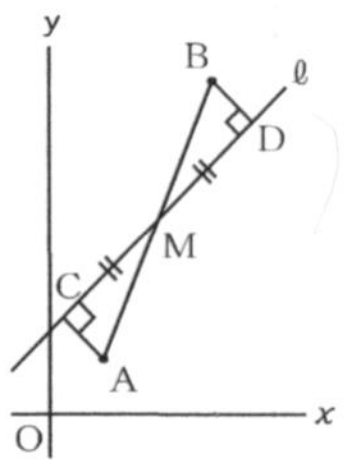

ＡＣ＝ＢＤとなるのは，右図のように直線ℓが線分ＡＢの中点Ｍを通るときである。

Ｍのx座標は，$\frac{(\text{AとBの}x\text{座標の和})}{2}=\frac{1+3}{2}=2$，$y$座標は，$\frac{(\text{AとBの}y\text{座標の和})}{2}=$
$\frac{1+6}{2}=\frac{7}{2}$　　$y=x+a$ にＭ$(2,\ \frac{7}{2})$の座標を代入すると，$\frac{7}{2}=2+a$ より，$a=\frac{3}{2}$

(3) **【解き方】yの最小値が一致するという条件から先に考える。**

$b<0$だから，$y=x^2$においてyの最小値は０である。

$y=-3x+a$ のグラフは右下がりの直線だから，yが最小値０をとるのは$x=4$のときである。

したがって，$y=-3x+a$ に $x=4$，$y=0$ を代入すると，$0=-12+a$ より，$a=12$

$y=-3x+a$ において y が最大値をとるのは $x=b$ のときだから，最大値は，$y=-3b+12$ と表せる。

$y=x^2$ において y が最大値をとるのは $x=b$ のときか $x=4$ のときである。

$x=4$ のとき $y=-3b+12$ になるとすると，$-3b+12=4^2$ より，$b=-\dfrac{4}{3}$

$x=b$ のとき $y=-3b+12$ になるとすると，$-3b+12=b^2$

これを解くと，$b=\dfrac{-3\pm\sqrt{57}}{2}$　　$b<0$ より，$b=\dfrac{-3-\sqrt{57}}{2}$

よって，$(a, b)=$ **$(12, -\dfrac{4}{3})$，$(12, \dfrac{-3-\sqrt{57}}{2})$**

(4)　**【解き方】△OABが正三角形となるように，ABよりも上側に点Oをとる。3点O，A，Bを通る円(円Qとする)の周上のうち，ABよりも上側にPをとると，∠APB＝60°となる。また，Oを中心とし，A，Bを通る円Oの周上のうち，ABよりも上側にPをとると，∠APB＝60°×$\dfrac{1}{2}$＝30°となる。したがって，PをABよりも上側にとる場合，Pが存在する範囲は右図の色つきの部分なので，色つきの部分の面積の2倍を求めればよい。**

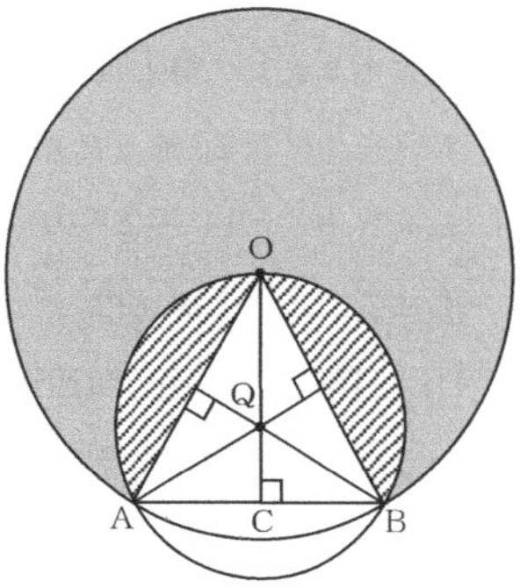

おうぎ形OBAのうち，中心角が 360°－60°＝300° の方の面積は，

$3^2\pi\times\dfrac{300}{360}=\dfrac{15}{2}\pi$…①

斜線部分の面積は，{(円Qの面積)－△OAB}×$\dfrac{2}{3}$ で求められる。

図において，正三角形OABは合同な6つの直角三角形に分けられている。この直角三角形は3辺の比が $1:2:\sqrt{3}$ の直角三角形なので，$AC=\dfrac{1}{2}AB=\dfrac{3}{2}$，$QC=\dfrac{1}{\sqrt{3}}AC=\dfrac{\sqrt{3}}{2}$，$OC=\sqrt{3}AC=\dfrac{3\sqrt{3}}{2}$

したがって，円Qの半径は，$OQ=OC-QC=\dfrac{3\sqrt{3}}{2}-\dfrac{\sqrt{3}}{2}=\sqrt{3}$ だから，斜線部分の面積は，

$\{(\sqrt{3})^2\pi-\dfrac{1}{2}\times3\times\dfrac{3\sqrt{3}}{2}\}\times\dfrac{2}{3}=2\pi-\dfrac{3\sqrt{3}}{2}$…②

①，②より，求める面積は，$\{\dfrac{15}{2}\pi-(2\pi-\dfrac{3\sqrt{3}}{2})\}\times2=$ **$11\pi+3\sqrt{3}$**

(5)　空間上の2本の直線の関係は，「同じ平面上にある」か「同じ平面上にない」かであり，「同じ平面上にない」ものはねじれの関係にある。「同じ平面上にある」ものはさらに，「交わる」か「平行」かに分けられる。

3　**【解き方】家から学校までの道のりを x m，その道のりを自転車で進んだときにかかる時間を y 分とする。**

自転車の速さは $\dfrac{x}{y}$ m/分，歩く速さは $\dfrac{x}{y+56}$ m/分である。自転車で7時26分－7時20分＝6分進み，歩いて，8時11分－7時26分＝45分進むと，合計で x m になるから，$\dfrac{x}{y}\times6+\dfrac{x}{y+56}\times45=x$

$x\neq0$ だから両辺を x で割って，$\dfrac{6}{y}+\dfrac{45}{y+56}=1$　　$6(y+56)+45y=y(y+56)$

整理すると，$y^2+5y-336=0$　　$(y+21)(y-16)==0$　　$y=-21, 16$　　$y>0$ より，$y=16$

よって，求める時刻は，7時20分＋16分＝**7時36分**

4　(1)　**【解き方】$ab=c$ となるのは $1\leqq ab\leqq6$ のときであり，ab の値1通りごとに $ab=c$ となる c の出方は1通りある。したがって，$1\leqq ab\leqq6$ となる出方の数を求める。**

ａｂの値

		b					
		1	2	3	4	5	6
a	1	1	2	3	4	5	6
	2	2	4	6			
	3	3	6				
	4	4					
	5	5					
	6	6					

$1\leqq ab\leqq6$ となる a，b の出方は，右表で ab の値をかきこんだ14通りある。

したがって，$ab=c$ となる a，b，c の出方は14通りある。

3つのサイコロの出方は全部で $6^3=216$(通り)だから，求める確率は，$\dfrac{14}{216}=$ **$\dfrac{7}{108}$**

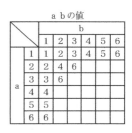

⑵ 【解き方】$a+2b=c$となるのは$1\leqq a+2b\leqq 6$のときであり，$a+2b$の値1通りごとに$a+2b=c$となるcの出方は1通りある。したがって，$1\leqq a+2b\leqq 6$となる出方の数を求める。

$1\leqq a+2b\leqq 6$となるa，bの出方は，右表で$a+2b$の値をかきこんだ6通りある。

したがって，$a+2b=c$となるa，b，cの出方は6通りある。

よって，求める確率は，$\frac{6}{216}=\mathbf{\frac{1}{36}}$

$a+2b$の値

		2b					
		2	4	6	8	10	12
a	1	3	5				
	2	4	6				
	3	5					
	4	6					
	5						
	6						

⑶ 【解き方】9の倍数は各位の和が9の倍数になる。したがって，$a+b+c$が9か18になる確率を求める。

$a+b+c=9$となるのは，$3\leqq a+b\leqq 8$のときであり，$a+b$の値1通りごとに$a+b+c=9$となるcの出方は1通りある。$3\leqq a+b\leqq 8$となるのは，右表で色をつけた25通りだから，$a+b+c=9$となる出方は25通りある。

$a+b+c=18$となるのは，$a=b=c=6$のときの1通りである。

よって，求める確率は，$\frac{25+1}{216}=\mathbf{\frac{13}{108}}$

$a+b$の値

		b					
		1	2	3	4	5	6
a	1	2	3	4	5	6	7
	2	3	4	5	6	7	8
	3	4	5	6	7	8	9
	4	5	6	7	8	9	10
	5	6	7	8	9	10	11
	6	7	8	9	10	11	12

5 ⑴ 【解き方】平行四辺形の対角線は互いの中点で交わるから，BCの中点の座標を求める。

$y=x^2$にB，Cのx座標をそれぞれ代入すると，$y=(-2)^2=4$，$y=4^2=16$となるので，B$(-2,\ 4)$，C$(4,\ 16)$

したがって，Eのx座標は，$\frac{(\text{BとCの}x\text{座標の和})}{2}=\frac{-2+4}{2}=1$，$y$座標は，$\frac{(\text{BとCの}y\text{座標の和})}{2}=\frac{4+16}{2}=10$

よって，**E$(1,\ 10)$**である。

⑵ 【解き方1】四角形ABDCはひし形だから，三平方の定理を利用してAB^2とAC^2をaの式で表し，$AB^2=AC^2$からaの方程式を立てる。

A$(a,\ a^2)$となるから，$AB^2=(\text{AとBの}x\text{座標の差})^2+(\text{AとBの}y\text{座標の差})^2=(-2-a)^2+(a^2-4)^2$

$AC^2=(\text{AとCの}x\text{座標の差})^2+(\text{AとCの}y\text{座標の差})^2=(4-a)^2+(a^2-16)^2$

$AB^2=AC^2$より，$(-2-a)^2+(a^2-4)^2=(4-a)^2+(a^2-16)^2$

整理すると，$2a^2+a-21=0$　　2次方程式の解の公式を利用して解くと，$a=-\frac{7}{2}$，3となる。

$a<-2$より，$a=\mathbf{-\frac{7}{2}}$

【解き方2】四角形ABDCがひし形だから，AD⊥BCである。垂直に交わる2本の直線は傾きの積が－1になることを利用して，直線ADの式を求める。

直線BCの傾きは，$\frac{16-4}{4-(-2)}=2$だから，直線ADの傾きは，$-1\div 2=-\frac{1}{2}$

したがって，直線ADの式を$y=-\frac{1}{2}x+b$とし，Eの座標を代入すると，

$10=-\frac{1}{2}+b$より，$b=\frac{21}{2}$

直線ADの式$y=-\frac{1}{2}x+\frac{21}{2}$にA$(a,\ a^2)$の座標を代入すると，$a^2=-\frac{1}{2}a+\frac{21}{2}$

これを解くと$a=-\frac{7}{2}$，3となるから，$a<-2$より，$a=\mathbf{-\frac{7}{2}}$

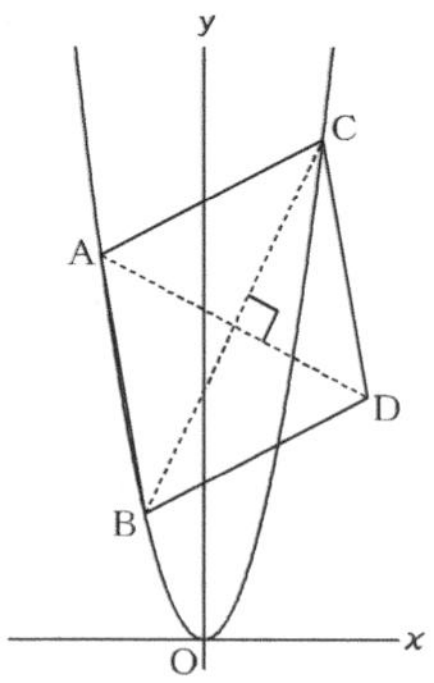

⑶ 【解き方】四角形ABDCは平行四辺形だから，BとDの位置関係は，AとCの位置関係と同じである。

A$\left(-\frac{7}{2},\ \frac{49}{4}\right)$だから，CはAから右に，$4-\left(-\frac{7}{2}\right)=\frac{15}{2}$，上に$16-\frac{49}{4}=\frac{15}{4}$進んだ位置にある。

よって，DはBから右に$\frac{15}{2}$，上に$\frac{15}{4}$進んだ位置にあるので，Dのx座標は$-2+\frac{15}{2}=\frac{11}{2}$，$y$座標は$4+\frac{15}{4}=\frac{31}{4}$だから，**D$\left(\frac{11}{2},\ \frac{31}{4}\right)$**である。

6 ⑴ 【解き方】球Oは立方体のすべての辺の中点を通る。

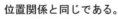

ＣＧの中点とＮを通を結んだ線分は球Ｏの直径となるので，球Ｏの直径はＡＣの長さと等しく，$2\sqrt{2}$である。
よって，球Ｏの半径は，$2\sqrt{2}\times\frac{1}{2}=\sqrt{2}$

⑵　【解き方】切り口はＬ，Ｍ，Ｎを通る円となるので，その円の中心をＰとすると，Ｐは平面ＡＥＧＣ上にある。また，球Ｏの中心Ｏは立方体の対角線の中点と重なるので，平面ＡＥＧＣ上にある。したがって，平面ＡＥＧＣ上でＯと切断面の距離を求めたいところだが，△ＬＭＮが正三角形となっているので，△ＬＭＮ上で円Ｐの半径を求められる。

ＰはＬ，Ｍ，Ｎからの距離が等しいので，正三角形ＬＭＮの各辺の垂直二等分線が交わるところにＰがあり，右図のようになる。右図において，正三角形ＬＭＮは合同な６つの直角三角形に分けられている。この直角三角形は３辺の比が$1:2:\sqrt{3}$の直角三角形なので，$MP=\frac{1}{2}ML\times\frac{2}{\sqrt{3}}=\frac{\sqrt{2}}{2}\times\frac{2}{\sqrt{3}}=\frac{\sqrt{2}}{\sqrt{3}}$

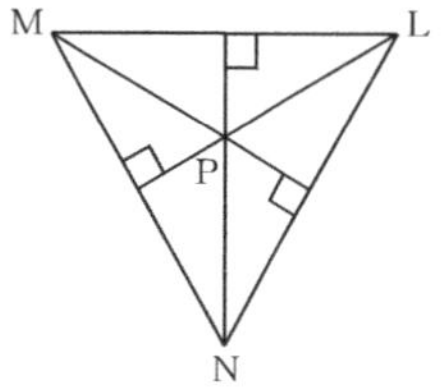

なお，Ｐが正三角形ＬＭＮの重心であると知っていれば，
ＭＰの長さは正三角形ＬＭＮの高さの$\frac{2}{3}$倍の，$\sqrt{2}\times\frac{\sqrt{3}}{2}\times\frac{2}{3}=\frac{\sqrt{6}}{3}$とすぐに求められる。
よって，円Ｐの半径は$\frac{\sqrt{2}}{\sqrt{3}}$なので，求める面積は，$(\frac{\sqrt{2}}{\sqrt{3}})^2\pi=\frac{2}{3}\pi$

⑶　【解き方】切り口の円の中心をＱとすると，Ｑは平面ＡＥＧＣ上にある。また，Ｏも平面ＡＥＧＣ上にあるので，平面ＡＥＧＣにおいて右のように作図する。切断面は直線ＲＥと重なる。ＱＳが切り口の半径にあたるので，ＯＱとＯＳの長さからＱＳの長さを求める。

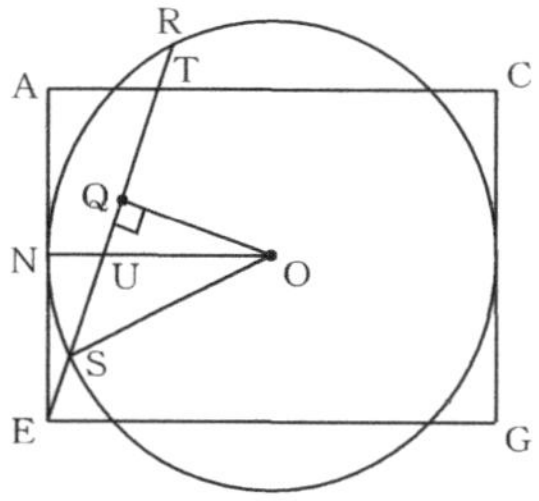

ＴはＬＭの中点であり，$AT=AC\times\frac{1}{2}\times\frac{1}{2}=2\sqrt{2}\times\frac{1}{4}=\frac{\sqrt{2}}{2}$
直角三角形ＡＴＥにおいて，$AT:AE=\frac{\sqrt{2}}{2}:2=1:2\sqrt{2}$だから，
△ＡＴＥの３辺の比は，$1:2\sqrt{2}:\sqrt{1^2+(2\sqrt{2})^2}=1:2\sqrt{2}:3$
△ＡＴＥにおいて，中点連結定理より，$NU=\frac{1}{2}AT=\frac{\sqrt{2}}{4}$　　$ON=\sqrt{2}$だから，$OU=\sqrt{2}-\frac{\sqrt{2}}{4}=\frac{3\sqrt{2}}{4}$
△ＡＴＥ∽△ＱＵＯだから，△ＱＵＯにおいて，$OQ=OU\times\frac{2\sqrt{2}}{3}=\frac{3\sqrt{2}}{4}\times\frac{2\sqrt{2}}{3}=1$
△ＯＱＳにおいて，$OQ=1$，$OS=\sqrt{2}$だから，直角二等辺三角形なので，$QS=OQ=1$
よって，求める面積は，$1^2\pi=\pi$

《2024　英語　解説》

［１］ Part１

１　「君の誕生日はいつ？」→（ｃ）「数週間後だよ」　・in～「～の後に」

２　「明日，祖母を訪ねるつもりだ」→（ｂ）「私も一緒に行っていい？」　Can I～?は許可を求める表現。

３　「コートを着るべきかな？」→（ｃ）「着たいなら着ればいいよ，私は着るつもりがないけど」

４　「久しぶりだね」→（ｂ）「ああ，久しぶりだね」　・Long time no see.=It’s been a while.「久しぶり」

５　「良い週末を過ごしてね」→（ａ）「君もね」

Part２　【放送文の要約】参照。

１　「男性はその絵が＿＿と思っている」…Ａの３回目の発言より，ａ）「最悪だ」が適切。

２　「男性はその鮮やかな色彩が＿＿のようだと思っている」…Ｂの３回目の発言より，ｃ）「秋の葉」が適切。

3 「その絵の上部にあるカラフルなものは，男性を____させる」…Aの４回目の発言より，ｂ）「具合悪く」が適切。　・make＋人／もの＋～（動詞の原形）「（人／もの）を～させる」

4 「その絵には____がいる」…Ｂの４回目の発言より，ｃ）「ワニと馬」が適切。

5 「芸術家はその絵の中央部に____があると言う」…Ａ，Ｂの６回目の発言より，ｂ）「扉」が適切。

6 「男性はその絵について____つもりである」…Ａの９回目の発言より，ｃ）「ポッドキャストを作る」が適切。

7 「サインはその絵が『____』と呼ばれていることを示している」…Ａの９回目の発言より，ａ）「天国への入り口」が適切。

8 「芸術家は最初に____に合うつもりである」…Ｂの９回目の発言より，ｂ）「記者たち」が適切。

【放送文の要約】

（画廊で１枚の絵を見ている２人の会話）

Ａ：すみません。その絵が見えるように，少し後ろに下がってもらえませんか?

Ｂ：もちろんです。あなたは現代美術に関心がありますか?

Ａ：実を言うと，自分は現代美術の専門家のはしくれだと思っています。

Ｂ：えっ，そうですか？じゃあ，この絵についてどう思いますか?

Ａ：そうですね…正直なところ…全く…何というか…1aゴミとしか思えませんな。

Ｂ：ああ，ハハハ。あなたはとても面白い方だ。私はイギリスのジョークが大好きです。2cこの鮮やかな色彩を見てください。どう見ても夏の夜，春の花々，2c秋の葉を彷彿とさせるじゃないですか。

Ａ：3b上部にあるこの黄色と緑のモノのことですか？ポテトサラダを食べ過ぎるとこんな気分になりますね。バケツはどこですか？3b具合が悪くなりそうですよ。

Ｂ：（弱々しい笑い）でも，4c川にいる腹を空かせたワニを飛び越える白馬の意味は理解できるはずです。

Ａ：馬？それはプールにいる病気の象のように見えますよ。それにこれは一体何でしょう？

Ｂ：どこですか?

Ａ：そこです。5bど真ん中にあるでしょ。子どもが地面に置き忘れたリュックサックのように見えますね。あるいは，巨大なチョコレートバーかな。

Ｂ：近づいて見るなら，それには取手がついていると思います。5bそれは扉で…

Ａ：チョコレートの扉ですか?

Ｂ：違いますよ！この扉は，人はどのように人生において良くも悪くも新しい経験に心を開かなければならないか，という象徴なんです。そう思いませんか？

Ａ：うーん，あえて言わせてもらうなら，そうは思いませんね。

Ｂ：（長いため息）ところで，あなたはどんな芸術の専門家ですか?

Ａ：現代美術の専門家ですよ。ネットで調べてもらえば，私がウィキペディアに投稿しているのがわかりますよ。YouTubeの動画も作成していて，「いいね!」を２つ，もらいました。そのうちの１つは叔母からでしたが。次は，1a，6cこの最悪な絵について，ポッドキャストを作るつもりです。このゴミを描いたのは一体誰なんでしょうね？7a画題は何でしょう？さて，サインが読めるかどうか。Mon-Sewer Dee-Eckle-Air による7a『天国への入り口』か。

Ｃ：お話し中失礼ですがムッシュー・デクレア，8bArty Smarty Weekly の記者たちがインタビューをするためにいらっしゃっています。

B：OK，ありがとうございます。見る人が見ればそれは本物の芸術だとわかるんですよ。8b彼らに会わせてください。私のファンなら待てるでしょうから。（立ち去る足音）

A：典型的なアーティスト…というのは，自分が誰よりもよく知っていると思っているもんだな。私はこの絵を何と呼ぶべきかわかっているんだ。そう，『地獄への階段』だよ。

Part３ 【放送文の要約】参照。編集部注）ナレーター部分は段落から外しています。

1 「コーチのチームはハーフタイムの時点で試合に____」…コーチの１行目の発言，losing「負けている」が適切。

2 「コーチは選手たちに自分を____ことを望んでいる」…コーチの２行目の発言，believe「信じる」が適切。

3 「相手のチームの１番上手な選手は，身長が____cmある」…コーチの４行目の発言，one hundred and seventy-nine「179」が適切。

4 「ファウルをする１つの方法は，相手のバスケパンツを引っ張り____ことである」…コーチの７行目の発言，down「下ろす」が適切。 ・pull ～ down「～を引っ張り下ろす」

5 「選手たちはトイレのドアに____ように言いつけられている」…コーチの９行目の発言，lock「鍵をかけて閉じ込める」が適切。 ・tell＋人＋to ～「(人)に～するように言う」

6 「Cody はチームの新しい____選手である」…コーチの 10 行目の発言，star「スター」が適切。

7 「コーチは少年たちが自分を____させることを望んでいる」…コーチの 11 行目の発言，proud「満足」が適切。

・want＋人＋to ～「(人)に～してほしい」 ・make＋人＋proud「(人)を満足させる」

【放送文の要約】

（ハーフタイムのブザーとコートの靴音）

コーチ：OK，少年たち，みんな集まれ。60 点差で1負けているのはわかっている，だがバスケットボールは試合終了のブザーまで終わりじゃない。自分を2信じるんだ！君たちならやれる。やれるんだ！（うめき声）

さあ，みんな！この試合に勝つ方法だが，それには良い守備…それももっと良い守備だ。さあ，よく聞くんだ。

１つ目は，相手チームの１番上手い選手は，アンパンマンのヘッドバンドをつけた3179cmの奴だ。Joey，君が Marky の肩に乗ったら，奴とほぼ同じ高さになる。だから，君はあのでっかい奴をブロックできる。いいか？わかったな？（わかりました！）

２つ目は，審判が見ていないときは，ファウルできる選手にはファウルしろ。バスケウェアを引っ張れ，奴らの水筒を蹴っ飛ばせ，必要なら奴らのバスケパンツを引っ張り4下ろすんだ。勝つためなら何だってやれ。どんな手段を使ってでもな！（はい，コーチ！）

３つ目は，絶対に諦めるんじゃない。相手が走ったら，もっと速く走れ。相手がジャンプしたら，もっと高くジャンプしろ。相手のスター選手がトイレに行ったら，後を付けて5鍵をかけて閉じ込めて，その鍵を投げ捨ててしまえ。つまり何をするんだ？（鍵を投げ捨ててしまえ！）

そして最も重大なことだが，Jimmy，君は私たちの秘密兵器だが交代だ。そして新しい6スタープレイヤーの Cody を投入する。奴らをやっつけてこい。じゃあ，みんな戻れ，7期待しているぞ！（イェーイ！）

あ，Cody，ここに来い。君はまず髭を剃った方がいい。（ひそひそ声）

Cody ：わかりました，コーチ。（野太い声）

（髭を剃る音）

［2］ 友達の Nancy から受け取ったメール，「私はキャンプが本当に嫌い。キャンプの最悪なことは何だと思う？」に対する返事を 60～70 語で書く。

(例文)「この夏，霧島にいとことキャンプ旅行に行ったんだけど，最悪だったよ！その一つがテントで寝たことさ。夜，雨が降り出して，寝袋と服が全てびしょびしょになっちゃったんだよ！翌日はもっと最悪だったんだけど，それというのもカチカチの地面に寝たせいで，背中がひどく痛くなったんだ」

［3］【本文の要約】参照。

A　thrill「わくわくする」という意味から，イの excited が適切。

B　・in the end「最終的に」　・get used to ～「～に慣れる」　・feel at home「居心地良く感じる，くつろぐ」

D　直前の文の those who 以下の人々を指す。　・succeed in ～「～に成功する」　・combine A with B「AとBを結合させる」

E　第4段落の内容から，宝くじの券をバスの乗車券だと思って買ってしまったことが面白かったから，車掌はサイモンをただでバスに乗せてくれたことを読み取る。

F　第5段落の内容から，Bates 教授のアドバイス，「新しい言語を学ぶこと」，「地元の人々だけでなく，外国人とも友人関係を築くこと」，「新しい文化に心を開いて，その違いを楽しみ，経験の面白い側面を見るように心がけること」に合わない例を選ぶ。ウとオが適切。

Fの英文の要約「私は日本海外協力隊の一員としてフィジーに1年間滞在する予定です。日本を離れる時，ア地元の食習慣と生活様式を理解するために何冊か本を読みました。それらが日本とかなり違うからです。加えて，イ現地のフィジー語を覚えたり，ウ×前もって安全に暮らせる場所を探したりしました。現在，橋梁建設プロジェクトで現地の人々と働いています。エまた，隣人と同様に他国出身のエンジニアとも友達になり，仲良くやっています。先日，オ×ここでの体験を日本の子どもたちにオンラインで話すイベントに参加しました」

【本文の要約】

外国といった異文化にいる中で，どうにか暮らしていかなければならないときに体験する感情はカルチャーショックとして知られている。こうした感情には驚愕や不安感，喪失感などが含まれる。それらは慣れない異文化の中で，折り合いをつけていく方法がわからないときに人々が抱える困難から生じる。英国人の Gemma Atkinson はイタリアに3年間住んでいた。「最初は全てが素晴らしかったのです」と Gemma は説明する。「私はイタリアの魅力にときめいていました。でも，しばらく住んでいると，困惑して失望し始めました。住まい探しや電話回線の新設，就労許可証の取得が不可能に思えたのです。何が悪かったのか？私は「あなたは英語を話しますか？」だけしか言えなかったのです。私にはイタリアの物事のすすめ方が理解できませんでした。荷物をまとめて英国に戻りたくなることも何度かありました。Bしかし最後は，新しい環境に慣れ，居心地が良くなりました。

心理学教授の Rowan Bates は，Gemma が話すカルチャーショックの3つの段階をこう説明する。「慣れない国に移動する人々の多くは，そこで勉強するにしろ，永住するにしろ，次の段階を経ていきます。最初は，ハネムーン期間として知られている，数週間ほど続く，3ウ新しい文化を素晴らしいものと見なす時期です。例えば食べ物，ライフスタイル，建築に感嘆し，母国にあるものよりもはるかに興味深く思えます。しかしながらしばらくすると，新しい文化がストレスを感じさせるようになります。人々は母国とそこでの生活様式を懐かしむようになるかもしれません。これは交渉期間として知られており，人々が新しい文化にイライラし始める時期です。約半年後，ほとんどの人は新しい文化に慣れる時期，順応期間に入ります。彼らは4オ適切な振る舞い方を学びつつ，新しい文化のたいていの状況を受け入れていきます」

しかし，全ての人々が同じように反応する訳ではありません。Bates 教授は，順応には異なる3つのタイプがある，と説明しています。「多くの人々は，実際には5イ新しい文化を受け入れるのは無理だと気づきます。彼らは非常に不幸で，自分たちが安心していられる自らの文化に戻る事だけを願っています。一方，新しい環境に完全に馴染むあまり，6ア本来のアイデンティティを失う人もいます。最後は，異文化の一番よいところと自国の文化を結びつけることに成功した人たちがいます。このような人々はほとんど問題を経験することもなく，３つのタイプの中で一番幸せです」

１年間のワーキングホリデーでギリシャに行ったカナダ人のSimon Hartは，ユーモアのセンスが大いに役立った，と語る。「到着した時は，僕はギリシャ語を一言も話せなかったけど，それが滑稽な誤解につながったんだ。ギリシャでの２日目に，僕はバスの切符だと思っていたものを何十枚も持っていたおじいさんからそれを買ったんだ。バスに乗ると，車掌は僕の切符をちらっと見て，あなたはバスの乗車券ではなく宝くじの券を買ったんだ，と教えてくれたんだ。２人して笑っちゃったんだけど，車掌はとても面白いと思ったんだね，それで僕をただで乗せてくれたんだよ」

教授には，異国に引っ越すことを考えている人々を対象にした重要なアドバイスがある。彼は旅立つ前に，直面するであろう異文化ついてより準備をするために，できるだけそれについて学ぶべきだ，と語る。言うまでもないが，新しい言語を学ぶことは役に立つだろう。一旦そこに落ち着いたら，地元の人々だけでなく，外国人とも友人関係を築くことだ。外国人は同じような経験をしているからサポートしてくれるだろう。新しい文化に心を開いて，その違いを楽しみ，経験の面白い側面を見るように心がけよう。

［4］【本文の要約】参照。

A　気候変動活動家が人々に意識させたいもの，それは気候変動によって，以前より多発し多大な被害をもたらすものである。文頭にそうした気象現象の具体例「洪水，暴風雨，山火事」が挙げられていることから，イが適切。

B　point the finger at ～は「～(人)を名指しで批判する」という意味だから，７段落１行目より，criticize が適切。

C（下線部３）　スペインのイビサ島がどのような場所かを説明している文。金持ちにとって(for the rich)，夏に(in summer)訪れるべき(to visit)，人気の場所(a popular place)だから，a popular place for the rich to visit in summer の語順が適切。　（下線部７）　主語の That は，前文にある「スーパーヨットが排出する年間約 7020 トンの二酸化炭素」を指す。それが１台のファミリーカー(a family car)が排出する二酸化炭素の 1500 倍(1,500 times)を超える(over)ことを説明する文だから，That is over 1,500 times more than a family car の語順が適切。

D　Killeen 氏が抗議しているものを答える。(　4　)の後にある such as 以下の具体例「超富裕層が船でピザを買いに行く」より，無駄に排出される二酸化炭素のことだから，エが適切。

E　活動家がゴルフコースの穴を塞いでゴルフができないようにしたのは「暑くて乾燥した天候の中で，大量の水を必要とするスポーツ（＝ゴルフ）に抗議するため」である。

F　luxury lifestyles は「贅沢な生活様式」のこと。それが climate crisis「気候の危機的状況」をさらに悪化させているという日本文にする。　・make＋もの＋much worse「(もの)をより一層悪化させる」

G　８A　・get＋人＋to ～「説得して(人)に～させる」　８B　・think twice about ～「よく考える／再考する」
８C　・improve the situation「事態を好転させる」

H　public shaming は「公衆の面前で恥を受けること」。本文より，気候変動活動家の目的は二酸化炭素排出量を減らすこと，そのために富裕層のプライベートジェットや超豪華なヨットをターゲットにスプレーでペイントしていることから，アが適切。

【本文の要約】

気候変動活動家は，夏中，船にスプレーでペイントしたり，離陸しようとするプライベート飛行機の進行を邪魔したり，ゴルフコースの穴を埋めたりする。活動家が言うには，こうした行動は，大気中に大量に炭素汚染を放つ富豪のライフスタイルに対するキャンペーンの一環とのことである。

世界中で洪水，暴風雨，山火事が以前より多発する中，気候変動活動家たちは人々に，こうした1ィ被害をもたらす気象現象=bad weather events)を意識させるために他の方法も試みている。ドイツでは活動家が道路に張り付いた。英国ではフィンセント・ファン・ゴッホの絵にスープをかけた。また，F1 グランプリレースやツール・ド・フランスの自転車レースを含むスポーツイベントの遅延も引き起こした。彼らは石油やガスの企業，化石燃料に投資する事業を標的にした後，現在は富裕層に焦点を合わせている。

「我々は人々を批判しているのではなく，その生活様式，つまりそれが表す不正を批判しているのです」と Karen Killeen は述べた。彼女は夏に富裕層が訪れる人気の場所であるスペインのイビサ島で抗議活動をしている。Killeen と他の気候変動活動家たちは「あなたが消費している一方で，他の人々は苦しんでいる」と書かれた看板を掲げながら，３億ドルの船にスプレーでペイントした。彼女は，超富裕層が船でピザを買いに行くような4ェ不必要な(=unnecessary)炭素放出に抗議したのだと述べた。「気候の緊急事態ではそれは犯罪のように思える」と彼女は言った。

スイスでは，約 100 人の活動家が航空機の階段やジュネーブでのヨーロッパ最大のプライベートジェット販売会の入り口に自らを鎖でつないだ。別の活動家グループは，北海に浮かぶ Sylt 島でプライベートジェット機にスプレーでペイントをした。スペインでは，暑く乾燥した天候の中で，大量の水を必要とするスポーツに抗議する活動家が，ゴルフコースの穴を塞いでしまった。

アメリカの大学の社会科学者 Dana Fisher 氏によると，6贅沢な生活様式が気候の問題を，より一層悪化させているという。

NPO 法人の Oxfam は 2021 年の報告書によると，人々の 1 %にすぎない超富裕層が 2030 年までに二酸化炭素排出量の約 16%を占めるだろうと述べている。

インディアナ大学の経済人類学者 Richard Wilk は，専属の船員がいてヘリコプター，潜水艦，プールを備えた大型船をB批判している（has criticized)。Wilk 氏によると，スーパーヨットは年間約 7020 トンの二酸化炭素を放出すると述べた。それは 1 台のファミリーカー（の二酸化炭素排出量）の 1500 倍を超える，と彼は述べた。環境保護団体のグリーンピースは，プライベート航空機はヨーロッパだけで約 300 万トンの炭素汚染を引き起こしたと算出した。これは EU 内で 50 万を超える人々の年間平均二酸化炭素排出量と同じである。

しかし，ペンシルバニア大学の気候科学者 Michael Mann 氏は，化石燃料企業から注意をそらさないように警告している。「解決策は，富裕層であろうが低所得者であろうが全ての人々に炭素ベースのエネルギーの使用を減ら8Aしてもらう(=get)ことです」と述べた。

フロリダ州の民間航空会社であるモナーク・エア・グループの社長，David Gitman 氏は活動家たちに，彼らの行動が本当に変化をもたらすかどうかについて8B再考する(=think twice)よう促した。Gitman 氏は，「今，もし彼らが海外に行って，ヨーロッパの飛行場でプライベートジェットにスプレーでペイントしたら，それが事態を8C好転させる(=improve)というのでしょうか？私の意見は No です」と付け足した。

しかし，Wilk 氏は，こうした抗議は依然として行動に変化をもたらす可能性があると述べた。「9公衆の面前で恥を受けること(=public shaming)は，人々を制御する最強の方法の 1 つです」と Wilk 氏は言った。「それは自分の行動の結果をもっと認識させるために，恥ずかしい思いをさせるための多様な方法として効果があるのです」

《2024　理科　解説》

【１】

A(1)　〔抵抗(Ω)＝$\frac{\text{電圧(V)}}{\text{電流(A)}}$〕より，$\frac{1}{0.01}$＝100(Ω)となる。　(2)　ａｂ間の電圧が0.5Ｖのとき，抵抗とＸのそれぞれに0.5Ｖの電圧がかかるから，図１より，抵抗には0.005Ａ，Ｘには0.01Ａの電流が流れることがわかる。よって，ｂには0.005＋0.01＝0.015(Ａ)の電流が流れる。また，〔電力(Ｗ)＝電圧(Ｖ)×電流(Ａ)〕より，抵抗で消費される電力は0.5×0.005＝0.0025(Ｗ)である。　(3)　(2)と同様に考えて，ｂｃ間の電圧が0.5Ｖのとき，ダイオードとＹのそれぞれに0.5Ｖの電圧がかかり，ダイオードには0.001Ａ，Ｙには0.01Ａの電流が流れるから，ｂには0.001＋0.01＝0.011(Ａ)の電流が流れる。　(4)　(2)で，ｂを流れる電流が0.015Ａのとき，ダイオードとＹを流れる電流の和も0.015Ａになるから，図１より，ｂｃ間の電圧は0.65Ｖよりもわずかに小さく，Ｙを流れる電流は0.011Ａよりもわずかに大きいことがわかる。つまり，このとき電源の電圧は約0.5＋0.65＝1.15(Ｖ)で，ＸよりＹが明るい。(3)のときについても同様に考えると，ｂを流れる電流が0.011Ａになるとき，ａｂ間の電圧は約0.35Ｖで，電源の電圧は約0.35＋0.5＝0.85(Ｖ)であり，Ｘを流れる電流は0.008Ａよりもわずかに小さいから，ＸよりＹが明るい。よって，電源の電圧が0.85Ｖから1.15Ｖの間では，ＸよりＹが明るくなると考えられる。　(5)　図１で，抵抗とダイオードのグラフが交わるときの電圧が0.7Ｖであることに着目する。このとき，抵抗とダイオードに流れる電流は0.007Ａで等しく，ＸとＹにはどちらにも0.012Ａの電流が流れるから，ｂには0.007＋0.012＝0.019(Ａ)の電流が流れる。これが電源の電圧が0.7＋0.7＝1.4(Ｖ)のときのようすである。

B(1)　物体から凸レンズまでの距離と，凸レンズから実像までの距離が同じになるのは，物体を焦点距離の２倍の位置に置いたときだから，この凸レンズの焦点距離は30÷２＝15(㎝)である。　(2)　図ｉで，△ＡＯＣ∽△ＢＯＤより，物体の長さ(ＡＣ)：実像の長さ(ＢＤ)＝ａ：ｂである。　(3)　図ｉで，△ＯＥＦ∽△ＢＤＦより，物体の長さ(ＥＯ)：実像の長さ(ＢＤ)＝ｆ：(ｂ－ｆ)である。　(4)　ａ：ｂ＝ｆ：(ｂ－ｆ)が成り立つから，これを変形して，ｂｆ＝ａｂ－ａｆとなり，両辺をａｂｆで割ると，$\frac{1}{a}=\frac{1}{f}-\frac{1}{b}$　$\frac{1}{a}+\frac{1}{b}=\frac{1}{f}$となる。

図ｉ

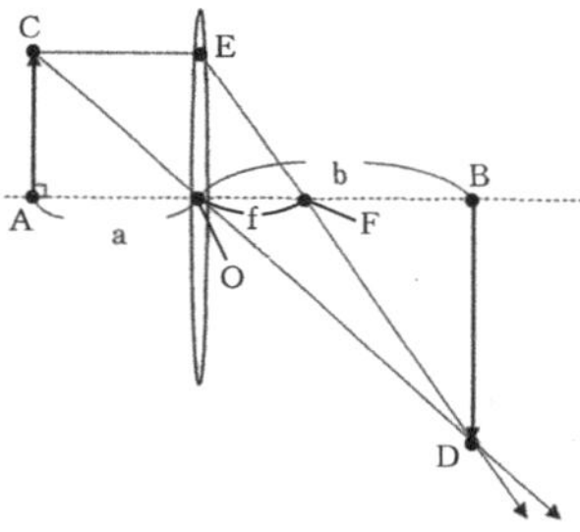

(5)　$\frac{1}{a}+\frac{1}{b}=\frac{1}{f}$にｆ＝20を代入すると，$\frac{ab}{a+b}$＝20…①となる。図２より，ａ＋ｂ＝90…②だから，①に②を代入すると，ａｂ＝1800…③となる。よって，②と③より，ａ＝30，ｂ＝60，またはａ＝60，ｂ＝30となる。

(6)　鮮明な像ができる凸レンズの位置が１つだけになるのは，ａとｂを入れかえても同じとき，つまり，ａ＝ｂのときである。ａ＝ｂとなるのは，(1)と同様に物体を焦点距離の２倍の位置に置いたときであり，ａ＋ｂ＝90だから，ａ＝ｂ＝45である。よって，この凸レンズの焦点距離は45÷２＝22.5(㎝)である。

【２】

(1)　等圧線は1000㍱を基準に４㍱ごとに引かれ，20㍱ごとに太線になる。例えばアに着目すると，Ａの気圧は1017㍱，Ｂの気圧は1011㍱だから，ＡとＢの間には1012㍱と1016㍱の等圧線が通ると考えられる。このようにして，選択肢の２地点の間に1000㍱や1008㍱の等圧線が通るか考えればよい。

(2)　15地点のうち，Ｈ，Ｋ，Ｌの気圧が同じくらい低くなっていることに着目すると，低気圧の中心はこの３点に囲まれた地域にあると考えられる。

(3)(4)　南半球では，低気圧の中心に向かって，北から暖気，南から寒気が時計回りに風が吹き込む。このため，温暖前線は低気圧の中心から東側へのびて下向きに進み，寒冷前線は低気圧の中心から西側へのびて上向きに進む。なお，(4)の図では，ＤやＩが等圧線上にあることにも着目するとよい。

⑹① 温暖前線による雨は，温暖前線の進行方向の広い範囲で降るから，Ｉ，Ｌ，Ｍのいずれかである。これらのうち，毎時20kmの速さで進んでいる温暖前線が４時間後に通過する，つまり温暖前線から約20×４＝80(km)離れているのはＭである。　② 温暖前線が通過することで暖気におおわれる。

【３】

Ａ⑴⑵ 実験１より，青色のＥとＦは塩化銅水溶液か硫酸銅水溶液のどちらかである。実験２より，ＡとＢは塩化カリウム水溶液か硝酸カリウム水溶液のどちらか，Ｃは塩化バリウム水溶液，ＤとＧは塩化ナトリウム水溶液か硫酸ナトリウム水溶液のどちらか，Ｈは塩化リチウム水溶液，Ｉは硝酸銀水溶液である。実験４より，ＣとＤに加えると白い沈殿ができたから，Ｄは硫酸ナトリウム水溶液（Ｇは塩化ナトリウム水溶液）だとわかり，白色沈殿は硫酸バリウムである。同様に考えて，Ｅは硫酸銅水溶液（Ｆは塩化銅水溶液）だとわかる。実験３より，ＤとＥではＩを加えても沈殿を生じなかったから，同様に沈殿を生じなかったＢは硝酸カリウム水溶液（Ａは塩化カリウム水溶液）だと考えられる。また，Ａ，Ｃ，Ｆ，Ｇ，Ｈはすべて「塩化○○水溶液」だから，Ｉを加えたときに生じる白色沈殿は塩化銀だと考えられる。

Ｂ⑴ 〔密度（ｇ/㎤）＝$\frac{質量（g）}{体積（㎤）}$〕より，Ｘの密度は$\frac{82.6}{51.0-40.5}$＝7.866…→7.87ｇ/㎤だから，表より鉄だと考えられる。　⑵ 水とエタノールの混合溶液180㎤の質量は0.95×180＝171（ｇ）である。表より，水とエタノールの密度の比（同じ体積での質量比）は1.00：0.80＝５：４だから，171ｇのうち，水の質量は171×$\frac{5}{5+4}$＝95（ｇ）であり，その体積は95㎤だとわかる。　⑶ 空気1.45Ｌの質量が98.49－96.75＝1.74（ｇ）だから，空気の密度は$\frac{1.74}{1.45}$＝1.2（ｇ/Ｌ）である。　⑷③ 1.2×0.625＝0.75（ｇ）　④ はじめに測定した170.88ｇは，0.625Ｌの空気と三角フラスコとゴム栓の合計の質量だから，三角フラスコとゴム栓の合計の質量は170.88－0.75＝170.13（ｇ）である。よって，二酸化炭素0.625Ｌの質量は171.28－170.13＝1.15（ｇ）だから，二酸化炭素の密度は$\frac{1.15}{0.625}$＝1.84（ｇ/Ｌ）である。　⑸ 温度や圧力が変化することで，体積は変化するが，質量は変化しない。このため，温度が高くなって体積が大きくなると密度は小さくなり，圧力が高くなって体積が小さくなると密度は大きくなる。

【４】

⑵ ヒトの消化において，タンパク質は胃液に含まれるペプシン，すい液に含まれるトリプシン，小腸の壁の消化酵素（ペプチターゼ）によってアミノ酸に分解される。

⑷ ３つの塩基それぞれについて，４つの要素から１つを選ぶから，４×４×４＝64(通り)となる。

⑸ 実験１より，ＵだけがつながったmRNAではPheが繰り返しつながったタンパク質ができたから，Pheを指定するコドンはＵＵＵである。実験２のmRNAでは，ＡＣＡとＣＡＣという２種類のコドンが繰り返されるので，ThrとHisはこれらのどちらかのコドンで指定されると考えられる。さらに，実験３のmRNAでは，読み始める位置によって，ＣＡＡ，ＡＡＣ，ＡＣＡという３種類のコドンのいずれかが繰り返されることになる。この３種類のうちの１つでThrだけが繰り返すタンパク質ができたから，実験２の結果と合わせると，Thrを指定するコドンはＡＣＡであることがわかり，Hisを指定するコドンはＣＡＣだとわかる。

⑺ 体内に異物が侵入してくると，その異物と結合する抗体がつくられ，異物は排除される。牛痘ウイルスは天然痘ウイルスよりも人体への害が少なく，牛痘ウイルスに対する抗体が天然痘ウイルスに対しても有効であるため，このような予防法ができた。

⑻ ウマに破傷風の毒素を注射することで，ウマの体内で抗体がつくられる。これをウマの血液から採取して血清をつくり，破傷風に感染したヒトに接種することで毒素を排除することができる。ただし，血清自体が人体にとって異物であるため，治療を続けると，これに結合する抗体がヒトの体内でつくられるようになり，効果が得られに

くくなるということである。

(9) コロナウイルスには色がついていないので，抗体Aについている青色の粒子を目印にしている。抗体Bは抗体Aとは結合しないが，抗体Aと結合しているコロナウイルスとは結合するので，抗体Bを固定した部分が青色に変化すれば(抗体Aと結合している)コロナウイルスが存在し，抗体Bを固定した部分が青色に変化しなければコロナウイルスが存在しないと考えられる。これに対し，抗体Cは抗体Aと結合するので，抗体Cを固定した部分はコロナウイルスの有無にかかわらず青色に変化する。液体が抗体Bを固定した部分を十分に通過していることを確かめるため，抗体Cを固定した部分が必要である。

《2024　社会　解説》

1　問１　カ　　儒教では，思いやりの心である「仁」，相手に応じたふるまいのしかたである「礼」が重視された。

問２　オ，キ　　ア．誤り。楔形文字ではなく小篆《しょうてん》に統一された。イ．誤り。絹織物は中国から西方へもたらされた。ウ．誤り。モンゴル帝国を建国したのはチンギス・ハンである。

エ．誤り。マルコ・ポーロの見聞をまとめたのは『世界の記述(東方見聞録)』である。『大旅行記』はイブン・バットゥータの旅行記である。カ．誤り。「ミロのビーナス」は古代ギリシャでつくられた。ク．誤り。硫黄は，勘合貿易での日本からの輸出品の一つである。

問３　クロムウェル　　ピューリタン革命→共和政→クロムウェルの独裁政治→王政復古→名誉革命・権利章典の流れを覚えておきたい。

問４　カ　　名誉革命では，ジェームズ２世が追放され，その娘がメアリー２世，娘婿がウィリアム３世として即位した。

問５　アークライト　　水力紡績機はアークライト，ジェニー紡績機はハーグリーブス，ミュール紡績機はクロンプトン，力織機はカートライトが発明した。

問６　マルタ会談　　アメリカ合衆国のブッシュ大統領とソ連のゴルバチョフ書記長の間で冷戦の終結が宣言された。

問７　天安門事件　　民主化を求めて天安門広場に集まった学生や市民を，中国の軍隊である人民解放軍が武力で鎮圧したのが天安門事件である。人民解放軍の発砲によって多くの学生たちが命を落とした。

2　問１　A＝アトラス　B＝ニジェール　C＝ギニア　D＝ビクトリア　E＝マダガスカル　　アトラス山脈は，アルプス・ヒマラヤ造山帯に属する。ビクトリア湖は赤道が通る。マダガスカルは，アフリカの年と呼ばれる1960年にフランスから独立した。

問２　イ　　本初子午線と赤道が交わる地点が，ギニア湾沖であることを覚えておきたい。

問３　オ　　アフリカ大陸がおよそ北緯35度～南緯35度の範囲にあるから，Xは北緯30度の緯線である。バンコクは北緯14度，ジャカルタは南緯6度，ペキンは北緯40度，札幌は北緯43度，ニューオーリンズは北緯30度。

問４　ブラジル，ベトナム　　Yのエチオピア高原はコーヒー豆の原産地である。コーヒー豆は，ブラジル＞ベトナム＞インドネシア＞コロンビア＞エチオピアの順に生産量が多い。

問５　サヘル　　砂漠化は，気候変動，干ばつ，過放牧などを原因として進行する。

問６　エ　　bとcの標高の違いに注意する。bのナイロビの標高は1700mほどであり，赤道直下でも１年中冷涼な気候である。また，cはコンゴ盆地にあり，標高は低く１年中高温多雨である。

問７　②＝ア　③＝イ　④＝オ　　②のナイジェリアは原油の輸出に依存したモノカルチャー経済である。③のケニアは高地の冷涼な気候を利用して茶や切り花などの栽培が盛んである。④のコンゴ民主共和国は，銅，コバルト，原油などの地下資源が豊富である。ウは⑤の南アフリカ共和国，エは①のエジプト。

問8　フェアトレード　　フェアトレードは，発展途上国の生産者が適正な利益を得られるように適正な価格で継続的に購入することで，生産者の自立した生活を支えることを目的としている。

問9　ウ　　エジプトではイスラム教が広く信仰されている。イスラム教では，牛肉ではなく豚肉を食べることを禁じている。

問10　イ　　コンゴ民主共和国(旧ザイール)は，ベルギー領であった当時からフランス語を公用語としていた。スーダン，ナイジェリア，ケニア，ザンビア，ジンバブエ，ボツワナなどはイギリスのかつての植民地であり，独立後も英語が公用語として使われている。

問11　アパルトヘイト　　ネルソン・マンデラは，アパルトヘイトの撤廃に尽力し，ノーベル平和賞を受賞した。

3　**問1**　a→b→d→c　　a(弥生時代)→b(古墳時代)→d(奈良時代)→c(平安時代)

問2　c　　宮崎安貞は『農業全書』を著した。高田屋嘉兵衛…ゴローニン事件でカムチャツカに連行された商人。大黒屋光太夫…漂流してロシア人に助けられ，ラクスマンとともに根室に来航した船頭。加藤清正…豊臣秀吉の部下で，秀吉没後は徳川氏につき，肥後の外様大名となった武将。

問3　a→d→b→c　　a(1869年)→d(1877年)→b(1945年)→c(公害の発生　1960年代)

問4　A＝大黒屋光太夫　B＝平家納経　　A．ラクスマンは，漂流民の大黒屋光太夫らとともに根室を訪れ，通商を要求した。B．大輪田泊(兵庫の港)を修築した平清盛は，平氏の氏神である厳島神社に経典を奉納して海路の安全を祈り，日宋貿易で富を得た。

問5　藤原純友　　イが誤り。平将門の挙兵と同じ頃に，西国では藤原純友が挙兵した(承平・天慶の乱)。

問6　カ→イ→ア→×→×　　カ(勘合貿易　15世紀)→イ(南蛮貿易　16世紀中頃)→ア(織田信長　16世紀後半)
ウ．誤り。駅家は役人が公用のために利用する施設で，庶民は利用できなかった。エ．誤り。中世の関所は，政治の仕組みを守るためではなく，収入源とするために設置された。オ．誤り。定期市は常設ではなく，常設の小売店は見世棚と呼ばれた。

問7　敦賀に陸揚げされた荷物は，陸路や琵琶湖の舟運を利用して京都・大坂に運ぶため，荷物の積み替えの必要があった。西廻り航路ができたことで，大坂に直接荷物を運びこむことができるようになり，敦賀を経由しなくなっていった。

問8　函館　　日米和親条約では下田と函館，日米修好通商条約では，函館，新潟，神奈川(横浜)，兵庫(神戸)，長崎が開港された。

問9　ア，イ　　1998年～2021年までに起こったできごとは，2020年のア，2001年のイである。ウは1990年，エは1973年，オは2022年。

問10　イ　　米騒動の責任を取って寺内内閣が総辞職し，原内閣が成立した。

4　**問1**　ア　　2021年度の補正予算では，新型コロナウイルス対策として約36兆円が計上された。

問2　エ　　同時に不特定多数の人が消費または利用可能な財を考える。

問3　ウ　　業務災害による労働者の負傷，病気または死亡などに関する保険給付は，労働者災害補償保険法に基づく。

問4　ア　　生活保護の財源は，保険料収入ではなく，主に税収入から成っている。

問5　エ　　ア．誤り。失業給付は労働契約法ではなく雇用保険法に基づく。また，失業者の増加は被保険者の保険料の支払いの増加につながり，経済活動の落ち込みを悪化させる。イ．誤り。法人税は累進課税になっていない。ウ．誤り。雇用維持給付は雇用保険法に基づく。

問６　エ　固定資産税は，直接税の市町村税である。担税者と納税者が一致する税を直接税，一致しない税を間接税という。

問７　イ　源泉徴収制度は被用者だけに適用され，自営業者や退職者は選択できない。

問８　イ　消費税は当初３％で適用された。

問９　ア　日本銀行は，財政ファイナンスとしての国債保有はしないが，金融政策として国債を市中銀行から買い上げ，保有することはある。

問10(1)　－12　税収とその他の収入の合計が 63＋９＝72(兆円)，国債費を除いた歳出が 109－25＝84(兆円)だから，72－84＝－12(兆円)になる。　(2)　ウ　基礎的財政収支(プライマリーバランス)がマイナスになるということは，国民の公共サービスの消費が国民の費用負担を上回り，借金が増え続けることを意味する。

問11　ウ　日本はジェノサイド条約に批准していない。オ(1953 年)→エ(1966 年)→ウ(1989 年)→ア(2006 年)

問12　イ　消費者委員会ではなく，公正取引委員会である。

問13　イ　自白以外の証拠がなければ有罪とならないことは，日本国憲法第 38 条で保障されている。

問14　エ　日本の民法は，選択的夫婦別姓制度ではなく夫婦同姓制度を採用している。

2023 解答例 令和５年度 ラ・サール高等学校

《国　語》

《一》問一．彼らにとってちょうどいいものだけを認め、本当の異物は排除するものだから。　問二．本来、異質な存在を排除する「狂ってる」という言葉が、愛情を持って使われることで他者の奇妙な部分をそのまま受け入れる意味を持ったということ。　問三．私は、周り～、トレース（下線部は周りのしやでもよい）　問四．オ　問五．自分の奇妙さが受け入れられ、多様性が認められていると浮かれて、メディアで「クレージー」と呼ばれることを許し、人が他者にラベリングされ排除される様子を無自覚に見せることで、かつての自分のように奇妙さを殺して生きている人を傷つけたこと。　問六．イ　問七．A．厄介　B．愚　C．克明　D．浸　E．柔軟　F．癖　G．原稿　H．突如　I．丁寧　J．催

《二》問一．①イ　②ア　④オ　⑥ア　問二．池を作って家々や田畑に水を送り人の営みを守ろうという、空海の願い。　問三．ウ　問四．オ　問五．慣用句の「口が減らない」の「口」をわざと文字通りの身体の口にとってみせ、口はそもそも一個でこれ以上無くならない、と、非難をかわした点。　問六．Ａでは、斉正が立場を超えて不躾でありながらも、彼の発言は道真が満濃池で得た感動に沿うもので納得し落ち着いているが、Ｂでは、道真なりの国政の理想論に悔しくも正論で返された後、過度に無礼な言動をされたことに怒りが止まらない。
問七．ａ．ケ　ｂ．ア　ｃ．キ　ｆ．カ　ｇ．ウ　ｈ．エ　問八．ｄ．ア／上一段／連用
ｅ．ア／下一段／未然　問九．声／が／し／た／ものの／、明るさ／に／馴れ／ず

《三》問一．ａ．エ　ｂ．イ　ｃ．オ　ｄ．ア　問二．をし(どり)（下線部はおでもよい）　問三．めとり
問四．③誰がこのように泣いているのか。　⑥一人で寝るのが辛い。　問五．二日後に、嶋鳥が死んだ雄鳥のくちばしをくわえて死を迎えた。　問六．ウ　問七．出家

《数　学》

1　(1) $\frac{12x-25y}{10}$　(2) $-\frac{2}{25}a^3b$　(3)124　(4) $(3a+2)(a-2b-1)$

2　(1)479，497，667，749，947　(2)大人…32　子供…20　(3)(ア)45　(イ) $5\sqrt{2}$　(4)(ア)1：4　(イ) $\frac{29}{10}$

3　※(1)4：3　(2)(4，3)，$(\frac{36}{5}, \frac{27}{5})$

4　(1) $(-\sqrt{2}, 2a)$　(2) $(2+\sqrt{2}, 0)$　(3) $(2+\sqrt{2})\pi a^2$

5　(1)27　(2)108　(3)171

6　(1) $\frac{\sqrt{3}}{3}$　(2) $\frac{\sqrt{3}}{6}+\frac{\pi}{9}$　(3) $\frac{4\sqrt{3}}{3}+\frac{5}{9}\pi$

※の途中経過は解説を参照してください。

《英　語》

[1]　放送原稿非公表のため，解答例は掲載しておりません。

[2]　(例文１)I want to be a pilot in the future.　I love travelling to foreign countries, so I'd like to have a job that would let me do that.　I've been to China and India, but I want to visit Europe and South America, too.　Also, I'd love to see the beautiful views from the cockpit.　It would be amazing to see the Andes from high in the sky, wouldn't it?／70

(例文２) I want to work as a scientist and do research on the environment after I graduate from university. In science class, I've learned a lot about pollution and rising sea levels, so I want to try to help with those problems. I'd especially like to study how to clean up plastic waste from the oceans. Let's join a local volunteer group and save the planet!／65

［3］ A．(1)gave (2)brought (3)getting　B．都市に暮らしていたのでジェーンには動物を見る機会が多くなかったから。　C．どのようにニワトリが卵を産むかということ。　D．ウ　E．エ→ウ→イ→ア　F．ついに彼女は夢を実現させるのに十分なお金を稼いだ。

［4］ A．イ　B．ウ　C．彼はタイマーをセットし，アラームが鳴るまでの短い時間，できる限り熱心に暗記に励む。　D．短期記憶に一度に多くの情報を入れておく。　E．４．yellow　５．green　６．blue　F．７ａ．three　７ｂ．ten　G．同意語　H．human　I．ア　J．techniques

《理　科》

【１】(1)メンデル　(2)５　(3)子房　(4)①卵細胞　②精細胞　(5)①ＡａＢｂ　②丸　(6)黄　(7)３：１　(8)①ＡａＢｂ　②緑　(9)イ　(10)３：１　(11)ウ

【２】(1)二酸化炭素　(2)金星　(3)ウ　(4)ウ　(5)ア　(6)イ　(7)内惑星となるので，明け方，夕方のみ観察できる。　(8)(a)イ，ウ，オ　(b)カ　(9)⑨エ　⑩ア　(10)Ｆ

【３】A．(1)(a)Ｂ　(b)ア　(c)ア　(2)チ　B．(1)オ　(2)Ｎ／㎡　(3)①ウ　②10395　③10.4　④重さ…103950　大気圧…1040　⑤9.79

【４】A．(1)$Zn + H_2SO_4 \rightarrow ZnSO_4 + H_2$　(2)オ　(3)①ボルタ　②正極　(4)A．Zn　B．Zn^{2+}　C．Cu^{2+}　D．Cu　E．SO_4^{2-}　F．高く　B．(1)ア．$2Cl^- \rightarrow Cl_2 + 2e^-$　イ．$2H^+ + 2e^- \rightarrow H_2$　(2)0.032　(3)0.108　(4)①燃料　②$2H_2 + O_2 \rightarrow 2H_2O$　③(ｉ)64　(ⅱ)540　(ⅲ)48

《社　会》

1　問１．イ→エ→ア　問２．スティーヴンソン　問３．イ　問４．十字軍　問５．オ　問６．海禁　問７．イ

2　問１．日露戦争のための増税で，10円以上の納税者が増加したから。　問２．ア　問３．石見銀山　問４．六波羅探題は，西日本の御家人を統轄した。　問５．後三条　問６．イ　問７．須恵器　問８．ア．Ｈ　イ．Ｃ　ウ．Ｑ

3　問１．①エ　②オ　問２．イ　問３．オ　問４．エ　問５．エ　問６．ウ　問７．民法　問８．イ　問９．イ　問10．ア　問11．エ　問12．カ　問13．ア　問14．ａ

4　問１．(1)ウ　(2)ノルウェー　(3)フィヨルド　問２．ウ　問３．(1)イ　(2)Ｋ　問４．(1)ドナウ川　(2)ウ　問５．(1)う国…ブラジル　え国…ベトナム　(2)キャンベラ／ブラジリア　(3)い　(4)エ　(5)エ

2023 解説 ▶ ラ・サール高等学校
令和５年度

《2023　国語　解説》

《一》

問一　直後の段落で具体的な状況が説明され、その状況を「当時の私」がどう捉えていたかが「『個性』とは、『大人たちにとって～ちょうどいい～』という意味の言葉なのだな～容易《たやす》くその言葉を使い、一方で本当の異物はあっさりと排除する大人に対して～迷惑だなあ～厄介なことを言い出したなあ』と思っていた」と述べられている。

問二　あえて「迫害ではなく」と書かれているのは、もともと「迫害」するときに使うような言葉だからである。ここでの「迫害」とは、異質な存在を排除することを意味する。その「狂ってる」（クレージー）という言葉が、「相手の奇妙さを愛する」意味で、「いつも愛情と一緒に」使われるものになったということ。

問三　傍線部③は、「平凡にならなくては」という思いからの行動である。「トレースすることで、いかに自分が平凡な人間かということを、発信し続けた」とある、波線部Ｅのある段落に着目する。「トレース」についてより具体的に述べた一文「私は、周りのしゃべり方、行動、リアクションを～トレースするようになった」より。

問四　直前の「そのとき」は、「ある日、テレビに出たとき、そのフレーズ(クレージーさやか)をキャッチコピーのように使うことを～許諾してしまった」とき。「瓶に入れられ、わかりやすいラベルが貼られた」、つまり、固定化された、一面的でわかりやすい「キャラ」として設定され、それを売りにされたということ。よって、オが適する。「テレビに出たらちゃんとクレージーにできますか？」と言われたことが、このことを物語っているのである。

問五　傍線部④の３段落前で「そうした(奇妙な部分を受け入れ合える喜びに浮かれていた)日々の中で、私は、『多様性』という言葉で自分を騙《だま》し、私と同じように、『奇妙さ』を殺しながら生きている人を、深く傷つけてしまったのだった」と述べ、受容に見せかけたラベリングを受け入れた自分の愚かさを語り、後ろから３段落目で「『多様性』という言葉の気持ちよさに負けて、自分と同じ苦しみを抱える人を傷つけた」とまとめている。

問六　「そんな祈り」とは、「どうか～私があまりの気持ち悪さに吐き気を催すくらい、世界の多様化が進んでいきますように～考え続け、自分を裁き続けることができますように」というものである。よって、イが適する。

《二》

問二　道真《みちざね》は「いくつもの家々が、白茶けた田畑が、人の営みが広がっていた」のを見て、また、自分がいる満濃池の「土の堰《せき》」を見て、この池が「人の営みのなかにあって、その営みを守るために作られた～ひと滴《しずく》ひと滴がかの高僧(空海)の願いそのもの」なのだと気づいた。ここから読み取れることを、空海の願いとしてまとめる。

問三　人の営みを守るために人の手によって作られた満濃池が「どんな理にも論にも増して～道真に思い知らせる」とあり、道真は「本当に願うならば、現実に顕《あらわ》さなければならない～途方もないことでも、命がけで為《な》そうとすれば、ほんのわずかでも実現できるかもしれない～空海は満濃池を作ったのだ。それに比べれば、自身の理想など何ほどでもない」「仁政を為し、人々に義の徳を示すことくらいはできるやもしれない」と思っている。自分も讃岐《さぬき》のために何かをしようとやる気にあふれ、国司の仕事に積極的に臨もうとしているのだ。よって、ウが適する。

問四　傍線部⑦に続けて斉正が「案の定、クソ真面目な国司様はやる気になったわけさ」と言っていることから、オが適する。道真の心の内を見透かしているのである。

問五　道真から「口が減らぬな」(口が達者で、勝手なことを遠慮なく言い立てるものだ)と言われ、この慣用句の意味も分かっていながら、わざと文字通りに解釈して、口はもともとひとつしかないから(これ以上減らない)と言ってふざけたのである。

問六　Aの直後に「頭に収めた知識ではなく、自身で体感した味わい。それに心動かされたゆえだった」とある。これは、斉正が言った「心底分かったってのは、そういうこと～頭んなかじゃあ、誰もが聖《ひじり》様だ」が、道真自身が満濃池で「どんな理にも論にも増して、その池のたたずまいが～思い知らせる。思うだけ、言うだけなら誰でもできる。それが形にならなければ～空手形にすぎない」「本当に願うならば、現実に顕さなければならない」と感じたことと同じだから、無礼でも腹が立たなかったという意味である。しかし、Bの直後には「どんなに～正論であっても、素直に聞くには無礼でありすぎた。その反感のあまり」とあり、怒りが収まらない様子である。

問七a　直前の「感じ」（動詞「感じる」）を打ち消す働きをしているので、ケの「助動詞」。　**b**　場所・事柄を指す指示代名詞なので、アの「名詞」に属する。　**c**　活用がなく、体言を修飾しているので、キの「連体詞」。　**f**　活用がなく、用言を修飾しているので、カの「副詞」。　**g**　直前に「は」があるので、ウの「形容詞」。　**h**　「だろ／だっ・で・に／だ／な／なら／〇」と活用する、エの「形容動詞」。

問八d　「い／い／いる／いる／いれ／いろ(いよ)」と活用する、ア行上一段活用の動詞。助動詞「た」に接続しているので連用形。　**e**　「え／え／える／える／えれ／〇」と活用する、ア行下一段活用の動詞。可能動詞(五段活用の動詞が下一段活用に転じたもの)なので、命令形はない。助動詞「ぬ」に接続しているので未然形。

問九　「声(名詞)／が(格助詞)／し(動詞)／た(助動詞)／ものの(接続助詞)／、明るさ(名詞)／に(格助詞)／馴れ(動詞)／ず(助動詞)」と分けられる。

《三》

問一a　「むなし」の、中に何もない、空《から》っぽである、という意味から。　**b**　「させる」は、後に打ち消しの語を伴って、これといった、という意味になる。　**c**　「年ごろ」は、長年の間、という意味。「日ごろ」（何日かの間）、「月ごろ」（何か月もの間）なども同様で、「ごろ」は、長い時間の経過を表す。　**d**　「やがて」には、引き続きそのまま、すぐに、そのうち、などの意味がある。前後の内容から判断する。

問三　夫である雄鳥を殺された雌鳥が、姿を変えて夢に現れたのである。

問四③　「かく(斯《か》く)」は、このように、という意味。このように泣いているのは、どのようなわけがある人なのか、と聞いている。　**⑥**　「うき」は、形容詞「うし(憂《う》し)」（つらい、という意味）の連体形。係助詞「ぞ」を受けて(係り結びの法則で)連体形になっている。

【古文の内容】

陸奥国《みちのくに》田村の郷《さと》の住人で、右馬允《うまのじょう》の何とかという男が、鷹《たか》を使って狩りをしたが、鳥を手に入れることができないで、何も持たず(収獲がなく)帰路についたが、赤沼《あかぬま》という所に鴛鴦《おしどり》の雌雄一対がいたのを、くるりの矢で射たところ、狙いたがわず鳥に命中したのだった。その鴛鴦の雄鳥をすぐにその場で鷹に餌として与え、鷹が食べ残した餌(雄鳥の一部)を餌袋に入れて、家に帰った。

その翌日の夜の夢で、たいそう上品で小柄な感じの女性が、枕もとに来てしきりに涙を流して泣き続けていた。不審に思い、「誰がこのように泣いているのか」と聞くと、「昨日赤沼で、これという過失もありませんのに、長年連れ添った夫を殺された悲しみに耐えられず、伺って嘆き訴え申し上げているのです。この嘆きのせいで、わが身も生きながらえるはずがありません」と言って、一首の歌を詠んで、泣きながら去っていった。

日が暮れると誘い合わせて過ごす親密な仲だったのに、赤沼の真菰《まこも》の陰で一人で寝るのが辛い。

しみじみと心を打たれ思いもよらないことだと思っていると、中一日《なかいちにち》おいた後(二日後)、鷹が食べ残した餌(雄鳥の一部)を見たところ、餌袋のところで鴛鴦の雌鳥が、雄鳥のくちばしを自分のくちばしにくわえ合わせて、死んでいたのだった。それを見てその右馬允は、すぐさま髻《もとどり》を切って、出家したということだ。

《2023　数学　解説》

1 (1)　与式$=\dfrac{5(4x-5y)}{30}-\dfrac{2\times2x}{30}+\dfrac{10(2x-5y)}{30}=\dfrac{20x-25y-4x+20x-50y}{30}=\dfrac{36x-75y}{30}=\boldsymbol{\dfrac{12x-25y}{10}}$

(2)　与式$=-\dfrac{ab^4}{2}\times\dfrac{9a^6b^2}{25}\times\dfrac{4}{9a^4b^5}=\boldsymbol{-\dfrac{2}{25}a^3b}$

(3)　$x^4-6x^2y^2+y^4=(x^2-y^2)^2-4x^2y^2=\{(x+y)(x-y)\}^2-(2xy)^2=(x+y)^2(x-y)^2-(2xy)^2$…①

ここで，$x+y=(\sqrt{7}+\sqrt{2})+(\sqrt{7}-\sqrt{2})=2\sqrt{7}$，$x-y=(\sqrt{7}+\sqrt{2})-(\sqrt{7}-\sqrt{2})=2\sqrt{2}$，

$xy=(\sqrt{7}+\sqrt{2})(\sqrt{7}-\sqrt{2})=7-2=5$だから，①より，$(2\sqrt{7})^2(2\sqrt{2})^2-(2\times5)^2=28\times8-100=\boldsymbol{124}$

(4)　**【解き方】すべて展開してから，bでくくる。**

与式$=3a^2-6ab-a+2b-6b-2=-2b(3a+2)+3a^2-a-2$…①

ここで，$3a^2-a-2=3a\times a+\{3\times(-1)+1\times2\}a+2\times(-1)=(3a+2)(a-1)$となるから，

①より，$-2b(3a+2)+(3a+2)(a-1)=(3a+2)(-2b+a-1)=\boldsymbol{(3a+2)(a-2b-1)}$

2 (1)　**【解き方】252を素因数分解すると，$252=2^2\times3^2\times7$となるから，1つの桁の数は7である。**

7以外の2つの桁の数は，$2^2=4$と$3^2=9$，もしくは，$2\times3=6$と$2\times3=6$である。

一の位が奇数になることに注意すると，求める3桁の奇数は，**479，497，667，749，947**である。

(2)　**【解き方】最初の乗客数の合計を，$7+4=11$より11aとし，現在の乗客数の合計を，$8+5=13$より13bとする(a，bは自然数)。**

$11a+8=13b$より，$a=\dfrac{13b-8}{11}$　　また，$13b\leqq55$で，$55\div13=4$余り3だから，$b\leqq4$

$\dfrac{13b-8}{11}$が11の倍数になるようなbの値は，$b=1,\ 2,\ 3,\ 4$のうち$b=4$だけである。

よって，現在の乗客数は，大人が$8\times4=$**32**(人)，子供が$5\times4=$**20**(人)である。

(3)(ア)　三角形の1つの外角は，これととなり合わない2つの内角の和に等しいから，

△ＢＣＤにおいて，$\angle BDC=87°-42°=$**45°**

(イ)　**【解き方】30°や45°の角度があることを利用したいので，右のように作図すると，△ＦＧＤは直角二等辺三角形，△ＦＧＣは3辺の比が$1:2:\sqrt{3}$の直角三角形となる。**

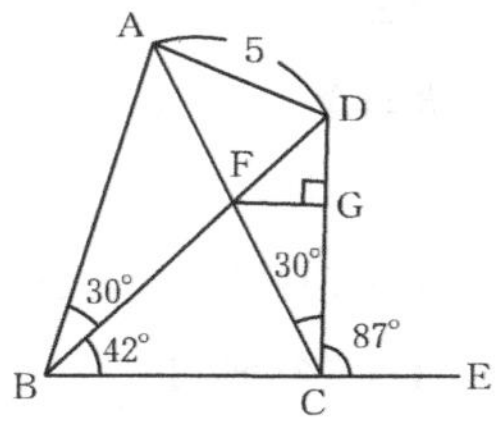

$\angle ABD=\angle ACD$だから，円周角の定理の逆より，4点Ａ，Ｂ，Ｃ，Ｄは同一円周上にある。したがって，△ＡＤＦ∽△ＢＣＦとなる。

$FD=\sqrt{2}FG$，$FC=2FG$だから，$FD:FC=\sqrt{2}:2$となるので，

△ＡＤＦ∽△ＢＣＦより，$AD:BC=FD:FC$　　$5:BC=\sqrt{2}:2$　　$BC=\dfrac{5\times2}{\sqrt{2}}=\boldsymbol{5\sqrt{2}}$

(4)(ア)　**【解き方】右のように作図すると，△ＡＥＰ∽△ＩＧＰとなる。**

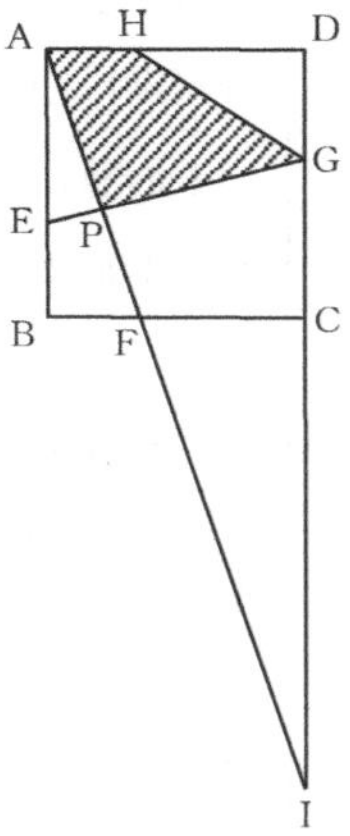

AD//BCより，△ＡＤＩ∽△ＦＣＩだから，$ID:IC=AD:FC=3:2$

$ID:CD=3:(3-2)=3:1$だから，$ID=3CD=9$，$IG=9-1=8$

△ＡＥＰ∽△ＩＧＰより，$EP:GP=AE:IG=2:8=$**1：4**

(イ)　**【解き方】台形ＡＥＧＤの面積から△ＡＥＰと△ＨＤＧの面積を引く。**

台形ＡＥＧＤの面積は，$\dfrac{1}{2}\times(2+1)\times3=\dfrac{9}{2}$

△ＡＥＰ∽△ＩＧＰで相似比が1：4だから，底辺をそれぞれＡＥ，ＩＧとしたときの高さの比も1：4なので，△ＡＥＰの高さは，$AD\times\dfrac{1}{1+4}=\dfrac{3}{5}$　　△ＡＥＰ$=\dfrac{1}{2}\times2\times\dfrac{3}{5}=\dfrac{3}{5}$

△ＨＤＧ$=\dfrac{1}{2}\times2\times1=1$　　よって，四角形ＡＰＧＨの面積は，$\dfrac{9}{2}-\dfrac{3}{5}-1=\boldsymbol{\dfrac{29}{10}}$

3 (1)　**【解き方】200gの食塩水から80gの食塩水を取り出したとき，食塩も含まれる量の**

$\frac{80}{200}=\frac{2}{5}$(倍)が取り出される。このことを利用して，含まれる食塩の量をａ，ｂの式で表していく。

最初に含まれている食塩の量は，Ａが $200\times\frac{a}{100}=2a$ (g)，Ｂが $320\times\frac{b}{100}=\frac{16}{5}b$ (g) である。

これらが最後には２等分されたのだから，最後はＡもＢも，$(2a+\frac{16}{5}b)\times\frac{1}{2}=a+\frac{8}{5}b$ (g)…①となった。

最初にＡから 80 g 取り出してＢに入れたとき，Ｂに含まれる食塩の量は，$2a\times\frac{2}{5}+\frac{16}{5}b=\frac{4}{5}a+\frac{16}{5}b$ (g) となった。ここから 125 g の食塩水を取り出したことで，食塩の量は $1-\frac{125}{80+320}=\frac{11}{16}$(倍)になったので，

$(\frac{4}{5}a+\frac{16}{5}b)\times\frac{11}{16}=\frac{11}{20}a+\frac{11}{5}b$ (g)…②となった。

①と②が等しいので，$a+\frac{8}{5}b=\frac{11}{20}a+\frac{11}{5}b$　　これを整理すると，$3a=4b$　　$a:b=$ **4 : 3**

⑵　**【解き方】⑵の問題文からａとｂの等式を作り，⑴より $b=\frac{3}{4}a$ を代入する。**

食塩の量の合計について，$10a\times\frac{a}{100}+10b\times\frac{b}{100}+5=(10a+10b+5)\times\frac{10}{100}$

整理すると，$a^2+b^2-10a-10b+45=0$　　$b=\frac{3}{4}a$ を代入すると，$a^2+\frac{9}{16}a^2-10a-\frac{15}{2}a+45=0$

$a^2-\frac{56}{5}a+\frac{144}{5}=0$　　$(a-\frac{28}{5})^2=-\frac{144}{5}+\frac{784}{25}$　　$a-\frac{28}{5}=\pm\frac{8}{5}$　　$a=\frac{8}{5}+\frac{28}{5}=\frac{36}{5}$，$a=-\frac{8}{5}+\frac{28}{5}=4$

$b=\frac{3}{4}a$ に $a=\frac{36}{5}$ を代入すると $b=\frac{27}{5}$，$a=4$ を代入すると $b=3$ となるから，$(a,\ b)=$ **$(4,\ 3)$，$(\frac{36}{5},\ \frac{27}{5})$**

4　⑴　**【解き方】Ａ(１，ａ)であり，Ｂ，Ａ，Ｃは同一直線上の点でＡＢ＝ＡＣだから，(ＢとＡの y 座標の差)＝(ＣとＡの y 座標の差)＝ａ－０＝ａとなる。**

Ｂの y 座標は $a+a=2a$ だから，$y=ax^2$ に $y=2a$ を代入して，$2a=ax^2$　　$x=\pm\sqrt{2}$

Ｂの x 座標は負だから，**$B(-\sqrt{2},\ 2a)$**

⑵　**【解き方】⑴と同様に考えて，(ＣとＡの x 座標の差)＝(ＢとＡの x 座標の差)＝$1-(-\sqrt{2})=1+\sqrt{2}$**

Ｃの x 座標は，$1+(1+\sqrt{2})=2+\sqrt{2}$ だから，**$C(2+\sqrt{2},\ 0)$** である。

⑶　**【解き方】右のように作図する。求める体積は，底面の半径がＥＢで高さがＯＣの円すいの体積から，底面の半径がＦＡで高さがＯＣの円すいの体積を引いた値である。**

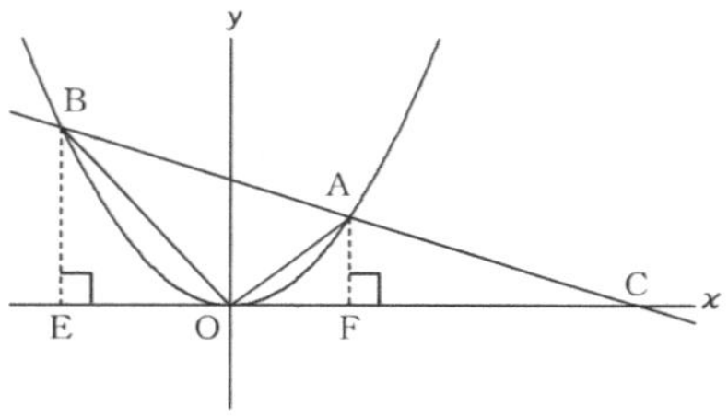

$B(-\sqrt{2},\ 2a)$ より，$EB=2a$，$A(1,\ a)$ より，$FA=a$，$C(2+\sqrt{2},\ 0)$ より，$OC=2+\sqrt{2}$ だから，求める体積は，

$\frac{1}{3}\times(2a)^2\pi\times(2+\sqrt{2})-\frac{1}{3}\times\pi a^2\times(2+\sqrt{2})=$

$(4a^2-a^2)\times\frac{1}{3}\times(2+\sqrt{2})\pi=$ **$(2+\sqrt{2})\pi a^2$**

5　⑴　**【解き方】１つの縦の列には最大で２個まで並べることができ，２個の場合の並べ方は右図のように３通りある。**

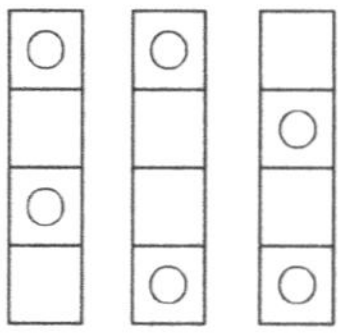

碁石を６個並べるとき，３つの縦の列に２個ずつ並べる。各列３通りの並べ方があるから，並べ方は全部で，$3^3=$ **27**(通り)

⑵　**【解き方】５個並べるとき，３つの縦の列にはそれぞれ２個，２個，１個並べる。**

１個だけ並べる列の選び方は３通りある。１個だけ並べる列の並べ方は４通りだから，１個だけ並べる列が決まると，並べ方は $3\times3\times4=36$(通り)ある。よって，並べ方は全部で，$3\times36=$ **108**(通り)

⑶　**【解き方】４個並べるとき，３つの縦の列にはそれぞれ２個，１個，１個，または，２個，２個，０個並べる。**

２個，１個，１個並べるとき，２個並べる列の選び方は３通りある。それが決まると，並べ方は $3\times4\times4=$ 48(通り)ある。２個，２個，０個並べるとき，０個並べる列の選び方は３通りある。それが決まると，並べ方は $3\times3=9$(通り)ある。

以上より，並べ方は全部で，$3\times48+3\times9=$**171**(通り)

6 ⑴ **【解き方】ＡＢの中点(球の中心)をＯ，ＣＤの中点をＥとすると図１のように作図できる。正四面体ＡＢＣＤは平面ＡＢＥについて対称なので，長さを求める半径はＡＥ上にある。平面ＡＢＥで球と正四面体を切ったときの断面は図２のようになり，半径を求める円の直径はＡＦである。**

図１

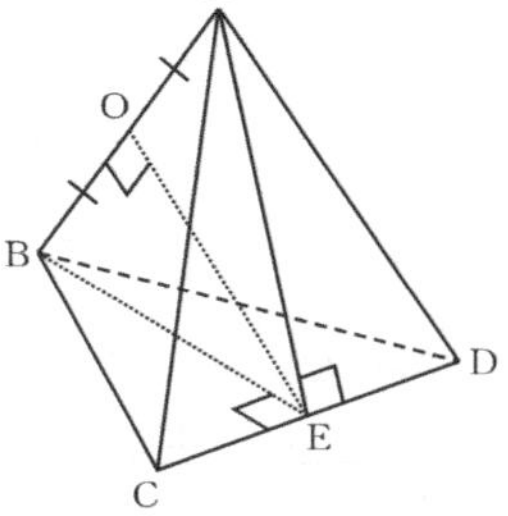

図２

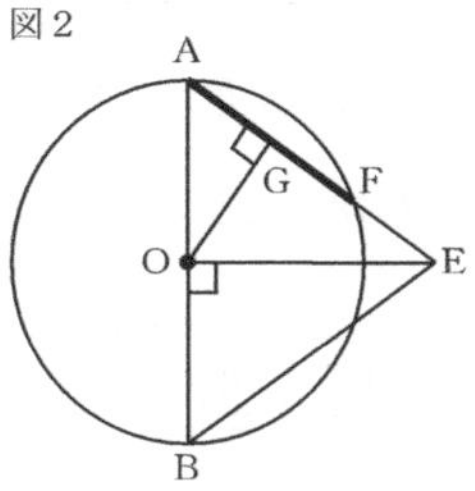

△ＡＣＤは正三角形だから，$AE=\frac{\sqrt{3}}{2}CD=\sqrt{3}$

三平方の定理より，

$OE=\sqrt{AE^2-AO^2}=\sqrt{(\sqrt{3})^2-1^2}=\sqrt{2}$

球の中心から切り口の円に垂線を引くと切り口の円の中心を通るので，図２のＧが円の中心である。

△ＡＧＯ∽△ＡＯＥだから，$AG:AO=AO:AE$　　$AG:1=1:\sqrt{3}$　　$AG=\frac{1}{\sqrt{3}}=\boldsymbol{\frac{\sqrt{3}}{3}}$

⑵ **【解き方】⑴より，平面ＡＣＤにできる切り口の円Ｇは右図のようになるから，色をつけた部分の面積を求めればよい。**

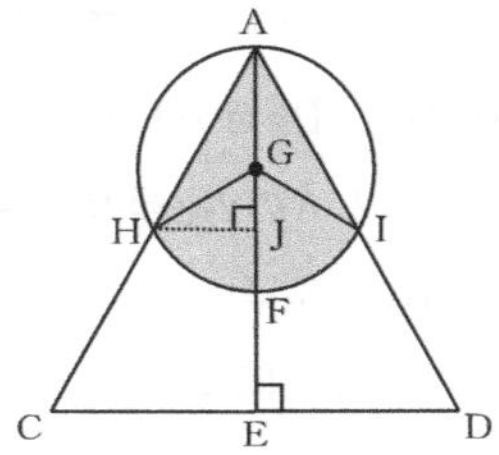

中心角は同じ弧に対する円周角の２倍の大きさだから，$\angle HGI=2\angle HAI=120°$

$\angle HGJ=\frac{1}{2}\angle HGI=60°$ だから，△ＨＧＪは３辺の比が $1:2:\sqrt{3}$ の直角三角形なので，$JH=\frac{\sqrt{3}}{2}GH=\frac{\sqrt{3}}{2}\times\frac{\sqrt{3}}{3}=\frac{1}{2}$

$\triangle AGH+\triangle AGI=2\triangle AGH=2\times\frac{1}{2}\times AG\times JH=2\times\frac{1}{2}\times\frac{\sqrt{3}}{3}\times\frac{1}{2}=\frac{\sqrt{3}}{6}$

(おうぎ形ＧＨＩの面積)$=(\frac{\sqrt{3}}{3})^2\pi\times\frac{120°}{360°}=\frac{\pi}{9}$　　よって，求める面積は，$\boldsymbol{\frac{\sqrt{3}}{6}+\frac{\pi}{9}}$

⑶ **【解き方】面ＡＣＤと面ＢＣＤでＳの内部にある部分は，⑴の平面ＯＣＥＤについて対称だから，その面積の総和は，⑵で求めた面積の２倍である。また，面ＡＢＣと面ＡＢＤでＳの内部にある部分は，⑴の平面ＡＯＢＥについて対称だから，その面積の総和は，面ＡＢＣでＳの内部にある部分の面積(右図の色をつけた部分)の２倍である。**

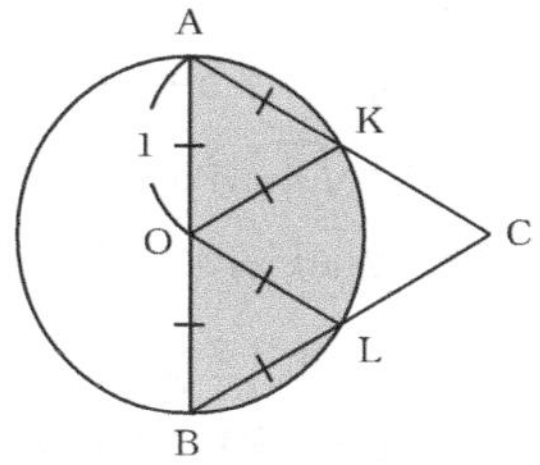

正三角形の１辺の長さと高さの比は $2:\sqrt{3}$ だから，１辺が１の正三角形の高さは $\frac{\sqrt{3}}{2}$ なので，$\triangle OAK+\triangle OBL=2\triangle OAK=2\times\frac{1}{2}\times1\times\frac{\sqrt{3}}{2}=\frac{\sqrt{3}}{2}$

$\angle KOL=180°-60°-60°=60°$ だから，

(おうぎ形ＯＬＫの面積)$=1^2\pi\times\frac{60°}{360°}=\frac{\pi}{6}$

したがって，面ＡＢＣでＳの内部にある部分の面積は，$\frac{\sqrt{3}}{2}+\frac{\pi}{6}$

よって，求める面積は，$\{(\frac{\sqrt{3}}{6}+\frac{\pi}{9})+(\frac{\sqrt{3}}{2}+\frac{\pi}{6})\}\times2=\boldsymbol{\frac{4\sqrt{3}}{3}+\frac{5}{9}}\pi$

《2023　英語　解説》

［２］

友達の Otis から受け取ったメール，「僕は大学卒業後のキャリアについて考えている。君は将来，どんな仕事をしたい？」に対する返事を60～70語で書く。

(例文１)「僕は将来，パイロットになりたい。外国に旅行するのが大好きだから，それができる仕事に就きたい。

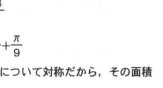

中国とインドには行ったことがあるが，ヨーロッパや南アメリカも訪れてみたいんだ。それにぜひ，コックピットから美しい景色を見てみたい。上空からアンデスを見るのは素晴らしいだろうと思わない？」

（例文２）「僕は，大学卒業後は科学者として働き，環境について研究したい。理科の授業で，汚染と海面上昇についてたくさんのことを学んだので，こうした問題に役立つようなことに取り組みたい。特に海洋からプラスチックごみを取り除く方法を研究したいと思っている。地域のボランティアグループに参加して，地球を救おうよ！」

［３］【本文の要約】参照。

Ａ．　⑴〈give＋人＋もの〉「（人）に（もの）をあげる」の文。　⑵〈bring＋A＋into～「～にAを持ち込む」の文。　⑶ 前置詞に続く動詞はing形にする。　・instead of ～ing「～する代わりに」

Ｂ．　下線部４の前にあるThat's whyより，直前の文を日本語で答える。

Ｃ．　第３段落３行目，Jane wanted to know how the hens laid their eggs.の下線部を日本語で答える。

Ｄ．　［ウ］の直前の文Finally, late in the afternoon her patience paid off.より，ウが適切。

Ｅ．　As，But，Howeverなどの接続詞から，話の流れをつかむ。

Ｆ．　enoughの後のmoneyが省略された文。　・make enough money to ～「～するのに十分なお金を稼ぐ」

・make＋A＋動詞の原形「Aを～させる」

【本文の要約】

皆さんは夜，寝付くのに役立つ特別なおもちゃ，おそらくクマやウサギ，ペンギンといったものがあるだろうか？夜，眠りにつくのを助けてくれるぬいぐるみを持っている子どもは多いが，有名な科学者であるジェーン・グドールも幼い頃，そのような特別なぬいぐるみを持っていた。彼女の物語は，彼女の父親が彼女にその特別な動物（ぬいぐるみ）を⑴与えた（＝gave）1930年代のロンドンまで遡る。それはJubileeと名付けられたチンパンジーだった。当時の父親には，チンパンジーがジェーンの人生においてとても重要なものになるとは知る由もなかった。彼女は成人して，類人猿とサルを研究する霊長類学者となるのだ。

成長するにつれジェーンはチンパンジーだけではなく，あらゆる種類の動物にとても興味を持つようになった。２歳の時には，興味があるという理由でベッド⑵にイモムシを持ち込んだ（＝brought worms into）。ジェーンの母親は，体をくねらす新しい友達を注意深く観察している娘を見つけた時，⑶叱る代わりに（＝Instead of getting angry）優しくこう教えた。イモムシは家の中では生きられないこと，外の土の中にいなければならないことを。おそらくこのことが父親に，ジェーンには一緒に眠りにつく特別なぬいぐるみが必要だ，と考えさせたのである。

B都市に暮らしていたのでジェーンには動物を見る機会が多くなかった。４歳の時，親戚の農場を訪れた彼女がとても興奮したのはこれが理由だった。農場で彼女はニワトリが産んだ卵を集める仕事を与えられた。ジェーンはとても好奇心の強い子どもだったから，Cどのようにニワトリが卵を産むかを知りたがった。彼女は庭を動き回るニワトリを観察したが，ニワトリがそこで卵を産むことはなかった。ニワトリが鶏小屋に入っていくのを観察したが，そこでも卵を産むのをはっきりと見ることができなかった。家族の大人たちに尋ねても教えてくれなかったので，彼女はある計画を立てた。彼女はニワトリが鶏小屋の特定の巣で卵を産むことを知っていたので，ある朝，中に入って静かに観察して待つことにしたのだ。鶏小屋にもぐりこんで隅っこの暗がりに隠れると，何時間も待ち続けた。大人たちは彼女がどこにいるのかわからず，とても心配になった。遅くなってもジェーンが帰ってこなかったので，彼らは彼女を探し始めた。彼女の名前を呼びながら，農場をくまなく歩き回り，近所にも足を延ばして探した。だがジェーンはまだ辛抱強く待ちながら観察していた。とうとう午後遅くに，彼女のがんばりが報われた。ウ彼女は一羽のニワトリが卵を産むのを見たのだ。彼女はほこりまみれで鶏小屋を飛び出した。自分が発見したことを両親に叫びながら。幸運なことに，ジェーンの母親は娘の様子から再び彼女の言いたいことを察した。母親はジェーンと一緒に座り，ジェーンが自分の発見した，ニワトリはどのように卵を産むかを全て話す間，耳を傾けた。ジェーンの母親はジェーンが好奇心の強く，知りたいことがあるとわかるまであきらめない，辛抱強い娘であることを理解し，彼女を支えたいと思った。

Eエ『類人猿ターザン』という本に感激したジェーンは，10 歳にして，動物を研究してその本を書くためにアフリカに行くことを決意した。ウしかしながら当時の人々はジェーンが夢見るような冒険は少年だけのものだと思っていた。イだがジェーンの母親は大半の人々とは違った。ア彼女は常に娘を支持した。彼女は娘に，簡単なことではないが懸命に働いていつかやって来るチャンスを掴むなら自分のしたいことは何でもできるよ，と話した。ジェーンは年頃になっても動物を研究するためにアフリカに行くことを夢見ていた。彼女が23歳の時，ついにチャンスが訪れた。友達が彼女をケニアに招待したのだ。旅費を稼ぐために彼女は仕事を見つけ，夏の間，懸命に働いた。F ついに彼女は夢を実現させるのに十分なお金を稼いだ。彼女はアフリカへ旅立った。

［4］【本文の要約】参照。

A 「59 組のトランプ」より，Dave Farrow はトランプの order「順番」を記憶した，とつながる。

B 空所ウの直前と直後の文に着目する。感覚記憶に入った情報は，気に留めない(ignore)ようならば，すぐに消去される。しかしながら(However)，その情報に注意を払うなら(pay attention)，短期記憶に入る，という流れ。

C ・as hard as he can「できる限り熱心に」

D 直前の文の to 以下を日本語で説明する。記憶力のチャンピオンたちは，普通ならば７つぐらいの事柄しか覚えられない短期記憶に，long lists of information「長い情報のリスト＝多くの情報」を入れておく。

E Roy G. Biv.の y，G，B より，その頭文字から始まる虹の色の英単語を答える。

F 電話番号は，一度に 10 桁の数字を覚えるより，大きな３つのかたまりにすると覚えやすいことを読み取る。

G 下線部８の直前の２文や，直後の例から，同じ意味の言葉＝「同義語」が適切。

H 同じ段落の２～３行目より，進化の過程で最後に出てきて料理をする生物だからヒト（＝human）が適切。

I ・be at ~ing「思いのままに～すること」

J 記憶する方法(=methods)とは，前に述べられた３つの techniques を言い換えたものである。

【本文の要約】

Dave Farrow は最高の記憶力の持ち主としてギネス世界記録ブックに登場するカナダ人である。学生時代，Dave は難読症（発達性読み書き障害）という学習障害があった。読み書きが困難であったにもかかわらず，Dave は学校で良い成績をとるために記憶力を高める方法を見出した。2008 年，彼は２日でトランプ 59 組のイ順番を記憶して世界記録を樹立した。彼の脳はどのようにこの情報全てを保持したのだろうか？Dave によれば，誰の脳であれそれは可能だというが，それは記憶力がどのように機能するかを理解するのに役立つ。

脳は常に感覚を通じて情報を得ている。その情報は感覚記憶に入る。感覚記憶は大量の情報を保持する十分なスペースがある。ただし数秒間だけだが。その情報を気に留めないなら，脳はそれを捨ててしまう。ウしかしながら，その情報に注意を払うなら，それは短期記憶に入り込む。こうした理由から，注意を払うことを学ぶ，これが学習記憶能力を向上させる重要な最初の一歩なのである。

脳の集中力を高めるために，大きな課題は細分化することを Dave は助言している。2彼はタイマーをセットし，アラームが鳴るまでの短い時間，できる限り熱心に暗記に励む。それから短い休憩をとる。これが彼の優れた集中力を維持させる。

短期記憶は情報を15秒から数分程度しか保持できない。加えて，短期記憶は一度に７つ程度の事しか保持できない。Dave のような記憶力のチャンピオンたちは，短期記憶に一度に長い情報のリスト（＝多くの情報）を保持しなければならない。これをするために，彼らはいくつか異なる技術を利用する。

１つ目の技術は，記憶したい全ての単語の最初の文字を見ることである。それから，この文字を全て使って自分なりの単語や句，文をつくってみよう。これは頭字語と呼ばれる。例えば，虹の色を全て覚えたいなら，Roy G. Biv.という名前を覚えてみよう。この架空の名前のそれぞれの文字は，色の最初の文字，すなわち赤（＝red），オレンジ（＝orange），4 黄色(=yellow)，5 緑色(=green)，6 青(=blue)，藍色（＝indigo），紫色（＝violet）と一致する。虹の色を思い出したいときは，Roy G. Biv.を考えるだけだから簡単である。

２つ目の技術は，情報を大きなかたまりにまとめることである。例えば，電話番号を覚えようとするなら，脳は通常３つのまとまり，すなわち始めの３つの数字，次の３つの数字，最後の４つの数字，のように覚える。このように，脳は数字を 7 b 10 桁覚える代わりに，7 a 3 つのものを覚えるだけでいい。これは数字と同様に単語でも活かせる。自分の語彙力の向上を願うことを想像してみよう。新しい単語を学ぶときはいつでも，同じ意味を持つ単語を勉強しよう。この方法なら，より多くの新しい単語を同時に学べて，しかも覚えなければならないのは一つの定義だけである。そういう単語を 8 同義語＝synonyms という。例えば big(大きい)という単語の同義語は，huge（巨大な），enormous（莫大な），gigantic（巨人のような），large（大きい），massive（大規模の）である。

３つ目の記憶術は映像化を利用することだ。あなたはどのようにミミズの類《たぐい》の生物からヒトに進化したのかを覚えたいとする。まず，それぞれの段階（ミミズの類，サカナ，サル，ヒトの絵）を心の中で描く。それからいつも歩いている道筋を思い出す。例えば，普段は外の小道から家に入り，台所の中に歩いて行くだろう。最後にその道筋のそれぞれの場所の絵を想像する。例えば，庭ではミミズの類を見るかもしれない。庭にはゴミ箱があるかもしれない。そのゴミ箱は雨水で満たされ，中にはサカナが見える。家の中に入ると寝室のドアを見るかもしれない。ベッドの上で飛び跳ねるサルをイメージできる。それから家族の一人，つまり人間，が台所で夕食を作っているのを見るかもしれない。少しの時間で道筋を映像化すれば，情報を記憶させられる。脳はイメージをよく記憶するので映像化は効果がある。そしてそのイメージが突拍子もないものほど記憶するのはより簡単になる。

情報を使い続けないなら，脳はそれを捨ててしまう。情報を復習し続ければ，それは長期記憶に移る。これを練習すればするほど，意のままに思い出せることだろう。次に電話番号，新しい単語，学校で何かを覚える必要があるときは，これらの方法を試してみよう。

―《2023　理科　解説》―

【１】

⑵　マメ科の植物の花の花弁の数はふつう５枚である。

⑶　さやの中に種子がある。エンドウは被子植物だから，さやは子房が変化したものである。

⑸　種子の形に着目すると，ａａ《しわ》とＡＡ《丸》をかけ合わせるからすべてＡａ《丸》になり，さやの色に着目すると，ＢＢ《緑色》とｂｂ《黄色》をかけ合わせるからすべてＢｂ《緑色》になる。よって，遺伝子型はすべてＡａＢｂになる。

⑹　種子は親の代の卵細胞と精細胞が受精することでできたものであるが，さやは親の代の体の一部である子房が変化したものである。よって，雌しべの遺伝子型はＡＡｂｂだから，さやの色は黄色である。

⑺　⑸解説より，実験１で得られた種子はすべてＡａである。よって，実験２では，Ａａの自家受粉によって得られる種子の形に関する遺伝子型は，ＡＡ《丸》：Ａａ《丸》：ａａ《しわ》＝１：２：１となり，丸：しわ＝(１＋２)：１＝３：１とな

る。

⑻　⑹解説と同様に考えると，実験２で得られる種子が入っているさやは実験１で得られた種子を育てた個体の体の一部だから，遺伝子型はＡａＢｂであり，さやの色は緑色である。

⑽　⑺と同様に考えると，実験２で，Ｂｂの自家受粉によって得られる種子のさやの色に関する遺伝子型は，ＢＢ《緑色》：Ｂｂ《緑色》：ｂｂ《黄色》＝１：２：１となり，緑色：黄色＝３：１となる。

⑾　１つの株にさやは複数できるが，１つの株の中のすべての細胞の遺伝子型は同じだから，１つの株の中でさやの色が混ざってできることはない。

【２】

⑶　表の続きを考えると，15kmで125hPa，20kmで62.5hPa，25kmで31.25hPa，30kmで15.625hPa，35kmで7.8125hPaになる。

⑷　火星は地球に比べて質量が小さく，重力が小さいため，大気を引きつける力が弱い。

⑹　太陽からの平均距離は地球の1.5倍だから，地球で見る太陽の明るさの約$\frac{1}{1.5^2}=\frac{1}{2.25}$(倍)になる。

⑺　地球から見たときの金星と同じように，明け方の東の空(明けの明星)か，夕方の西の空(よいの明星)に観察することができる。

⑻　太陽，地球，火星の順に一直線上に並んでいるから，⒜では満月，⒝では新月と同じような見え方になる。

⑼　2022年11月以前では，火星から見て地球は太陽の左側にあるから，⑨はよいの明星と同じような見え方になり，2023年１月以降では，火星から見て地球は太陽の右側にあるから，⑩は明けの明星と同じような見え方になる。

⑽　火星と地球を結ぶ直線と，太陽と地球を結ぶ直線が垂直に交わるから，半月状に見える。また，このとき火星の北半球から見ると地球の左側に太陽の光が当たっているから，Ｆが正答となる。

【３】

図 i

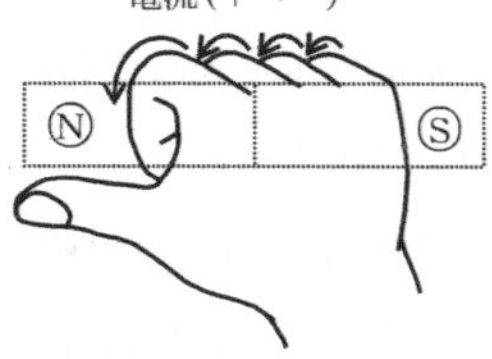

〔Ａ〕⑴　⒜コイルの中の磁界が変化すると，磁界の変化を妨げる向きに電流が流れる。図１のように，磁石のＮ極をコイルの上から近づけると，磁界の変化を妨げるようにコイルの上側がＮ極になり，図ｉの右手をあてはめるとＢの向きに電流が流れることがわかる。　⑵　一つ目の磁石の上を通過するとき，まずコイルの下にＳ極が近づくからコイルの下側がＳ極(上側がＮ極)になり，⑴と同様に図１のＢの向きに電流が流れ，その後コイルの下からＳ極が遠ざかるから同様に考えてＡの向きに電流が流れる。つまり，一つ目の磁石の上を通過するときには，負→正の順に電流が流れる。二つ目の磁石はＮ極が上になっているから，一つ目の磁石のときとは逆に，正→負の順に電流が流れる。また，二つ目の磁石の上を通過するときの方が速さが速いから，電流の大きさは大きく，電流が流れる時間は短くなる。よって，チが正答となる。

〔Ｂ〕⑴　海面上での気圧が１気圧(1013hPa)であり，ここでは１気圧を約1000hPaとする。1000hPaは100000Ｎ/㎡であり，湖の水の密度を１ｇ/㎤，100ｇの物体にはたらく重力の大きさを１Ｎとすると，１㎥(1000000㎤)の立方体の水にはたらく重力は10000Ｎだから，水深１ｍでの水圧は10000Ｎ/㎡である。５気圧になるのは水圧が５－１《大気圧》＝４(気圧)→400000Ｎ/㎡になるときであり，水圧は水深に比例するから，水深が$\frac{400000}{10000}$＝40(ｍ)になると水が浸入する。　⑶①　図１のＡでの大気圧は，標高1117ｍの地点の方が標高２ｍの地点よりも小さいので，標高1117ｍの地点の方がＢでの圧力が小さくなる。よって，ｈは770㎜より小さい。　②　770㎜→0.77ｍより，水銀柱の体積は１×0.77＝0.77(㎥)だから，その質量は13500×0.77＝10395(kg)である。　③　真空は０気圧だから，図１のＢでの圧力が大気圧と同じになるときを考えればよい。これは②より，１㎡あたりの質量が10395kgになるときであり，１㎡あたりの水の高さが$\frac{10395}{1000}$＝10.395→10.4ｍになるときである。　④　重さは10×10395＝

103950(N)であり，これが１㎡あたりにはたらく力だから，圧力は103950N/㎡である。１(Pa)＝１(N/㎡)であり，100(Pa)＝１(hPa)だから，このときの大気圧は$\frac{103950}{100}$＝1039.5→1040hPaである。　⑤　１kgの物体の重さをxNとし，④と同様に考えると，$\frac{10395x}{100}$＝1018が成り立つ。よって，x＝9.793…→9.79Nとなる。

【４】

〔Ａ〕(1)　亜鉛と硫酸が反応し，硫酸亜鉛と水素が生じる。　(2)　亜鉛と銅では，亜鉛の方がイオンになりやすいので，亜鉛が電子を放出して亜鉛イオンとなって水溶液中に溶け出し，電子はリード線を通って銅板に移動する。銅板上では，水溶液中の水素イオンが電子を受け取って水素原子となり，それが２個結びついて水素分子となる。このとき銅板自体には変化が起こらない。　(3)②　(2)解説より，電子が移動する向きは亜鉛板→銅板だから，亜鉛板が負極(－極)，銅板が正極(＋極)になっている。　(4)　Ｅ．硫酸銅水溶液中にも硫酸亜鉛水溶液中にも共通して存在するイオンだから，硫酸イオン〔SO_4^{2-}〕である。　Ｆ．ダニエル電池では，硫酸銅水溶液中の銅イオンが電子を受け取ることで電流が流れるので，水溶液中に銅イオンがたくさんあった方が電池が長持ちする。なお，硫酸亜鉛水溶液は，亜鉛が盛んに溶け出すことができるように，濃度を低くしておくとよい。

〔Ｂ〕(1)　塩酸中には水素イオンと塩化物イオンが存在する。陽極では，陰イオンである塩化物イオンが移動してくると，電子を１個放出して塩素原子となり，それが２個結びついて塩素分子となる。一方，陰極では，陽イオンである水素イオンが移動してきて，〔Ａ〕(2)解説の銅板上での反応と同じ反応が起こる。　(2)　〔$2H_2O \rightarrow 2H_2 + O_2$〕より，発生した水素と酸素の原子の数の比は，(２×２)：(２×１)＝２：１であり，水素と酸素の原子１個の質量比は，１：16だから，発生した水素と酸素の質量比は，(１×２)：(16×１)＝１：８である。よって，水素が0.004ｇ発生したのであれば，発生した酸素は0.004×８＝0.032(ｇ)である。　(3)　〔$2HCl \rightarrow H_2 + Cl_2$〕より，発生した水素と塩素の原子の数は同じだから，発生した水素と塩素の質量比は，原子１個の質量比と等しく，１：36である。(2)より，水素48mLの質量が0.004ｇだから，実験２で発生した水素36mLの質量は0.004×$\frac{36}{48}$＝0.003(ｇ)である。よって，実験２で発生した塩素は0.003×36＝0.108(ｇ)である。　(4)③(ⅰ)　水の分解と合成で，反応する水素と酸素の質量比は等しいから，(2)解説より，水素が８ｇ消費されるとき，酸素は８×８＝64(ｇ)消費される。(ⅱ)　〔電力量(kJ)＝電力(kW)×時間(ｓ)〕，１時間→3600秒より，0.15×3600＝540(kJ)となる。　(ⅲ)　水素１ｇを燃焼させると140kJの熱エネルギーが得られるから，この稼働で消費した水素８ｇを燃焼させたときには140×８＝1120(kJ)の熱エネルギーが得られるはずである。よって，$\frac{540}{1120}$×100＝48.2…→48％となる。

《2023　社会　解説》

１　問１　イ→エ→ア　　イ(1950年～1953年)→エ(1955年)→ア(1962年)　　「プラハの春」はチェコスロバキアの民主化政策のことである。

問３　イ　　1828年以降の２つのグラフが連動していることに着目する。19世紀前半に始まったイギリス・インド・清による三角貿易では，清はアヘンの対価として茶を輸出していたが，1820年代後半になると茶の輸出だけでは足りず，その不足分を銀で支払うようになった。清から大量の銀が流出することで，清の経済は混乱し，財政難となった清政府は，アヘンの取り締まりに動いた。

問４　十字軍　　「ローマ教皇」，「イスラーム勢力」「キリスト教の聖地…奪回」などから十字軍と判断する。1096年に第一回十字軍が派遣され，以後13世紀後半までに８回の遠征が行われた(回数については諸説あり)。

問５　オ　　キリスト教の聖地はイェルサレム，ビザンツ帝国の都はコンスタンティノープルである。ⓐはベネツィア，ⓓはアレクサンドリアあたり。

問6　海禁　　明を建国した洪武帝(朱元璋)は，倭寇を防止することを口実として海禁令を発した。

問7　イ　　貿易の利益を求める人々が明の統制政策を打破しようとしたことで，北方のモンゴル，東南海岸の倭寇の活動が激化し，明は海禁をゆるめた。その結果，中国には日本やアメリカ大陸などから銀が大量に流入した。

2　**問1**　1902 年と 1908 年の間に日露戦争(1904 年)が起きたことに着目する。日露戦争の戦費は，日清戦争のおよそ10 倍ともいわれている。そのため，非常特別税による増税が行われた。

問2　ア　　徳川吉宗による享保の改革は 1716 年から始められた。イ．1789 年に起きたクナシリ・メナシの戦い。ウ．1774 年に『解体新書』は出版された。エ．誤り。雨森芳洲が外交を行ったのは，琉球王国ではなく朝鮮である。

問4　1221 年に起きた承久の乱に勝利した鎌倉幕府は，西国武士の統制と朝廷の監視のために六波羅探題を設置した。また，承久の乱で活躍した御家人らは，西国武士から取り上げた領地の新たな地頭に任じられた。

問5　後三条　　藤原氏を外戚としない後三条天皇は，荘園整理令を出したことで知られる。後三条天皇以降，藤原氏の政治への影響力は衰え，白河天皇(上皇)の院政につながっていく。

問6　イ　　「貧窮問答歌」は大伴家持ではなく山上憶良の作品である。

問7　須恵器　　土師器《はじき》が誤り。土師器は弥生土器と同じ製法であることから，朝鮮から伝わった技術で焼かれたものとはいえない。須恵器の方が焼成温度が高く，土師器と比べて固く青灰色をしている。

問8ア　H　　cが正しい。明王朝の成立は 1368 年。ａ．誤り。湾岸戦争ではなく第４次中東戦争である。
ｂ．誤り。ワシントン会議で九か国条約が締結され，山東半島の利権を中国に返還する条約も締結された。

イ　C　　cが正しい。徴兵令の発布は 1873 年。ａ．誤り。上杉鷹山は白河藩ではなく米沢藩の藩主である。
ｂ．誤り。正長の土一揆は，近江の馬借を中心として起こった。

ウ　Q　　bが正しい。大津宮から飛鳥に都を遷したのは天武天皇である。ａ．誤り。フビライの国書を持ってきたのは，新羅ではなく高麗の使者である。ｃ．誤り。多賀城は奈良時代にすでに築かれていた。坂上田村麻呂が築いたのは胆沢城である。

3　**問1**　①＝エ　②＝オ　　ロシアのプーチン大統領は，ウクライナが西側に組み込まれることを恐れて軍事侵攻をしているのだから，ウクライナはＥＵ(欧州連合)やＮＡＴＯ(北大西洋条約機構)に加盟していない。ＯＳＣＥ(欧州安全保障協力機構)は，北米・欧州・中央アジアの 57 か国が加盟する世界最大の地域安全保障機構。

問2　イ　　ア．誤り。アメリカ合衆国，ロシア，イギリス，フランス，中華人民共和国が拒否権をもつのは，総会ではなく安全保障理事会である。ウ．誤り。国際司法裁判所における裁判の開始には，訴えられた国の同意が必要である。エ．誤り。日本の国連分担金は，アメリカ合衆国，中華人民共和国に次いで３番目に多い。

問3　オ　　iii (1996 年)→ i (2006 年)→ ii (2017 年)

問4　エ　　金融引き締めは，景気が過熱する局面で経済活動を抑制するために行う。金融緩和は，景気悪化の局面で経済活動を活発化させるために行う。

問5　エ　　例えば１ドル＝110 円から１ドル＝120 円になることを円安，１ドル＝110 円から１ドル＝100 円になることを円高という。132 万円をドルと交換する場合を考えると，１ドル＝100 円のときは 13200 ドルに換算され，１ドル＝120 円のときは 11000 ドルに換算される。このように円安が進むと，円→ドルの交換は円高のときより金額が低くなるので，日本の輸出産業には有利にはたらき，日本で働く外国人の賃金を海外に送金する場合には不利にはたらく。

問6　ウ　　韓国とフランスは大統領，イギリスは首相が行政府の首長である。

問8　イ　　憲法は国家権力に向けた法(国家権力を制限して国民の人権を守るための法)であり，刑法は国民の権利や自由を制限する法である。

問９　イ　　令和４年12月の改正公職選挙法によって，衆議院小選挙区では東京都や神奈川県などの大都市で定員数増，地方の県で定員数減となる10増10減が行われた。参議院議員通常選挙は３年に１度，ほぼ７月中に行われる。

問10　ア　　過去に，静岡市において，中学１年生が「歩きたばこ禁止条例」の実現を求めた請願をし，それが実現したこともある。イ．誤り。経済活動の自由と精神活動の自由に差はない。ウ．誤り。大日本帝国憲法では社会権は認められていなかった。エ．誤り。参政権は，国外に住んでいても日本国民であれば保障されている。

問11　エ　　国民投票法では，投票年齢を満18歳以上とし，すみやかに満18歳以上満20歳未満の者が国政選挙に参加できるようにすることとされていた。ア．誤り。憲法改正の発議には，衆議院と参議院それぞれの総議員の３分の２以上の賛成が必要である。イ．誤り。国民投票では，有効投票の過半数の賛成が必要である。ウ．誤り。国民投票法は平成19年に制定された。

問12　カ　　ⅰ．誤り。国民審査は，衆議院議員総選挙において最高裁判所の裁判官を対象として実施される。ⅱ．誤り。国民審査の投票の際には，罷免した方がよいと思う裁判官に「×」をつけて投票する。ⅲ．正しい。

問13　ア　　ⅰ(1985年)→ⅱ(1999年)→ⅲ(2018年)

問14　a　　女子差別撤廃条約の批准に際し，男女雇用機会均等法の制定が必要となった。

4　**問１⑴**　ウ　　Ｇのドイツでは火力発電の発電割合が高くなっている。　**⑵**　ノルウェー　　Ａのアイスランドはエ，Ｂのノルウェーはイ，Ｆのフランスはアである。ノルウェーは，電力の約９割を水力でまかなっているため，生産した原油を輸出することができる。ノルウェー領内に北海油田の一部があり，採掘された原油はパイプラインでイギリスなどに輸出されている。

問２　ウ　　Ｘはウクライナからロシアにかけての黒土地帯を示している。

問３⑴　イ　　Ｈはポーランド，Ｉはチェコ，Ｊはオーストリア，Ｋはハンガリーである。ポーランド・チェコ・オーストリア・ハンガリーやフランス・イタリア・スペイン・ポルトガルなどにカトリック，イギリス・ドイツ・北欧などにプロテスタント，ロシア・ベラルーシ・ギリシャなどに正教会が多い。　**⑵**　Ｋ　　ハンガリーの公用語は，ウラル系言語のハンガリー語(マジャール語)である。

問４⑴　ドナウ川　　ヨーロッパを流れる国際河川のうち，北海にそそぐライン川，黒海にそそぐドナウ川を覚えておきたい。　**⑵**　ウ　　ドナウ川流域には，原加盟国のドイツが含まれる。また，下流域でＥＵに加盟していないウクライナの国境を流れる。

問５⑴　う＝ブラジル　え＝ベトナム　　う．東京より12時間遅いことから西経に位置する国であり，その上でポルトガルの支配を受けていたことからブラジルと判断する。え．東京より２時間遅いことから東南アジアに位置する国であり，フランスの支配を受けていたことからフランス領インドシナであった，ベトナム・ラオス・カンボジアのいずれかである。このうち人口が１億人と最も多いのはベトナムである。

あはオーストラリア，**い**はインドネシア。　**⑵**　キャンベラ／ブラジリア　　オーストラリアでは，イギリスからの独立時の臨時首都メルボルンからキャンベラに，ブラジルではリオデジャネイロからブラジリアに首都が移転された。　**⑶**　い　　インドネシアの国民の80%以上がイスラーム教徒である。　**⑷**　エ　　キャンベラは南半球に位置するから②とすぐに判断できる。赤道に近いジャカルタ(インドネシア)は熱帯雨林気候の③，ハノイ(ベトナム)は温暖湿潤気候の①である。　**⑸**　エ　　①はブラジルからの輸出量が多いからとうもろこし，②はベトナムからの輸出量が多いから米，③はオーストラリアからの輸出量が多いから小麦である。

2022 解答例
令和4年度

ラ・サール高等学校

《国　語》

《一》問一．筆者の原稿を読み、誤字脱字、事実関係の点検だけでなく、不特定多数の一般読者の視点も想定した指摘をし、ひとりよがりではない、公共性や社会性を帯びた文章に向上させる　問二．ウ　問三．イ

問四．ネットの文章や、法案にまで多々間違いが見られ、校正者の不在が露呈する現在の状況を嘆き、世の人々に、文章には誤りやひとりよがりな所があるという前提での見直しを経てから発表せよと強く言いたい、という思い。　問五．A．素朴　B．妻　C．漏　D．概念　E．秘匿　F．痕跡　G．覆　H．雑言　I．垂　J．怠　問六．うまく／書こ／う／と／力む／から／うまく／書け／ない／の／だ

問七．b．オ　c．ク　d．ス　e．ク　f．シ　g．コ　h．キ　i．ソ

《二》問一．僕…ウ　詩人…カ　問二．A．ウ　B．イ　問三．些細な付加価値に彩られた人生を求めること

問四．戦後詩が、表現に難解さばかりを増してゆき、生きることそのものと切り離されたものになっている状態。

問五．エ　問六．貧しくても精一杯生きたのち、死んで蟹に食いつくされ、その蟹が子孫の生活の糧となること。〔別解〕ありのままに生き、ありのままに死に、命を子孫に引き継いでいくこと。　問七．あらゆる付加価値が捨象された生の原型を描き、それを肯定的に捉えている点。

《三》問一．陰陽師の道に優れていると評判の晴明に弟子になると言いつつも、晴明を試してやろうと思ったから。

問二．④イ　⑪エ　問三．物よむ(やうにして)　問四．②エ　⑤ア　⑥ウ　⑨ア　問五．供として連れていた二人の童がいなくなったので、それを探している。　問六．晴明　問七．陰陽師の術で、自分の式神を使うことはたやすいが、晴明がしたように他人が使う式神を隠すことは、とてもできることではないということ。

《数　学》

1　(1) $-\frac{1}{18}x^3y^5$　(2) $x=8$　$y=9$　(3) $-\frac{5}{2}$，$\frac{1}{11}$　(4) $(a+2b-c)(a-2b+c)$

2　(1) $z=-1+\sqrt{3}$　$\frac{y}{x}=\frac{-1+\sqrt{3}}{2}$　(2)(i) $a=-\frac{1}{2}$　$b=-\frac{13}{2}$　(ii) $B(-\frac{3}{2}, \frac{27}{4})$　$C(\frac{4}{3}, \frac{16}{3})$

(3)(i) AC＝8　BD＝7　(ii) 15：49　(4) $EF=\frac{\sqrt{3}-1}{2}$　$\triangle AGD=\frac{3-\sqrt{3}}{24}$

3　(1) $(100-p)^2$　※(2) p＝25　人数…1300

4　(1) $\frac{4}{5}t^2$　(2) $-\frac{3}{5}t^2+\frac{42}{5}t$　(3) $\frac{3\sqrt{15}}{2}$，9

5　(1)29　(2)1416，2628，3840，5052，6264，7476，8688

6　(1)面積…60　半径…$\frac{10}{3}$　(2) $\frac{80}{9}$　(3) $\frac{500}{53}\pi$

※の途中経過は解説を参照してください。

《英　語》

[1]　Part 1．1．c　2．a　3．b　4．b　5．c

Part 2．1．a　2．c　3．a　4．a　5．b　6．c　7．c

Part 3．1．largest　2．stories　3．knees　4．dirty　5．between　6．30〔別解〕thirty　7．pumpkin　8．future

［2］ (例文１) If I go to La Salle, I'm going to join the football club. I've played football for three years in junior high school and I really enjoy kicking a ball around outside with my friends. My best position is center forward, but I also like playing in midfield. I once scored a hat trick in a big match! Do you belong to a club at your school? ／67

(例文２) If I enter La Salle, I'll probably join the English Debate Club. I read the news every day and like giving my opinions on lots of important topics, such as politics and climate change. I think it would be fun to share my ideas with other students. Also, I'm looking forward to improving my English speaking skills and making new friends. Let's debate together online sometime! ／66

［3］ A．エ　B．ウ　C．オ，エ，イ，ウ，ア　D．Pagerの脳が腕や手を動かすために使っている信号。
E．Pagerの脳からの信号を，Pagerの手が実際にしている動きに対応させること。　F．直前の語…was
直後の語…connected　G．Neuralinkは体を動かす能力を失った人たちに，周囲の世界と意思の疎通をしてつながることができるようにさせたいと思っている。　H．ア

［4］ A．フィッシュアンドチップスは，新聞に包まれているので，最後のチップまで冷めなかったものだ。
B．フィッシュアンドチップスを買ってくると，料理をつくらなくてすむということ。　C．３a…turned
３b…survived　D．エ　E．fingers　F．魚を捕りすぎて絶滅しそうなこと。　G．イ
H．快適でより高級な魚料理のレストラン

《理　科》

【1】⑴(ア)血球　(イ)血しょう　(ウ)赤血球　(エ)白血球　(オ)血小板　(カ)組織液　⑵血しょう　⑶血小板
⑷480　⑸2000　⑹エ　⑺4800　⑻ウ

【2】⑴(Ⅰ)中　(Ⅱ)エ　(Ⅲ)イ　⑵②c，e　③a　⑶④20　⑤80　⑷エ　⑸ア，オ

【3】A．⑴イ，オ，カ　⑵(a)カ　(b)①ア　②イ　⑶(a)$N_2+3H_2 \rightarrow 2NH_3$　(b)34　(c)窒素…58　水素…11
⑷(a)4　(b)5　(c)4　(d)6　(e)3　(f)1　(g)2　(h)1　B．⑴ビーカーA…$2HCl+Ba(OH)_2 \rightarrow BaCl_2+2H_2O$
ビーカーB…$H_2SO_4+Ba(OH)_2 \rightarrow BaSO_4+2H_2O$　⑵X．緑　Y．青　⑶2：3　⑷①32　②$\frac{3}{13}$

【4】A．①B　②0.2　③0.1　④0.1　⑤0.2　⑥6　⑦3　⑧6　⑨25　B．⑴20　⑵200　⑶2.5　⑷75　⑸1

《社　会》

1　問１．ジッグラト〔別解〕聖塔　問２．オ　問３．イェルサレム　問４．A．贖宥状〔別解〕免罪符
B．オランダ　問５．イ，カ　問６．一国二制度　問７．茶

2　問１．A→D→B→C→E　問２．Q．紫式部　R．足利義政　問３．ア，エ　問４．問屋制家内工業
問５．水俣病　問６．エ，ア　問７．エ　問８．この工場で生産される生糸が輸出されることで外貨が手に入り，日本はそれにより機械や兵器を買い入れて，富国強兵政策を進められるから。　問９．エ　問10．イ

3　問１．ア　問２．エ　問３．ルソー　問４．オ　問５．ウ　問６．ア　問７．ウ　問８．イ
問９．イ　問10．エ　問11．ア　問12．イ　問13．労働組合法　問14．カ　問15．ウ

4　問１．1．ピレネー　2．アンデス　3．メコン　4．リオグランデ　問２．ウ　問３．エ
問４．⑴ウ　⑵C国…イ　D国…ア　⑶スペイン　⑷河川名…ラプラタ　国名…ウルグアイ　⑸フィヨルド
問５．ソビエト連邦　問６．オ　問７．ハリケーン

2022解説 ラ・サール高等学校

令和4年度

《2022　国語　解説》

《一》

問一　「彼ら」とは、出版前に筆者の原稿を読んでくれる、妻、編集者、校正者のこと。１～２行前に「彼らが誤字脱字はもとより事実関係などをチェックし、原稿に赤字を入れてくれる」とある。また傍線部１の後に、「彼ら」は「文章を読むだけではなく、不特定多数の一般読者はこれをどう読むか、ということも読む～その視点が入ることで文章はひとりよがりを脱し、公共性や社会性を帯びる。彼らに読まれることによって言葉は練られ、開かれていく」とある。「誤字脱字」や「事実関係」という文章の正しさに関わることだけでなく、「一般読者」がどう読むかという客観的な視点でチェックしてくれるので、文章が「公共性や社会性を帯び」たものになるのである。

問二　『古事記』の例をあげて、傍線部２のように言っている。『古事記』は、天皇の「文章をよくよく調べて正し、虚偽を削除し、真実を定めて後の世に伝えたい」という命によって、『旧辞《ふること》』と『先紀《さきつよのふみ》』のあやまりを校正して作られた。これをふまえ、傍線部２の後では「校正するからこそ『原本』や『誤り』『偽り』『真実』などの概念も生まれるわけで、校正がなければ元も子もないのである」と述べている。校正によって、過去の出来事(文献)から真実が選定され、後世に伝えるべき歴史の記録が生まれるのである。

問三　直前に「そもそも何かを書くというのも何かを正そうとしているようで、すべては校正ではないだろうか」とある。書き手が「何かを正そうと」するのは、書き手自身による校正だと言える。よって、イが適する。

問四　ネット上には、校正されていない文章が載せられることがよくあるため「目を覆うばかりの誤字脱字の氾濫。ひとりよがりを超えた罵《ば》詈《り》雑言《ぞうごん》や事実関係を無視したデマの垂れ流し」が見られる。また校正しないため、「もはや間違いの自覚もない」。さらにネットの文章だけでなく、国会に提出された法案にも多くのミスが見られた。筆者は校正がおろそかになっている現状を嘆き、「校正せよ」と呼び掛けている。

問六　品詞分解すると「うまく(形容詞)／書こ(動詞)／う(意志の助動詞)／と(格助詞)／力む(動詞)／から(接続助詞)／うまく(形容詞)／書け(動詞)／ない(打消の助動詞)／の(格助詞)／だ(断定の助動詞)」。

《二》

問一　まず「僕がその詩人と出会った」時、「僕」は「大学の学部を卒業してすぐの春」だったから、二十二歳くらい、「その詩人」は五十代半ばである。ここから二人の年齢差が三十歳くらいであることをおさえる。「『詩は鏡』が出版されたのは、今から二十年前のことになってしまった」より、「この文章が書かれた時点」の二人の年齢は、『詩は鏡』の出版された時がわかれば計算できる。『詩は鏡』は、「詩人」が「十九歳の時」に月村氏と出会い、それから「四十五年間余」たって出版されたことから、「詩人」が六十四歳(約六十五)歳の時に出版されている。「今」はそれから「二十年」たっているから、「その詩人」は八十五歳くらいである。「僕」は、「詩人」より三十歳くらい若いから、五十五歳くらいということになる。

問三　徳重敏寛の詩が表現するのは、傍線部②とは「まったき別天地を築く(完全に異なる)『生きる』姿」とあるから、「『他人』との区別ある『人生を生きる』こと」は、徳重敏寛の詩が表現する「『生きる』姿」(「存在、存在性を生きる姿」)とは全く異なるものだということである。この後に、徳重敏寛と会田綱雄の詩は、「あらゆる付加価値を捨象した(切り捨てた)生の原型を描いている」とあることから、傍線部②は、これと反対に、「付加価値」を得ようとする生き方だということなる。これを端的に表したのが、最後から２段落目の「些《さ》細な付加価値に彩られた人生を求めること」である。

問四　傍線部②の４～５行後の「自己の存在性を生きることの不可能を代償に言語の存在性を生きざるを得なかった、いわゆる戦後詩」「戦後詩におけるような難解な詩語、詩行」を参照。戦後詩は、「存在性を生きる」こと(生きることそのもの)を表現できずに、難解な表現に陥ってしまった。

問五　会田綱雄の詩の後半に「そしてわたくしたちのぬけがらを　蟹はあとかたもなく食いつくすだろう　むかしわたくしたちのちちははのぬけがらを　あとかたもなく食いつくしたように」とある。「わたくし」は、蟹が人の死体を食べて大きくなったことを知っているので、蟹を食べずに売って、米や塩に代えていると考えられる。

問六　「ひとにぎりの米と塩を買い」や「わたくしたちの小屋は灯をともさぬ」などから貧しい暮らしぶりがうかがえる。「蟹をとらえて最低限の食料を得、子どもを育て、死んだ後には自分たちが蟹の餌となり、子どもがまたその蟹で食料を得て命をつないでいくことを「わたくし」は願っている。「わたくしたちのちちははも　わたくしたちのように」「わたくしたちはやがてまた　わたくしたちのちちははのように」などから、世代から世代へと、ありのままに生き、死んでいく営みが続いていくことが読みとれる。

問七　問三の解説参照。傍線部③の次の行に「(徳重敏寛と会田綱雄の詩は)示されているテーマは必ずしも『合同』ではないが、あらゆる付加価値を捨象した生の原型を描いている点で『相似』形をなしている」とある。「合同ではないが～相似形をなしている」は、(詩のテーマが)完全に同じではないが、似ているということ。

《三》

問四②　ここでの「見え」(終止形「見ゆ」)は「思われる」という意味。「べし」は、「推量・意志」の助動詞。

⑥　「往ぬ」は、一語で「行ってしまう」という意味の動詞。「ぬ」が打消の助動詞ではないので注意する。「らん」(らむ)は現在推量の助動詞。　⑨　「ことわり」(理《ことわり》)は、「ものの道理」という意味。その通りだということ。

【古文の内容】

　昔、清明の土御門《つちみかど》の家に年老いた僧がやってきた。十歳ぐらいになる子どもを二人連れていた。清明が、「どういう人でいらっしゃるのですか」と問うと、「播磨国《はりまのくに》の者でございます。陰陽師《おんようじ》の術を習おうという気持ちでございます。この(陰陽師の)道に特に優れているということをうかがいまして、少々習いたいと思って参上したのです」と言うので、清明が思うことには、「この法師は、賢い者なのだろう。私を試そうとして来た者なのだ。そういう者に馬鹿にされるようでは後々良くないだろう。この法師を少しもてあそんでやろう」と思って、「お供の子どもは、式神を使って来ているようだ。式神ならば召し隠せ」と心の中で念じて、袖《そで》の中で印を結んで、ひそかに呪文《じゅもん》を唱えた。さて法師に言うことには、「直《す》ぐお帰りなさい。後の日取りのよい日に、習おうとおっしゃったことをお教えしましょう」と言うと、法師は「おお、ありがたや」と言って、手をすって額《ひたい》に当てて走って去った。

　「もう帰った頃だろう」と(清明が)思っていると、法師は立ち止まって、しかるべき所、車を入れる小屋などを覗《のぞ》き歩いて、また(清明の)前に寄って来て言うには、「お供に連れていた子どもが、二人ともいなくなってしまいました。それをいただいて帰りましょう」と言うと、清明は「あなたはとんでもない事をいうお坊さんですね。清明(私)が何のために、人のお供の者を取るというのですか」と言った。法師が言うことには、「全くあなた様、全くその通りです。しかしながら、ただお許しいただきたいのです」と詫《わ》びると「よしよし、あなたが、人を試そうとして、式神を使って来たのが、うらやましいと、とりわけ思ったのですが、違う人ならばそのようにお試しなさるのはよいが、清明にどうしてそんなことをなさるべきでしょうか(してはいけませんよ)」と言って、ものを読むようにして、しばらくすると、外の方から子どもが二人とも走って入ってきて、法師の前に出てきたので、その時、法師が申し上げることには「まことにお試ししようとしたのです。式神を使うことは簡単でございます。(しかし)人の使っている式神を隠すことは、全くかなわないことでございました。今からは、ひたすら弟子になっておつかえしましょう」と言って、懐《ふところ》から名簿《みょうぶ》を引きだして(清明に)渡した。

《2022 数学 解説》

1 (1) 与式$=-\frac{1}{27}x^3y^6\div 4x^2y^2\times 6x^2y=-\frac{x^3y^6\times 6x^2y}{27\times 4x^2y^2}=-\frac{1}{18}x^3y^5$

(2) $\frac{3}{4}x-\frac{1}{2}(y+1)=1$の両辺を4倍して，$3x-2(y+1)=4$　　$3x-2y=6$…①

$\frac{1}{3}(x+1)+\frac{3}{4}(y-1)=9$の両辺を12倍して，$4(x+1)+9(y-1)=108$　　$4x+9y=113$…②

①×9＋②×2でyを消去すると，$27x+8x=54+226$　　$35x=280$　　$x=8$

①に$x=8$を代入すると，$3\times 8-2y=6$　　$2y=18$　　$y=9$

(3) $5x+3=\mathrm{A}$，$3x-2=\mathrm{B}$とすると，与式より，$\mathrm{A}^2+\mathrm{AB}-2\mathrm{B}^2=0$　　$(\mathrm{A}-\mathrm{B})(\mathrm{A}+2\mathrm{B})=0$

AとBを元に戻すと，$\{5x+3-(3x-2)\}\{5x+3+2(3x-2)\}=0$　　$(2x+5)(11x-1)=0$

$2x+5=0$より，$x=-\frac{5}{2}$，$11x-1=0$より，$x=\frac{1}{11}$

(4) 与式$=a^2-(4b^2-4bc+c^2)=a^2-\{(2b)^2-2\times 2b\times c+c^2\}=a^2-(2b-c)^2=$

$(a+2b-c)\{a-(2b-c)\}=(a+2b-c)(a-2b+c)$

2 (1) $x=y(z+2)$より，$x=yz+2y$　　$yz=x-2y$　　$z=\frac{x}{y}-2$…①

$y(z+2)=(x+y)z$より，$yz+2y=xz+yz$　　$2y=xz$　　$\frac{x}{y}=\frac{2}{z}$…②

①に②を代入すると，$z=\frac{2}{z}-2$　　$z>0$だから，両辺にzをかけると，$z^2=2-2z$　　$z^2+2z-2=0$

2次方程式の解の公式より，$z=\frac{-2\pm\sqrt{2^2-4\times 1\times(-2)}}{2\times 1}=\frac{-2\pm 2\sqrt{3}}{2}=-1\pm\sqrt{3}$

$z>0$より，$z=-1+\sqrt{3}$　　②より，$\frac{y}{x}=\frac{z}{2}=\frac{-1+\sqrt{3}}{2}$

(2)(i)　**【解き方】垂直に交わる2直線について，傾きの積は－1になることを利用する。**

直線$y=ax+6$と直線$y=2x+b$が垂直に交わるので，$a\times 2=-1$より，$a=-\frac{1}{2}$

Aは直線$y=-\frac{1}{2}x+6$と直線$y=2x+b$との交点であり，x座標が$x=5$なので，Aのy座標について，

$-\frac{1}{2}\times 5+6=2\times 5+b$　　$\frac{7}{2}=10+b$　　$b=-\frac{13}{2}$

(ii)　**【解き方】B，Cは放物線$y=3x^2$…①と直線$y=-\frac{1}{2}x+6$…②との交点なので，この2式を連立方程式として解く。**

②に①を代入すると，$3x^2=-\frac{1}{2}x+6$　　$6x^2+x-12=0$

2次方程式の解の公式より，$x=\frac{-1\pm\sqrt{1^2-4\times 6\times(-12)}}{2\times 6}=\frac{-1\pm\sqrt{289}}{12}=\frac{-1\pm 17}{12}$

$x=\frac{-1-17}{12}=-\frac{3}{2}$　　$x=\frac{-1+17}{12}=\frac{4}{3}$

①に$x=-\frac{3}{2}$を代入すると，$y=3\times(-\frac{3}{2})^2=\frac{27}{4}$　　①に$x=\frac{4}{3}$を代入すると，$y=3\times(\frac{4}{3})^2=\frac{16}{3}$

よって，$\mathrm{B}(-\frac{3}{2}, \frac{27}{4})$，$\mathrm{C}(\frac{4}{3}, \frac{16}{3})$である。

(3)(i)　**【解き方】BC＝CD，∠BCD＝60°より，△BCDは正三角形である。これと円周角の定理より，∠BAC＝∠CAD＝60°とわかるので，右図のように正三角形ABFを作図すると，3点A，F，Dは同一直線上の点となる。**

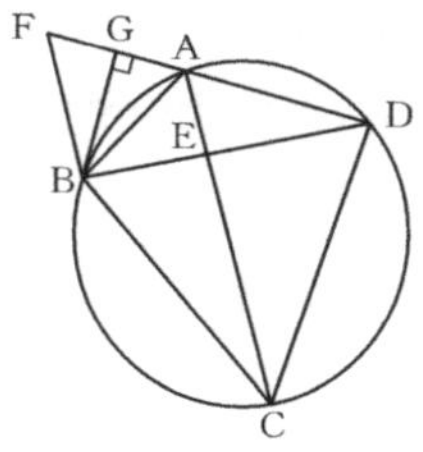

AB＝FB，BC＝BD，∠ABC＝∠FBD＝60°＋∠ABDだから，

△ABC≡△FBD　　よって，AC＝FD＝FA＋AD＝AB＋AD＝3＋5＝8

$\angle GAB=180^\circ-60^\circ-60^\circ=60^\circ$ なので，$\triangle ABG$は3辺の長さの比が$1:2:\sqrt{3}$の直角三角形である。$AG=\frac{1}{2}AB=\frac{3}{2}$，$BG=\sqrt{3}AG=\frac{3\sqrt{3}}{2}$，$DG=5+\frac{3}{2}=\frac{13}{2}$

$\triangle BDG$について，三平方の定理より，$BD=\sqrt{BG^2+DG^2}=\sqrt{(\frac{3\sqrt{3}}{2})^2+(\frac{13}{2})^2}=\sqrt{49}=7$

(ii) **【解き方】(i)をふまえる。$\angle BFD=\angle EAD=60^\circ$より，同位角が等しいので，$FB/\!/AE$ これより，$\triangle FBD\backsim\triangle AED$だから，$AE\to EC$の順で長さが求められる。**

$FB:AE=FD:AD=8:5$だから，$AE=\frac{5}{8}FB=\frac{5}{8}\times3=\frac{15}{8}$

$EC=AC-AE=8-\frac{15}{8}=\frac{49}{8}$だから，$AE:EC=\frac{15}{8}:\frac{49}{8}=15:49$

(4) **【解き方】$AF/\!/DE$より，$\triangle AFC\backsim\triangle DEC$であり，$CD=CE$だから，$CF=CA$，$EF=DA$がわかるので，DAの長さを求める。$\triangle AGD$の面積は，高さの等しい三角形の面積比が底辺の長さの比に等しいことを利用する。**

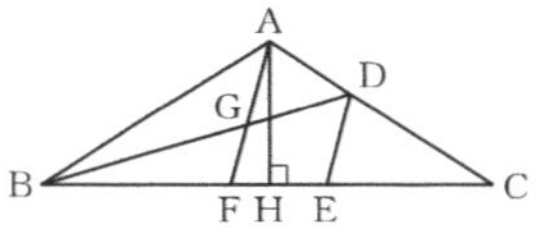

BDは$\angle ABC$の二等分線なので，$DA:DC=BA:BC$である。右のように作図すると，$\triangle ABH$，$\triangle ACH$はともに3辺の長さの比が$1:2:\sqrt{3}$の直角三角形となるので，$AH=\frac{1}{2}AB=\frac{1}{2}$，$BH=CH=\sqrt{3}AH=\frac{\sqrt{3}}{2}$，$BC=2BH=\sqrt{3}$

$DA:DC=BA:BC=1:\sqrt{3}$だから，$DA:AC=1:(1+\sqrt{3})$より，

$EF=DA=AC\times\frac{1}{1+\sqrt{3}}=1\times\frac{1}{1+\sqrt{3}}\times\frac{1-\sqrt{3}}{1-\sqrt{3}}=\frac{1-\sqrt{3}}{-2}=\frac{\sqrt{3}-1}{2}$

$\triangle ABC=\frac{1}{2}\times\sqrt{3}\times\frac{1}{2}=\frac{\sqrt{3}}{4}$　　$\triangle ABC:\triangle ABD=AC:AD=1:\frac{\sqrt{3}-1}{2}$だから，

$\triangle ABD=\frac{\sqrt{3}-1}{2}\triangle ABC=\frac{\sqrt{3}-1}{2}\times\frac{\sqrt{3}}{4}=\frac{3-\sqrt{3}}{8}$　　$\triangle ABD:\triangle AGD=BD:GD$

$AF/\!/DE$より，$BD:GD=BE:FE$　　$BF=BC-CF=\sqrt{3}-1$だから，

$\triangle ABD:\triangle AGD=BD:GD=BE:FE=(\sqrt{3}-1+\frac{\sqrt{3}-1}{2}):\frac{\sqrt{3}-1}{2}=3:1$

よって，$\triangle AGD=\frac{1}{3}\triangle ABD=\frac{1}{3}\times\frac{3-\sqrt{3}}{8}=\frac{3-\sqrt{3}}{24}$

3 (1) 7月1日の時点で，1回も接種していなかった町民は全体の$(100-p)$%だから，$10000\times\frac{100-p}{100}=100\times(100-p)$人いる。そのうちの$(100-p)$%が7月8日の時点で1回も接種していない町民なので，求める人数は，$100\times(100-p)\times\frac{100-p}{100}=(100-p)^2$人である。

(2) **【解き方】(1)をふまえ，pの値を求める。7月1日の時点で2回接種した町民をx人，1回接種した町民をy人として，連立方程式をたてる。**

7月8日の時点で，2回接種した町民，1回接種した町民がそれぞれ，1600人，2775人なので，1回も接種していない町民について，$(100-p)^2=10000-(1600+2775)$　　$(100-p)^2=5625$　　$(100-p)^2=75^2$

$100-p=\pm75$　　$p=100\pm75$　　$p=100+75=175$，$p=100-75=25$　　$0\leqq p\leqq100$より，$p=25$

よって，7月1日の時点で1回または2回接種した町民は$10000\times\frac{25}{100}=2500$(人)だから，$x+y=2500$…①

y人のうち，25%は7月8日の時点で2回目を接種したので，7月8日の時点で2回接種した町民について，

$x+\frac{25}{100}y=1600$　　$x+\frac{1}{4}y=1600$…②　　①と②を連立方程式として解くと，$x=1300$，$y=1200$

よって，7月1日の時点で2回接種した町民は，1300人である。

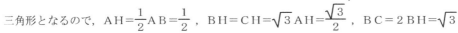

4 (1) **【解き方】PはAB上，QはAE上にあるので，右のように作図し，AP，QHの長さをtの式で表す。**

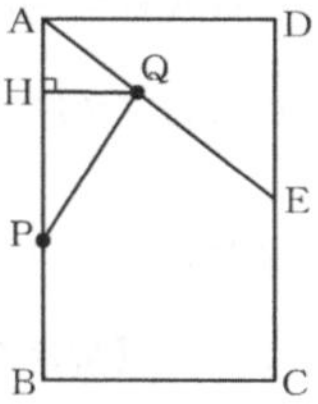

$AP=2t$，$AQ=t$である。

△ADE∽△QHAであり，2つの三角形は3辺の長さの比が3：4：5の直角三角形である。

よって，$QH=\frac{4}{5}AQ=\frac{4}{5}t$だから，$S=\frac{1}{2}\times AP\times QH=\frac{1}{2}\times 2t\times\frac{4}{5}t=\frac{4}{5}t^2$

(2) **【解き方】右のように作図すると，AE//RPより，△APQ＝△ARQ**

よって，$S=\frac{1}{2}\times AR\times QH$で求める。

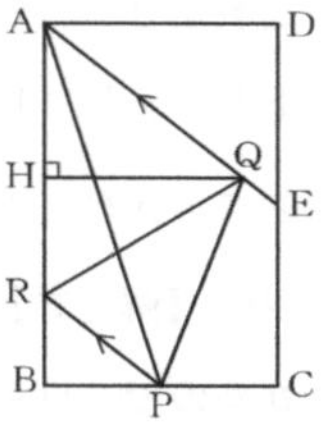

$BP=$(Pが進んだ距離)$-AB=2t-12$

△PBR∽△ADEより，$RB=\frac{3}{4}BP=\frac{3}{4}\times(2t-12)=\frac{3}{2}t-9$

$AR=AB-RB=12-(\frac{3}{2}t-9)=-\frac{3}{2}t+21$

(1)より，$QH=\frac{4}{5}t$だから，$S=\frac{1}{2}\times(-\frac{3}{2}t+21)\times\frac{4}{5}t=-\frac{3}{5}t^2+\frac{42}{5}t$

(3) **【解き方】(1)，(2)をふまえ，tの変域で場合分けをして考える。**

$\triangle APQ=\frac{3}{8}\times$(台形ABCEの面積)$=\frac{3}{8}\times\{\frac{1}{2}\times(12+6)\times 8\}=27$

$0\leqq t\leqq 6$のとき，$\frac{4}{5}t^2=27$　$t^2=\frac{135}{4}$　$t=\pm\sqrt{\frac{135}{4}}=\pm\frac{3\sqrt{15}}{2}$　$0\leqq t\leqq 6$より，$t=\frac{3\sqrt{15}}{2}$

$6\leqq t\leqq 10$のとき，$-\frac{3}{5}t^2+\frac{42}{5}t=27$　$t^2-14t+45=0$　$(t-5)(t-9)=0$　$t=5,\ 9$

$6\leqq t\leqq 10$より，$t=9$

5 (1) **【解き方】各位の数の和が3の倍数であれば，その整数は3の倍数である。各位の数の和の規則性について考える。**

条件に合う4桁の数のうち最も小さい数を探すと，1113が見つかる。

ここから，上2桁，下2桁の部分をそれぞれ1大きくすると，各2桁でくり上がりがない場合，各位の数の和は2大きくなる。くり上がりがある場合は，1719が1820となるように，各位の数の和は9－1－1＝7小さくなる。このとき，くり上がる前が3で割ると1余る数ならくり上がった後は3の倍数，くり上がる前が3で割ると2余る数ならくり上がった後は3で割ると1余る数，くり上がる前が3の倍数ならくり上がった後は3で割ると2余る数になる。よって，1113から，上2桁，下2桁をそれぞれ1大きくすると，各位の数の和を3で割ったときの余りは，2，1，0，2，1，0…と繰り返される。したがって，1113から，上2桁，下2桁をそれぞれ3ずつ大きくすると，条件に合う4桁の数が現れる。

下2桁だけに注目すると，できる整数は，13，16，19，22，25，28，31，34，37，40，43，46，49，52，55，58，61，64，67，70，73，76，79，82，85，88，91，94，97の29個ある。

(2) **【解き方】12の倍数は，3の倍数かつ4の倍数である数である。また，下2桁が4の倍数であれば，その数は4の倍数である。**

(1)で求めた数のうち，下2桁が4の倍数になるのは，下2桁が16，28，40，52，64，76，88の数だから，

求める整数は，1416，2628，3840，5052，6264，7476，8688である。

6 (1) **【解き方】立体を真上から見ると，右のように作図できる。**

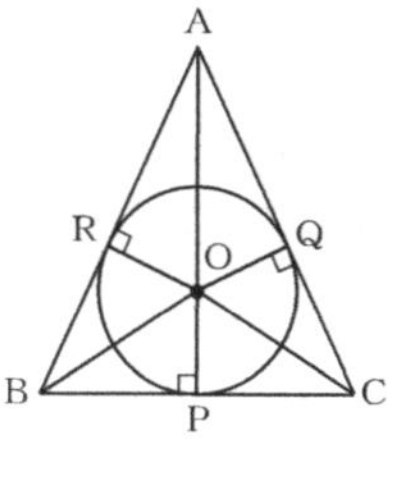

△ABCはAB＝ACの二等辺三角形だから，$BP=\frac{1}{2}BC=5$

△ABPについて，三平方の定理より，$AP=\sqrt{AB^2-BP^2}=\sqrt{13^2-5^2}=12$

$\triangle ABC=\frac{1}{2}\times BC\times AP=\frac{1}{2}\times 10\times 12=60$

球Oの半径をOP＝OQ＝OR＝rとすると，△ACB＝△OAB＋△OBC＋△OCA

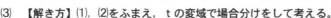

だから，$60=\frac{1}{2}\times(13+10+13)\times r$　　$18r=60$　　$r=\frac{10}{3}$　　よって，球Oの半径は$\frac{10}{3}$である。

⑵　**【解き方】⑴の図において，OはＡＰ上の点だから，４点Ａ，Ｄ，Ｍ，Ｐを通る平面について，右のように作図できる。**

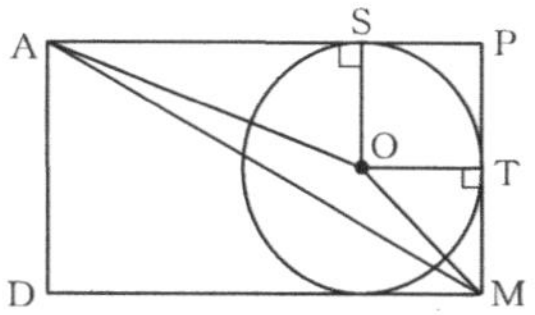

△ＡＯＭ＝△ＡＰＭ－△ＡＯＳ－△ＯＴＭ－(四角形ＳＯＴＰの面積)で求める。

$OS=OT=TM=\frac{10}{3}$，$PM=2TM=\frac{20}{3}$，$AS=12-\frac{10}{3}=\frac{26}{3}$だから，

$\triangle AOM=\frac{1}{2}\times12\times\frac{20}{3}-\frac{1}{2}\times\frac{26}{3}\times\frac{10}{3}-\frac{1}{2}\times\frac{10}{3}\times\frac{10}{3}-\frac{10}{3}\times\frac{10}{3}=\frac{80}{9}$

⑶　**【解き方】⑵の図について，右のように作図すると，切り口はＵＶを直径とする円となる。**

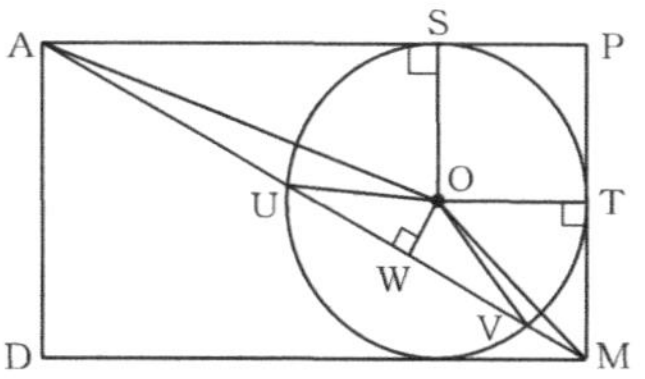

△ＯＵＶはＯＵ＝ＯＶの二等辺三角形なので，半径がＵＷの円の面積を求めればよい。△ＡＰＭについて，三平方の定理より，

$AM=\sqrt{AP^2+PM^2}=\sqrt{12^2+(\frac{20}{3})^2}=\sqrt{\frac{1696}{9}}=\frac{4\sqrt{106}}{3}$

△ＡＯＭの面積について，$\frac{1}{2}\times AM\times OW=\frac{80}{9}$　　$\frac{1}{2}\times\frac{4\sqrt{106}}{3}\times OW=\frac{80}{9}$　　$OW=\frac{40}{3\sqrt{106}}$

△ＯＵＷについて，三平方の定理より，$UW^2=OU^2-OW^2=(\frac{10}{3})^2-(\frac{40}{3\sqrt{106}})^2=\frac{100}{9}-\frac{1600}{9\times106}=\frac{500}{53}$

よって，求める面積は，$UW^2\pi=\frac{500}{53}\pi$

《2022　英語　解説》

［１］

Part１　１「君の子ネコは今いくつなの？」→(ｃ)「13 週だよ」　・kitten「子ネコ」

２「バカンスに行くのが好きだ」→(ａ)「私も」

３「スポーツセンターにはテニスコートがある？」→(ｂ)「うん，とても良いコートがあるよ」

４「昨日はどこで外食したの？」→(ｂ)「レストランで食事したよ」

５「あのＴシャツは本当に君に似合うよ」→(ｃ)「ありがとう。先週それを買ったよ」

Part２【放送文の要約】参照。

１「Sylvia は＿＿で働いている」…Dell の２回目の発言より，ａ)「パン屋」が適切。

２「Dell は＿＿教会で結婚式を行うつもりである」…Dell の５回目の発言より，ｃ)「聖アールグレイ」が適切。

３「Dell は髪を＿＿にしたい」…Dell の６回目の発言より，ａ)「ブロンド」が適切。

４「Dell と Sylvia のハネムーンの行き先は＿＿である」…Dell の７回目の発言より，ａ)「ウェールズ」が適切。

５「Dell はヘアーカット代として＿＿支払う」…床屋の 10 回目の発言より，ｂ)「４￡」が適切。

６「次のバスは＿＿に出る」…Dell の 11，12 回目の発言と床屋の 13，14 回目の発言より，ｃ)「3：30」が適切。

７「Dell は＿＿で教会に行こうとした」…床屋の 15 回目の発言より，ｃ)「スケートボード」が適切。

【放送文の要約】

床屋：こんにちは，Dell さん。お久しぶりですね。調子はどうですか？

Dell：まあまあだよ，Rodney。今日の午後に結婚するんだ。

床屋：銀行に勤めている彼女と，ですか？それとも郵便局で働いている彼女と？

Dell：どちらでもないよ。銀行の彼女とは２か月前に別れたし，郵便局の彼女は外国に行っちゃったし。

1a パン屋で働いている彼女となんだ。

床屋：1aおお，Sylviaですな？彼女は思いやりがあります。私が家庭用の６個入りドーナツを買うときはいつもおまけを１つ入れてくれますよ。

Dell：ああ，彼女は性格がいいんだ。とにかく，３時には教会に着いていたい。

床屋：ええ，承知しました。それでヘアーカットが必要なんですな。どういう風にしましょうか？いつもと同じにしますか？後ろを２cmカットして，サイドは１cmカットしますか？

Dell：いいや，変えることにしよう。ついでにトップを５mmカットしてくれ。

床屋：それで，どこで結婚式を挙げるんですか？やはり聖メアリー教会ですかな？

Dell：そこで挙式するつもりだったんだが，先月の火災で焼失してしまったんだ。それで聖ステファン教会を考えたんだが，あまりに高くてね。結局，2c聖アールグレイ教会で挙式することにしたんだ。

床屋：グレイとおっしゃいましたね…ちょっと若作りしたいんですね？色を付けることもできますが…。ライトブラウン，もしくはダークブラウンなんかどうですかね？

Dell：うーん，3aSylviaの髪はブロンドだから…そうだな，彼女の髪と同じ色にしてくれるかな？

床屋：承知しました。

床屋：そうそう，4aハネムーンはどこに行かれるんですか？

Dell：4a１週間ウェールズに行く予定だ。最初はＬＡ（ロサンゼルス）を選んだけれど，飛行機が予約でいっぱいでね。そうしたらSylviaがイタリアはどうかって言い出したけど，そこにはもう郵便局の彼女と行ったことがある，と彼女に打ち明けたのさ。

床屋：勇気がありますな。とにかく，ヘアーカットはお気に召しましたか？

Dell：おお，いいじゃないか！ありがとう，Rodney。Sylviaも気に入るだろう。いくらかな？

床屋：5b通常は８£（ポンド）ですが，ご結婚の祝儀ということで，半額にさせていただきます。

Dell：本当かい？ありがとう。5bさあ２£だ。

床屋：あー，半額と申し上げたんですが。

Dell：おっと，失礼。5bもう２£だ。

床屋：ところで，どうやって３時までに教会に着くつもりなんですか？

Dell：6c２時30分のバスに乗るつもりだが。どうして？

床屋：うーん，それには乗り遅れましたね。

Dell：6c何だって？次のバスは何時なんだ？

床屋：6c１時間後ですよ。

Dell：マンマミーア！どうすれば間に合う？タクシーを呼んでくれるか？

床屋：だいぶ（時間が）かかりますよ…。7cここに孫のスケートボードがありますが。（床屋の玄関ベル，再び鳴る）（外で何かの音）教会までずっと下り坂なのはラッキーでしたな。でも婆さんには気をつけないと。（悲鳴）犬にぶつかってはいけませんな。（吠える声）おお，大変だ！バスには気をつけないと。（衝突する音）ワーッ！どうやら彼は２時30分のバスに間に合ったようだよ。

Part３　【放送文の要約】参照。編集部注）ナレーター部分は段落から外しています。

1　「その洞窟はナイジェリアで＿＿です。」…第１段落１行目，in the largest cave in Nigeria を聞き取る。

2　「Dick はそのカエルにまつわる古い＿＿を聞きました」…第１段落３行目 There are old stories.... を聞き取る。

3　「水は Dick の＿＿まで上がってきました」…第２段落１行目，The iced-cold water is now up to my knees,.... を聞

き取る。

4 「洞窟の内部は____スポーツソックスの臭いが漂っていました」…第２段落３行目，It smells like dirty sports socks.を聞き取る。

5 「彼の両足の____を何かが泳いでいます」…第２段落４行目，it’s swimming between my feet…を聞き取る。

6 「そのヘビに一度噛みつかれたら，ゾウでさえ____秒で死んでしまいます」…第２段落６行目，One bite can kill an elephant in thirty seconds.を聞き取る。

7 「そのヘビは____と同じくらいの大きさです」…第３段落３行目，as big as a pumpkin を聞き取る。

8 「Dick は自分の____を見たいです」…第３段落最後の Let me see my future を聞き取る。Dirk 氏は第１段落でも，この探検の目的が，黄色い目をしたナイジェリア洞窟ガエルの皮膚を触ると未来が見える，という謂れを確かめることだと述べている。

【放送文の要約】

ナレーター：これは世界的に有名な探検家，Dirk Murdoch 氏が昨年 12 月に消息不明になる前に制作したビデオ記録です。

皆さんは私とナイジェリア1最大の洞窟の地下 25 メートルにいます。私は黄色い目をしたナイジェリア洞窟ガエルを探しているところですが，そのカエルは，ノーベル賞を受賞した科学者 Chuck Derwin 氏が 1965 年に見たのが最後です。2古い謂《いわ》れがあって，それによるとそのカエルの皮膚に触るなら，未来がのぞき見できるそうです。そして私は今日，そのカエルと…その謂れが真実かどうかを探るためにここにいます。

洞窟の更に奥へ移動しました。氷のように冷たい水が3膝まで上がってきました。それに懐中電灯を使っても２フィートより先が見えません。あっ！このひどい臭《にお》いは何だ？4汚れたスポーツソックスのような臭いがします。それに何かが聞こえます。それは私に向かって来ています。どんどん近づいています。今，私の両足の5間を泳いでいて…私は手を伸ばしていますが…さあ，捕まえた！何か見てみましょう。おお，まさに命を取られかねない西アフリカの水ヘビです。一噛みしたら6 30 秒でゾウを殺すことができます。幸いなことに私はゾウではありませんが。ヘビの後を追ってみようと思います。私をカエルのいるところまで導いてくれるかもしれません。

暗闇で私を見つめる，黄色に輝く目が見えます。近づいてみます。今，すぐそばまで来ました。やった！ついに見つけました。おお，美しい，でも思ったよりずっと大きい…7カボチャほどの大きさです。私は触る必要があります。手を伸ばします。私の8未来を見せてくれ…見えるぞ…

ナレーター：残念ながら，ここでビデオは終わっていて，その後 Dirk さんとは連絡が取れていません。Dirk さん，もしそこから出ていたなら，あなたがご無事であることをお知らせください…そして未来に何が起こるのか，私たちに教えてください。

［２］

英国人の友人 Barry から受け取ったメール，「ラ・サール高校に入学したら，君はどの部活に入るつもり？またその理由は？」に対する返事を 60～70 語で書く。

(例文１)「もしラ・サール高校に入学したら，僕はサッカー部に入部するつもりだよ。中学校で３年間サッカーをやってきたし，それに外で友達とボールを蹴り合うのは楽しいんだ。ベストポジションはセンターフォワードだけど，中央でプレイするのも好きなんだ。僕は１度，大きな試合でハットトリックをしたんだよ！君は学校のクラブに入っているの？」

(例文２)「もしラ・サール高校に入学したら，多分，English Debate Club に入部すると思う。僕は毎日ニュースを読んで，政治や気候変動といった，多くの重要な話題について自分の意見を考えるのが好きなんだ。自分の意見を他の生徒に話すのは楽しいと思う。それに僕の英会話のスキルが上達したり，新しい友達ができたりすることが楽しみなんだ。いつかオンラインでディベートしよう！」

［3］【本文の要約】参照。

A　文章全体の内容から，エの mind「頭脳」が適切。

B　直前の文より，movie へ続くのは，ウの a science fiction。

C　選択肢の which lead に着目する。which は 2048 本の wires に続く関係代名詞，この wires が Pager's brain の部位（to the parts）に通じる（＝lead）と判断して並べ替える。したがって which lead to the parts of Pager's brain that control movements of the arms and hands.の語順になる。　・lead to ～「通じる／繋がる」

D　these signals は，直前の文の the signals（his brain との間の関係代名詞は省略されている）以下を指す。

E　This は，直前の文の最初の to 以下を指す。　・match up A to B「ＡをＢに合わせる／対応させる」

F　コンピュータと繋がっていたのは Pager の脳。したがって was と connected の間に not が入る。Pager がジョイスティックを使ってゲームをやっているように見えても，実際は脳が操作指令の信号を出していて，コンピュータがその信号を受け取っていることを読み取る。

G　〈make＋こと/もの＋状態〉「（こと/もの）を（～という状態）にする」を使った文。for humans who have lost the ability to control their bodies「体を動かす能力を失った人たちに対して」，it＝２つ目の to 以下「周囲の世界と意思の疎通をしてつながること」を possible「可能な（状態に）」することを，主語 Neuralink が望んでいるという文。

H　第７段落の Neuralink が目指していることと一致するアが適切。　・allow＋人＋to ～「（人）が～するのを可能にする」

【本文の要約】

Neuralink という会社がテレビゲームで遊ぶサルを映した動画を公開した。それだけでもかなり興味深いものだが，この動画を更に際立たせているものは，そのサルが(1)エ頭脳（＝mind）だけでテレビゲームをしていることである。

Neuralink は，（電気）自動車会社テスラやロケット企業スペース X を保有している Elon Musk 氏の会社である。Neuralink は，人が脳を使うだけでものを動かすことができるデバイスを開発している。(2)ウサイエンスフィクション（＝a science fiction）映画のようだが，Neuralink はすでにブタのような他の動物でも同様の作業を行っていて，成果を上げている。

動画のサルは Pager といい，脳内に２つの Neuralink 特製“リンク”がある。そのデバイスは外科医によって Pager の脳内に埋め込まれた。これらのデバイスは，腕や手を動かす Pager の脳の部位に通じる 2048 本のワイヤーと繋がれている。科学者たちは Pager にテレビゲームで遊ぶことを教えた。彼らは Pager がゲームを正確にプレイすると，ご褒美として与えるのにバナナスムージーを使った。Pager はスムージーをもらいたいがために，うまくプレイすることに熱中した。

当初，Pager は通常のゲームコントローラーであるジョイスティックを使ってテレビゲームを操作していた。しかし Pager がゲームをすると，彼の“リンク”デバイスが，ワイヤレスで，彼の腕や手を動かすために使っている脳の信号についての情報を送ってきた。Neuralink の科学者たちはこの信号をことごとく記録した。

それから彼らは，Pager の脳からの信号を彼の手が実際にしている動きに対応させるためにコンピュータを使った。これは骨の折れる作業で，科学者たちは Pager の脳の信号を解読する手助けとして人工知能（AI）を使わねばならなかった。

最終段階は，あたかも Pager が実際にジョイスティックを動かしているかのように，コンピュータにテレビゲームでの動きをさせることだった。もし Pager がジョイスティックを上に動かそうと思うならば，コンピュータがテレビゲームに「上」という信号を送るのである。最初，研究者たちは，Pager が手でジョイスティックを動かすままにさせた。たとえそれがコンピュータと繋がっていなかったとしても。しかし間もなく，Pager は自分の脳だけを使ってテレビゲームができるようになったのである。

Neuralink の業務は，今の段階では動物とテレビゲームに集中しているが，その背後には並々ならぬ目的がある。7Neuralink は体を動かす能力を失った人たちに，周囲の世界と意思の疎通をして繋がることができるようにさせたいと思っている。

Musk 氏はこう述べている。Neuralink は，近い将来，身体機能を失った人が考えるだけでスマートフォンを操作できるようにしたいのだと。彼は人が手を使うよりも速くそれを操作できると信じている。次の段階はコンピュータを操作できるようにすることだろう。

人が身体機能を失うのは，脳が体の他の部位に信号を送る能力を失ってしまっている，というのがよくある理由だ。Neuralink はいつの日かそのシステムによって，(8)ア身体機能を失った人がもう１度手や足を使えるようになることを願っている。

［4］【本文の要約】参照。

A 「新聞紙にくるまれている」ものだから，it はフィッシュアンドチップスのこと。話が過去の回想だから，would を「(よく) ～したものだった」と訳すこと。

B 直前の文と save「節約する／省く」から，「フィッシュアンドチップスを買ってくると，料理をしなくてすむ」と説明できる。

C （3a） some，others はともにフィッシュアンドチップスの店のこと。いくつかの店が直後の into Chinese or Indian take-aways に店替えする。動詞は turn。have been（現在完了）に受け身の形が続くから過去分詞の turned にする。 （3b） フィッシュアンドチップスの店がまだ海辺の町に存在していることから，動詞は survive。have に続くから survived にする。

D 直後の文から，「新聞紙でくるんだフィッシュアンドチップス」が，エ「過去の思い出」となったことを読み取る。

E 同文の前の部分の「手づかみ」から，油まみれになるのは fingers「指」。

F 「魚の問題」とは，同段落の直前の文とその前の As a result of modern industrial fishing....より，「魚を捕りすぎて絶滅しそうなこと」。

G 直前の文より，海水魚の漁獲量が減れば価格が高くなることから，イが適切。

H they は直前の文の Comfortable, more expensive fish restaurants を指す。In the years to come「今後は」に続くから，持ち帰り専門のフィッシュアンドチップス店は消滅し，安価で気楽に食べられたフィッシュアンドチップスが高級な店でのみ食べられる料理として残っていくのかもしれない，という流れ。

【本文の要約】

ビッグマックが考案されるずっと前から，英国には国民的ファストフードがあった。

「私が若い頃は，それは週に１，２度は食べるようなものだったんだ」と，82歳の Arthur Mowbrey さんは回想する。「60年前，タラが大量にとれたからフィッシュアンドチップスはたった６ペンスだった。安いし，うまかったね」

フィッシュアンドチップスは，仕事帰りや昼休みに通りで腹を満たせる食べ物だった。1それ（＝フィッシュアンドチップス）は，新聞にくるまれているので，最後のチップまで冷めなかったものだ。たとえ1年で1番寒い日であったとしても。

4半世紀の間に，ものごとは変わってしまった。

「それはこの頃は，若い子の間では人気がないわ」と10代のLizzieは話す。「若い子が外食するなら，たいてい，ハンバーガーかそういう類《たぐい》のもの，あるいは中華料理に行くわね。フィッシュアンドチップスはちょっと古くさいって感じよ。でもまだ安いフィッシュアンドチップスのお店はあるのよ。私も3週間ほど前にフィッシュアンドチップスを食べたわ。時々，家で食べるのよ。フィッシュアンドチップスの店に買いに行ってね。だって2料理をつくらなくてすむでしょ！」

しかしながら何千というフィッシュアンドチップス店がここ25年の間に消えている。中華料理やインド料理の持ち帰り専門店に3a変わる(=turned)店もあるが，閉めてしまう店もある。フィッシュアンドチップス店は海辺の町で最も多く3b営業を続けている(=survived)が，そこでは魚がとびきり新鮮であることや，人々が他の理由以上に1つの伝統（慣習）として訪れるからだ。

けれどもおそらく全てのフィッシュアンドチップス店を瀕死の状態から救い出せるものはない。新聞紙にくるんだフィッシュアンドチップスはすでに4エ過去の思い出(=a memory of the past)となった。英国やヨーロッパの衛生法は，もはや食品を古新聞でくるむようなことを禁止したので，今では持ち帰り専門のフィッシュアンドチップス店は新しい紙か発泡スチレン容器を使うようになった。もちろん望むならフィッシュアンドチップスを手づかみで食べることはできるが，今は5指(=fingers)を油まみれにしたくない人のために使い捨てのプラスチックフォークもついている。

こうした変化にもかかわらず，伝統的なフィッシュアンドチップス店は，数年で英国の通りから消えてしまうだろう。全く違う理由である，魚の不足によって。近頃の企業的漁業の結果，北海や大西洋においてある特定の魚が絶滅の危機にある。「北海での魚の乱獲は危機的レベルになっている」とGreenpeaceは話す。20年以上にわたり，専門家は漁業問題に取り組んでいるが，ほとんど何の成果も得られていない。漁獲割り当てが導入されてはいるものの，新しい制限が設けられるたびに，英国，フランス，スペイン諸国の漁民が抗議する。失業するという理由で。

残念ながら，解決が困難な問題があり，厳しい漁獲割り当てをしない限り，何千ものヨーロッパの漁民が失業するだろう。捕れる魚がほとんどいない（少なくとも人が食べたい類の魚はほとんどいない）のだから。どちらにしろ，海水魚は7aより稀少な(=rarer)存在となり，その結果，7bより高価(=higher-priced)になるだろう。

英国のフィッシュアンドチップス店の消滅はおそらくずっと続く。しかしながらフィッシュアンドチップスは，パブやレストラン，あるいは新興の魚料理のレストランで，名物料理として生き残っていくだろう。持ち帰り専門のフィッシュアンドチップス店と共に，快適で椅子とテーブルを備えたより高級な魚料理のレストランは，当然長く存在し続けている。今後は，8そういう店（快適でより高級な魚料理のレストラン）だけがフィッシュアンドチップスのレストランとして生き残っていくのかもしれない。

《2022　理科　解説》

【1】

⑷　観察した血液は，食塩水で200倍にうすめられ，その$\frac{1}{5}\times\frac{1}{5}\times0.1=\frac{1}{250}$(㎣)あたりに96個の赤血球が含まれるから，うすめる前の1㎣には$96\times200\div\frac{1}{250}$＝480(万個)の赤血球が含まれる。

⑸　1㎣あたり480万個だから，血液5L→5000㎤→5000000㎣には，(480万×500万)個の赤血球が含まれる。赤血

球の寿命が１日だとすると，１日で(480万×500万)個の赤血球が作られなければならないが，赤血球の寿命が120日であれば，１日あたり$\frac{480\text{万}\times 500\text{万}}{120}$＝2000(億個)の赤血球が作られればよい。

(6)　ⅠがC→D，ⅡがD→A，ⅢがA→B，ⅣがB→Cである。

(7)　D→Aのときに，左心室から血液が送り出される。このときの左心室内の容積の減少は120－40＝80(㎖)であり，これが１回の心拍によるものだから，心拍数が毎分60回のとき，１分間に左心室から送り出される血液量は80×60＝4800(㎖)である。

(8)　図３より，左心房から左心室に流れ込む血液量は，左心室から送り出される血液量と同じだとわかる。左心房には，右心室から送り出された血液が流れ込むから，右心室から送り出される血液量と左心室から送り出される血液量は同じだと考えられる。

【２】

(1)　(Ⅰ)(Ⅲ)アンモナイトやモノチスは中生代，ビカリヤは新生代，ピカイアと三葉虫は古生代に栄えた生物である。　(Ⅱ)アンモナイトは，イカやタコと同じ，軟体動物の頭足類に分類される。

(2)　cやeのように，等高線が頂上に近づくように曲がっているところは谷，aやdのように，等高線が頂上から離れるように曲がっているところは尾根になっている。また，等高線の間隔が広いところほど勾配が緩やかである。

(3)　④図２のAの柱状図より，アンモナイトを含む砂層は掘った深さが５mから15mにある。図１より，Aの地表は標高30mだから，アンモナイトを含む砂層の標高は30－15＝15(m)から30－５＝25(m)である。　⑤Aと同様に考えると，Cでは，90－15＝75(m)から90－５＝85(m)である。

(4)　DはCのほぼ北東にある。北東(南西)方向には地層の傾斜はないので，地表の標高がCより30m低いDでは，図２のCの掘った深さが30m以下のようすと同じになると考えられる。

(5)　(3)より，AからCへ60m南東に進むと，アンモナイトを含む砂層の中央の標高は80－20＝60(m)高くなることがわかる。よって，Aのアンモナイトを含む砂層の中央の標高が20mであることに着目すると，この標高がAより60－20＝40(m)高くなる地点，つまり，Aから南東へ40m進んだ地点の北東または南西方向にあるアとオでは，アンモナイトを含む砂層の中央の標高が60mになり，周回道路沿いのがけで同じ地層を見つけることができる。なお，アやオよりも北西にあるイ～エでは周回道路より下にあり，アやオよりも南東にあるカ～ケでは周回道路より上にあったものが削られているので，周回道路沿いのがけには露出していない。

【３】

〔A〕(2)(b)　この反応では，塩化カルシウムと水とアンモニアが発生する。発生した水が加熱部に流れ込むと試験管が割れるおそれがあるので，試験管の口の方を底よりも下げてスタンドに固定する。また，アンモニアは水に溶けやすく空気より密度が小さいため，上方置換で捕集する。　(3)(a)　窒素，水素，アンモニアの係数を(x)，(y)，(z)とし，化学式で反応のようすを表すと，(x)N_2＋(y)H_2→(z)NH_3となる。反応の前後で原子の種類と数が等しくなるから，Nに着目すると，(x)：(z)＝１：２となり，Hに着目すると，(y)：(z)＝３：２となる。よって，(x)：(y)：(z)＝１：３：２となるから，N_2＋$3H_2$→$2NH_3$となる。　(b)　原子の質量比は，N：H＝14：１であり，反応する原子の数の比は，N：H＝２：(２×３)＝１：３だから，反応にかかわる質量比は，N：H＝(14×１)：(１×３)＝14：３である。よって，窒素が28ｇ反応したとき，水素は$28\times\frac{3}{14}$＝６(ｇ)反応するから，得られるアンモニアは28＋６＝34(ｇ)である。　(c)　(b)解説の反応にかかわる質量比より，アンモニア51ｇ中の窒素は$51\times\frac{14}{14+3}$＝42(ｇ)であり，水素は51－42＝９(ｇ)である。よって，窒素は100－42＝58(ｇ)，水素は20－９＝11(ｇ)残る。

(4)　(3)(a)解説と同様に考える。硝酸をつくる方法１について，Nに着目すると，(a)：(c)＝１：１，Hに着目すると，

(a)：(d)＝２：３となる。ここで，(a)＝２とすると，(c)＝２，(d)＝３であり，Oに着目すると，２(b)＝(c)＋(d)となるから，２(b)＝２＋３より，(b)＝$\frac{5}{2}$となる。よって，(a)：(b)：(c)：(d)＝２：$\frac{5}{2}$：２：３＝４：５：４：６となる。また，硝酸をつくる方法３について，Nに着目すると，(e)＝(g)＋(h)…①，Oに着目すると，２(e)＋(f)＝３(g)＋(h)…②，Hに着目すると，２(f)＝(g)…③となる。②に①と③を代入すると，２((g)＋(h))＋$\frac{1}{2}$(g)＝３(g)＋(h)より，(g)＝２(h)…④となる。④を①に代入すると，(e)＝３(h)…⑤，④を③に代入すると，(f)＝(h)…⑥となる。よって，④～⑥より，(e)：(f)：(g)：(h)＝３(h)：(h)：２(h)：(h)＝３：１：２：１となる。

〔Ｂ〕(1)　塩酸と水酸化バリウム水溶液の中和では，塩化バリウムと水ができる〔$2HCl+Ba(OH)_2 \rightarrow BaCl_2+2H_2O$〕。また，硫酸と水酸化バリウム水溶液の中和では，硫酸バリウムと水ができる〔$H_2SO_4+Ba(OH)_2 \rightarrow BaSO_4+2H_2O$〕。それぞれの反応において，できた塩に着目すると，塩化バリウムは水に溶けやすい(塩化物イオンと硫酸イオンがイオンのまま存在する)が，硫酸バリウムは水に溶けにくいので，硫酸と水酸化バリウム水溶液が過不足なく反応したときにはほとんど電流が流れない。よって，ＡがＰ，ＢがＱを入れたビーカーである。　(2)　それぞれのビーカーにＲを加えていくと，中和が起こって水溶液中のイオンの数が減っていき，過不足なく反応したときにイオンの数が最も少なくなる。このとき，電流が最も小さくなる。よって，Ｘは中性であり，Ｙは中性になったあと，さらにＲを加えたときだからアルカリ性である。ＢＴＢ溶液は，酸性で黄色，中性で緑色，アルカリ性で青色になる。　(3)　塩酸中には，水素イオンと塩化物イオンが数の比１：１で存在する〔$HCl \rightarrow H^+ + Cl^-$〕。硫酸中には，水素イオンと硫酸イオンが数の比２：１で存在する〔$H_2SO_4 \rightarrow 2H^+ + SO_4^{2-}$〕。50mLのＰと50mLのＱに対し，過不足なく反応したときのＲの体積の比が，Ｐ：Ｑ＝20：40＝１：２であることから，同じ体積に含まれる水素イオンの数の比が，Ｐ：Ｑ＝１：２であることがわかる。50mLのＰに含まれていた水素イオンの数をx個とすると，塩化物イオンの数もx個であり，50mLのＰに含まれていたイオンの総数は$2x$個である。また，50mLのＱに含まれていた水素イオンの数は$2x$個であり，硫酸イオンの数はx個だから，50mLのＱに含まれていたイオンの総数は$3x$個である。よって，同じ体積中に含まれるイオンの総数の比は，Ｐ：Ｑ＝$2x$：$3x$＝２：３である。　(4)①　50mLのＰと過不足なく反応するＲは20mL，50mLのＱと過不足なく反応するＲは40mLだから，20mLのＰと30mLのＱの混合溶液と過不足なく反応するＲは，$20\times\frac{20}{50}+40\times\frac{30}{50}=32$(mL)である。　②　20mLのＰに含まれるイオンの総数を$2y$個とすると，(3)より，20mLのＱに含まれるイオンの総数は$3y$個であり，30mLでは$3y\times\frac{30}{20}=\frac{9}{2}y$(個)だから，50mLの混合溶液には$2y+\frac{9}{2}y=\frac{13}{2}y$(個)のイオンが含まれる。一方，32mLのＲを加えた後にイオンのまま残るのは，水溶液中では結びつかない塩化物イオンとバリウムイオンである。(3)解説より，20mLのＰに含まれる塩化物イオンは$2y$の半分のy個であり，塩化バリウム〔$BaCl_2$〕の化学式より，バリウムイオンは塩化物イオンの半分の$\frac{1}{2}y$個だから，残るイオンの総数は$y+\frac{1}{2}y=\frac{3}{2}y$(個)である。よって，$\frac{3}{2}y\div\frac{13}{2}y=\frac{3}{13}$(倍)が正答となる。

【４】

〔Ａ〕　①Ｅ以外で，ＡとＧのそれぞれからの距離がＤと同じになる点を選べばよい。　②0.6ＡがＢとＤとＥに均等に分かれて0.6÷３＝0.2(Ａ)ずつ流れる。　③0.2÷２＝0.1(Ａ)　④ＡＤに流れた0.2ＡがＤＣとＤＨに均等に分かれて0.2÷２＝0.1(Ａ)ずつ流れる。　⑤ＥＨとＤＨに流れた電流が合流してＨＧに流れるから，0.1＋0.1＝0.2(Ａ)である。　⑥30×0.2＝６(Ｖ)　⑦30×0.1＝３(Ｖ)　⑧30×0.2＝６(Ｖ)　⑨ＡＧ間に加わる電圧は，⑥～⑧より，６＋３＋６＝15(Ｖ)である。よって，立方体格子の合成抵抗は$\frac{15}{0.6}=25(\Omega)$である。Ａ→Ｅ→Ｈ→Ｇ以外の通り道は，これ(またはこれの一部)と並列の関係にあるため，⑥～⑧の電圧の和が，立方体格子全体に加わる電圧と考えればよい。

〔B〕(1)　M_Aによる圧力が，Bのaと同じ高さよりも上にある水(図iのぬりつぶした部分)がその下にある水に加える圧力と等しくなっていると考えればよい。ここでは計算を簡単にするため，圧力の単位をg/㎠とする。M_Aによる圧力は$\frac{200(\text{g})}{10(\text{cm}^2)}$＝20(g/㎠)であり，これは1㎠あたり20g→20㎤の水がのっていることと同じだから，求める高さは20cmである。　(2)　液体Xによる圧力と液体Yによる圧力が等しくなると，bとcの高さが等しくなる。Xの質量は2(g/㎤)×100(㎤)＝200(g)だから，Xによる圧力は$\frac{200(\text{g})}{20(\text{cm}^2)}$＝10(g/㎠)であり，Yによる圧力も10g/㎠になればよいので，Yの質量は10(g/㎠)×30(㎠)＝300(g)である。よって，Yの体積は$\frac{300(\text{g})}{1.5(\text{g}/\text{cm}^3)}$＝200(㎤)である。　(3)　図4のように，$M_B$が浮いていたとしても，$M_B$の重さはすべてbにかかると考えればよい。よって，$M_B$による圧力は$\frac{50(\text{g})}{20(\text{cm}^2)}$＝2.5(g/㎠)だから，(1)解説と同様に考えて，求める高さは2.5cmである。　(4)　M_Cによる圧力がM_Bによる圧力と同じ2.5g/㎠になればよいので，M_Cの質量は2.5(g/㎠)×30(㎠)＝75(g)である。　(5)　図6で，ばねばかりの読みが30gのとき，M_Cによる圧力が図5のときよりも$\frac{30(\text{g})}{30(\text{cm}^2)}$＝1(g/㎠)小さくなる。これは，$M_B$による圧力が1g/㎠大きいことと同じだから，(1)解説と同様に考えて，求める高さは1cmである。

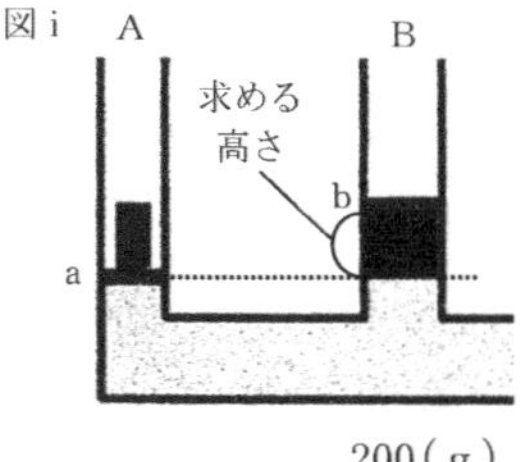

《2022　社会　解説》

1　問1　ジッグラト　　ジッグラトは，日干しレンガを重ねてつくった巨大な聖塔である。

問2　オ　　ア．孔子が儒教を開いたのは，秦より後の春秋時代である。イ．ムガル帝国は，イスラム教を国教とする。ウ．キリスト教がローマ帝国で公認されると，ササン朝はキリスト教を弾圧した。エ．儒教では，家族に対する道徳を意味する「孝」が重視された。カ．キリスト教では，イエスは神の子であり，ユダヤ教以来の神ヤハウェを絶対神とした。

問3　イェルサレム　　イェルサレムは，キリスト教・ユダヤ教・イスラム教の聖地で，パレスチナにある。

問4　A＝贖宥状　B＝オランダ　　教会の贖宥状(免罪符)販売に対して，ドイツのルターは「聖書だけが信仰のよりどころ」と教皇や教会を批判し，スイスのカルヴァンは予定説を唱え，労働にはげむことが神から与えられた使命であるとした。プロテスタントは北部の商工業者に広まり，17世紀になると，ネーデルラントのカルヴァン派によるスペインへの反乱から約80年にわたるオランダ独立戦争(八十年戦争)が始まった。

問5　イ，カ　　イ．ジャワ(インドネシア)を征服したのはスペインではなくオランダである。カ．マゼラン艦隊は，スペインの支援を受けて世界一周に成功した。

問6　一国二制度　　一つの国の中に，社会主義と資本主義の二つの制度が共存する状態を一国二制度という。中国と香港，中国とマカオとの関係がそれぞれ一国二制度になっている。

問7　茶　　イギリスは，清から茶・絹を輸入し，銀による支払いをしていた。清に支払う銀が不足すると，イギリスは綿織物をインドに輸出し，インド産のアヘンを清に密輸した。アヘン中毒患者の増加と銀の支払いに苦しむ清が，アヘンの販売を禁止すると，イギリスは自由貿易を主張して，アヘン戦争をしかけた。

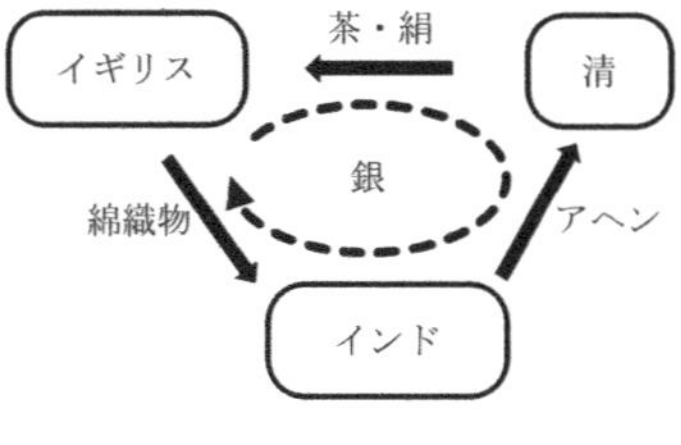

2　問1　A→D→B→C→E　　(A．清和天皇の即位・9世紀)→(D．中宮彰子の入内・11世紀)→(B．一遍が時宗を開く・13世紀)→(C．足利義満の将軍就任・14世紀)→(E．天正遣欧少年使節・16世紀)

問2　①紫式部　②足利義政　　①中宮彰子の女房には，紫式部や和泉式部などがいた。②足利義満が室町幕府の将軍であったこと，次に，足利義政の跡継ぎ問題と細川氏と山名氏による勢力争いから応仁の乱が起きたことを考えると，足利義政が解答となる。

問3　ア，エ　　Pは奈良時代，Eは安土桃山時代だから，室町時代のアとエが正しい。イは明治時代，ウは昭和時代，オは飛鳥時代。

問4　問屋制家内工業　　アの文が正しい。徳川家斉は，寛政の改革から大塩平八郎の乱の頃まで，18 世紀後半から19世紀前半の大御所時代を築いた将軍である。イは鎌倉時代の下地中分，ウは大正時代の日本農民組合，エは室町時代の惣(惣村)である。

問5　水俣病　　熊本県の水俣湾周辺の化学工場から排出されたメチル水銀化合物による公害病が水俣病である。高度経済成長期の1950 年代から発生した。

問6　エとアの間　　狩野探幽は，江戸幕府の第２代将軍秀忠の頃の絵師だから，エとアの間が正しい。『唐獅子図屏風』は安土桃山時代の絵師・狩野永徳によって描かれた。『富嶽三十六景』は，江戸時代の化政文化期に，葛飾北斎によって描かれた。法隆寺金堂壁画(飛鳥時代後半〜奈良時代)→『伴大納言絵巻』(平安時代末期)→一遍上人絵伝(鎌倉時代)→『唐獅子図屏風』(狩野永徳・安土桃山時代)→『富嶽三十六景』(葛飾北斎・江戸時代)

問7　エ　　秩父事件と福島事件の内容が逆である。県民に負担を強いて道路工事を進める県令に対して，自由党員や農民が起こした事件が福島事件，政府の政策で米や繭の値が暴落して窮乏した人々が立ち上がった事件が秩父事件である。

問8　生産された生糸が輸出され，得た外貨で軍備の増強や欧米の最新技術を手に入れることができるなどの内容が書かれていればよい。富岡製糸場に集まった工女は，地方の有力者の娘が多く，富岡製糸場で身に着けた技術を，地元につくられた工場で働く工女に教えることが役目とされた。

問9　エ　　ア．南進は，日独伊三国同盟や日ソ中立条約の締結後に行われた。イ．国家総動員法は，議会の承認を経ずに労働力や物資を調達できる法律である。ウ．日本は，ワシントン・ロンドンの軍縮条約を破棄した。

問10　イ　　種子島への鉄砲伝来は1543 年だから，1547 年に制定された「甲州法度之次第」が適当である。年号を覚えていなくても，この分国法を制定した武田信玄が1570年代まで生きていたことからも想像できる。アは織田信長の楽市令(1577 年)，ウは北条泰時の御成敗式目(1232 年)，エは豊臣秀吉のバテレン追放令(1587 年)。

3　**問1**　ア　　「領海の外縁となる線」が誤り。正しくは「海岸線の低潮線」である。

問2　エ　　アは統治権，イとウは(ⅱ)国の政治のあり方を最終的に決定する権力。

問3　ルソー　　『社会契約論』のルソー，『市民政府二論(政治論)』のロック，『法の精神』のモンテスキューは必ず覚えておきたい。

問4　オ　　ロックの唱えた抵抗権の内容である。

問5　ウ　　「経済生活の秩序が，すべての者に人間たるに値する生活を保障する目的をもつ正義の原則に適合すべき」権利は，ワイマール憲法で規定された社会権である。

問6　ア　　大日本帝国憲法では，社会権の保障はなかった。

問7　ウ　　「公選の議員からなる」が誤り。貴族院は非公選であった。

問8　イ　　予算案において，衆議院で可決し，参議院で否決した場合，必ず両院協議会を開かなければならない。

問9　イ　　衆議院議員総選挙の投票が任期満了日以降に行われたのは，日本国憲法が制定されてから初めてのことであった。

問10　エ　　内閣が総辞職した場合，次の内閣総理大臣が指名されるまで，それまでの内閣が引き続き職務を行う。

問11　ア　　消費者庁は，内閣府の外局である。

問12　イ　　日本銀行券の製造は，国立印刷局(独立行政法人)が行っている。

問13　労働組合法　　労働三法(労働基本法)は，労働組合法・労働関係調整法・労働基準法である。

問14　カ　　国債残高は1000兆円をこえている。

問15　ウ　　2021年は，年初で1ドル＝103円程度だったのが，年末には1ドル＝115円と円安が進んだ。

4　問1　1＝ピレネー　2＝アンデス　3＝メコン　4＝リオグランデ　　Aはフランス，Bはスペイン，Cはアルゼンチン，Dはチリ，Eはロシア，Fはジョージア，Gはタイ，Hはラオス，Iはアメリカ，Jはメキシコ。

問2　ウ　　Aがフランス，Fがジョージア，Jがメキシコであることから判断する。

問3　エ　　フランスもスペインも大半がカトリック信者である。

問4(1)　ウ　　アンデス地方では高度によって栽培するジャガイモの品種を変え，不作や病気を防いでいる。

(2)　C＝イ　D＝ア　　アルゼンチンの首都ブエノスアイレスは，南半球の温暖湿潤気候のイ，チリの首都サンチャゴは，南半球の地中海性気候のアである(降水量が少ないのでステップ気候ともいえる)。　(3)　スペイン語　南米では，ブラジル以外のほとんどの国がスペインの植民地支配を受けたために公用語はスペイン語である。

(4)　ラプラタ／ウルグアイ　　ラプラタ川の北岸はウルグアイ，南岸はアルゼンチンで，パンパが広がる。

(5)　フィヨルド　　氷河に削られてできたフィヨルドは，スカンディナビア半島や南米のパタゴニアに広がる。

問5　ソビエト社会主義共和国連邦　　旧ソ連は1991年に解体し，12の独立国家とバルト三国に分かれた。

問6　オ　　Gのタイは植民地支配を受けていない。

問7　ハリケーン　　北中米ではハリケーン，アジアではタイフーン，南アジアではサイクロンと呼ばれる。

ラ・サール高等学校

《国　語》

《一》問一．個人の幸福と社会の利害が対立したとき、社会に被害を与えてまで個人の幸福を追求するのは悪なのか

問二．誰かが犠牲になって共同体を守る　問三．ニ　問四．ホ　問五．感染症のリスクと経済的な危機のどちらかを重視し過ぎるともう一方の問題で命を落とす人が出るということ。　問六．地域を小さく分割して感染者数を監視し、データに変化が確認されたら即座にきめ細かく政策に反映させることを繰り返して、健康と社会経済の価値の和を最大化すること。　問七．①氾濫　②代償　③不明瞭　④緩和　⑤潜伏

《二》問一．A．絞　B．勘　C．徒労　D．破算　E．脳裏　問二．①イ　⑤ハ　問三．千桜の今朝までの考察をすべて無駄にするつもりで、最もセオリーから外れた手を封じ手にしたが、千桜に読まれており、五秒で覆されて驚いたため。　問四．ホ　問五．相手をよく見て、心を読み、相手の打つ手を相手より早く確信し、先を考えて、即座に応手することで、疑心暗鬼に陥らせて平常心を失わせる。　問六．ロ　問七．d，e

問八．f．接続　g．副助　h．動　i．形容動　j．副

問九．あの／手／は／選ば／なかっ／た／と／言っ／て／も／いい

《三》問一．a．ニ　b．ロ　c．ハ　問二．下官　問三．琵琶湖にいるとうわさされている蛇を退治せよという札を何枚も貼られた上に、そこに悪口まで書かれるようになったから。　問四．蛇退治を指示されるのは大変だが、自分だけに依頼されることだから。　問五．二十八／十　問六．蛇は元々いないのか、いるけれども出てこないのか。　問七．ハ

《数　学》

1　(1) $-\frac{xy^2}{2}$　(2) $\frac{15}{2}$　(3) $(x-13y)(x-15y)$　(4) $x=4$　$y=1$

2　(1)最大値…12　最小値…－4　(2)(ア) $\frac{8}{3}$　(イ) $\frac{125}{9}$　(3)(ア) $a=2$　$b=4$　(イ) $1\pm\sqrt{2}$

3　(1) 4 ： 3　※(2)80

4　(1) $\frac{7}{216}$　(2) $\frac{13}{108}$　(3) $\frac{5}{24}$

5　(1) $2-\frac{2\sqrt{3}}{3}$　(2) $2-\frac{2\sqrt{3}}{3}$

6　(1)右図　(2) $4\sqrt{3}-\frac{4}{3}\pi$

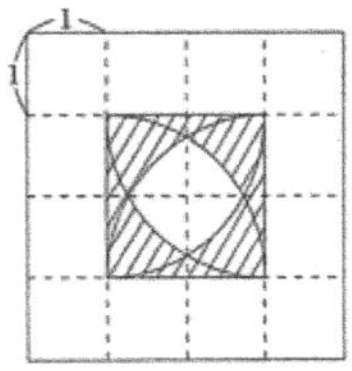

※の途中経過は解説を参照してください。

《英　語》

［1］　Part 1．1．c　2．b　3．a　4．a　5．a

Part 2．1．a　2．c　3．b　4．c　5．b　6．c　7．a

Part 3．1．6:30　2．keys　3．sign　4．truck　5．purple　6．4674552　7．clock　8．Free

［2］　(例文1) I really hope I get a good score in the exam.　It was difficult, but I think I did OK.　If I've passed, my parents are going to take me out to my favorite Italian restaurant.　It has delicious pasta, and it's really popular.　I'm going to order meat sauce spaghetti and strawberry ice cream.　Thank you for your help and all of those interesting lessons!　／66

（例文２）I'm very nervous about the exam, but I'll try my best.　If I pass, I would like to go to Universal Studios Japan with my friends.　I love roller coasters and dinosaurs, so I really want to go on the Jurassic Park ride.　I also like reading Harry Potter books, so I'm looking forward to lunch at the Three Broomsticks.　I hope I can go! ／65

［３］ A．イ　　B．１B　　C．その部屋に侵入する者には，誰にでも何か恐ろしいことが起こるだろうと警告するメッセージがあった。　　D．３a．paid　３b．caught　　E．エ　　F．the man she was going to marry left her　　G．博物館の写真家がミイラの写真を撮ったすぐ後に死んだこと。／博物館の職員が原因が分からないまま死んだこと。　　H．１．カ　２．オ　３．×　４．イ　５．ウ　６．エ

［４］ A．イ　　B．名前はふつう大文字で始まるので，ブラウンとは人かもしれない。だからおそらく，ロッキー山脈に住むブラウンと呼ばれる人を探さなければならない。　C．なぜ人々がその手がかりを解決しようと長い時間を費やすのか理解できる。　D．フォレストが宝物を持ち帰り，宝箱と一緒の彼の写真をインターネット上に載せること。　　E．５a．エ　５b．ウ　５c．イ　５d．オ　　F．イ，エ

《理　科》

【１】A．⑴右　⑵ア．瞳〔別解〕瞳孔　イ．虹彩　ウ．網膜　⑶厚くなる　⑷①小さくなる　②(瞳孔)反射
B．⑸イ　⑹側線　　C．⑺エ　⑻ア．上　イ．下

【２】⑴富士山　　⑵イ　　⑶有色…黒雲母　無色…石英／長石　　⑷エ　　⑸100
⑹⑥太平洋　⑦フィリピン海　　⑺地震　　⑻イ
⑼地下水がマグマにより熱せられ水蒸気となることで，圧力が上昇して起こる噴火

【３】A．⑴$x+\frac{y}{4}$　⑵22：9　⑶①2.4　②0.4　⑷2　⑸6.4　　B．⑴イ　⑵$\frac{n}{2}$　⑶ウ
⑷e．$2Cl^- \rightarrow Cl_2 + 2e^-$　　f．$Cu^{2+} + 2e^- \rightarrow Cu$　　⑸①３：１　②$\frac{5}{4}n$　③145

【４】A．⑴エ　⑵①３　②最大値…２　最小値…－２　③4.5　⑶①イ　②ア　③イ　④イ　　B．Ⅰ．①ア　②エ
③電磁誘導　④誘導電流　⑤ア　⑥ア　⑦ア　Ⅱ．⑴$\frac{P_1}{V_2}$　⑵$\frac{{P_1}^2R}{{V_2}^2}$　⑶$P_1-\frac{{P_1}^2R}{{V_2}^2}$　⑷①イ　②ア

《社　会》

1　問１．ポリス　　問２．エ，カ　　問３．イ　　問４．A．資源〔別解〕原料　B．市場　　問５．ウィルソン
問６．ア

2　問１．①O，P　②K，L　③J，K　　問２．I，J　　問３．イ→ア→ウ→エ　　問４．ウ
問５．官営富岡製糸場　　問６．日本の条約改正要求に応じるようになった。　　問７．エ　　問８．エ
問９．ア

3　問１．⑴ア　⑵バグダッド　⑶バルカン　⑷①a　②c　⑸①記号…e　国名…サウジアラビア　②シェールオイルの生産が盛んになったから。　⑹ドイツ　⑺記号…B　根拠…アラビア文字が見えることから西アジアである。〔別解〕女性が頭にスカーフを着用していることからイスラム圏である。　　問２．⑴房総　⑵淡路　⑶駿河
⑷空港　⑸①チ　②タ

4　問１．ウ　　問２．オ　　問３．ウ　　問４．ア　　問５．クレジット　　問６．エ　　問７．イ　　問８．エ
問９．ウ　　問10．ア　　問11．イ　　問12．ア　　問13．国際人権規約　　問14．イ　　問15．エ

2021解説 令和３年度 ラ・サール高等学校

←解答例は前のページにありますので，そちらをご覧ください。

《2021　国語　解説》

《一》

問一　映画「天気の子」では、主人公の少年が、「天気をコントロールできるという『晴れ女』の少女」を救出したことで、気象のバランスが崩れ、東京の東側はほとんど水没してしまった。「同調圧力が強く、世間の目を気にしながら生きる人が多いと言われるこの国で、『世間様』をまるごと敵に回し、個人の幸福を追求する『身勝手な』姿を、新海誠監督は描き切った」とある。つまり、少女を救う（少女が救われる）という個人の幸福と、その代償に東京が水没するという社会の利害が対立した状況で、個人の幸福を追求することの是非が問われているのである。

問二　「人柱」とは、土木、建設工事などの際に、完成を祈る生贄《いけにえ》として、人を土中などに埋めること。また、ある目的のために身を捧げることや、身を捧げた人のこと。少女が犠牲にならなければ、気象のバランスが崩れ、社会に大きな損失を与えることになる。

問三　ニの「キナ臭《くさ》い」にはいくつかの意味があるが、ここでは、暴力などの気配がする、物騒な気配があるという意味で使われている。個人の幸福を追求しようとした２人の行動が、「『権力』に知れたら、安全保障を理由に」「大きな不幸を背負わされる可能性もあった」というところから、これが適する。

問四　ネガとは、語注にあるように、明暗や色相が、実際の被写体とは逆になった画像のこと。「その」が指すのは、少し前の「誰かが犠牲になって共同体を守るという『美談』」なので、その逆の内容になっているものを選ぶ。「誰かが犠牲になって共同体を守る」というのは、個人の幸福を犠牲にして共同体を守ったということなので、その逆は、個人の幸福を守ることで共同体を犠牲にしたということになる。よって、ホが適する。イとロは、個人の幸福にふれていないので、適さない。ハは、本文とは異なる内容なので、適さない。ニは、共同体を犠牲にしたことにふれていないので、適さない。

問五　傍線部Eの「両者」とは、「感染症のリスク」と「社会経済的な不利益」のことを指している。この段落にあるように、「感染症のリスク」を避けることを重視しすぎると、「経済・生活問題」で命を落とす人が出るし、逆に、「社会経済的な不利益」を避けることを重視しすぎると、感染症によって命を落とす人が出る。「両者をバランスする天秤《てんびん》」は、どちらかにかたむくと、つまりどちらかを重視しすぎると、命を落とす人が出るので、「どちらの側にも人の命が乗っている」と表現している。

問六　フィードバック制御は、「動的に対象を制御する際に、その動きをセンサーで監視し、目標との差を検出、その結果をコントローラーに戻すことで、動きを目標に近づける仕組みである」と説明されている。これを感染症対策に当てはめた場合の話として、「感染の広がり方のデータを、細かく、素早く、政策に反映させることが大切、ということになるだろう」「きめ細かな調整が必要なので、対象のメッシュは小さく分割すべきであり、間違っても全国一律といった雑な対応をしてはならない」「こうしたフィードバックを繰り返して最適値を探るのが、結局のところ、健康と社会経済の価値の和を最大化する早道ではないか」などとある。これらをもとにまとめる。

《二》

問三　傍線部②の前後の、「俺が最終的に選んだのは、七つの選択肢の中で、最もセオリーから外れた手だ～それなのに、封じ手が明かされ、盤面が動くと、彼女は五秒で切り返してきた」「これ以上ないほどに特異な封じ手を選んだのに、彼女は完璧に読み切っていた。俺が放った奇天烈《きてれつ》な一手により、（彼女の）今朝までの考察がすべて無駄になる。そういう作戦だった～用意してきた作戦は、五秒でご破算になった」などから考える。彼女の能力を考慮して周到に準備した作戦が、わずか五秒で破られたことに対する驚きから、思わず声が出たのである。

問四　傍線部③の前後に、「もしも彼女が二つの能力（ＡＩの強さと相手の心を読む力）を十全に操れているなら、俺の上位互換ということにならないだろうか」「体力やタイトル戦の経験だけじゃない。自力でも俺が上だと思っていた。だが、本当は違うんだろうか？　体調が万全なら、棋界最強は、ＡＩの強さと、人の心を読む力を併せ持つ、千桜夕妃なのか？」「焦るな」とある。つまり、経験も棋力も自分が上だと思っていたが、彼女の体調が万全で、二つの能力を十分に発揮することができるなら、自分は勝てないのではないかと焦っている。よって、これに最も近いホが適する。ロとハは全く異なる内容。また、「盤上で優勢なのは俺だ」とあるので、イの「眼前の危機を～絶望している」や、ロの「千桜に圧倒されつつあり」は誤り。

問五　文章の最初の方に「彼女は対局者の手を、対局者自身より先に確信し、切り返しの手をじっくりと考えているだけだ。そこに気付いていない棋士たちは、思考を誘導されているという疑心暗鬼に陥り、焦り、飲まれていく」とある。また、傍線部③の６行前に「彼女は対局中、相手をよく見ている～相手の心を読み取っている」とある。竹森は、これらが彼女の強さであり、作戦であると考えている。だからこそ、「千桜さんの持つ特異な雰囲気に飲まれた棋士たちが、彼女に負けてきたのだ」ということを思い出し、彼らと同じ失敗をおかさないために、「焦るな。飲まれるな」と自分に言い聞かせているのである。

問六　この直前に「世界的なインフルエンサーとなった彼女が竜皇になることで、将棋界にどれだけの光がもたらされるかも理解している。女であることも、肺に問題を抱えていることも、知っている。それでも、負けてやるわけにはいかない。俺は～現役最強の棋士なのだ。勝たなければならない。彼女が真に強い棋士だからこそ」とあって、傍線部⑥に続く。中でも特に下線部の思いが強い。よって、下線部の内容を含めてこれらをまとめた、ロが適する。

問七　ａ・ｂ・ｃは、動詞や助動詞「れる・られる」「せる・させる」の未然形についてこれを打ち消す、打ち消しの助動詞。助動詞は付属語である。助動詞の場合は「ない」を「ぬ」に置き換えても意味が通る。ｄは「ある」の反対の意味で使われているので、本形容詞。ｅは、直前に「は」を入れても意味が通るので、補助形容詞。形容詞は自立語なので、ｄ・ｅが適する。

問九　「あの（連体詞）／手（名詞）／は（格助詞）／選ば（動詞）／なかっ（打ち消しの助動詞）／た（過去の助動詞）／と（格助詞）／言っ（動詞）／て（接続助詞）／も（副助詞）／いい（形容詞）」とわけられる。

《三》

問二　下官とは、役人が自分を指していう謙譲語。この言葉は、侍が自分で立てた札に書いた文章の中に出てくるので、侍自身のことを指す。

問三　こう思うにいたった理由は、札を繰り返し貼られたことや、そこに書かれた内容にある。

問四　直前の「また一人に選ばるるも」に着目する。蛇退治は困難なことだが、その役割を果たすただ一人の人物として自分が選ばれたことを、名誉なことだと感じている。

問五　立札には、吉日の庚寅《かのえとら》の巳の刻に蛇を退治すると書いている。「庚寅」はカレンダーの28日の欄に書かれている。時刻表は、時計回りに、卯→辰→巳→午となる。よって、巳の刻は午前10時頃となる。

問七　古文の最初の方に、侍は以前大蛇を切ったことがあると書かれている。また、侍は、蛇退治をしようとして琵琶湖に潜り、金が使われた鎧を着た武者を引き上げている。よって、ハが適する。

【古文の内容】

江州にいる里侍が、長さ二間ほどの大蛇を切り、人々はこぞって(その侍を)「蛇切《じゃきり》」と呼んでいた。この人の住まいは琵琶湖の東の辺りである。「その浦に蛇がいる」「いつも湖の底に住んでいる」と言われていた。すると何者の仕業なのか、この侍の家の門に「この浦にいる蛇を、退治しなさい」と書かれた札が貼られた。侍は(これを)見て、「筆まめなことだ」と引きはがして捨ててしまった。また次の日の夜も「ぜひお殺しなさい」と貼られている。これも取って捨てるが、以降は捨てても捨てても、札を六、七枚、八、九枚も貼って、それだけでなく悪口も書いてある。軽はずみなことは言うまでもない。侍は(これを)見て、「今は(蛇が)いるにしろ、いないにしろ、殺さなくてはかなわない」と思い、自分も仕方なく札を立てた。「私は不幸にも蛇を殺す。人は頼みもしないのに(私のことを)蛇切と呼ぶ。うれしくもない。また手柄だとは思わないので自賛したこともない。そうであるのにこの浦に蛇がいることで、私に(蛇を殺すように)指図なさる。非常に困難だが、またその一人に選ばれたのも、一方では名誉なことだ。これをやめることは難しい。わたくしめがどうして断れようか(いや断れはしない)。幸運にも来月の幾日は庚寅《かのえとら》であって吉日である。(その日の)巳《み》の刻に(蛇を)退治し申し上げる。その浦へお寄りくださいませ」と書いた。人々はこれを見て、「札に書いてあることがうわさになっている。無理な願いであることだ」と言い合った。

こうしてその日になると侍も幕をひかせ、(蛇がいるという)その場所に行くと、見物人も群れになってやって来る。その時刻になると、侍は酒を飽きるほど飲んで裸になり、下帯に脇差しを差して、非常に深い(湖の)底へと入る。ああと見るが(侍は)上がってこない。しばらくして浮いてきたようである。(侍は)息をせわしなく継いで、「さてさて蛇はいるかとあちらこちらを見たが、元々いないのか、いるけれども出てこないのか、蛇と思われるものはいない。けれどもこの岸の下に広さ三間四方ほどの空洞がある。この洞《ほら》に水の動くのにしたがって、光るものが見えた。これかと思い、すぐに近くに寄り、二、三度刺してみたが、まったく動かない。あまり合点がいかないものだ。もう一度行って取って帰ってこよう」と言い、長い縄を取り寄せ、その端を下帯に結び、また(水の中に)入ると見えたが、すぐに浮かび上がり、「引き上げてくれ」と言う。人々が寄り集まって、これを引くと、具足《ぐそく》、甲《かぶと》を着たものを引き上げた。その時見物人が一斉にどっと褒める声はやまなかった。さてよく見れば鎧武者が入水したものと見えて、筋や骨の区別もなくかたまった体で、甲、具足、太刀、差添《さしぞえ》も金でできていた。他の物は錆びて朽ちてしまっても、金はそのままでこの侍は、富を得た。保元寿水か、あるいは建武延元の頃の、それなりの大将ではないかと言った。見物人も「あっぱれ、蛇を殺した勇士かな」と褒めて帰ったということだ。

《2021　数学　解説》

1 (1)　与式$=(-\dfrac{x^3y}{6})\times\dfrac{9x^4y^4}{4}\times\dfrac{4}{3x^6y^3}=-\dfrac{xy^2}{2}$

(2)　$3x^2-4xy+3y^2=3(x^2+y^2)-4xy=3\{(x-y)^2+2xy\}-4xy=3(x-y)^2+2xy$

ここで，$x-y=\dfrac{\sqrt{5}+\sqrt{2}}{2}-\dfrac{\sqrt{5}-\sqrt{2}}{2}=\sqrt{2}$，$xy=\dfrac{\sqrt{5}+\sqrt{2}}{2}\times\dfrac{\sqrt{5}-\sqrt{2}}{2}=\dfrac{5-2}{4}=\dfrac{3}{4}$を代入すると，

$3(\sqrt{2})^2+2\times\dfrac{3}{4}=6+\dfrac{3}{2}=\dfrac{15}{2}$

(3)　与式$=x^2-24xy+144y^2-4xy+51y^2=x^2-28xy+195y^2=(x-13y)(x-15y)$

(4)　$\dfrac{3}{2}(x+y)-\dfrac{5}{3}(x-y)=\dfrac{5}{2}$の両辺に6をかけて，$9(x+y)-10(x-y)=15$　　$9x+9y-10x+10y=15$

$-x+19y=15$…①　　$0.4x+0.1y=1.7$ の両辺に 10 をかけて，$4x+y=17$…②

①×４＋②でxを消去すると，$76y+y=60+17$　　$77y=77$　　$y=1$

②に$y=1$を代入すると，$4x+1=17$　　$4x=16$　　$x=4$

2　⑴　**【解き方】$x^2y-y=y(x^2-1)$として考える。yは正の数であり，$-1\leqq x\leqq 2$より，x^2-1は正にも０にも負にもなる。**

$y(x^2-1)$が最大になるのは，yが最大で，x^2-1が最大の正の数のとき，つまりx^2が最大のときだから，

$x=2$，$y=4$のときであり，$y(x^2-1)=4\times(2^2-1)=12$

$y(x^2-1)$が最小になるのは，yが最大でx^2-1が最小の負の数のとき，つまりx^2が最小のときだから，$x=0$，$y=4$のときであり，$y(x^2-1)=4\times(0^2-1)=-4$

⑵(ア)　**【解き方】○＋●＝90°とすると，平行線の錯角は等しいことから，右のように作図でき，△ＰＨＥ∽△ＦＥＰである。**

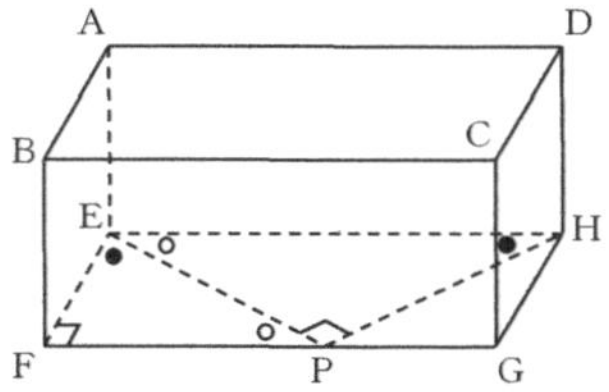

ＡＥ＝ＤＨ＝$2x$とすると，ＥＰ＝２ＡＥ＝$4x$，ＨＰ＝$\frac{3}{2}$ＤＨ＝$3x$

したがって，△ＰＨＥは３辺の比が３：４：５の直角三角形とわかるから，

△ＦＥＰも同様である。よって，ＦＰ＝$\frac{4}{3}$ＥＦ＝$\frac{4}{3}\times2=\frac{8}{3}$

(イ)　(ア)より，ＥＰ＝$\frac{5}{3}$ＥＦ＝$\frac{5}{3}\times2=\frac{10}{3}$，ＥＨ＝$\frac{5}{4}$ＥＰ＝$\frac{5}{4}\times\frac{10}{3}=\frac{25}{6}$，ＡＥ＝$\frac{1}{2}$ＥＰ＝$\frac{1}{2}\times\frac{10}{3}=\frac{5}{3}$

よって，直方体ＡＢＣＤ－ＥＦＧＨの体積は，$2\times\frac{25}{6}\times\frac{5}{3}=\frac{125}{9}$

⑶(ア)　**【解き方】$y=ax^2$と$y=bx+6$に$x=-1$，３をそれぞれ代入して交点のy座標を求め，y座標が等しいことからａ，ｂの連立方程式を立てる。**

$y=ax^2$と$y=bx+6$に$x=-1$を代入すると，$y=a\times(-1)^2=a$，$y=-b+6$となるから，$a=-b+6$…①

$y=ax^2$と$y=bx+6$に$x=3$を代入すると，$y=a\times3^2=9a$，$y=3b+6$となるから，$9a=3b+6$…②

①，②の連立方程式を解くと，$a=2$，$b=4$

(イ)　**【解き方】y軸上に，△ＡＢＱ＝８となる点Ｑをとる。Ｑを通り直線ＡＢと平行な直線ℓを引くと，ＡとＢと直線ℓ上の点を結んでできる三角形の面積は８となるから，Ｐは直線ℓと放物線$y=2x^2$との交点である。**

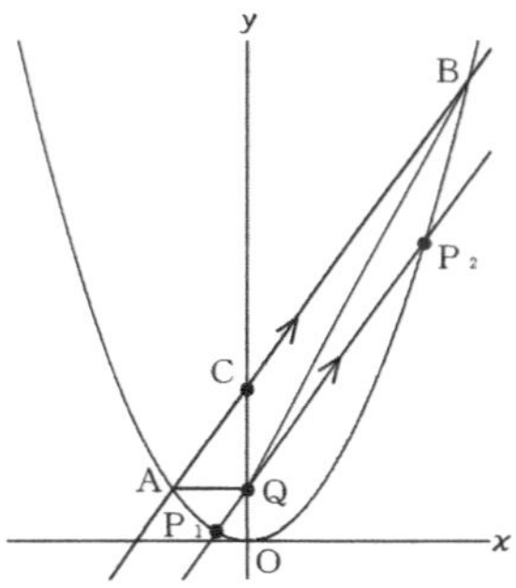

直線ＡＢとy軸の交点をＣとすると，△ＡＢＱの面積は，

$\frac{1}{2}$×ＣＱ×(ＡとＢのx座標の差)で求められるから，△ＡＢＱ＝８より，

$\frac{1}{2}$×ＣＱ×$\{3-(-1)\}=8$　　ＣＱ＝４

Ｃ(０，６)だから，Ｑのy座標は$6-4=2$なので，直線ℓは傾きが４(直線ＡＢと同じ)，切片が２の直線であり，その式は$y=4x+2$となる。

$y=2x^2$と$y=4x+2$からyを消去すると，$2x^2=4x+2$　　これを解くと，$x=1\pm\sqrt{2}$

$1\pm\sqrt{2}$はともに-1以上３以下だから，Ｐのx座標は，$x=1\pm\sqrt{2}$

3　⑴　**【解き方】ｔ秒間でym落下するものとすると，$y=5t^2$だから，yはｔの２乗に比例する。**

y(落下した距離)がＡからＢで$\frac{9}{16}$倍になっているので，落下した時間は$\sqrt{\frac{9}{16}}=\frac{3}{4}$(倍)になった。

よって，$t_1:t_2=1:\frac{3}{4}=4:3$

⑵　**【解き方】石がＡから水面につくまでの時間をt_1，その音が水面からＡに到達するまでの時間をｓとすると，石がＢから水面につくまでの時間は，⑴より$\frac{3}{4}t_1$，その音が水面からＢに到達するまでの時間は，音が進む距離**

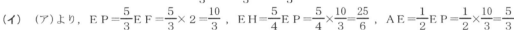

に比例するから，$\frac{9}{16}$sと表せる。これらのことから，t_1とsの連立方程式を立てる。

石をAから落としたときについて，$t_1+s=\frac{17}{4}$　　$4t_1+4s=17$…①

石をBから落としたときについて，$\frac{3}{4}t_1+\frac{9}{16}s=\frac{201}{64}$　　$16t_1+12s=67$…②

①，②の連立方程式を解くと，$t_1=4$，$s=\frac{1}{4}$となる。よって，$x=5t_1{}^2=5\times4^2=80$

4　**【解き方】サイコロ3個の目の出方は全部で，6×6×6＝216(通り)ある。**

a＋bとcがNの因数なのだから，条件に合うNの2つの因数のパターンを考える。

次に，ア因数の条件に合うa，bの出方が何通りあるかを右表を利用して数え，

イ条件に合うcの出方が何通りあるかを数え，下線部アとイをかけ合わせれば，

条件に合うa，b，cの出方が何通りあるかを求めることができる。

a＋b

		b					
		1	2	3	4	5	6
a	1	2	3	4	5	6	7
	2	3	4	5	6	7	8
	3	4	5	6	7	8	9
	4	5	6	7	8	9	10
	5	6	7	8	9	10	11
	6	7	8	9	10	11	12

(1)　25＝5×5で，a＋bとcが25の倍数になることはないから，Nが25の倍数になるのは，

a＋bが5か10で，cが5のときである。

a＋bが5か10となるa，bの出方は4＋3＝7(通り)，cが5となるcの出方は1通りだから，

条件に合うa，b，cの出方は，7×1＝7(通り)　　よって，求める確率は，$\frac{7}{216}$

(2)　15＝3×5で，a＋bとcが15の倍数になることはないから，Nが15の倍数になるのは，

①「a＋bが3か6か9か12で，cが5のとき」または②「a＋bが5か10で，cが3か6のとき」である。

①の場合，条件に合うa，bの出方は2＋5＋4＋1＝12(通り)，条件に合うcの出方は1通りだから，

条件に合うa，b，cの出方は，12×1＝12(通り)

②の場合，条件に合うa，bの出方は4＋3＝7(通り)，条件に合うcの出方は2通りだから，

条件に合うa，b，cの出方は，7×2＝14(通り)

よって，求める確率は，$\frac{12+14}{216}=\frac{13}{108}$

(3)　10＝2×5だから，Nが10の倍数になるのは，①「a＋bが10で，cが1～6のとき」または

②「a＋bが2か4か6か8か12で，cが5のとき」または③「a＋bが5で，cが2か4か6のとき」である。

①の場合，条件に合うa，bの出方は3通り，条件に合うcの出方は6通りだから，

条件に合うa，b，cの出方は，3×6＝18(通り)

②の場合，条件に合うa，bの出方は1＋3＋5＋5＋1＝15(通り)，条件に合うcの出方は1通りだから，

条件に合うa，b，cの出方は，15×1＝15(通り)

③の場合，条件に合うa，bの出方は4通り，条件に合うcの出方は3通りだから，

条件に合うa，b，cの出方は，4×3＝12(通り)

よって，求める確率は，$\frac{18+15+12}{216}=\frac{5}{24}$

5　(1)　**【解き方】球S，Tの中心をそれぞれ点S，Tとする。**

立方体と球の位置関係は右図①のようになっている。

S，Tはともに平面AEGC上にあるから，図②のように

平面AEGC上で考え，AGの長さについてrの方程式を

立てる(Kは球Sと球Tの接点)。

ACは正方形ABCDの対角線だから，$AC=\sqrt{2}AB=4\sqrt{2}$

図①

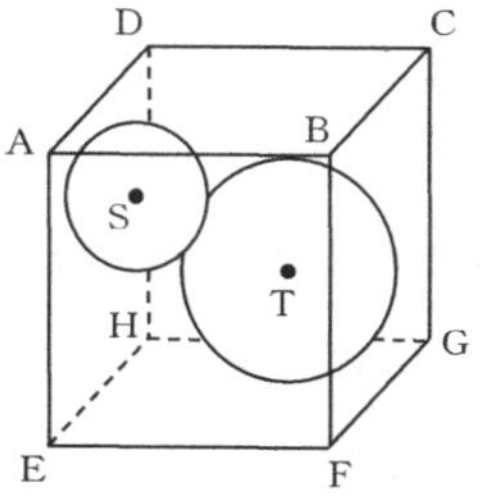

図②

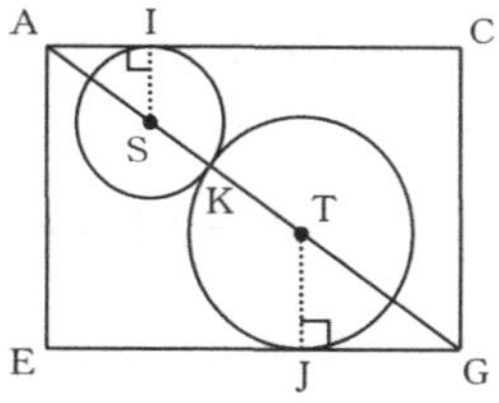

三平方の定理より，$AG=\sqrt{AC^2+CG^2}=\sqrt{(4\sqrt{2})^2+4^2}=4\sqrt{3}$

$\triangle ACG \backsim \triangle AIS \backsim \triangle GJT$であり，$\triangle ACG$の3辺の比は$CG:AC:AG=4:4\sqrt{2}:4\sqrt{3}=1:\sqrt{2}:\sqrt{3}$だから，$AS=\sqrt{3}SI=\sqrt{3}r$，$GT=\sqrt{3}TJ=\sqrt{3}\times 2r=2\sqrt{3}r$

$ST=SK+TK=r+2r=3r$だから，AGの長さについて，$\sqrt{3}r+3r+2\sqrt{3}r=4\sqrt{3}$

$(3+3\sqrt{3})r=4\sqrt{3}$　　$r=\dfrac{4\sqrt{3}}{3+3\sqrt{3}}$　　$(x+y)(x-y)=x^2-y^2$を利用して，分母を有理化すると，

$r=\dfrac{4\sqrt{3}\times(3-3\sqrt{3})}{(3+3\sqrt{3})(3-3\sqrt{3})}=\dfrac{12\sqrt{3}-36}{9-27}=2-\dfrac{2\sqrt{3}}{3}$

(2)　【解き方】平面ＢＤＥは平面ＡＥＧＣについて対称なので，(1)と同様に平面ＡＥＧＣ上で考える。ＢＤの中点をＬとすると，ＬはＡＣの中点でもあるから，右のように作図できる(Ｍは，平面ＢＤＥとＡＧとの交点)。∠ＡＭＬ＝90°のように見えるので，相似な三角形を探してそのことを確認する。

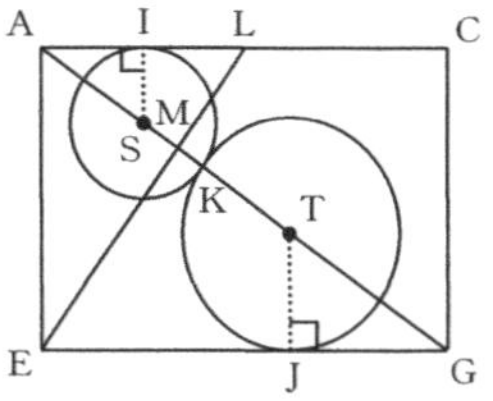

$AL=\dfrac{1}{2}AC=\dfrac{1}{2}\times 4\sqrt{2}=2\sqrt{2}$だから，△ＥＡＬは直角をはさむ2辺の比が$AL:AE=2\sqrt{2}:4=1:\sqrt{2}$なので，△ＡＣＧと相似とわかる。したがって，△ＡＭＬも△ＡＣＧと相似だから，∠ＡＭＬ＝90°と確認できるので，ＳＭの長さを求めればよい。

(1)で求めた△ＡＣＧの３辺の比から，$AM=\dfrac{\sqrt{2}}{\sqrt{3}}AL=\dfrac{\sqrt{2}}{\sqrt{3}}\times 2\sqrt{2}=\dfrac{4\sqrt{3}}{3}$

$AS=\sqrt{3}r=\sqrt{3}\times\left(2-\dfrac{2\sqrt{3}}{3}\right)=2\sqrt{3}-2$だから，$SM=AM-AS=\dfrac{4\sqrt{3}}{3}-(2\sqrt{3}-2)=2-\dfrac{2\sqrt{3}}{3}$

よって，求める距離は$2-\dfrac{2\sqrt{3}}{3}$である。なお，この長さは球Ｓの半径と等しいので，平面ＢＤＥは球Ｓと球Ｔの接点を通る(図で，ＭとＫは重なる)とわかる。

6　**(1)　【解き方】Ｑを隅に固定したときの，Ｐの動く範囲を考える。**

１辺が４の正方形の辺とＰとの距離は最短で１になり，ＰとＱの距離は最短で２になる。したがって，Ｑを右上隅に固定したときＰが動くことができる範囲は，右図①の色つき部分である。このおうぎ形の弧を４つかけば，Ｐが動く範囲を図②のように作図できる。

図①

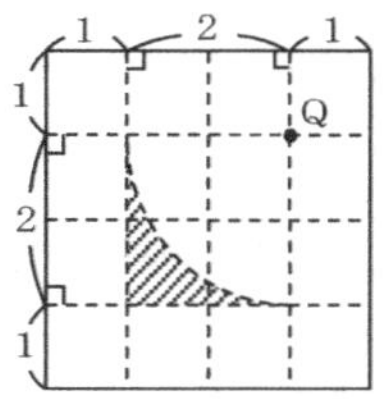

図②

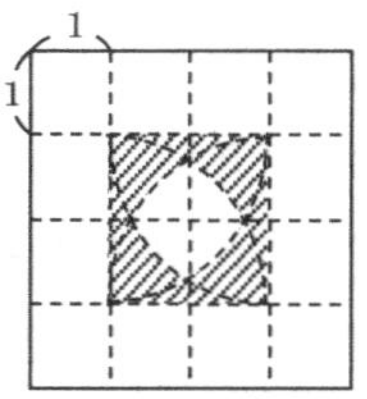

(2)　【解き方】Ｄを右図③のように４つの合同な図形(㋐とする)にわける。図④のように作図し，(㋐の面積)＝(おうぎ形ＥＩＨの面積)－(㋑の面積)で求める。

図③

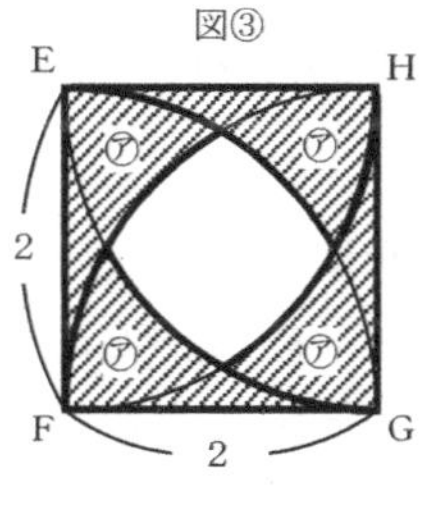

図④

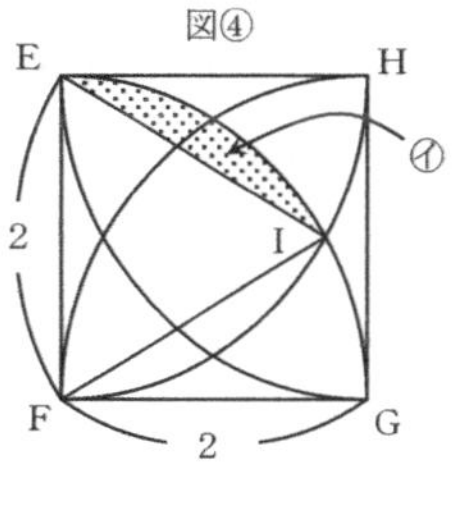

∠ＨＥＩ＝90°－60°＝30°だから，

おうぎ形ＥＩＨの面積は，$2^2\pi\times\dfrac{30^\circ}{360^\circ}=\dfrac{\pi}{3}$

㋑の面積は，おうぎ形ＦＥＩの面積から，正三角形ＥＦＩの面積を引くと求められる。

おうぎ形ＦＥＩの面積は，$2^2\pi\times\dfrac{60^\circ}{360^\circ}=\dfrac{2}{3}\pi$

正三角形の１辺の長さと高さの比は$2:\sqrt{3}$だから，$\triangle EFI=\dfrac{1}{2}\times 2\times\left(2\times\dfrac{\sqrt{3}}{2}\right)=\sqrt{3}$

よって，㋑の面積は，$\dfrac{2}{3}\pi-\sqrt{3}$だから，㋐の面積は，$\dfrac{\pi}{3}-\left(\dfrac{2}{3}\pi-\sqrt{3}\right)=\sqrt{3}-\dfrac{\pi}{3}$

したがって，Ｄの面積は，$\left(\sqrt{3}-\dfrac{\pi}{3}\right)\times 4=4\sqrt{3}-\dfrac{4}{3}\pi$

―《2021　英語　解説》

［1］

Part 1　1 「あなたの出身地は？」→(c)「大阪です」

2 「昨日は何をしましたか？」→(b)「友達とコンピュータゲームをしました」

3 「私の誕生日会に来ていただきたいのですが」→(a)「母が行くのを許してくれないと思います」

4 「辞書を貸していただけませんか？」→(a)「いいですよ。はい，どうぞ」

5 「何てこった！自転車が壊れちゃったよ」→(a)「僕のを使うかい？」

Part 2 【放送文の要約】参照。

1 「聖ザビエル校は＿＿子どもたちのための学校です」…校長の最初の発言より，a)「才能のある」が適切。

2 「天気が良いときにだけ見えるのは＿＿です」…校長の5回目の発言より，c)「城」が適切。

3 「イーストリバーの戦いは＿＿年に起こりました」…少年の4回目の発言より，b)「1253」が適切。

4 「アクティビティルームでは＿＿ことはできません」…校長の7回目の発言より，c)「マンガを読む」が適切。

5 「科学雑誌は＿＿にあります」…校長の8回目の発言より，b)「ヨガスタジオ」が適切。

6 「両親は更に＿＿の代金を支払わなければならない」…校長の11回目の発言より，c)「食事」が適切。

7 「朝食前にウィリアムの父親は＿＿を浴びたものだった」…父親の8，9回目の発言より，a)「シャワー」が適切。

【放送文の要約】

（ドアをノックする音）

校長：ごきげんよう，ウィンターボトム夫妻。校長のパーシバル・パイクです。1天才児のための聖ザビエル校へようこそ。

母親：(自分の息子に) あなたもその一人よ。いつもクラスで最高点を取るんだから。

父親：息子にそんなことを話すのをやめろ。そんなことは承知済みだ。

校長：当校の校訓は Est Optimus（ラテン語）です。英語での意味は…

少年：ベストを尽くせ，です。

校長：その通りだ，君。君の名前は？

少年：ウィリアムです，校長先生。ウィリアム・ウィンターボトムです。

校長：結構だ，ウィル。

少年：ウィリアムです，校長先生。

校長：承知しているよ。まず，君に聖ザビエルの寮について説明させてほしい。君には，浜辺と運動場が見渡せる，空調設備の整った個室が用意されている。2晴れた日には，丘の上の城さえ見ることができる。その城は 1342 年のイーストリバーの戦いの後に築城されたものだ。

少年：実際には，それは最初 1165 年に築城され，31253 年に起きたイーストリバーの戦いの後に再築されました。

校長：君は歴史に詳しいようだね。

父親：あなたより息子の方が詳しいようですな。

母親：黙って，スタンリー。

校長：続けます。寮のアクティビティルームで君は PS4 の 1 台でテレビゲームをしたり，ロボットを組み立てたり，ネットサーフィンをしたりできる。そして新しいテレビラウンジには，名探偵コナンやジャンプ，ワンピースを取り揃えた 1 万冊を超えるマンガがあり，君は 30 ある革のマッサージチェアの 1 つで寛ぎながら読むことができる。4ただし，マンガを（テレビラウンジから）持ち出すことは禁止されているよ。

少年：5人気の科学雑誌はあるのでしょうか？

校長：5寮にはないが，物理のアインシュタイン先生がヨガスタジオのロッカーで管理している。ヨガスタジオは音楽室の隣で，先生のオフィスの反対側だよ。

父親：おお！ここまでの話は全く素晴らしいですな。だが，（肝心の）息子の教育についてはどうですか？生徒たちは毎日，どのくらい勉強するのですか？どんな規則がありますか？どこに…

母親：あなたのマナーはどこにあるの，スタンリー？

父親：だが，誰もが訊くことだ。

校長：ごもっともな質問です。天才児のための学校の多くは，毎晩４時間の勉強を奨励しています。しかしながら，当校では，子どもたちに何時間勉強したいのか，選択する自由を与えるのを信条としております。放課後 30 分ほど勉強する生徒もいますが，それ以外の生徒は全く勉強しません。そして私たちはそれで問題ないと考えております。

父親：ご冗談でしょ？お次は，教科書もない，と言うのですか！

校長：ええ，その通りです。私たちは 1992 年に教科書を使うことをやめました。それと 2005 年から一切の試験をやめました。

父親：はっ！それでこの休暇のリゾート（のような学校）はどのくらい費用がかかるのですかな？

校長：1 週間につき 89000 円プラス税を請求しています。6それと学期ごとに食事代 26500 円が追加されます。

父親：ウィリアム，1 か月いくらだ？

少年：1 か月 420858 円だよ。

母親：そのぐらいの余裕はあるわよ，スタン。

少年：そうだね，パパのお給料の 3.4%に過ぎないもの。

父親：それが問題ではない。お前は私が行っていたようなまともな学校に行くんだ。7私たちは朝４時半過ぎには起床しなければならず…

母親：また始まったわ…

父親：710 km走り，冷たいシャワーを浴びてから，たいてい玄米と漬物だけの朝飯をたった 10 分でかきこんだものだ。冬でもこの行進練習があった。その後は黙って 12 時間勉強しなければならなかった。それ以上に…

母親：スタンリー，もう十分よ。静かにして！あなたが忘れていることが 1 つあるわ，それはウィリアムが天才だってことよ。あなたは自分のことしか考えてないわ。失礼しました，パイク先生，ウィリアムは４月からここに入学します。

（父親は背後でぶつぶつ文句を言っている）

校長：素晴らしい！当校はご子息にとって申し分のない学校だと思います。

少年：パイク先生，とっても重要な質問を 1 つだけしてもいいでしょうか？女子寮はどこにあるのですか？

父親：いいぞ（それでこそ我が息子だ）。

母親：（ため息）

Part 3 【放送文の要約】参照。

1 「そのゴリラの失踪は午前____に発覚しました」…第１段落３文目，at 6:30 this morning を聞き取る。

2 「ゴリラは警備員の____を持ち去りました」…第１段落４文目 she stole a security guard's keys を聞き取る。

3 「彼女は____が流暢でした」…第１段落６文目，fluent in sign language を聞き取る。

4 「彼女は____の運転手に発見されました」…第２段落２文目，She was seen by a truck driver....を聞き取る。

5 「彼は____のセーターを着ていた彼女を見ました」…第２段落３文目，with a purple sweater を聞き取る。

6 「通話の電話番号は____です」…第２段落５文目，this number: four-six-seven-four-double five-two を聞き取る。

7 「彼女は市の____塔に登りました」…第３段落２文目，the top of the city clock tower を聞き取る。

8 「シャンテルのメッセージは『私の赤ちゃんを____にして』というものでした」…第３段落 13 文目，It says, "Free my baby!"を聞き取る。

【放送文の要約】

番組の途中ですが，特別速報をお届けします。１頭のメスゴリラが極秘政府科学試験場から脱走しています。1今朝６時 30 分，科学者たちはメスゴリラの失踪に気づきました。メスゴリラは警備員の2カギを盗み，警報システムを切り，７メートルの電気柵を跳び越え，市内のいずれかに消えた模様です。

ゴリラはコンゴから来た 10 歳のマウンテンゴリラで，シャンテルといいます。シャンテルは極めて知能が高く，3手話が流暢で，空手は４段の黒帯です。情報が入りましたら直ちに最新情報をお届けします。

脱走したゴリラ，シャンテルの最新情報をお届けします。4トラック運転手が，市内の海岸沿いにある１件の家から出てきたシャンテルを見かけたとのことです。運転手の話によると，シャンテルは5紫色のセーターとブルージーンズをはき，黒いサングラスをかけていたとのことです。また，シャンテルは白いシーツで何かを運んでいたとのことです。警察は，シャンテルを見かけた人はこちらの電話番号，64674552 に電話をしてほしいとのことです。繰り返します，電話番号は 4674552 です。警察は，そのゴリラが大変危険になることもあると確信しています。シャンテルに近づいてはいけません！シャンテルに近づいてはいけません！

脱走したゴリラのシャンテルの実況情報をお届けします。シャンテルは，市の7時計塔の頂上を目指して登っています。拡大して撮影していただけますか？シャンテルがシーツの下から何かを取り出した模様です。何でしょうか？ボール？爆弾？何と！かわいい，赤ちゃん…赤ちゃんゴリラです！今，シャンテルがシーツを掲げています。それに何か書かれています。信じられない！「私の赤ちゃんを8自由にして！」と書かれています。

赤ちゃんを拡大して撮影してくれませんか？何かを言おうとしているようです。「ママ，ママ」何ということでしょう，赤ちゃんの賢さは母親以上です！

［2］

中学校の先生から受け取ったメール，「君はラ・サール高校の試験にきっと合格するよ。合格祝いはどうするの？」に対する返事を 60～70 語で書く。

(例文１) メールをありがとうございます。入試で良い点が取れることを願っています。試験は難しかったですが，大丈夫だと思います。もし合格したら，両親は僕のお気に入りのイタリアンレストランに連れていってくれることでしょう。その店はパスタがおいしいんですよ，だからとても人気があります。僕はミートソーススパゲティとストロベリーアイスクリームを注文するつもりです。先生のご助力と，おもしろい授業に感謝しています！

(例文２)メールをありがとうございます。試験のことを思うと不安ですが，ベストを尽くします。もし合格したら，友達とユニバーサルスタジオジャパンに行きたいです。ジェットコースターと恐竜が大好きなので，ぜひジュラシックパーク・ザ・ライドに行きたいです。ハリーポッターシリーズも好きなので，スリーブルームスティック（三本の箒）で昼食をとることを楽しみにしています。行けるといいな！

［３］【本文の要約】参照。

Ａ 「人々はショックを受けた，なぜなら」に続くのは，イ「タイタニック号が沈没するなんてありえないと思っていたから」が適切。

Ｃ break into~「～に侵入する」という意味より，it は下線部２の直前にある the room を指す。

Ｄ ３ａ ・pay attention to ～「～に注意を払う」 ３ｂ ・catch a desease ～「病気になる」

Ｅ get rid of ～「～から抜け出す」「～を片付ける」という意味より，エ「もう要らないものを処分する」が適切。

Ｆ going，to，was，marry（原形）より，was going to marry となる。man と she の間にある関係代名詞が省略されていること，主語 man に対する動詞が left であることから，文を並べ替える。

Ｇ 直後の文から答える。

Ｈ ミイラはア「ナイル川流域」から，カ「アメリカ人冒険家」→エ「ダグラス・マレー」→イ「貴婦人」→オ「大英博物館」→ウ「タイタニック号」と移動させられた。

【本文の要約】

戦争や天災を除いた 20 世紀最悪の事故の１つは，1912 年の豪華客船タイタニック号の沈没だろう。「沈まない」船は，リバプールからニューヨークへ向かう航海の途中，カナダ沿岸近くの氷山に衝突した後，沈没した。「どのようにそれは起きたのか？どうしてそんなことが起こったのか？」と人々は疑問に思った。だが沈没は起きたのだ！説明は可能か，不可能か？タイタニック号の沈没は呪いによって起こった，なんてことがあり得るのか？この話の大部分は真実である…だが，本当に，全くこの通りに（タイタニック号の沈没は）起きたのだろうか？

私たちは北大西洋の氷で覆われた冷たい海域を離れ，エジプトのナイル川流域の乾燥した暑い地域まで何千マイルも戻る必要がある。おそらくここからだろう，タイタニック号の謎の始まりを探り出せるのは。そう，1910 年の，偉大な都市カイロで。

ある日，カイロに滞在中だった英国人エジプト学者ダグラス・マレーは，見知らぬ一風変わったアメリカ人冒険家と出会った。そのアメリカ人は，この英国人考古学者にあるものを買わないかと申し出た。彼は珍品を，必ずや１Ａ彼（＝マレー）を興奮させるものを持っていたのだ。それは美しい古代エジプトの柩で，その中にはアモン・ラーの神殿の女性聖職者のミイラが納められていた。柩は3000 年以上経っているにもかかわらず美しい状態だった。鮮やかな色彩で覆われた金色で，彼女の姿が施されていた。アメリカ人が大金を要求しなかったので，マレーは喜んですぐに１Ｂ彼（＝アメリカ人）からそれを買った。

奇妙なことに，その晩，１Ｃ彼（＝マレー）に柩を売ったアメリカ人が死んだ。その直後，マレーはそのお宝をできるだけ早くイギリスに送る手はずを整えた。しかしながら，１Ｄ彼（＝マレー）がその驚嘆すべきミイラについて詳しく知るのに時間はかからなかった。そのミイラは，ナイル川流域の乾燥地帯にある死者のための地下室で発見された。その部屋の壁には，その部屋に侵入する者には，誰にでも何か恐ろしいことが起こるだろうと警告するメッセージがあった。マレーがこの警告に注意を払うことはほとんどなかった。数日後までは。彼が手に持っていた銃が暴発し，腕の骨を粉々に砕くまでは。腕は切断するしかなかった。

マレーはミイラを携えて英国へ帰国することにした。帰国途中，マレーの同行者２人が原因不明の死を遂げ，その直後，ミイラに手を触れた使用人２人も死んだ。この頃には，マレーはミイラが呪われていると判断し，手放すことにした。知人の貴婦人がミイラを引き取りたいと言うと，マレーは喜んでそれを引き渡した。その直後，貴婦人の母親が死に，彼女自身も奇病にかかってしまい，その上結婚する予定の男性も彼女の元を去った。彼女はマレーに柩を返そうとしたが，もちろん彼はこれ以上災難に遭いたくなかった。結局，ミイラは大英博物館に寄贈された。

ほとんどの人はそれで物語は終わるだろうと思ったが，そうはならなかった。

博物館でさえ，ミイラは奇妙なことを起こし続けた。G博物館の写真家がミイラの写真を撮ったすぐ後に死んで，またG博物館の職員が原因不明の死を遂げた。結局，大英博物館はそのミイラをニューヨークにある博物館に引き渡すことにした。

1912 年４月初旬，ミイラは新しい家への旅を始めた。不幸にも…いや，幸運にも？…ニューヨーク博物館がその新しい贈り物を受け取ることはなかった。というのはタイタニック号が沈没した時，その積み荷の１つがアモン・ラー神殿のあの柩だった，ということである。

［４］【本文の要約】参照。

A　空所１の文が So から始まっているから，直前の文より，イが適切。

B　・might「～かもしれない」…推量を表す。　・capital letter「大文字」

C　・spend a long time「長い時間を費やす／かける」　・try to ～「～しようとする」

D　直前の文から，this の内容は，警察がフォレストに要請したことである。　・want＋人＋to ～「（人）に～してほしい」

F　ア×「その父親は息子を助けるために何匹か熊を銃で撃った」…第７段落の内容と不一致。

イ○「その父親と息子はキャンプファイヤーで温まることができなかった」…第７段落最後の２行と一致。

ウ×「リビーは今では動物を，特にオオカミを恐れている」…第８段落の内容と不一致。

エ○「フォレストは有名になりたいだけだ，と考える人もいる」…第９段落２行目と一致。

オ×「隠された宝物などいたずらだと考える人々は，もはやそれを探しはしない」…第８段落の内容と不一致。

【本文の要約】

埋蔵された宝物を探しに行くのは，物語の海賊だけではない。毎年，何千もの人々が，200 万ドルの価値がある隠された宝物を求めて，合衆国のロッキー山脈を探索する。そして宝物のありかの手がかりは，ある詩に書かれている。

その宝物は，2010 年に美術商のフォレスト・フェン氏が埋めたものだ。車と徒歩でロッキー山脈に分け入る旅を決行したのは，彼が 80 歳の時だった。そしてそれが１つ目の手がかりである。すなわち，1イ老人が重い箱を持って歩いて行けるどこか，なのだ。しかし，彼のウェブサイト上で読める詩の中にある，９つの主な手がかりを解読するのは極めて難しい。トレジャーハンターは，詩の全ての単語の意味を調べたり，フォレストの２冊の自伝からさらなる手がかりを探したりしている。

あなたをその気にさせる詩の一部がここにある。（注：詩は現在形ですが，過去形で訳しています）

それを始めたのは温かい水が止まるところから

そしてそれを持って峡谷を下った

遠くではない，だが歩いて行くには遠すぎる

それをブラウンさんの家の下に置いた

（詩を読み解く）多くの意味が考えられる。（解読を）始めるのに良い箇所は「温かい水」と「ブラウンさんの家」だ。温かい水と冷たい水が合流する場所，おそらく２つの川の合流する場所，そこを探す者もいれば，もっと詩的な意味を，例えば温かい水は涙と言い得る，と考えて探す者もいる。名前はふつう，大文字で始まるので，ブラウンとは人かもしれない。だからおそらく，ロッキー山脈に住むブラウンと呼ばれる人を探さなければならない。残念なことだが，ブラウンはあまりにもありふれた苗字だ！

これらの場所が峡谷の近くにあるのは間違いないが，３行目は何を暗示するのだろうか？「歩くには遠すぎる」とは，どのくらいの距離だろうか？また‘put in’は「行く」の言い方としては変だから，おそらくフォレストは何らかの理由でこうした単語を選んだのだろう。なぜ人々がその手がかりを解決しようと長い時間を費やすのか理解できる。

自分の考えを検証する唯一の方法は，宝物を探す手がかりに従うことしかない。フォレストは冬の危険な天候を避けるために春まで待つようにとアドバイスし，また１人で行くべきではないと言っている。しかし，みんながみんな彼の忠告を聞くわけではない。宝物を探すうちに行方不明になった人が３人もいるのだ。この地域を管轄する警察は，フォレストが宝物を持ち帰り，宝箱を持つ彼の写真をネット上に載せることを求めている。そうすればトレジャーハンターが宝探しをやめ，これ以上の死者が出ないだろうと警察は考えている。

だが，フォレストはこれを断っている。彼は，人々が家やオフィスに閉じこもり，あまりにも多くの時間をコンピュータやスマートフォンに割いていると考えている。彼は，ロッキー山脈での自分自身の5aエ子ども時代(=childhood)を回想していて，5bウ家族(=families)が5cイ自然(=nature)について学び，一緒に5dオ冒険(=adventures)をしてほしいと思っているのだ。

彼のこの目論見はうまくいっている。森の中で息子とキャンプをしているある父親は，このように話している。「私たちはこの経験を楽しみました。何匹か熊を見ましたが，幸運にも私が銃で撃たなければならなくなる前に，私たちの犬が追い払ってくれました。しかし凍っている地面で眠らなければならなかったのでFイあらゆるものが濡れてしまいました。火をつけることもできませんでした」

数えきれないほど，宝箱を探し続けているトレジャーハンターもいる。マーチと娘のリビーは，モンタナで（宝箱を）探すためにジョージアの家を後にして頻繁に旅をする。リビーはこのように言っている。「最初の２年間は，そこら中にいるオオカミのことを考えると怖かったけれど，動物への恐怖はだんだん薄れていったわ。私はモンタナの風景が大好きなの。近くでたくさんの動物を見たり，山でキャンプをしたり，川や急流を渡ったりすることも。たとえ宝物を見つけられなくても，いつも本当にわくわくしているわ」

しかし全てトリックではないか，と考える人もいる。多分フォレストは宝箱を持っていただろうと言う人はいるが，彼らはフォレストがそれを山に隠したことは信じていない。宝箱は何年も前に彼が持ち去ったと言う人もいる。Fエ彼が（みんなの）注意を引きたいだけだと言う人もいる。しかしトリックだと文句を言う人々さえ，自分の考えを検証するためにいまだにロッキー山脈に行くのである。もちろん，誰かが既にそれを見つけ，それを誰にも言っていないという可能性はある。しかしそのことで，この春何百という人々がトレジャーハントに行くのをやめることはないだろう。あなたならどこから探し始めるだろうか？

《2021　理科　解説》

【1】

A(1)　図1はヒトの目を頭の上から見た模式図だから，視神経の方向から，右の目だとわかる。　(3)　近くのものを見るときには，レンズで光が屈折する角度を大きくして網膜に像をうつすので，レンズの厚みは厚くなる。

(4)①　暗いところでは，ア(瞳孔)を大きくして取りこむ光の量を多くする。明るいところに入ると，アは小さくなる。　②　虹彩の大きさが変化して，瞳孔の大きさが変化するのは，無意識に起こる反射の反応である。

B(5)　イ○…実験1より，メダカは周囲の景色に相当するしま模様に合わせた動きをしたことがわかる。また，実験2より，水流に逆らってその場に止まっていたことがわかる。

C(7)(8)　実験1，2より，メンフクロウが受け取る音の強さの差が大きくなるほど，メンフクロウが下に飛びつく角度のずれが大きくなっていると考えられる。つまり，右耳の穴は下からの音が聞こえにくい向きになっているということである。

【2】

(2)　イ○…火山灰の色が白っぽいとき，マグマの粘性が高く，火山ガスをためやすいので，爆発的な噴火になることが多い。

(3)　白色の火山灰に多く含まれる有色鉱物は黒雲母である。無色鉱物の石英と長石も多く含まれる。

(6)　日本付近には図Iのように4枚のプレートがある。海洋プレートの太平洋プレートとフィリピン海プレートは，大陸プレートの北アメリカプレートとユーラシアプレートの下に沈み込んでいる。

図I

(8)　イ○…火山弾は飛散しながら独特の形状になる火山岩塊である。

【3】

A(1)　化学反応式をかくときは，矢印の左右で原子の種類と数が等しくなるように係数をつける。反応後に酸素は$(2x+\frac{y}{2})$個あるので，空欄に当てはまる係数は$(2x+\frac{y}{2})\div 2=x+\frac{y}{4}$となる。　(2)　水素原子1個の質量をtとすると，二酸化炭素分子(CO_2)1個の質量は$12t+16t\times 2=44t$となり，水分子(H_2O)1個の質量は$t\times 2+16t=18t$となるので，二酸化炭素分子：水分子＝44t：18t＝22：9となる。　(3)　(2)解説より，二酸化炭素分子に含まれる炭素原子の質量の割合は$\frac{12t}{44t}=\frac{3}{11}$だから，$8.8\times\frac{3}{11}=2.4$(g)となる。同様にして水分子に含まれる水素原子の質量の割合は$\frac{2t}{18t}=\frac{1}{9}$だから，$3.6\times\frac{1}{9}=0.4$(g)となる。　(4)　(3)解説より，ポリエチレン2.8gに炭素原子が2.4g，水素原子が0.4g含まれるから，炭素原子と水素原子の質量比は6：1である。原子1個の質量比は炭素原子：水素原子＝12：1だから，ポリエチレン分子に含まれる炭素原子と水素原子の数の比は$\frac{6}{12}:\frac{1}{1}=1:2$である。

(5)　ポリエチレン製のレジ袋を一人当たりが年間で消費する質量は$6.8\times 300=2040$(g)だから，二酸化炭素排出量は$8.8\times\frac{2040}{2.8}=6411.\cdots$(g)→6.4kgとなる。

B(1)　イ○…アではアンモニア，ウでは酸素，エでは硫化水素，オでは二酸化炭素が発生する。　(2)　cでは1個の酸素分子が生成するときに4個の電子が流れるから，$\frac{2n}{4}=\frac{n}{2}$(個)となる。　(3)　ウ○…塩化銅水溶液は青色をしている。電気分解によって水溶液中の銅イオンの数が少なくなると，青色がうすくなる。　(4)　e(陽極)では，塩化物イオン(Cl^-)が電子を1個放出して塩素原子になり，2個結びついて塩素分子になって発生する。f

(陰極)では，銅イオン(Cu^{2+})が電子を２個受け取って銅原子になり，電極に付着する。

(5)①　g(陽極)で発生するのは塩素分子(Cl_2)である。塩素分子が$\frac{1}{4}$n個発生したとき，塩化物イオン(Cl^-)が受け取った電子の数は$\frac{1}{4}n\times 2=\frac{1}{2}n$(個)だから，並列つなぎの塩化銅水溶液に流れた電子の数は$2n-\frac{1}{2}n=\frac{3}{2}n$(個)であり，塩化銅水溶液：塩酸$=\frac{3}{2}n:\frac{1}{2}n=3:1$となる。　②　gで発生した塩素が$\frac{1}{4}$n個だったので，hで発生する水素も$\frac{1}{4}$n個である。また，電子の数がgの３倍のeで発生する塩素の数はgの３倍の$\frac{1}{4}n\times 3=\frac{3}{4}n$(個)だから，$\frac{1}{4}n\times 2+\frac{3}{4}n=\frac{5}{4}n$(個)となる。　③　eで発生する塩素分子の数は銅原子の数と等しいので，eで発生する塩素分子の質量は，Cl_2：Cu＝(36×２)：64＝９：８より，$\frac{9}{8}$m(g)となる。gで発生する塩素分子の質量は$\frac{9}{8}m\times\frac{1}{3}=\frac{3}{8}m$(g)，hで発生する水素分子の質量は$\frac{3}{8}m\times\frac{1}{36}=\frac{1}{96}m$(g)だから，$\frac{9}{8}m+\frac{3}{8}m+\frac{1}{96}m=\frac{145}{96}m$(g)となる。

【４】

図Ⅱ

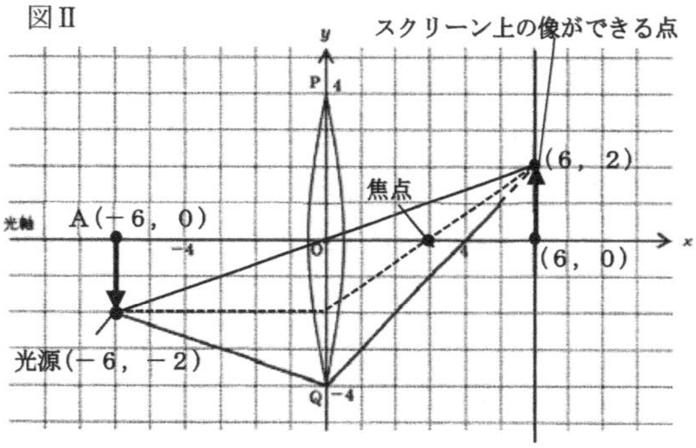

A(1)　エ○…凸レンズを通った光が実際に集まってできる像を実像という。実像は実物と上下左右が反対向きになる。　(2)①　図Ⅱのように，(−６，−２)に光源を置いたときを考える。まず，凸レンズの中心を通る光は直進することを利用して，スクリーン上の像ができる点を求める。次に，光軸に平行な光は凸レンズで屈折して反対側の焦点を通り，スクリーン上で１点に集まるので，焦点距離は３cmである。　②　図Ⅱにおいて，A(−６，０)と①の光源(−６，−２)を結ぶ物体がスクリーンにつくる像について考える。この像は(６，０)から(６，２)にできるので，A(−６，０)から凸レンズを通る光は(６，０)に集まる。このような光の中で，凸レンズの最も上を通る光は，x座標が３の位置を通過するとき(３，２)を通り，凸レンズの最も下を通る光は，(３，−２)を通るので，最大値は２cm，最小値は−２cmである。

③　②と同じ物体で考える。光源(−６，−２)から出て中心を(０，０)に置いた凸レンズの中心を通る光は，中心を(３，０)に置いた凸レンズの手前側の焦点を通るので，中心を(３，０)に置いた凸レンズで屈折して光軸に平行に進む(y＝１)。また，光源(−６，−２)から出て光軸に平行に進み，中心を(０，０)に置いた凸レンズで屈折して焦点を通る光は，中心を(３，０)に置いた凸レンズの中心を通って直進する。これらの光が(4.5，１)で交わって像ができるので，A(−６，０)の像の位置のx座標は4.5cmである。

(3)　③イ○…ピンホールカメラでは，穴を小さくしたほうが光が１点に集まりやすくなるので，スクリーン上にはっきりとした像が見える。　④イ○…スクリーンとピンホールの位置を遠ざけるほど，スクリーンに拡大された像ができる。

BⅠ　①ア○…コイルから棒磁石が遠ざかるとき，棒磁石側のコイルの極は遠ざかる棒磁石の極と反対になるので，左側のコイルの右側がS極になって電流はaの向きに流れ，右側のコイルの左側がN極になって電流はcの向きに流れる。　②エ○…①と棒磁石の向きが反対になったので，それぞれの電流の向きが反対になる。　⑤〜⑦誘導電流を大きくするには，磁石を速く動かす，磁石の磁力を強くする，コイルの巻き数を増やすなどの方法がある。

Ⅱ(1)　〔電力(W)＝電圧(V)×電流(A)〕より，$I_2=\frac{P_1}{V_2}$となる。　(2)　〔電圧(V)＝抵抗(Ω)×電流(A)〕より，Rにかかる電圧は$R\times\frac{P_1}{V_2}=\frac{P_1R}{V_2}$，Rの電力は$\frac{P_1R}{V_2}\times\frac{P_1}{V_2}=\frac{P_1^2R}{V_2^2}$となる。　(3)　変電所Bに送られる電力は電力$P_1$から(2)で求めた送電線で消費された電力を引いたものだから，$P_1-\frac{P_1^2R}{V_2^2}$となる。

(4)　(2)で求めた電力が少なくなるほど，送電線におけるジュール熱の発生が小さくなり，電力の損失が抑えられるので，V_2が大きいほどよい。

《2021　社会　解説》

1　問1　ポリスは，アクロポリスと呼ばれる小高い丘を中心に，アテナイやスパルタなどの都市国家が成立した。

問2　エとカが誤り。エ．儒教は，春秋時代の孔子を始祖とする学問だから，殷の時代にはない。カ．イスラム教では，偶像崇拝は禁止されている。神(アッラー)の唯一性を重視するため，絵画的表現や偶像は許されない。

問3　イが正しい。ア．秦ではなく漢である。ウ．インドの数字がアラビアにもたらされ，インド数字となった。エ．マルコ＝ポーロが仕えたのは唐ではなく元の皇帝である。オ．キリスト教徒の聖地はアレクサンドリアではなくエルサレムである。カ．新大陸からヨーロッパなどにじゃがいもやトマトがもたらされた。

問4　A＝資源(原料)　B＝市場　　産業革命が最初に起きたイギリスは，インドの綿花を輸入して，綿織物を大量生産してインドに輸出したことから考える。

問5　ウィルソン大統領は，「無賠償・無併合・秘密外交の禁止・集団安全保障の理念に基づく国際的調停機関の設立」などを盛り込んだ平和14原則を唱えたことで知られる。しかし，アメリカは議会の反対によって，国際連盟への加盟はできなかった。

問6　アが正しい。エ(1948年)→イ(1950年)→ア(1976年)→ウ(1991年)

2　問1①　OとPの間　米騒動は，1918年にシベリア出兵を見越した商人の米の買い占めによって物価が上昇したことから起きた全国的な暴動である。満州事変は1931年に起きた。　②　KとLの間　モリソン号事件は，日本人の漂流民を乗せたアメリカのモリソン号が，異国船打払令によって砲撃を受けた事件である。異国船打払令は，第11代家斉の治世に出された。パリ万博は幕末の1867年に開かれた。　③　JとKの間　豊臣秀吉の朝鮮出兵の際に朝鮮半島から連れてこられた陶工たちによって，有田焼や薩摩焼の製造が始まった。

問2　ウ(漆胡瓶・奈良時代)→イ(一遍聖絵・鎌倉時代)→ア(『天橋立図』雪舟・室町時代)→エ(『風神雷神図屏風』俵屋宗達・江戸時代前半)だから，IとJの間である。

問3　イ(弥生時代)→ア(古墳時代)→ウ(平安時代)→エ(安土桃山時代)

問4　ウが誤り。大塩の乱は，天保の飢饉で苦しむ人々の救済を掲げた大塩平八郎によって起こされた。

問5　官営富岡製糸場　　LとMの間は明治時代前半にあたること，「いと車」「フランスから技術を導入」などから富岡製糸場と関連付ける。フランス人技師ブリューナによって，富岡の地に製糸場を建設することになった。

問6　ロシアの南下政策に対抗すること，日本が憲法・議会を整備したことから，イギリスは日本の条約改正交渉に応じ，日英通商航海条約を結んだ。

問7　エが誤り。普通選挙法を成立させたのは，原敬内閣ではなく加藤高明内閣である。

問8　エが正しい。キリスト教伝来は1549年だから，400年後は1949年となり，条件に合う。ア．誤り。環境庁の発足は1971年である。イ．誤り。高度経済成長期は，1950年代後半から1973年までである。ウ．誤り。第28回衆議院議員総選挙は1958年に開かれた。

問9　アが正しい。日韓基本条約は1965年に結ばれている。イ．誤り。日中平和友好条約の締結は1978年である。ウ．誤り。第4次中東戦争による石油危機は1973年に起きた。エ．誤り。沖縄返還協定は1971年に調印された。

3　問1(1)　アが正しい。A湾はメキシコ湾だから，流入する河川のうち最長のミシシッピ川の記述を選ぶ。イはヨーロッパを流れるライン川，ウはメキシコとアメリカ合衆国の国境を流れるリオ・グランデ川，エはアジアのガンジス川の記述である。　(2)　バグダッドが正しい。B湾はペルシャ湾だから，チグリス川・ユーフラテス川が流れるイラクの首都バグダッドを答える。　(3)　バルカン半島が正しい。Cのアドリア海は，西のイタリア半島，東のバルカン半島にはさまれた海域である。　(4)　①＝a　②＝c　①は北半球に位置し，6月，9月，10月の降水量が多いことからハリケーンの通るaと判断する。②は夏に乾燥し冬に降水があることから，地中海性気候のcを選ぶ。

(5)①　eがサウジアラビアである。　1980 年代，世界的な原油価格下落の影響で，財政が圧迫されたサウジアラビアは原油生産量を落としたことから，eをサウジアラビアと判断する。　②　シェールオイルは，頁岩層から採れるオイルで，2000 年代から開発が進み，2010 年代になるとアメリカ合衆国，カナダで本格的な増産が始まった。当初は採掘費用に問題があったが，技術革新によってコストも下がり，ＯＰＥＣにとっての脅威となっている。

(6)　ドイツが正しい。サ国はイタリア，シ国はトルコ，ス国はギリシャと考えられる。東ヨーロッパやバルカン半島の国との経済的な結びつきが最も強い国はドイツである。　(7)　ムスリムの女性が顔を隠すためにまとうヒジャブやアラビア文字が見られることから，Ｂと判断する。

問２(4)　羽田空港，関西国際空港，神戸空港はいずれも埋め立てによって造成された人工島に建設されている。

(5)　①＝チ　②＝タ　千葉県は京葉工業地域に属するから，化学の割合が高いチと判断する。大阪府は阪神工業地帯に属するから，金属・化学の割合が高いタと判断する。

4　問１　ウが正しい。ｉ．誤り。日本国憲法の中に自衛隊の記述はない。防衛出動や治安出動の規定は，日本国憲法ではなく自衛隊法で定められている。

問２　オが正しい。2020 年の首相交代は，安倍晋三前首相の辞任を受けて，総選挙を行わずに自民党内で首班指名が行われたから，特別国会は召集されていない。よって，どちらも臨時国会と判断できる。

問３　ウが正しい。消費税は，2014 年に５％から８％に，2019 年に８％から 10％に引き上げられたから，その前後で税収が増えていて，この 20 年間で最も税収が増えたウを選ぶ。アは所得税，イは法人税，エは相続税。

問４　アが正しい。ｉ(1971 年)→ⅱ(1992 年)→ⅲ(2014 年)

問５　クレジット　　「カードを利用すると，手元に現金がなくても商品を購入できる」から判断する。

問６　エが正しい。ｉ．誤り。衆議院の比例代表は，全国を 11 の選挙区として争われる。また，投票用紙には政党名だけを書き，得票数に応じて議席が配分され名簿順に割り当てられる拘束名簿式を採用している。ⅱ．誤り。合区となったのは，「島根・鳥取」「香川・徳島」である。

問７　イが正しい。ア．誤り。アメリカ合衆国ではなくイギリスについての記述である。ウ．誤り。介護保険制度は 40 歳以上の全員が加入する。エ．誤り。社会保険庁が解体され，日本年金機構に引き継がれた。

問８　エが正しい。ア．誤り。年間総実労働時間は，高度経済成長期に比べて確実に下がってきている。イ．誤り。仕事をより多くの労働者で分け合うのはテレワークではなくワークシェアリングである。ウ．誤り。労働基準監督署は市町村単位でおかれてはいない。

問９　ウが正しい。内閣は，最高裁判所長官を指名し，残りの最高裁判所裁判官を任命する。また，その他の下級裁判所の裁判官については，最高裁判所の指名に基づいて内閣が任命する。

問 10　アが正しい。イ．誤り。フロンガスは酸性雨の原因ではなく，オゾンホールの原因である。ウ．誤り。地球サミットで採択された条約は，気候変動枠組条約と生物多様性条約である。エ．誤り。水俣市で発生した公害は，イタイイタイ病ではなく水俣病である。

問 11　イが正しい。ア．誤り。ユーロ圏に入ると独自の金融政策が行えなくなる。ウ．誤り。東ヨーロッパの賃金は低い。エ．誤り。工場は，ドイツやフランスから東ヨーロッパに移転する傾向にある。

問 12　アが誤り。アメリカの核の傘の下にある日本は，核兵器禁止条約に参加していない。

問 14　イが正しい。ア．誤り。現在でも大量の原油を輸入している。ウ．誤り。1960 年代に鉄鋼摩擦，1980 年代に自動車摩擦が起きた。エ．日本が中国からの輸入が急増し，一部の農作物において，セーフガードが暫定的に発動された。セーフガードとは，輸入品が急増し自国の産業に重大な被害が予想される場合に，輸入制限や関税の引き上げを行う政策である。

問 15　エが正しい。ア．誤り。香港はイギリス領であった。イ．誤り。香港では資本主義経済が導入されている。ウ．逮捕されているのは，香港の民主化に賛成する議員や活動家である。

2020 解答例 令和２年度　ラ・サール高等学校

《国　語》

《一》問一．文化によっ　問二．ホ　問三．人間社会全体が較正機能を失って幻想と妄想に充たされてしまい、まともなリーダーさえ持てなくなっている、ということ。

問四．人間は肥大した脳を持つために幻想にとらわれ易いが、犬は脳が小さく幻想を持つ能力がないため現実だけを見て最も適切な行動を取ることができる。そのような犬とともに行動する人は、自らの幻想をその都度現実に照らし合わせて較正し、幻想の働きを止め、適切な行動をとることができるようになる、という効果。

問五．ニ，ヘ　問六．a．i．ロ　ii．接続助詞　b．i．イ　ii．完了　c．i．ハ　ii．(斜線)　d．i．ロ　ii．格助詞　問七．e．i．助動　ii．仮定　f．i．形容　ii．連体　g．i．助動　ii．終止

問八．押しこめ／られ／て／現実／の／世界／と／の／接触／を／絶た／れ／て／い／た　問九．A．格段　B．獲物　C．疎通〔別解〕疏通　D．鈍　E．赴〔別解〕趣

《二》問一．A．透　B．真剣　C．不機嫌　D．ふんいき　E．展開　問二．①ホ　②ロ　⑤イ

問三．形や技法のみを追求した絵は必ずしも水墨画にはならないと実感し、描くこと以外の方法で水墨画の描き方を見いだすという逆説的な問題に直面しながら、長い間水墨画の本質を求め続けてきたということ。

問四．イ　問五．「僕」が水墨画を描くにあたり、師や先輩のもつ既知の技法を身につけるだけでは完成させられず、自分の目を通して直接自然とつながり、対象の美をとらえることが求められている、ということ。　問六．ホ

《三》問一．a．ホ　b．ロ　c．イ　d．ハ　問二．ロ　問三．ハ　問四．渡し守が、自分が若い客僧を判官殿だと疑ったせいで、若い客僧が散々に打たれてしまっていると考えたから。　問五．ニ　問六．渡し守の疑いから庇うためとはいえ、主人である義経を叩くという、あまりに恐れ多い行動を働いてしまったのが辛いから。　問七．イ

《数　学》

[1] (1)80800　(2)$(3x-2)(2x+y+2)$　(3)$(\frac{8}{3},\ 10)$　(4)$\frac{1}{3}$，$-\frac{5}{4}$

[2] (1)$\frac{15}{16}$　(2)$k=\frac{5}{4}$，$S=\frac{5}{2}$　(3)(ア)81　(イ)390　(4)$\frac{9}{25}$

[3] A．16　B．$\frac{32}{3}$　$PQ=10$

[4] (1)$\frac{1}{108}$　※(2)$\frac{4}{81}$

[5] (1)$\frac{9\sqrt{15}}{4}$　(2)$r=\frac{\sqrt{15}}{3}$，$r'=\frac{3\sqrt{15}}{10}$　(3)$\frac{\sqrt{1410}}{15}$

[6] (1)$4\sqrt{6}$　(2)$38\sqrt{6}$

※の途中経過は解説を参照してください。

《英　語》

[1] Part 1．1．b　2．a　3．c　4．c　5．a

Part 2．1．c　2．c　3．c　4．b　5．a　6．a　7．b

Part 3．1．1968　2．touching　3．green　4．lake　5．above　6．sheep　7．accident　8．brother

［2］ (例文１) The last thing I really laughed about was a variety show I saw on TV. A comedian was living with a group of people in a village in the jungle when she was told to eat some beetles. She started screaming because she had never eaten insects before. I couldn't stop laughing when I saw the look on her face. It's on YouTube, so try and watch it.／68

(例文２) The last thing I really laughed about happened three weeks ago. I was sitting on a train and reading a book. When I looked up, I saw a young boy with his mother's red lipstick all over his face. It was on his lips, on his cheeks and also on his nose. I think he found the lipstick in his mother's handbag while she was using her smartphone. ／68

［3］ A．エ　B．手紙を書くことは私の習慣になった。　C．エ　D．4ａ．ウ　4ｂ．イ　4ｃ．ア
E．2　F．5ａ．イ　5ｂ．エ　5ｃ．ウ　G．エ

［4］ A．Europe　B．slept on their stomachs instead of　C．3．とても多くの人々が死んだので，全員がこの世の終わりだと信じた。　4．三人に一人　9．「私たちは皆倒れる」は，その疫病にかかった人のほとんどが亡くなったということを私たちに思い出させる。　D．エ　E．6ａ．イ　6ｂ．エ　6ｃ．ウ　6ｄ．ア
F．エ，オ　G．to keep the sickness away　H．a．threw　b．helped　c．turned　d．left

《理　科》

【1】(1)ア　(2)②Ｒｈ　③ｈ　(3)ウ　(4)イ　(5)ア，エ　(6)⑦7.2　⑧46500　(7)同一経線上の２点をとらずに，斜めにとったため。

【2】A．(1)ク　(2)0.5　(3)ウ　(4)0.45　(5)イ　(6)$\frac{10}{49}$　B．(1)6　(2)ウ　(3)オ　(4)ア　(5)(ⅰ)カ　(ⅱ)エ　(6)1

【3】A．(1)反応式…$2H_2O_2 \rightarrow 2H_2O + O_2$　名称…二酸化マンガン　(2)$2H_2 + O_2 \rightarrow 2H_2O$　(3)イ　(4)腐卵臭　(5)ウ
B．(1)①Na^+，K^+　②SO_4^{2-}　(2)$NaCl + H_2O + NH_3 + CO_2 \rightarrow NaHCO_3 + NH_4Cl$　(3)あ．500　い．110　(4)イ，エ，キ
(5)631　(6)水溶液が白くにごる

【4】A．(1)ア．Ｏ　イ．Ｂ　ウ．ＡＢ　エ．Ａ　(2)A型…19　B型…11　ＡＢ型…５　O型…15
B．(1)染色体　(2)イ，エ　(3)ア，ウ，エ，カ

《社　会》

1　問１．A．ミシシッピ　B．アパラチア　C．フロリダ　D．メキシコ　問２．エ　問３．イ
問４．a．イ　b．カ　問５．(1)A．サンベルト　B．シリコンバレー　(2)デトロイト　(3)ア　問６．カ
問７．(1)メスチーソ　(2)エ　問８．イ　問９．さとうきび

2　問１．ウ→ア→イ　問２．イ　問３．ウ　問４．太平天国　問５．バグダード　問６．ア
問７．ピューリタン革命　問８．茶〔別解〕紅茶

3　問１．オ　問２．イ　問３．ア　問４．ウ　問５．エ　問６．ア　問７．ウ　問８．イ
問９．エ　問10．イ　問11．ア　問12．ウ　問13．エ　問14．ア　問15．ウ

4　問１．①洛中洛外図　②鉄道　問２．ウ，エ　問３．ウ→イ→エ→ア　問４．③Ｉ　④Ｃ　⑤Ｌ
問５．江戸時代の生糸は輸入品で，日本の銀と交換された。明治時代の生糸は輸出品で，ドルなどの外貨と交換された。　問６．ア　根拠…電気冷蔵庫／電気炊飯器／ダイニングキッチン／テーブルと椅子 などから１つ
問７．イ→ア→ウ　問８．Ｆ　問９．北里柴三郎

←解答例は前ページにありますので，そちらをご覧ください。

《2020 国語 解説》

《一》

著作権に関係する弊社の都合により本文を非掲載としておりますので、解説を省略させていただきます。ご不便をおかけし申し訳ございませんが、ご了承ください。

《二》

問二　①　二つ返事とは、気持ちよく、すぐに承諾すること。よって、ホが適する。　②　反故《ほご》にするとは、むだに捨てる、なかったことにする、役に立たないものとするといった意味。ここでは、紙に絵を描いているので、新しい紙を使った状態にしたということ。よって、ロが適する。　⑤　ひもすがらとは、朝から晩まで、一日中という意味。「ひねもす」も同じ意味。よって、イが適する。

問三　画仙紙を山ほど反故にしてから気が付いた「ばかみたいに単純なこと」とは、「『墨で描くことが、水墨画ではないんだ』ということ」であり、「形や技法のみを追求した絵が必ずしも水墨画にならないこと」だった。それは、「何度も何度も繰り返し教わってきた。何度も何度も目にしてきた」ことなのに、「実際に自分が歩み始めると、知っていたはずの当たり前のことにさえつまずいて」しまった。そして、「水墨画を水墨画たらしめる要素は、描くことでは見いだせない。描くこと以外の方法で描き方を見いださなくてはならない」という問題に直面した。斎藤さんや千瑛《ちあき》は、「実際に手を動かし、描いて、つまずいて」きたことで、「こんな悩み」に対し、その度毎《たびごと》に自分なりの答えを出し、考えを深めてきたのだ。そのことを「ずっと闘ってきたのだ」と表現している。

問四　傍線部②の前の段落の「何度も菊の形を、緻密に画仙紙の上になぞっていき、葉の形や、花びらの質感を覚え込み、精密に描く訓練をした。結果的に、形をとることはできるようになり、『菊を墨で描いた絵』は次第にできるようになっていった」などが、イの「『僕』はこれまで水墨画の上達のために画仙紙に向かって練習を重ねていたが」にあたる。傍線部③の後の、「画仙紙を見つめ、筆の重みをそっと感じた後に、また、筆を～置いた。僕はここからが勇気だと思った。水墨画を水墨画たらしめる要素は、描くことでは見いだせない。描くこと以外の方法で描き方を見いださなくてはならない。描くという行為以外の場所に、水墨画の本質は存在しているのだ」が、イの「水墨画の本質は描く行為以外の部分に含まれると思って筆を置いた」にあたる。その後の「その場所が何処《どこ》で、そして何なのか僕には分からなかった。だが、筆を静かに置いたとき、奇妙なことだけれど、これまでとはまるで違う手ごたえを感じた。何かにほんの少し近づいたような、心が少しだけ解き放たれたような優しい気持ちになった」が、イの「正体は分からないまでも現状の行き詰まりを打開する何かを見つけた感じがして、穏やかな気持ちになった」にあたる。よって、イが適する。ロは「自分はまだ学生であり自由に使える時間が他の人に比べれば充分にあると考え」、ハは「菊をいつくしむような気持ちが湧いてきたから」、ニは「時間と空間を描くことが水墨画の本質であることを悟るに至り」、ホは「ふさぎこむ自分を菊の花が包容してくれているように思ったから」が誤り。このような描写や記述は本文中にない。

問五　千瑛と湖山先生の発言の意味と、そこから僕が汲み取って次の段落で述べているのは、「僕」が独自のやり方、視点で花(＝自然)に教えを請い、自然と繫《つな》がって、美を見いだすことがまず必要だということ。それができなければ、いくら技術は上がっても水墨画は描けない。そのことを端的に、「それ(＝技術を見せること)は技術を伝えてくれた『誰か』との繫がりであって、自然との繫がりではない」と表現している。

問六　菊の絵を山ほど描いた後、「僕」は「水墨画を水墨画たらしめる要素は、描くことでは見いだせない」と思った。そして、「筆を静かに置いたとき～これまでとはまるで違う手ごたえを感じた」。その後、「毛筆を持って絵を描くことを、頭の中で再現できるようになっていた」という過程を経て、「そう思って(＝独自の視点で自然と繋がろうと思って・問五とその解説を参照)、菊を見つめ直すけれど、やはり答えはまるでやってこなかった。描こうとするたびに、イメージは止まり、それが失敗に繋がることを描く前に予期していた。『たった一筆でさえ美しくあるように』とするなら、起筆《きひつ》のその一筆目がすでに誤りを含んでいた」という状態に陥《おちい》ってしまった。つまり、頭の中で描こうとするたびに、一筆目から誤っていることがわかり、このまま描いても失敗するだろうと先回りして、描き始めることさえできなかったということ。よって、ホが適する。

《三》

問二・三　客僧を指差して「まさしくあの客僧こそ判官殿にておはしけれ」とまで言った「渡し守」の疑惑を解くため、客僧(じつは判官殿・義経)に対してひどく怒って見せ、叩くことまでした。

問四　「渡し守」は弁慶の乱暴な振舞いに驚き、客僧に同情した。

問七　「余」は、それ以外という意味。弁慶以外の人々も泣いたということ。

【古文の内容】

「まさしくあの旅の僧こそ判官殿《ほうがんどの》(＝源義経《よしつね》)でいらっしゃる」と渡し守が指差して申した。その時弁慶は、「あれは白山から連れてきた僧侶である。年若いので人が怪しみ申すことが無念である。これから白山に戻りなされ」と言って客僧を引き下ろして、扇で散々に打ち倒した。その時渡し守は、「羽黒山から来た山伏ほど思いやりのない者はない。判官殿でいらっしゃらないのは、まさしくそうであろう。これほど気の毒がる様子もなく、散々に当たり申した事は、私が打ち申したのと同じことです。御気の毒でいらっしゃいます」と言って、舟を寄せ「ここにいらっしゃいませ」と言って楫《かじ》取りのそばにお乗せした。

「それでは船賃を出してお渡りください」と申すと、弁慶は、「いつの慣習に山伏が関所の船賃を払うなどという事があるのか」と言うと、「日頃は取ったことなどないが、あまりにあなた様の渡る時の行いの性根が曲がっていましたので」と申した。弁慶は、「このように我らにひどく当たるのなら、出羽の国へ今年から来年にこの国の者が越えない事はまさかないだろう。坂田の渡りは、この幼い人の父、坂田次郎殿の支配する土地である。たった今のこの仕打ちの返礼をするであろうよ」と脅した。あまりにひどく言い立てられたので一行をそのまま渡したのだった。

こうして六道寺の渡し場に行って、弁慶は判官殿の御袖を引っ張って、「いつまでもあなた様を庇《かば》い申そうとして、現在のご主人を打ち奉ってしまった。天罰《てんばつ》も恐ろしいことだ。八幡大菩薩《はちまんだいぼさつ》も私を許し、祈願をお受けください」と言って、あんなにも勇猛な弁慶も、泣き続けたのであった。一行の他の人々も涙を流したのだった。

《2020　数学　解説》

1 (1)　与式$=283^2-117^2+(2\times158)^2-158^2+142^2-(2\times142)^2=$

$(283+117)(283-117)+(2^2-1)\times158^2+(1-2^2)\times142^2=400\times166+(2^2-1)(158^2-142^2)=$

$66400+3(158+142)(158-142)=66400+3\times300\times16=66400+14400=80800$

(2)　与式$=6x^2+2x+3xy+y-3y-1-3=6x^2+3xy+2x-2y-4=(3x-2)y+2(3x^2+x-2)=$

$(3x-2)y+2(3x-2)(x+1)=(3x-2)\{y+2(x+1)\}=(3x-2)(2x+y+2)$

(3)　$\frac{x}{8}=\mathrm{X}$，$\frac{y}{15}=\mathrm{Y}$とすると，２つの式は，$4\mathrm{X}+\mathrm{Y}=2$…①，$\mathrm{X}-5\mathrm{Y}=-3$…②と表せる。

①×5＋②でYを消去すると，$20X+X=10-3$　$21X=7$　$X=\frac{1}{3}$

①に$X=\frac{1}{3}$を代入すると，$\frac{4}{3}+Y=2$　$Y=\frac{2}{3}$　よって，$\frac{x}{8}=\frac{1}{3}$より，$x=\frac{8}{3}$，$\frac{y}{15}=\frac{2}{3}$より，$y=10$

(4)　与式より，$3(4x^2+4x+1)-x-8=0$　$12x^2+12x+3-x-8=0$　$12x^2+11x-5=0$

２次方程式の解の公式より，$x=\frac{-11\pm\sqrt{11^2-4\times12\times(-5)}}{2\times12}=\frac{-11\pm\sqrt{361}}{24}=\frac{-11\pm19}{24}$

$\frac{-11+19}{24}=\frac{8}{24}=\frac{1}{3}$，$\frac{-11-19}{24}=-\frac{30}{24}=-\frac{5}{4}$なので，$x=\frac{1}{3}$，$-\frac{5}{4}$

2　**(1)**　Bを通りx軸に平行な直線と直線$y=\frac{1}{4}x+k$との交点をDとすると，右図のようになる。∠BCD＝∠ACDであり，平行線の錯角から∠ACD＝∠BDCなので，△BCDは∠BCD＝∠BDCの二等辺三角形となる。Cは直線$y=\frac{1}{4}x+k$上の点でありy座標は$y=0$なので，x座標は$0=\frac{1}{4}x+k$より，$x=-4k$　よって，$OB=2$，$OC=4k$なので，△OBCについて，三平方の定理より，$BC=\sqrt{OB^2+OC^2}=\sqrt{16k^2+4}$である。Dは直線$y=\frac{1}{4}x+k$上の点であり，$y$座標は$y=2$なので，$x$座標は$2=\frac{1}{4}x+k$より，$x=8-4k$　よって，$BD=8-4k$

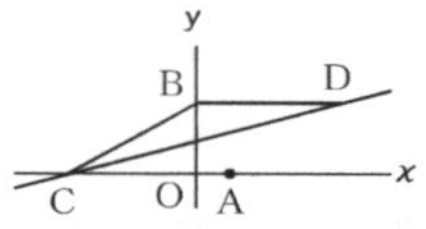

BD＝BCより，$\sqrt{16k^2+4}=8-4k$　$16k^2+4=64-64k+16k^2$　$64k=60$　$k=\frac{15}{16}$

(2)　AC：CB＝5：3なので，$p>0$となるpを用いて，Aのx座標を$x=5p$，Bのx座標を$x=-3p$と表す。２点A，Bは，$y=\frac{1}{3}x^2$と$y=\frac{1}{3}x+k$のグラフの交点だから，$\frac{1}{3}x^2=\frac{1}{3}x+k$の解が，$x=5p$，$-3p$となるので，$x^2-x-3k=0$と$(x-5p)(x+3p)=0$が一致する。

$x^2-2px-15p^2=0$より，$2p=1$　$p=\frac{1}{2}$

$-3k=-15p^2$より，$-3k=-\frac{15}{4}$　$k=\frac{5}{4}$

よって，Aのx座標は$x=\frac{5}{2}$，Bのx座標は$x=-\frac{3}{2}$，

$C(0,\ \frac{5}{4})$，$OC=\frac{5}{4}$である。

右の「座標平面上の三角形の面積の求め方」より，

$S=\frac{1}{2}\times OC\times$(AとBの$x$座標の差)$=\frac{1}{2}\times\frac{5}{4}\times\{\frac{5}{2}-(-\frac{3}{2})\}=\frac{5}{2}$

座標平面上の三角形の面積の求め方

下図において，△OPQ＝△OPR＋△OQR＝△OMR＋△ONR＝△MNRだから，△OPQの面積は以下の式で求められる。

△OPQ＝$\frac{1}{2}$×OR×(PとQのx座標の差)

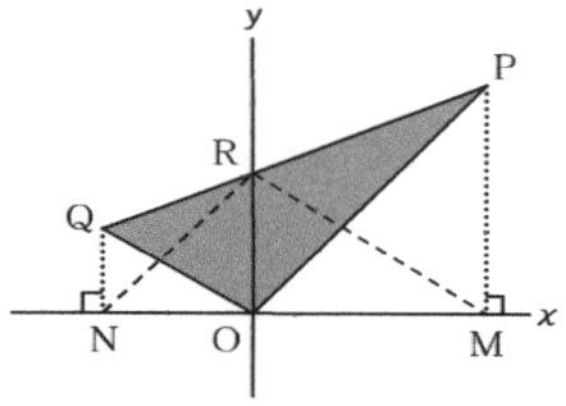

(3)(ア)　２けたの数は全部で，10から99の99－10＋１＝90個ある。そのうち，１種類の数字のみでできる数は，11，22，…，99の９個なので，２種類のみからなる数は，90－９＝81(個)ある。

(イ)　２種類の数字のみからなる２けた，３けたの数と，2020までの４けたの数がそれぞれいくつあるのか考える。(ア)より，２けたの数は81個ある。

百の位の数が１のとき，１と２でできる３けたの数は122，121，122の３個ある。百の位の数は１から９の９通りあり，残りの１つの数は，０から９のうち，百の位の数に選んだ数以外の９通りある。よって，３けたの数は９×９×３＝243(個)ある。

2020以下の４けたの数は，千の位の数が１である場合と，2000，2002，2020だけである。千の位の数が１のとき，１と０でできる４けたの数は1000，1001，1010，1011，1100，1101，1110の７個ある。１以外の数は，０から９のうち，１以外の９個から選ぶので，千の位の数が１である４けたの数は，７×９＝63(個)ある。したがって，2020以下の４けたの数は63＋３＝66(個)ある。以上より，2020は81＋243＋66＝390(番目)である。

(4)　右図のようにＡＦ，ＢＦ，ＤＦを引く。ＦはＡＢを直径とする半円上の点だから，∠ＡＦＢ＝90°である。また，ＡＤを直径とする半円上の点でもあるので，∠ＡＦＤ＝90°である。したがって，ＦはＢＤ上にあるとわかり，対称性から，ＨもＢＤ上にあるとわかる。また，△ＡＢＤ∽△ＥＦＨになるから，長方形ＡＢＣＤと長方形ＥＦＧＨも相似な図形になるので，ＦＨ：ＢＤを求めれば，面積比を求めることができる。

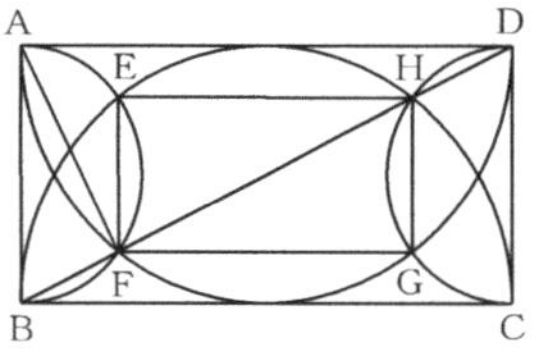

△ＦＢＡ∽△ＦＡＤ∽△ＡＢＤであり，直角をはさむ２辺の比はＡＢ：ＡＤに等しく１：２になるので，

ＢＦ：ＡＦ＝１：２，ＡＦ：ＤＦ＝１：２より，ＢＦ：ＤＦ＝１：４，ＢＦ：ＢＤ＝１：５である。

ＢＦ＝ＤＨより，ＦＨ：ＢＤ＝（５－１×２）：５＝３：５だから，長方形ＥＦＧＨと長方形ＡＢＣＤの面積比は $3^2:5^2=9:25$ であり，長方形ＥＦＧＨの面積は長方形ＡＢＣＤの面積の$\frac{9}{25}$倍である。

3　Ａの速さを毎時ａkm，Ｂの速さを毎時ｂkm，Ｑ地より２km手前の地点をＲとする。ＡがＲ地でＢに追いついたあとの９分＝$\frac{3}{20}$時間で，２人は合わせて２×２＝４(km)進んだから，２人の速さの和は，毎時$(4\div\frac{3}{20})$km＝毎時$\frac{80}{3}$kmである。よって，$a+b=\frac{80}{3}$…①　　ＰＲ間を$x$kmとすると，ＰＱ間は$x+2$(km)である。

$x$kmの距離を進む時間は，Ａの方がＢより15分＝$\frac{1}{4}$時間速いので，$\frac{x}{a}=\frac{x}{b}-\frac{1}{4}$　　$\frac{ax-bx}{ab}=\frac{1}{4}$…②

Ａが$_{ア}$<u>Ｒ地から，Ｑ地を通りＰ地に到着するまで進んだ</u>時間と，Ｂが$_{イ}$<u>Ｒ地から，Ｑ地を通りＰ地から４km手前の地点まで進んだ</u>時間は等しい。

下線部アの道のりは$2+2+x=x+4$(km)，下線部イの道のりは$x+4-4=x$(km)なので，$\frac{x+4}{a}=\frac{x}{b}$

$b(x+4)=ax$　　$ax-bx=4b$…③　　②に③を代入すると，$\frac{4b}{ab}=\frac{1}{4}$より，$a=16$

①に$a=16$を代入すると，$16+b=\frac{80}{3}$　　$b=\frac{32}{3}$　　③に$a=16$，$b=\frac{32}{3}$を代入すると，$16x-\frac{32}{3}x=\frac{32}{3}\times4$

$\frac{16}{3}x=\frac{128}{3}$　　$x=8$　　よって，Ａの速さは毎時16km，Ｂの速さは毎時$\frac{32}{3}$km，ＰＱ間は８＋２＝10(km)である。

4　(1)　さいころを４個ふったときの目の出方は全部で，6^4通りある。正の約数が２個となる数は素数だけなので，Ｎが素数になるのが何通りあるのかを考える。４個のさいころの目のうち，１個が素数でそれ以外の３個が１となればよい。１から６のうち素数は２，３，５の３個ある。素数が出るさいころの選び方は４通りあるので，出る目の出方は全部で，３×４＝12(通り)ある。したがって，求める確率は，$\frac{12}{6^4}=\frac{1}{108}$である。

(2)　(1)の解説をふまえる。例えば，４個のさいころの目のうち，１の目が２個，２の目が１個，３の目が１個出たとき，(１，１，２，３)と表すことにする(出る順番は関係しない)。

Ｎの正の約数が４個となるのは，ｐ，ｑを異なる素数として，$N=p^3$(約数は１，ｐ，p^2，p^3)または$N=p\times q$(約数は１，ｐ，ｑ，ｐｑ)の形になるときである。また，ｐ，ｑは２，３，５のいずれかとなる。

$N=p^3$のとき，目の組み合わせは，(１，２，２，２)，(１，３，３，３)，(１，５，５，５)，(１，１，２，４)の４通りある。(１，２，２，２)，(１，３，３，３)，(１，５，５，５)は，１の目が出るさいころの選び方が４通りあるので，目の出方はそれぞれ４通りある。(１，１，２，４)は，２の目が出るさいころの選び方が４通りあり，それに対して４の目が出るさいころの選び方が３通りあるので，目の出方は４×３＝12(通り)ある。したがって，$N=p^3$の形のときの目の出方の総数は，４×３＋12＝24(通り)ある。

$N=p\times q$のとき，Ｎ＝２×３，２×５，３×５となるのは，(１，１，１，６)，(１，１，２，３)，(１，１，２，５)，(１，１，３，５)である。先ほどと同じように考えると，目の出方は，(１，１，１，６)が４通り，(１，１，２，３)，(１，１，２，５)，(１，１，３，５)がそれぞれ12通りある。

したがって，$N=p\times q$の形のときの目の出方の総数は，４＋12×３＝40(通り)ある。

以上より，求める確率は，$\frac{24+40}{6^4}=\frac{4}{81}$である。

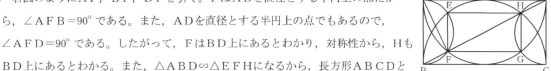

5 (1) 右のように作図する。ADは∠BACの二等分線なので，BD：CD＝AB：AC＝8：6＝4：3である。BC：CD＝(4＋3)：3＝7：3より，CD＝$7\times\frac{3}{7}=3$である。

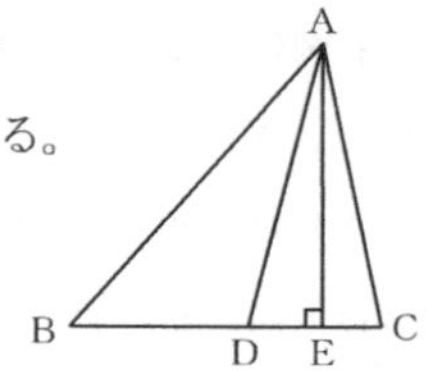

三平方の定理を用いる。△ABEについて，$AE^2=AB^2-BE^2=64-BE^2$

△ACEについて，$AE^2=AC^2-CE^2=36-(7-BE)^2=-BE^2+14BE-13$

よって，$64-BE^2=-BE^2+14BE-13$　　$14BE=77$　　$BE=\frac{11}{2}$

$AE=\sqrt{64-(\frac{11}{2})^2}=\sqrt{\frac{135}{4}}=\frac{3\sqrt{15}}{2}$なので，△ACD＝$3\times\frac{3\sqrt{15}}{2}\times\frac{1}{2}=\frac{9\sqrt{15}}{4}$である。

(2) BD＝7－3＝4，DE＝$\frac{11}{2}-4=\frac{3}{2}$なので，EはCDの中点であり，△ACDはAC＝AD＝6の二等辺三角形だとわかる。内接円とP，P′から各辺に対して垂線を引くと右図のようになる。

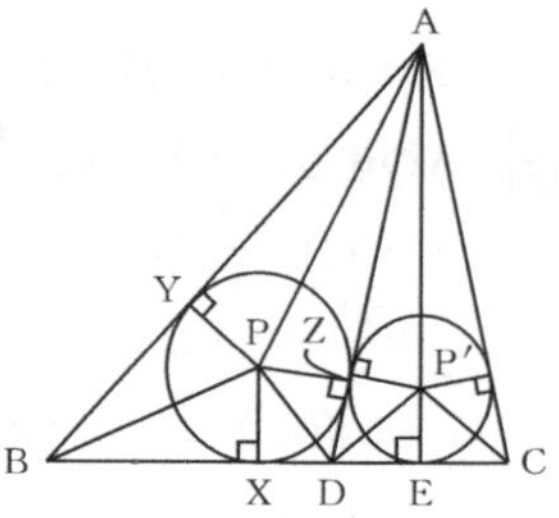

△ABD＝△PAB＋△PBD＋△PDAであり，△ACD：△ABD＝CD：BD＝3：4より，△ABD＝$\frac{4}{3}\times\frac{9\sqrt{15}}{4}=3\sqrt{15}$である。

したがって，$\frac{1}{2}\times8\times r+\frac{1}{2}\times4\times r+\frac{1}{2}\times6\times r=3\sqrt{15}$

$\frac{1}{2}\times r\times(8+4+6)=3\sqrt{15}$　　$9r=3\sqrt{15}$　　$r=\frac{\sqrt{15}}{3}$

△ADCについて，同様に考えると，$\frac{1}{2}\times6\times r'+\frac{1}{2}\times3\times r'+\frac{1}{2}\times6\times r'=\frac{9\sqrt{15}}{4}$

$\frac{1}{2}\times r'\times(6+3+6)=\frac{9\sqrt{15}}{4}$　　$\frac{15}{2}r'=\frac{9\sqrt{15}}{4}$　　$r'=\frac{3\sqrt{15}}{10}$

(3) PP′を結び，P′からPXに対して垂線P′Mを引くと，直角三角形PMP′ができるので，三平方の定理からPP′を求める。PM＝$r-r'=\frac{\sqrt{15}}{3}-\frac{3\sqrt{15}}{10}=\frac{\sqrt{15}}{30}$である。(2)の解説図で，BX＝BY，AY＝AZ，DX＝DZだから，

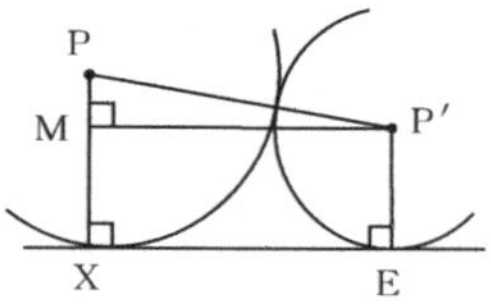

BX＝$\frac{8+4-6}{2}=3$より，MP′＝XE＝BC－BX－CE＝$7-3-\frac{3}{2}=\frac{5}{2}$である。

したがって，PP′＝$\sqrt{MP'^2+PM^2}=\sqrt{(\frac{5}{2})^2+(\frac{\sqrt{15}}{30})^2}=\sqrt{\frac{94}{15}}=\frac{\sqrt{1410}}{15}$である。

6 (1) CB，DEの中点をそれぞれM，Nとすると，図Iのように表せる。4点A，M，F，Nを通る平面で，この正八面体を切り，図IIのように作図する。

図I

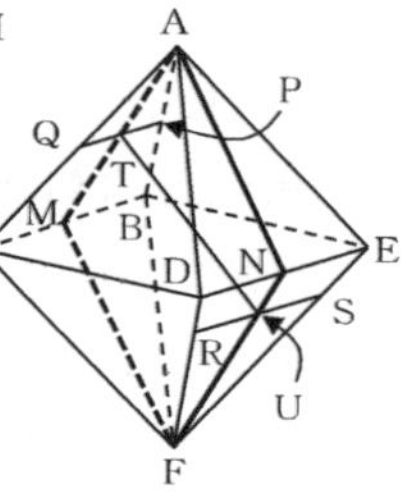

図II

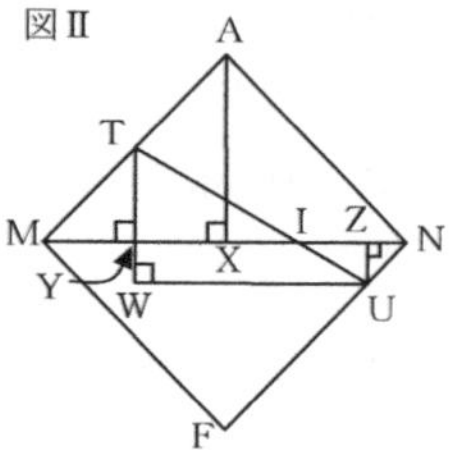

△ACMは3つの内角が30°，60°，90°の直角三角形だから，

AM＝$\frac{\sqrt{3}}{2}AC=6\sqrt{3}$である。MX＝$\frac{1}{2}MN=6$より，

AX＝$\sqrt{AM^2-MX^2}=\sqrt{(6\sqrt{3})^2-6^2}=6\sqrt{2}$である。

TはAMの中点であり，AX//TYだから，中点連結定理により，TY＝$\frac{1}{2}AX=3\sqrt{2}$，MY＝$\frac{1}{2}MX=3$である。また，△TMY∽△UNZであり，TM＝$\frac{1}{2}AM$，UN＝$\frac{1}{6}FN$，AM＝FNだから，TM：UN＝$\frac{1}{2}:\frac{1}{6}=3:1$になるので，UZ＝$\frac{1}{3}TY=\sqrt{2}$，NZ＝$\frac{1}{3}MY=1$である。

TQ＝TY＋WY＝TY＋UZ＝$3\sqrt{2}+\sqrt{2}=4\sqrt{2}$，WU＝YZ＝MN－MY－NZ＝12－3－1＝8だから，

直角三角形TWUで，TU＝$\sqrt{TW^2+WU^2}=\sqrt{(4\sqrt{2})^2+8^2}=\sqrt{96}=4\sqrt{6}$

(2) (1)の解説をふまえる。4点P，Q，R，Sを通る平面で，正八面体を切ったときの切り口は，右図のようになる(G，Hはそれぞれ2辺CD，BE上の点である)。

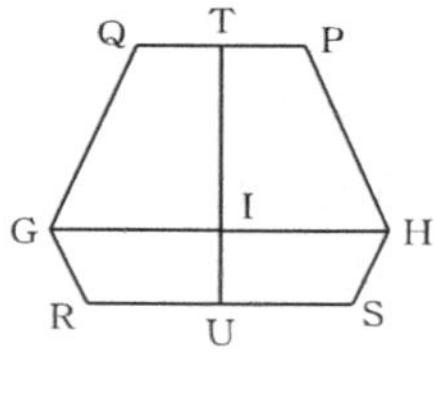

△APQ∽△ABCより，$PQ=\frac{1}{2}BC=6$，△FRS∽△FDEより，$RS=\frac{5}{6}DE=10$である。
GHはMNと同じ平面BCDE上の線だから，TUとGHの交点をIとすると，Iは(1)の解説図ⅡのTUとMNの交点になる。(1)の解説図Ⅱにおいて，△TMI∽△UNIであり，TI：UI＝TM：UN＝3：1だから，
$TI=\frac{3}{3+1}TU=3\sqrt{6}$，$UI=4\sqrt{6}-3\sqrt{6}=\sqrt{6}$だから，求める面積は，
$\frac{1}{2}\times(PQ+GH)\times TI+\frac{1}{2}\times(GH+RS)\times IU=\frac{1}{2}\times(6+12)\times3\sqrt{6}+\frac{1}{2}\times(12+10)\times\sqrt{6}=$
$27\sqrt{6}+11\sqrt{6}=38\sqrt{6}$である。

《2020　英語　解説》

[1]

Part 1　1　「よい1日を」→(b)「君も」

2　「郵便局がどこか教えていただけますか？」→(a)「はい，それは向こうの右側です」

3　「今日は雨が降りそうね」→(c)「わかった。レインコートを持って行くよ」

4　「すみません，Santa Barbara 行きの次の電車はいつ出ますか？」→(c)「5時15分に5番ホームからです」

5　「魚か肉はいかがですか，お客様？」→(a)「肉をいただきます」

Part 2　【放送文の要約】参照。

1　「彼らの座席は映画館の____です」…ティムの2回目の発言より，c)「後ろ」が適切。

2　「彼らは____のポップコーンを買いました」…マークの3回目の発言とティムの4回目の発言より，c)「キャラメルとバター」が適切。

3　「彼らは____を見ています」…ティムの7回目の発言より，c)「コメディ」が適切。

4　「老人は____と言っています」…怒っている男性の4回目の発言より，b)「マネージャーを呼ぶ」が適切。

5　「老人のチケットは____ポンドです」…怒っている男性の5回目の発言より，a)「6」が適切。

6　「マークのお母さんは____がどこにいるか知りたいです」…マークの9回目の発言より，a)「父」が適切。

7　「マネージャーは____ので，少年たちに映画館から出るように言いました」…マネージャーの2，3回目の発言より，b)「少年の1人が電話で話をしていた」が適切。

【放送文の要約】

ティム　：急いで，マーク！映画が始まるよ。

マーク　：座席の番号は何番だっけ？前じゃないといいな。

ティム　：真ん中だと思うよ。いや，待って…。V13と14。1左側の後ろだ。

マーク　：すみません…すみません…ああ！…すみません，足を踏んでしまいましたか？

ティム　：急いで座って。始まるよ。

マーク　：どんなポップコーンを買ったの？2キャラメル，それともバター？

ティム　：2半分ずつだよ。

マーク　：いいね。僕は普通のポップコーンが嫌いなんだ。

ティム　：それじゃあその味を買うべきだったね。

マーク　：とにかく，これは何の映画なの？新しいホラー映画の Big Bad Zombies かい？

ティム　：いや，それは来週まで公開されないよ。My Mum's an Alien だよ。

マーク　：ということは君の家族のドキュメンタリーだな。ハ！ハ！

ティム　　　　：いや，3ロマンチックなコメディだよ。おまえはばかか！

怒っている男性：悪いけど。話をやめてくれないか。私は映画を見ようとしているんだ。

ティム　　　　：ああ，ごめんなさい。静かにします。

マーク　　　　：落ち着いて，おじいちゃん。

怒っている男性：聞こえているぞ！

マーク　　　　：わかったよ！

怒っている男性：シー！シー！

怒っている男性：お願いだ。別の席に移動してくれ，4さもないとマネージャーを呼ぶぞ。

ティム　　　　：僕らはどんな席でも幸せです。あなたが動けばいいんじゃないですか？トイレの近くで退屈している老人がいるところに空席がありますよ。

怒っている男性：なんて無礼な！16歳の孫娘が私の60歳の誕生日にこのチケットをくれたんだ。5彼女は6ポンドも支払ったんだぞ。映画が聞こえないじゃないか。

電話が鳴る

マーク　　　　：すみません，静かにしてください。ああ，お母さん。いや，6僕はお父さんがどこにいるのかわからないよ。ティムといっしょにいるからね。メイベルおばさんに聞いてよ。

怒っている男性：ああ，もう十分だ。ここでは電話を使用できないぞ。それを私に渡しなさい。

ティム　　　　：おい！電話を盗むんじゃないでしょうね！それは犯罪ですよ。

マネージャー　：私はこの映画館のマネージャーです。どうしたのですか？

ティム　　　　：私たちはこの映画を見ようとしているんですが，この老人は本当にうるさいんです。つまみ出してください。

怒っている男性：しかし…それは真実ではありません。彼らは…。

マーク　　　　：そして，私が電話で母と話しているのに，彼はそれを盗みました。

マネージャー　：わかりました。それではそれがあなたの電話であり，7あなたはお母さんと話していたのですね。

マーク　　　　：はい！でも…。

マネージャー　：君たち2人は私と一緒に来てください。出口があります。出て行きなさい！

ティム　　　　：なぜそんなことを言うの？

マーク　　　　：僕が何をしたって言うんだよ？

マネージャー　：私は出て行けと言ったんですよ！

観客　　　　　：やった！よくやったおじいちゃん！おじいちゃん！おじいちゃん！おじいちゃん！

（映画のせりふ）でもママ。ママがエイリアンなら，僕は何なの？

Part 3 【放送文の要約】参照。

1 「キングロイストンの成功は____から 1980 年まで」…第1段落2文目，nineteen sixty-eight「1968 年」を聞き取る。

2 「少年はキングロイストンのブーツを____」…第1段落6文目 Stop touching his boots!「彼のブーツにさわるのはやめてください！」より，少年がキングロイストンのブーツにさわっていた（＝was touching）ことがわかる。

3 「キングロイストンは車を____に塗りました」…第2段落1文目，he painted green「緑色に塗った」を聞き取る。

4「彼の本物の車は今____の中にあります」…第2段落2文目，drove it into Lake Lambo「ランボ湖に飛び込んだ」と第2段落3文目，cars don't float「車は浮かんできません」より，湖(＝lake)の中にあることがわかる。

5「油絵は暖炉の____にあります」…第3段落1文目，Above the fireplace「暖炉の上」を聞き取る。

6「彼のペットの____はミリーと呼ばれています」…第3段落1文目，his pet sheep「ペットの羊」を聞き取る。

7「キングロイストンは2年前に____にあいました」…第3段落4文目，a terrible accident「ひどい事故」を聞き取る。

8「キングロイストンは____に何も残しませんでした」…第3段落6文目，not to his only brother「彼の唯一の兄弟」を聞き取る。

【放送文の要約】

キングロイストン4世博物館の東館にようこそ。博物館のこの館は，1すべて1968年から1980年のキングロイストンの初期の成功に関するものです。左側のミラーボールの下には，1978年のサウスウェストメンフィス地域の決勝戦で3位を獲得したときに着用した革のディスコダンスブーツがございます。はい，黄色い帽子の君！うん，君のことです！2彼のブーツに触れるのはやめてください！チョコレートの跡がついてしまいます！

窓の下の机の上には，3彼が緑色に塗ってロールスロイストンと呼んでいたロールスロイスシルバーシャドウの模型がございます。彼の車は最新のもので25万ドルもかかりましたが，残念ながら，彼がガールフレンドのペギー・スーとの最初で最後のデートで4ランボ湖に飛び込んでしまったため，実物をお見せすることはできません。そして，チョコレートがついた指でさわってはだめだよ，4車は浮かんできません！

5暖炉の上には，ロイストンが親友のミリーという6ペットの羊と一緒にいる油絵がございます。彼らがどのように出会ったかという話がすばらしいのです。彼はコロラド州で休暇中に，クーガーに襲われていたミリーを救け出し，その後，彼らはいつも一緒でした。悲しいことに，ほとんどの方々がご存知ですが，7 2年前に最悪な事故がありました。お風呂の後，ドライヤーでミリーを乾かしている最中に，ロイストンは水に落ちて感電死してしまいました。彼は全財産，そしてこの博物館をその欲張りな…小…動物に残しました。8彼のたった1人の兄弟である私にではありません。(メー！メー！)

[2]

友人のMoからのメールの質問「とても面白かったので，笑いが止まらなかったよ。君が最近爆笑したことは何？」に対する答えを60〜70語で書く。

(例文1)こんにちは，Mo。メールをありがとう。最近，爆笑したのは，テレビで見たバラエティ番組だよ。あるお笑い芸人が，ジャングルで村人たちと暮らしていて，カブトムシを食べるよう言われたんだ。彼女は今まで昆虫を食べたことがなかったから，絶叫し始めたんだ。彼女の表情を見た時，僕は笑いが止まらなかったよ。YouTubeで，見てみろよ。じゃあね，タロウ

(例文2)こんにちは，Mo。メールをありがとう。最近，爆笑した出来事は3週間前に起こったんだ。僕は電車で座って本を読んでいた。目を上げた時，顔中に母親の赤い口紅を塗っている幼い男の子を見たんだ。それは彼の唇，頬，そして鼻の上にもついていた。彼は，母親がスマートフォンを見ている間に，母親のハンドバッグの中の口紅を見つけたんだね。じゃあね，タロウ

[3]【本文の要約】参照。

G 第4段落3〜4行目「学校の素晴らしい点や教師たちがいかに親切かを書くようにしていた」より，内容が反

するア，ウは誤りである。また，第５段落２行目「校長は手紙自体のスペルミスを修正することを決して許さなかった」より，修正しているイは誤りである。校長を喜ばせる内容で，スペルミスを修正していないエが適切。

【本文の要約】

St Peter's では，日曜日の朝は手紙を書く時間でした。９時になると，全校の生徒は自分の机に向かって，１時間かけて家にいる両親に手紙を書かなければならなかったのです。10 時 15 分になると，私たちは帽子とコートを着て学校の外で長い列に加わり，教会に向かって町を数マイル行進し，昼食時1エまで(＝until)は戻りませんでした。教会に行くことは決して私の習慣にはなりませんでした。2手紙を書くことは私の習慣になりました。

St Peter's での最初の日曜日から，32 年後に母が亡くなる日まで，私が家を離れている時はいつも，週１回，時にはもっと多く，母に手紙を書きました。私は母に St Peter's から（書くことを強制されたのですが），次の学校であるレプトンから，そして卒業後に初めて仕事で行った東アジアのダルエスサラームから，そして，私がイギリス空軍の3エ一員として(＝with)飛行していた戦争中は，ケニア，イラク，エジプトから，毎週母に手紙を書きました。

手紙を書くことは，St Peter's では大変な作業でした。それは4aウ私たちの愛する人と手紙のやりとりを続けるためだけでなく，スペルと句読点の授業でもありました。校長は授業中ずっと教室を見回りし，4bイ私たちが何を書いたかを読むため，そして間違いを指摘するために，肩越しに見ていたものでした。しかし，それが彼の関心の主な理由ではなかったことは明白です。彼は4cア私たちが学校の悪口を書いていないことを確かめるためにそこにいました。

したがって，学期中は両親に不満を訴える方法はありませんでした。食べ物がまずいと思っても，ある教師が嫌いでも，やりもしないことでムチを打たれたとしても，私たちは手紙にそんなことを書くような危険を冒すことは決してしませんでした。②実は，私たちはよく別のやり方をしていました。私たちの肩越しに身を乗り出して書いたものを読んでいるその危険な校長を喜ばせるために，私たちは学校の素晴らしい点や教師たちがいかに親切かを書くようにしていたものでした。

校長は巧妙な男だったにちがいありません。彼は，私たちの手紙がこのように検閲されていると両親に思わせたくなかったので，手紙自体のスペルミスを修正することを決して許しませんでした。ある日，私が…last Tuesday knight we had a lecture…と書いてしまうと，彼は言いました。「5aイ君は night のスペルを知らないのかい？」「し，知っています，先生，K－N－I－G－H－Tです」「5bエそれは別の knight だよ，間違っているよ！」「どれですか，先生？私は…私はわかりません」「光り輝く装甲を身に着けた人！馬に乗っている男！5cウ火曜日の夜はどんなスペル？」「私は…私は…私は全くわかりません，先生」「それはN－I－G－H－Tだよ，N－I－G－H－T。今日の午後は外出せずに，15 回完璧に書いて私に見せるんだ。だめ，だめ！手紙を書き直してはいけないよ！これ以上汚くしたくないだろ！それは君が書いた通りに送られなければならない！」

このようにして，この悪賢い方法によって，私たちの信頼すべき両親は，手紙が決して誰かによって見られたり検閲されたり校正されたりしていないという印象を受けたのです。

［4］【本文の要約】参照。

A　第１段落の３行目にある Europe「ヨーロッパ」より，船の行き先はヨーロッパである。

B　直後に「夜に病気を吸い込まないように」とあるので，on their backs「あおむけ」ではなく on their stomachs「うつぶせ」に寝たという意味になるようにする。　・instead of ～「～のかわりに」

F　下線部７「中世の人々と土地への長期的な影響」にあてはまるのは，２つ前の段落のエ「小作人は自分の土地を手に入れることができた」，直前の段落のオ「森は再びヨーロッパの大部分を覆った」である。

G　第２段落３行目の to keep the sickness away を抜き出す。

【本文の要約】

今日，科学者たちは黒死病がペストと呼ばれる病気であることを知っています。この疫病は，ネズミに寄生していたノミが運んだ感染によって引き起こされました。商人が中国から黒海に向けてシルクロードを移動した時，ネズミは彼らが運んでいた穀物を食べ，布袋に隠れてついてきました。商人がヨーロッパに向けて出航した時，ネズミは船の貨物倉に潜んでついていきました。船が到着するとすぐ，ネズミは岸につなげられたアンカーロープを駆け下りて，大陸中に病気を広めていきました。中世には，ネズミはいたるところにいました。人々がゴミや食べ残しを路上に(a)投げ捨て(＝threw)ていたので，常に十分なエサがあったからです。そして，ネズミが行くところはどこでも，ペストはついて回りました。

しかし，中世の人々は，ネズミが病気を広めていることがわかりませんでした。疫病は神の裁きだと思った人もいれば，地震，悪霊，悪い食べ物によって引き起こされていると思った人もいました。誰もその防ぎ方を知りませんでした。彼らは病気を遠ざけるために，花とハーブを持ち歩き，タマネギとニンニクを食べ，夜に病気を吸い込まないように，あおむけではなくうつぶせに寝ました。しかし，何の(b)役にも立ち(＝helped)ませんでした。当時のある歴史書には，「3とても多くの人々が死んだので，全員がこの世の終わりだと信じた」と書かれています。

ペストは 1347 年から 1352 年ごろまで続き，ようやくそれが終息した時には，世界は一変してしまったのです。4三人に一人が死亡しました！村や町がまるまる消滅しました。畑は雑草だらけで，作物は収穫される前に枯れました。牛，羊，豚は逃げ出して(c)野生化しました(＝turned wild)。あるいは，5世話をする(＝look after)人が誰もいなかったために死んでしまいました。

広大な土地を所有していた貴族は，自分の畑を再び耕作させたいと思いました。しかし6 a イあまりにも多くの小作人が死んでしまったので，自分の土地で働いてくれる人を見つけることができませんでした。これは6 b エ生き残った小作人と自作農は簡単に仕事を見つけて，より高い賃金を支払うよう要求することができることを意味しました。貴族はすべての土地を耕作するほど労働者に賃金を支払う余裕がなかったので，6 c ウ彼らの土地はどんどん小さくなり，貧しくなり，権力も弱まりました。他方では，6 d ア小作人と自作農はより豊かになり，自分の土地を購入することができました。結果として，貴族が持っている土地のうち，少しばかりの土地を使う代わりに小作人が貴族の下で働くという封建制度はくずれ始めました。

ペストのもう１つの結末は，疫病に襲われた村の多くが放棄されたことです。生存者は都市に引っ越しました。多くの人々が田舎を離れるにつれて，都市は大きくなり始めました。そのため，職人も都市に行き，そこでより多くの人々に工芸品を売ることができました。この都市や大きな町の人口の増加は，都市化として知られています。

しかし，田舎では，何百もの農場と家は無人のまま(d)残されて(＝were left)いました。居残った小作人の中には，これらの空き家に引っ越し，自分たちの土地として耕作する者もいました。彼らは雇い主のベッド，衣服，道具，動物を引き継ぎました。彼らを追い払う人はいなかったので，彼らが新しい所有者になりました。

ペストは土地そのものさえ変えてしまいました。疫病が流行する前は，ヨーロッパ中の森林は伐採され，土地は畑になっていました。しかし，農民がほとんど残っていないため，ヨーロッパ中で森林が復元し始めました。実際，ペストが終わってから70年後，森はパリと接するようになったため，オオカミは都市の端に沿って獲物を捕らえました！そして，疫病が流行してから 150 年後には，巨大で深い森がかつて農地や村があった場所を何マイルにも渡り覆ってしまいました。

ペストは600年以上前に流行りましたが，中世の人々と土地に長期的な影響を及ぼしました。そして，私たちは今日でも疫病について，少なくとも１つは思い出させるものがあります。このわらべ歌を聞いたことがありますか？

Ring-a-ring-o'roses　A pocket full of posies.　A-tishoo！A-tishoo！　We all fall down！

多くの歴史家は，歌の起源はペストにさかのぼると考えています。「Ring-a-ring-o'roses」は，病人の皮膚の赤い発疹を描写しています。「A pocket full of posies.（ポケットいっぱいの花束）」は，8病気を遠ざけるために（＝to keep the sickness away）多くの人が持ち歩いていた花とハーブの花束です。「A-tishoo! A-tishoo!」は病人がくしゃみをする音です。そして，「We all fall down！9「私たちは皆倒れる」は，その疫病にかかった人のほとんどが亡くなったということを私たちに思い出させます。

―《2020　理科　解説》―

【１】

⑵　三平方の定理より，$x^2=(R+h)^2-R^2=2Rh+h^2$，$x>0$より，$x=\sqrt{2Rh+h^2}$である。地球の半径と比べると，山頂の高度(h)は非常に小さいから，h^2を無視して式を簡単にすると，$x=\sqrt{2Rh}$となる。

⑶　$\sqrt{2Rh}=\sqrt{2\times6400\times3.8}=80\sqrt{7.6}$である。$2<\sqrt{7.6}<3$だから，$160<80\sqrt{7.6}<240$より，ウの220があてはまる。

⑸　ア○…月食は，太陽，地球，月の順に一直線に並び，月の一部または全体が地球の影に入ることで起こる現象である。(地球の影が丸ごと月に映ることはないが，)地球が球であるために，月に映る地球の影は弧を描くことになる。　エ○…北極星は地軸の延長線付近にある。地球が球であるために，赤道から北極に近づくほど，北極星の高度が高くなる。

⑹　⑦平行線の同位角が等しいことに着目すると，角aは90－82.8＝7.2(°)である。　⑧7.2°はなれた２地点間の距離が930kmだから，地球一周の長さは，$930\times\frac{360}{7.2}=46500$(km)と計算できる。

【２】

〔Ａ〕⑴　図２のように並列につないだ各抵抗には電源と同じ電圧がかかり，電源には各抵抗を流れる電流の和が流れる。図１で，電圧が５Ｖのときに着目すると，Ｘには0.1Ａ，Ｙには0.25Ａの電流が流れるから，電源に流れる電流は0.1＋0.25＝0.35(Ａ)になる。よって，電圧が５Ｖのときの電流が0.35Ａになるクが正答である。なお，Ｘの抵抗は$\frac{5(V)}{0.1(A)}=50(\Omega)$，Ｙの抵抗は$\frac{5(V)}{0.25(A)}=20(\Omega)$である。　⑵　〔電力(W)＝電圧(V)×電流(A)〕で求める。⑴解説より，電源に0.35Ａの電流が流れるとき，Ｘには５Ｖの電圧がかかり，0.1Ａの電流が流れるから，５×0.1＝0.5(W)が正答である。　⑶　図３のように直列につないだ各抵抗には同じ大きさの電流が流れる(電源にも同じ大きさの電流が流れる)。図１で，電流が0.1Ａのときに着目すると，Ｘには５Ｖ，Ｙには２Ｖの電圧がかかるから，電源の電圧は５＋２＝７(Ｖ)である。よって，電圧が７Ｖのときの電流が0.1Ａになるウが正答である。　⑷　電圧が10.5Ｖのとき，Ｙ(回路全体と同じ)に流れる電流は0.15Ａである。Ｙに0.15Ａの電流が流れるときにＹにかかる電圧は３Ｖだから，３×0.15＝0.45(W)が正答である。　⑸　図４は，図２の並列つなぎの抵抗と，図３の直列つなぎの抵抗を直列つなぎにしたものだから，⑶解説と同様に考える。図４の電源に0.1Ａの電流が流れるときに着目すると，図１のクより，X_1とY_1の並列部分には約1.5Ｖ，図１のウより，X_2とY_2の直列部分には７Ｖの電圧がかかるから，電源の電圧は約1.5＋７＝8.5(Ｖ)になる。よって，電圧が約8.5Ｖのときの電流が0.1Ａになるイが正答である。　⑹　抵抗の比はＸ：Ｙ＝50：20＝5：2である。並列つなぎの抵抗に流れる電流の比は抵抗の逆比と等しいからX_1：Y_1＝②：⑤であり，Y_2に流れる電流はX_1とY_1に流れる電流の和と等しいからX_1：Y_2＝②：(②＋⑤)＝②：⑦である。〔電圧＝抵抗×電流〕より，電圧の比はX_1：Y_2＝([5]×②)：([2]×⑦)であり，〔電力＝電圧×電流〕より，電力の比はX_1：Y_2＝([5]×②×②)：([2]×⑦×⑦)＝10：49だから，$\frac{10}{49}$倍が正答である。

〔B〕(1)　仕事の原理より，小球をレールに沿って，Aまで移動させるのに要する仕事と，小球をAの真下から直接6m持ち上げる仕事は同じである。〔仕事(J)＝力(N)×力の向きに動かした距離(m)〕，0.1kg→1Nより，1×6＝6(J)が正答である。　(2)　ウ○…小球のもつ力学的エネルギー(位置エネルギーと運動エネルギーの和)はどの位置でも等しい。BはCより低い位置にあるから，Bでの位置エネルギーはCより小さく，その分，Bの方が運動エネルギーが大きい。　(3)　オ○…レール1を飛び出した直後の小球にはたらく力は，重力だけである。　(4)　ア○…どちらもD(X)では運動エネルギーだけをもち，その大きさは等しい。レール1では小球が斜めに飛び出すため，最高点でも運動エネルギーをもっている。これに対し，レール2では小球が真上に飛び出すため，最高点では位置エネルギーだけになる。よって，レール2のときの方が最高点の床からの高さは高くなる。

(5)(ⅰ)　カ○…運動エネルギーは0にならないこと，高い位置にあるときほど運動エネルギーが大きいこと，Eより低い位置にきたときには飛び出した直後より運動エネルギーが大きくなること，から考える。

(ⅱ)　エ○…最高点でも運動エネルギーは0ではないこと，低い位置にあるときほど運動エネルギーが大きいこと，から考える。

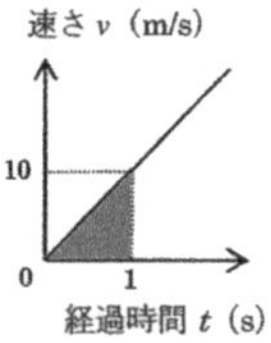

(6)　図5のようなグラフでは，小球の移動距離は右図の色をつけた三角形の面積で表せる。よって，1秒後の移動距離は10×1÷2＝5(m)であり，レール2のときの最高点の床からの高さはAと同じ6mだから，6－5＝1(m)が正答である。

【3】

〔A〕　①は窒素，②は酸素，③は二酸化炭素，④は硫化水素，⑤はアンモニア，⑥は水素，⑦は塩素である。

(1)　過酸化水素水が分解して酸素が発生する。二酸化マンガンのような触媒としてはたらく物質は，化学反応式に含めない。

〔B〕(1)　Na^+(ナトリウムイオン)，Mg^{2+}(マグネシウムイオン)，Ca^{2+}(カルシウムイオン)，Cl^-(塩化物イオン)，SO_4^{2-}(硫酸イオン)，K^+(カリウムイオン)である。　(3)　あ．炭酸水素ナトリウムは150－100＝50(g)溶けている。30℃の水100gに対する炭酸水素ナトリウムの溶解度は10gだから，$100\times\frac{50}{10}$＝500(g)が正答である。

い．10℃の水100gに対する溶解度は30℃のときより2g小さいから，30℃のときよりさらに$2\times\frac{500}{100}$＝10(g)の結晶が出てくる。よって，100＋10＝110(g)が正答である。　(4)　イ，エ，キ○…A(炭酸水素ナトリウム)の加熱によって取り出せる白い物質Bは炭酸ナトリウムである〔$2NaHCO_3 \rightarrow Na_2CO_3 + CO_2 + H_2O$〕。BはAよりも水に溶けやすく，Bの水溶液はAの水溶液よりも強いアルカリ性を示す。また，Bはナトリウムイオン〔Na^+〕と炭酸イオン〔CO_3^{2-}〕の結合によって生じる物質である。　(5)　(4)解説の化学反応式に着目する。原子の質量比を利用すると，$2NaHCO_3$：Na_2CO_3＝{2(23＋1＋12＋16×3)}：(23×2＋12＋16×3)＝168：106と表せる。よって，1000gのAからできるBは$1000\times\frac{106}{168}$＝630.9…→631gである。　(6)　炭酸ナトリウム水溶液に水酸化カルシウム水溶液(石灰水)を加えると(炭酸カルシウムが沈殿して)白くにごる〔$Na_2CO_3 + Ca(OH)_2 \rightarrow 2NaOH + CaCO_3$〕。

【4】

〔A〕(1)　血しょうにαのみが存在するイはB型である。イ以外でB型の赤血球が凝集しなかったウの血しょうは，βを含まないAB型の血しょうである。また，アの赤血球はすべての血しょうで凝集しなかったから，凝集原を含まないO型の赤血球であり，残ったエはA型である。　(2)　①の24名はA型かAB型，②の16名はB型かAB型，③の15名はO型である。よって，B型＝50－(①＋③)＝11(名)，A型＝50－(②＋③)＝19(名)，AB型＝①－A型＝24－19＝5(名)である。

〔B〕(2)　イ，エ○…遺伝子Xをもつ染色体は対になって体細胞内に入っている。このような対になった染色体を相同染色体という。相同染色体は生殖細胞(精子や卵)をつくるときの減数分裂によって，別々の生殖細胞に入る。　(3)　Aのつくる生殖細胞がもつ遺伝子Xの長さは400bpか200bp，Bのつくる生殖細胞がもつ遺伝子Xの長さは500bpか300bpだから，AとBの交配で生まれてくる子の体細胞の遺伝子Xの長さの組み合わせは，右表の4種類のいずれかになる。

B＼A	400bp	200bp
500bp	400bp 500bp	200bp 500bp
300bp	400bp 300bp	200bp 300bp

《2020　社会　解説》

1　aはカリフォルニア州，bはミネソタ州，cはルイジアナ州，Eはエクアドル，Fはボリビア，Gはチリ，Hはブラジル，Iはアルゼンチン。

問2　日本の真裏の西経45度の経線がブラジル東部を通ることから，Xを西経60度線と判断する。西経75度のニューヨークより右に位置するエが最も近くなる。

問3　イを選ぶ。西経120度付近のロサンゼルスの真裏は，180度から引き東と西をいれかえた東経60度のウズベキスタンとなる。アは東経15度，ウは東経90度，エは東経120度に位置する。

問4　aはイ，bはカを選ぶ。表1で，「あ」はヒスパニックの割合が高いからa，「う」は黒人の割合が高いからcと判断でき，「い」はbとなる。表2で，「か」はさとうきびの生産量が多いからc，「き」は米の生産量が多いからa，「く」は小麦・とうもろこし・大豆の生産量が多いからbである。

問5(1)〈A〉　サンベルトは，ヒスパニックやアフリカ系などの安価で豊富な労働力や安い地価を背景に発展した。〈B〉　半導体産業がさかんなサンノゼ付近をシリコンバレーと呼ぶ。　(2)　五大湖周辺は，鉄鉱石や石炭，水運の便に恵まれていたため，鉄を材料とする自動車工業が発達した。

(3)　アを選ぶ。フランスのトゥールーズにはエアバス社があり，ヨーロッパ諸国との航空機の国際分業が行われている。イはイギリス，ウはインド，エは韓国の都市である。

問6　カを選ぶ。「さ」は機械類の割合が高いから，工業化が進むBRICSのブラジル(H)である。「し」は銅鉱や銅の割合が高いから，世界最大の露天掘り銅山(チュキカマタ銅山)があるチリ(G)である。「す」は原油と果実の割合が高いから，OPEC加盟国でバナナがさかんに作られているエクアドル(E)である。

問7(1)　メスチーソは中南アメリカのスペイン語圏の国(ボリビア・アルゼンチンなど)における白人と先住民の混血を意味する。　(2)　エを選ぶ。「た」はスペインの植民地となって先住民のインディオが減少したアルゼンチン(I)である。「ち」は人口の半数以上が先住民であるボリビア(F)である。「つ」は典型的な多民族社会のブラジル(H)である。ブラジルは，ポルトガルの植民地支配，アフリカからの黒人奴隷の連行，ヨーロッパの国々からの移民などによって混血が増えた。

問8　イが正しい。　ア．ブラジル(H)はカトリックの信者が多い。　ウ．カカオ豆の主な生産国はアルゼンチン

(Ⅰ)でなく，コートジボワールやガーナである。　エ．ブラジル(H)の公用語はポルトガル語である。

問9　ブラジルでは，自動車燃料としてさとうきび由来のバイオエタノールが使われる。

2　問1　ウ．ポエニ戦争(紀元前3～紀元前2世紀)→ア．スパルタクスの反乱(紀元前73年)→イ．キリスト教の公認(313年)

問2　イが正しい。　ア．「ルイ 14 世」が「ルイ 16 世」であれば正しい。　ウ．パリでのパン・アフリカ会議は 1919 年に開かれた。　エ．第1次世界大戦後のベルサイユ条約で，民族自決の原則から東ヨーロッパ諸国が独立した。

問3　ウが正しい。　ア．「袁世凱」と「孫文」が逆であれば正しい。　イ．日中共同声明は北京で発表された。エ．「宋」が「明」であれば正しい。

問4　1851年，洪秀全によって起こされたキリスト教徒(上帝会)の反乱を太平天国の乱と言う。

問5　バグダードは，1991年の湾岸戦争や2003年のイラク戦争で爆撃されたイラクの首都である。

問6　アが誤り。「ジャンク船」が「ダウ船」であれば正しい。ジャンク船は中国商人が利用した。

問7　1642～1649 年のピューリタン革命(清教徒革命)ではチャールズ1世が処刑され，クロムウェルらが共和制を敷いたが，1688 年の名誉革命では，血を流すことなく国王の国外追放に成功した。

問8　1773 年のボストン茶会事件をきっかけとして，1775 年にアメリカ独立戦争が始まり，1776 年には独立宣言が出された。

3　問1　オ．金本位制度では経済の動きに応じた通貨の増減ができなかったため，管理通貨制度が採用された。

問2　イが誤り。「価格抑制」は，公正取引委員会が運用している独占禁止法が持つ機能である。

問3　アを選ぶ。日本長期信用銀行はバブル崩壊で破綻した。住宅金融公庫は，独立行政法人・住宅金融支援機構にかわった。中小企業金融公庫は日本政策金融公庫に組みこまれた。日本債券信用銀行は現在のあおぞら銀行。

問4　ウが誤り。アメリカ合衆国よりも日本の利子率が上がれば，ドル資産の比率を減らして円資産の比率を増やそうとする人が増えるため，ドル安円高になる。

問5　「直接金融」が「間接金融」であれば正しい。金融機関が客から集めた預金を，客の意思に関わらず企業に貸すため，間接金融と言う。

問6　アが正しい。公開市場操作における売りオペレーションについての記述である。イ・ウ・エは政府が行う。

問7　ウが誤り。日本銀行は企業との取引を行わない。

問8　2020年度予算案における国債依存度は31.7％だったから，イを選ぶ。新型コロナウイルスによる国債発行額が今後どのくらい増えるか注目したい。

問9　エが誤り。団結権・団体交渉権・団体行動権などの労働基本権は，日本国憲法第 28 条で保障されている。

問10　イが誤り。国政調査権は国会議員の持つ権限であり，「衆議院議員」に限定されていない。

問11　アが誤り。メイ首相は保守党政権だった。近年で労働党出身の首相は，ブレアとブラウンである。

問12　議院内閣制は内閣が国会に対して連帯して責任を負う制度だから，ウの不逮捕特権は該当しない。

問13　エが誤り。民事裁判では，判決に至ることなく原告と被告の話し合いによって和解することが多い。

問14　アが誤り。最高裁判所判事の人数は 14 人である。

問15　ウが誤り。「法務大臣」が「最高裁判所」であれば正しい。

4　Aは縄文時代，Bは弥生時代，Cは古墳時代，Dは飛鳥時代，Eは平安時代，Fは鎌倉時代，Gは室町時代，Hは安土桃山時代，Ⅰは江戸時代，Jは明治時代，Kは明治時代～大正時代，Lは昭和時代(戦後の民主化政策)，Mは昭和時代(1960 年代)。

問１(①)『洛中洛外図屏風(狩野永徳筆)』には室町幕府３代将軍足利義満の花の御所が描かれている。

問２　ウとエが正しい。　ア．オイルショック(1973 年)は昭和時代。　イ．「ヤルタ会談」ではなく「マルタ会談」である。また，ヨーロッパ共同体の成立は昭和時代。　オ．高度経済成長期(1950 年代後半～1973 年)・大阪万博(1970 年)・四大公害裁判による判決(1970 年代)は昭和時代。　カ．2009 年～2012 年の鳩山内閣－野田内閣までは民主党を中心とした連立政権。

問３　ウ．漢委奴国王と刻まれている金印(弥生時代)→イ．十三湊遺跡(鎌倉時代～室町時代)→エ．安土城(安土桃山時代)→ア．長崎貿易(江戸時代)

問４③　老中・若年寄・寺社奉行・町奉行などから江戸幕府を導き，Ｉを選ぶ。　④　古墳に埋葬された鉄製品だからＣを選ぶ。古墳時代の副葬品は，前期には銅鏡や勾玉などの祭りの道具，中期以降には軍事指導者が権力を持っていたため鉄製の武器が納められた。　⑤　婦人参政権が認められたことから，1946 年の衆議院議員総選挙を導き，Ｌを選ぶ。

問５　輸出品の生糸の品質や生産技術の向上を目的に，1872 年に群馬県に官営模範工場の富岡製糸場がつくられた。

問６　ア．1964 年の東京オリンピックまでに一般家庭に広く普及した，電気冷蔵庫・白黒テレビ・電気洗濯機を「三種の神器」と呼ぶ。

問７　イ．江戸時代→ア．明治時代→ウ．昭和時代　エは「朝鮮との貿易」が不適切である。琉球王国は薩摩藩に服属する一方で，中国との朝貢貿易を続けた。

問８　アが正しいからＦを選ぶ。　イ．室町時代，土倉や酒屋は「座」と呼ばれる組合を作った。「株仲間」は江戸時代。　ウ．江戸時代，酒田から日本海沿岸をまわって大阪まで運ぶ西廻り航路，酒田から太平洋沿岸をまわって江戸まで運ぶ東廻り航路が発達したが，菱垣廻船と樽廻船の航路は大阪－江戸間なので，西廻り航路ではない。

問９　イが正しい。北里柴三郎はペスト菌の発見などでも知られ，新千円札の肖像に選ばれた。　ア．黒田清輝は洋画家(代表作「湖畔」)，横山大観は日本画家である。　ウ．『たけくらべ』は樋口一葉の小説であり，津田梅子は女子英学塾(津田塾大学)の創設者である。言文一致を訴えた小説家には二葉亭四迷などがいる。　エ．「テレビ放送」が「ラジオ放送」であれば正しい。テレビ放送開始は昭和時代。大衆文化の児童向け雑誌には『赤い鳥』などがある。

■ ご使用にあたってのお願い・ご注意

（1）問題文等の非掲載

著作権上の都合により，問題文や図表などの一部を掲載できない場合があります。

誠に申し訳ございませんが，ご了承くださいますようお願いいたします。

（2）過去問における時事性

過去問題集は，学習指導要領の改訂や社会状況の変化，新たな発見などにより，現在とは異なる表記や解説になっている場合があります。過去問の特性上，出題当時のままで出版していますので，あらかじめご了承ください。

（3）配点

学校等から配点が公表されている場合は，記載しています。公表されていない場合は，記載していません。

独自の予想配点は，出題者の意図と異なる場合があり，お客様が学習するうえで誤った判断をしてしまう恐れがあるため記載していません。

（4）無断複製等の禁止

購入された個人のお客様が，ご家庭でご自身またはご家族の学習のためにコピーをすることは可能ですが，それ以外の目的でコピー，スキャン，転載（ブログ，ＳＮＳなどでの公開を含みます）などをすることは法律により禁止されています。学校や学習塾などで，児童生徒のためにコピーをして使用することも法律により禁止されています。

ご不明な点や，違法な疑いのある行為を確認された場合は，弊社までご連絡ください。

（5）けがに注意

この問題集は針を外して使用します。針を外すときは，けがをしないように注意してください。また，表紙カバーや問題用紙の端で手指を傷つけないように十分注意してください。

（6）正誤

制作には万全を期しておりますが，万が一誤りなどがございましたら，弊社までご連絡ください。

なお，誤りが判明した場合は，弊社ウェブサイトの「ご購入者様のページ」に掲載しておりますので，そちらもご確認ください。

■ お問い合わせ

解答例，解説，印刷，製本など，問題集発行におけるすべての責任は弊社にあります。

ご不明な点がございましたら，弊社ウェブサイトの「お問い合わせ」フォームよりご連絡ください。迅速に対応いたしますが，営業日の都合で回答に数日を要する場合があります。

ご入力いただいたメールアドレス宛に自動返信メールをお送りしています。自動返信メールが届かない場合は，「よくある質問」の「メールの問い合わせに対し返信がありません。」の項目をご確認ください。

また弊社営業日（平日）は，午前９時から午後５時まで，電話でのお問い合わせも受け付けています。

2025 春

株式会社教英出版

〒422-8054　静岡県静岡市駿河区南安倍３丁目 12-28

TEL　054-288-2131　　FAX　054-288-2133

URL　https://kyoei-syuppan.net/

MAIL siteform@kyoei-syuppan.net

学校別問題集

北海道
①札幌北斗高等学校
②北星学園大学附属高等学校
③東海大学付属札幌高等学校
④立命館慶祥高等学校
⑤北海高等学校
⑥北見藤高等学校
⑦札幌光星高等学校
⑧函館ラ・サール高等学校
⑨札幌大谷高等学校
⑩北海道科学大学高等学校
⑪遺愛女子高等学校
⑫札幌龍谷学園高等学校
⑬札幌日本大学高等学校
⑭札幌第一高等学校
⑮旭川実業高等学校
⑯北海学園札幌高等学校

青森県
①八戸工業大学第二高等学校

宮城県
①聖和学園高等学校(A日程)
②聖和学園高等学校(B日程)
③東北学院高等学校(A日程)
④東北学院高等学校(B日程)
⑤仙台大学附属明成高等学校
⑥仙台城南高等学校
⑦東北学院榴ケ岡高等学校
⑧古川学園高等学校
⑨仙台育英学園高等学校(A日程)
⑩仙台育英学園高等学校(B日程)
⑪聖ウルスラ学院英智高等学校
⑫宮城学院高等学校
⑬東北生活文化大学高等学校
⑭東北高等学校
⑮常盤木学園高等学校
⑯仙台白百合学園高等学校
⑰尚絅学院高等学校(A日程)
⑱尚絅学院高等学校(B日程)

山形県
①日本大学山形高等学校
②惺山高等学校
③東北文教大学山形城北高等学校
④東海大学山形高等学校
⑤山形学院高等学校

福島県
①日本大学東北高等学校

新潟県
①中越高等学校
②新潟第一高等学校
③東京学館新潟高等学校
④日本文理高等学校
⑤新潟青陵高等学校
⑥帝京長岡高等学校
⑦北越高等学校
⑧新潟明訓高等学校

富山県
①高岡第一高等学校
②富山第一高等学校

石川県
①金沢高等学校
②金沢学院大学附属高等学校
③遊学館高等学校
④星稜高等学校
⑤鵬学園高等学校

山梨県
①駿台甲府高等学校
②山梨学院高等学校(特進)
③山梨学院高等学校(進学)
④山梨英和高等学校

岐阜県
①鶯谷高等学校
②富田高等学校
③岐阜東高等学校
④岐阜聖徳学園高等学校
⑤大垣日本大学高等学校
⑥美濃加茂高等学校
⑦済美高等学校

静岡県
①御殿場西高等学校
②知徳高等学校
③日本大学三島高等学校
④沼津中央高等学校
⑤飛龍高等学校
⑥桐陽高等学校
⑦加藤学園高等学校
⑧加藤学園暁秀高等学校
⑨誠恵高等学校
⑩星陵高等学校
⑪静岡県富士見高等学校
⑫清水国際高等学校
⑬静岡サレジオ高等学校
⑭東海大学付属静岡翔洋高等学校
⑮静岡大成高等学校
⑯静岡英和女学院高等学校
⑰城南静岡高等学校
⑱静岡女子高等学校
⑲常葉大学附属常葉高等学校
　常葉大学附属橘高等学校
　常葉大学附属菊川高等学校
⑳静岡北高等学校
㉑静岡学園高等学校
㉒焼津高等学校
㉓藤枝明誠高等学校
㉔静清高等学校
㉕磐田東高等学校
㉖浜松学院高等学校
㉗浜松修学舎高等学校
㉘浜松開誠館高等学校
㉙浜松学芸高等学校
㉚浜松聖星高等学校
㉛浜松日体高等学校
㉜聖隷クリストファー高等学校
㉝浜松啓陽高等学校
㉞オイスカ浜松国際高等学校

愛知県
①[国立]愛知教育大学附属高等学校
②愛知高等学校
③名古屋経済大学市邨高等学校
④名古屋経済大学高蔵高等学校
⑤名古屋大谷高等学校
⑥享栄高等学校
⑦椙山女学園高等学校
⑧大同大学大同高等学校
⑨日本福祉大学付属高等学校
⑩中京大学附属中京高等学校
⑪至学館高等学校
⑫東海高等学校
⑬名古屋たちばな高等学校
⑭東邦高等学校
⑮名古屋高等学校
⑯名古屋工業高等学校
⑰名古屋葵大学高等学校
(名古屋女子大学高等学校)
⑱中部大学第一高等学校
⑲桜花学園高等学校
⑳愛知工業大学名電高等学校
㉑愛知みずほ大学瑞穂高等学校
㉒名城大学附属高等学校
㉓修文学院高等学校
㉔愛知啓成高等学校
㉕聖カピタニオ女子高等学校
㉖滝高等学校
㉗中部大学春日丘高等学校
㉘清林館高等学校
㉙愛知黎明高等学校
㉚岡崎城西高等学校
㉛人間環境大学附属岡崎高等学校
㉜桜丘高等学校

㉝光ヶ丘女子高等学校
㉞藤ノ花女子高等学校
㉟栄徳高等学校
㊱同朋高等学校
㊲星城高等学校
㊳安城学園高等学校
㊴愛知産業大学三河高等学校
㊵大成高等学校
㊶豊田大谷高等学校
㊷東海学園高等学校
㊸名古屋国際高等学校
㊹啓明学館高等学校
㊺聖霊高等学校
㊻誠信高等学校
㊼誉高等学校
㊽杜若高等学校
㊾菊華高等学校
㊿豊川高等学校

三重県

①暁高等学校(3年制)
②暁高等学校(6年制)
③海星高等学校
④四日市メリノール学院高等学校
⑤鈴鹿高等学校
⑥高田高等学校
⑦三重高等学校
⑧皇學館高等学校
⑨伊勢学園高等学校
⑩津田学園高等学校

滋賀県

①近江高等学校

大阪府

①上宮高等学校
②大阪高等学校
③興國高等学校
④清風高等学校
⑤早稲田大阪高等学校
(早稲田摂陵高等学校)
⑥大商学園高等学校
⑦浪速高等学校
⑧大阪夕陽丘学園高等学校
⑨大阪成蹊女子高等学校
⑩四天王寺高等学校
⑪梅花高等学校
⑫追手門学院高等学校
⑬大阪学院大学高等学校
⑭大阪学芸高等学校
⑮常翔学園高等学校
⑯大阪桐蔭高等学校
⑰関西大倉高等学校
⑱近畿大学附属高等学校
⑲金光大阪高等学校
⑳星翔高等学校
㉑阪南大学高等学校
㉒箕面自由学園高等学校
㉓桃山学院高等学校
㉔関西大学北陽高等学校

兵庫県

①雲雀丘学園高等学校
②園田学園高等学校
③関西学院高等部
④灘高等学校
⑤神戸龍谷高等学校
⑥神戸第一高等学校
⑦神港学園高等学校
⑧神戸学院大学附属高等学校
⑨神戸弘陵学園高等学校
⑩彩星工科高等学校
⑪神戸野田高等学校
⑫滝川高等学校
⑬須磨学園高等学校
⑭神戸星城高等学校
⑮啓明学院高等学校
⑯神戸国際大学附属高等学校
⑰滝川第二高等学校
⑱三田松聖高等学校
⑲姫路女学院高等学校
⑳東洋大学附属姫路高等学校
㉑日ノ本学園高等学校
㉒市川高等学校
㉓近畿大学附属豊岡高等学校
㉔夙川高等学校
㉕仁川学院高等学校
㉖育英高等学校

奈良県

①西大和学園高等学校

岡山県

①[県立]岡山朝日高等学校
②清心女子高等学校
③就実高等学校
(特別進学コース〈ハイグレード・アドバンス〉)
④就実高等学校
(特別進学チャレンジコース・総合進学コース)
⑤岡山白陵高等学校
⑥山陽学園高等学校
⑦関西高等学校
⑧おかやま山陽高等学校
⑨岡山商科大学附属高等学校
⑩倉敷高等学校
⑪岡山学芸館高等学校(1期1日目)
⑫岡山学芸館高等学校(1期2日目)
⑬倉敷翠松高等学校
⑭岡山理科大学附属高等学校
⑮創志学園高等学校
⑯明誠学院高等学校
⑰岡山龍谷高等学校

広島県

①[国立]広島大学附属高等学校
②[国立]広島大学附属福山高等学校
③修道高等学校
④崇徳高等学校
⑤広島修道大学ひろしま協創高等学校
⑥比治山女子高等学校
⑦呉港高等学校
⑧清水ヶ丘高等学校
⑨盈進高等学校
⑩尾道高等学校
⑪如水館高等学校
⑫広島新庄高等学校
⑬広島文教大学附属高等学校
⑭銀河学院高等学校
⑮安田女子高等学校
⑯山陽高等学校
⑰広島工業大学高等学校
⑱広陵高等学校
⑲近畿大学附属広島高等学校福山校
⑳武田高等学校
㉑広島県瀬戸内高等学校(特別進学)
㉒広島県瀬戸内高等学校(一般)
㉓広島国際学院高等学校
㉔近畿大学附属広島高等学校東広島校
㉕広島桜が丘高等学校

山口県

①高水高等学校
②野田学園高等学校
③宇部フロンティア大学付属香川高等学校
(普通科〈特進・進学コース〉)
④宇部フロンティア大学付属香川高等学校
(生活デザイン・食物調理・保育科)
⑤宇部鴻城高等学校

徳島県

①徳島文理高等学校

香川県

①香川誠陵高等学校
②大手前高松高等学校

愛媛県

①愛光高等学校
②済美高等学校
③FC今治高等学校
④新田高等学校
⑤聖カタリナ学園高等学校

福岡県
①福岡大学附属若葉高等学校
②精華女子高等学校（専願試験）
③精華女子高等学校（前期試験）
④西南学院高等学校
⑤筑紫女学園高等学校
⑥中村学園女子高等学校（専願入試）
⑦中村学園女子高等学校（前期入試）
⑧博多女子高等学校
⑨博多高等学校
⑩東福岡高等学校
⑪福岡大学附属大濠高等学校
⑫自由ケ丘高等学校
⑬常磐高等学校
⑭東筑紫学園高等学校
⑮敬愛高等学校
⑯久留米大学附設高等学校
⑰久留米信愛高等学校
⑱福岡海星女子学院高等学校
⑲誠修高等学校
⑳筑陽学園高等学校（専願入試）
㉑筑陽学園高等学校（前期入試）
㉒真颯館高等学校
㉓筑紫台高等学校
㉔純真高等学校
㉕福岡舞鶴高等学校
㉖折尾愛真高等学校
㉗九州国際大学付属高等学校
㉘祐誠高等学校
㉙西日本短期大学附属高等学校
㉚東海大学付属福岡高等学校
㉛慶成高等学校
㉜高稜高等学校
㉝中村学園三陽高等学校
㉞柳川高等学校
㉟沖学園高等学校
㊱福岡常葉高等学校
㊲九州産業大学付属九州高等学校
㊳近畿大学附属福岡高等学校
㊴大牟田高等学校
㊵久留米学園高等学校
㊶福岡工業大学附属城東高等学校（専願入試）
㊷福岡工業大学附属城東高等学校（前期入試）
㊸八女学院高等学校
㊹星琳高等学校
㊺九州産業大学付属九州産業高等学校
㊻福岡雙葉高等学校

佐賀県
①龍谷高等学校
②佐賀学園高等学校
③佐賀女子短期大学付属佐賀女子高等学校
④弘学館高等学校
⑤東明館高等学校
⑥佐賀清和高等学校
⑦早稲田佐賀高等学校

長崎県
①海星高等学校（奨学生試験）
②海星高等学校（一般入試）
③活水高等学校
④純心女子高等学校
⑤長崎南山高等学校
⑥長崎日本大学高等学校（特別入試）
⑦長崎日本大学高等学校（一次入試）
⑧青雲高等学校
⑨向陽高等学校
⑩創成館高等学校
⑪鎮西学院高等学校

熊本県
①真和高等学校
②九州学院高等学校（奨学生・専願生）
③九州学院高等学校（一般生）
④ルーテル学院高等学校（専願入試・奨学入試）
⑤ルーテル学院高等学校（一般入試）
⑥熊本信愛女学院高等学校
⑦熊本学園大学付属高等学校（奨学生試験・専願生試験）
⑧熊本学園大学付属高等学校（一般生試験）
⑨熊本中央高等学校
⑩尚絅高等学校
⑪文徳高等学校
⑫熊本マリスト学園高等学校
⑬慶誠高等学校

大分県
①大分高等学校

宮崎県
①鵬翔高等学校
②宮崎日本大学高等学校
③宮崎学園高等学校
④日向学院高等学校
⑤宮崎第一高等学校（文理科）
⑥宮崎第一高等学校（普通科・国際マルチメディア科・電気科）

鹿児島県
①鹿児島高等学校
②鹿児島実業高等学校
③樟南高等学校
④れいめい高等学校
⑤ラ・サール高等学校

新刊
もっと過去問シリーズ

愛知県
愛知高等学校
7年分（数学・英語）
中京大学附属中京高等学校
7年分（数学・英語）
東海高等学校
7年分（数学・英語）
名古屋高等学校
7年分（数学・英語）
愛知工業大学名電高等学校
7年分（数学・英語）
名城大学附属高等学校
7年分（数学・英語）
滝高等学校
7年分（数学・英語）

※もっと過去問シリーズは入学試験の実施教科に関わらず、数学と英語のみの収録となります。

教英出版
〒422-8054
静岡県静岡市駿河区南安倍3丁目12−28
TEL 054-288-2131
FAX 054-288-2133
詳しくは教英出版で検索
教英出版　検索
URL https://kyoei-syuppan.net/

《一》　次の文章を読んで、後の問いに答えよ。（字数制限のある問題については、句読点も一字に数える。）

自然と社会を含むAシンラバンショウが一九世紀にいたって数値で測られるようになった。そして、この数値化は、統計学の支配という形を取ってきた。たとえば現在、医療の世界では「エビデンス（根拠）に基づく医療（ＥＢＭ）」が絶対的な価値を持つ。これは統計学的に病態を分析し、統計学的に有効であると認められた治療法を選択するという営みだ。一九九一年にカナダの医師ゴードン・ガイアットがBテイショウした考え方である。

医療のエビデンスにはいくつかのグレードがある。もっとも確度の高いエビデンスは、患者を、ランダムに薬を投与する群と薬を投与しない群というように二つの群に分けて有効性を検討するランダム化比較試験（ＲＣＴ）を、さらに複数比較し、メタ分析した結果である。ＲＣＴの根っこには統計的な妥当性の評価がある。統計的に検討された複数の試験を組み合わせることで、妥当性を上げていく。

エビデンスによって有効な診断方法や治療法が整備されるということには異論がないし、私自身も①エビデンスにもとづく医療を選ぶ。しかし病の経験は、エビデンスにもとづく選択だけでは語り切れない。

再発がんが進行しているので「急に具合が悪くなる」可能性があるから、と緩和ケアを探すことを主治医から勧められた哲学者の宮野真生子は、エビデンスにもとづく医療において常に問題になるリスクについて次のように述べている。

リスクと可能性によって、〔がんが再発した〕私の人生はどんどん細分化されていきます。しかも、病と薬を巡るリスクはたくさんありますから、そのなかで、良くない可能性が人生の大半の可能性をCシめるように感じ、何も起こらず「普通に生きてゆく」可能性はとても小さくなったような気がしています。（中略）

でも、このリスクと可能性をめぐる感覚はやっぱりどこか変なのです。

おかしさの原因は、リスクの語りによって、人生が細分化されていくところにあります。そのとき患者は、いま自分の目の前にいくつもの分岐ルートが示されているように感じます。それぞれのルートに矢印で行き先が書かれていて、患者たちはリスクに基づく良くないルートを避け、「普通に生きていける」ルートを選び、Dシンチョウに歩こうとします。

けれど、本当は分岐ルートのどれを選ぼうと、示す矢印の先にたどり着くかどうかはわからないのです。なぜなら、それぞれの分岐ルートが一本道であるはずがなく、どの分岐ルートもそこに入ってしまえば、また複数の分岐があるからです。

エビデンスによって有効とされる治療を選ぶプロセスには際限がない。病が進行していくプロセスのなかで、効果が出る確率が高い治療法が選ばれることが多いだろう。しかし確率が高いといっても「四〇％の人にはこの治療法が有効であった」という意味であり、残りの六〇％の患者には効かない。つねに数値をめぐって患者は「効かないかもしれない」と不安な状態に置かれることになる。宮野はこの手紙から半年ほどのちに四〇代前半で亡くなったが、②エビデンスに基づくリスク計算に追われてしまうと、人生の残り時間が確率と不安に支配されるものになってしまうだろう。

科学哲学者のイアン・ハッキング（一九三六―）は、世界そのものが数学化したときに、世界は統計（確率）によって支配されることになったと書いている。

世界が自然法則によって支配されているとみなす決定論的な自然科学の展開のなかで統計学は発達し、社会および人間は統制可能で予測可能なものとなっていく。

アメリカのゴールデンアワーのテレビでは、（中略）Eロコツな暴力シーンよりも、確率について語られることの方が多いのである。新聞をにぎわせる恐怖が、確率を使って繰り返し語られる。その可能性〔偶然・確率〕chance があるのは、メルトダウン、癌《がん》、強盗、地震、核の冬、エイズ、地球温暖化、その他である。恐怖の対象は（たぶん）これらではなくて、実は確率そのものなのである。（中略）

このような確率の支配は、世界そのものが数学化されたところでのみ起こり得たものである。我々は自然に対して、それがどんなものであり、またどんなものであるべきなのか、根底的には量的な感覚を持っている。これは当たり前のことではなく、いくつかのささいな理由もあってたまたまそうなったのである。

統計学が力を持つ現状は、自然と社会のリアリティの在処《ありか》が具体的な出来事から、数字へと置き換わったことの象徴である。当初、統計は世界のリアリティについてのある程度の傾向を示す指標と見なされていたが、次第に統計が世界の法則そのものであると考えられるようになった。統計は事実に近い近似値ではなく事実そのものの位置をFカクトクするのだ。先のハッキングはいう。

たとえば一九八八年、日本が遂《つい》に世界一の長寿国になったことが注目を集めた。我々は、ちょうど日本企業が投資のための可処分資本を世界一Gチクセキしているのと同じくらいリアルに、平均寿命の伸びを日本人の生活や文化の現実的な姿と感じてしまうのである。

このように、③「平均寿命」という単なる数字が日本を構成する事実そのものとなる。一人ひとりの日本人は早く亡くなることも長寿のこともあるのだから、「世界一の長寿国」というラベルが個人の余命を説明するわけではない。ましてや一人ひとりの高齢者が具体的にどのような暮らしをしているのかを示すわけではない。独居なのか、病院で寝たきりなのか、認知症なのか、もしかしたら元気なのか、同じ九〇歳でもさまざまだろう。

さきほどエビデンスに基づく医学が患者を追い詰める様子を、がん患者であった宮野真生子の言葉で確認した。宮野の場合は自分で自分の病にかかわるリスクを気にしてしまうことが問題だった。

医療現場においてのみ、リスクが息苦しさをもたらすわけではない。学校や会社といった組織、そして社会全体は、リスクを予防するという視点でメンバーの行動を決め、行動を管理し、しばりつけようとする。「そんなことしたら危ないよ」という注意を子どもの頃に受けたことがない人は少ないだろう。④学校の生活はさまざまな校則でしばられていることが多いが、これらは大人が外部からなにか非難を受けないために、生徒をあらかじめしばりつけるものである。子どものためと見せかけて、大人が自分の不安ゆえに子どもの行動を制限しようとしている。リスク計算は自分の身を守るために他者をしばりつけるものなのだ。

そもそもリスク計算を重んじる社会が生まれる前提として、社会学者のウルリヒ・ベックは、経済活動における個人主義、自己責任論による支配の問題点を挙げている。現代人はコミュニティによって守られることなく自分一人で自分の生活のHイジに責任を負っているのであり、失敗があっても自分のせいなのだ。社会は個人を非難こそすれ守りはしない。自己の責任だけではない。「そんなことをして責任とれるんですか」という言葉を投げるときには他者を非難し、規範にしばりつけている。

個々人が責任ある行為《こうい》者とみなされ、行為がもたらすネガティブな結果のリスクが計算される。さらには、そのリスクに責任を負うのは、国やコミュニティといった集団ではなく個人である。このような社会では、未来のリスクを見越して個人個人が備えることが、合理的な行動となる。

このことは、人は外から強制されるのではなく自ら進んで、社会規範にしたがっていく身振りにつながる。高校生に規範意識を問うた大規模な調査でも、社会学者の平野孝典によると、現代の高校生は校則を守り、規則違反にはIアコガれを持たないという結果が出た。社会の実質が変化して「不確実でリスクに満ちた社会」になったというよりも、数値化されたことで社会や未来がリスクとして認識されるようになった。ともあれ、数値による予測が支配する社会、そして個人に責任がJキされる社会は不安に満ちており、社会規範に従順になることこそが合理的なのだ。弱い立場に置かれた人ほど、上からやってきた規範に従順になることでサバイブしようとするだろう。

（村上靖彦『客観性の落とし穴』ちくまプリマー新書より）

問一　傍線部①「エビデンスにもとづく医療」とあるが、これはどのようなものか。端的に説明された部分を本文中から四十字以上四十五字以内で抜き出し、初めと終わりの五字を答えよ。

問二　傍線部②「エビデンスに基づくリスク計算に追われてしまうと、人生の残り時間が確率と不安に支配されるものになってしまうだろう」とあるが、それはなぜか。四十字以内で説明せよ。

問三　傍線部③「『平均寿命』という単なる数字が日本を構成する事実そのものとなる」とあるが、これはどういうことか。六十字以内で説明せよ。

問四　次に示すのは、本文を読んだ五人の中学生が、傍線部④「学校の生活はさまざまな校則でしばられていることが多いが」の部分をきっかけにルールについて交わした会話である。本文中の筆者の主張に合致するものを次の**ア**～**オ**の中から選び、符号を記せ。

ア　生徒A　最近、ある学校の理不尽な校則が変更されたのをニュースで見かけたよ。かつては当たり前だと疑わなかったルールが無くなることで、社会が少しずつ良い方向に変化していってるのを感じるなあ。

イ　生徒B　父に聞いたんだけど、昔は、部活の練習中に水を飲んではいけないというルールが常識だったみたいだね。科学的根拠も無しに他者の行動を縛りつけることはあってはならないことだよ。

ウ　生徒C　私達《たち》の社会は、妥当性のあるルールを作ることで、社会に悪影響を及ぼす存在を抑制している。ルールから逸脱した責任を個々人が負うからみんながルールを守ることになり、不安を抱えずに日常生活を送れるんだよね。

エ　生徒D　妥当性の高いルールも、そのルールを守る人のためにあると思っていたけれども、本当はルールを守らせる人のために用いられているのかな。僕達が気づいていないだけで誰《だれ》かのために自分の行動を制限されているのかもしれないよ。

オ　生徒E　社会規範があることで、誰が得をしているのかを常に考えておかないといけないね。大人だけにとって都合のいいルールももちろんあるけれど、校則の中にも僕達の利益になるものがあることを忘れてはいけないと思う。

問五　この文章は『客観性の落とし穴』の一節である。本文の内容を踏まえて、「客観性の落とし穴」とはどういうことであるかを、八十字以内で説明せよ。

問六　波線部**A**～**J**のカタカナを漢字に改めよ。

〈四十点〉

《二》　次の文章を読んで、後の問いに答えよ。（字数制限のある問題については、句読点も一字に数える。）

思いがけない場所で、菊池さんを見かけた。菊池さんは、わたしの後ろの席の女子だ。新学期がはじまったばかりなので、貝藤、菊池、と苗字《みょうじ》の五十音順で並んでいる。ただし菊池さんがその席に座ったことはない。中二の秋くらいから学校に来なくなり、中三に進級して半月が経《た》っても、教室へは一度も顔を出していなかった。だからこそ、わたしは驚いたのだ。

まさかこんな場所――病院の屋上で会うとは。

病院のエレベーター内でフロア案内に〃屋上庭園〃の文字を見つけ、うっかり興味を持ってしまったのが、運命の分かれ道だった。R階のエレベーターホールからさらに細い階段をのぼってスチールドアをひらくと、あっけなく屋上に出られる。この病院の屋上が開放されていることを、わたしは初めて知った。といっても、冬の名残の冷たい風が吹いているせいか、人影は見当たらない。

傾きはじめた太陽が照らす屋上は、レンガタイルの敷き詰められたプロムナードがどこまでもつづいていた。道は適度に高低差が設けられ、階段とスロープが等しく設置されている。プロムナードの途中には、色とりどりの花が揺れる花壇と座りやすそうなベンチがいたるところで見られた。庭園と呼ぶにふさわしい眺めに気を取られ、わたしはすぐ近くのベンチに座っていた人を見落としてしまう。

「あなた、滝庭《たきば》中の三年？」

突然かわいらしい声がして、わたしは飛び上がった。驚かせてごめん、と一人の女の子がベンチから立ち上がり、深々とかぶっていたパーカーのフードを取る。

すらりと高い背を引き立たせるストレートデニムとオーバーサイズのパーカーのシンプルなコーデ、涼やかな目元、りりしい眉毛と、ボーイッシュの極みのようなその子を見て、わたしはすぐに菊池さんだと気づいた。

一年のときから校内でも目立つ存在で、男子にも女子にも先輩にも後輩にも人気があった菊池さん。わたしの記憶の中の潔いショートカットの彼女に比べ、目の前の菊池さんの髪はだいぶ長くなり、まぶたや耳やうなじを覆い隠している。目指す髪型があって伸ばしているのか、うっかり伸びすぎただけなのか、わたしは知らない。後ろの席の菊池さんのことを、まだ何も知らない。

「滝庭中の三年、だよね？」

もう一度聞かれたので、わたしはA観念してうなずいた。

「やっぱり。制服と校章の色で、わかっちゃった。私も同じ三年なんだけど――」

そこで言葉を区切り、菊池さんは試すような眼差《まなざ》しでわたしを貫く。自分の名前や顔そして不登校について、わたしが知っているかどうか探ろうとしているらしい。菊池さん自身の表情に変化はない。新しいクラスの前の席が誰かなんて知らないのだろう。

わたしはどう返せばいいのかわからず、そっかあと曖昧にうなずいた。菊池さんとは教室の前と後ろの席で、「はじめまして」と自己紹介し合うのが夢だったのに。

「変なところで会っちゃったね」

自分の心の声が漏れたかと思ったら、菊池さんだった。わたしは「本当に」と今度は首がもげるほど深くうなずく。

「今日は予防接種か何かで？」

「あ、うん。き――」

「菊池さんは？」と聞き返しそうになって、わたしはあわてて「きみは？」と誤魔化《ごまか》す。その呼び方がおかしかったのか、菊池さんは微《かす》かに笑って答えた。

「〃きみ〃は、お見舞い」

屋上に来たのははじめて？　とつづけられ、わたしは前のめりになる。

「うん。病院にこんな秘密の屋上庭園があったなんて、びっくりした」

「別に秘密じゃないし」

菊池さんは鼻に皺《しわ》を寄せて苦笑すると、わたしをベンチに手招きした。

「おいでよ。ほら早く」

「――うん」

①わたしは強い既視感にめまいを覚えながら、ふらふらとベンチに向かう。隣り合って座ると、菊池さんは前を向いたまま話しだした。

「ここの屋上、昔はもっと殺風景だったらしいよ。ベテランの看護師さんが言ってた。地面はコンクリートだし、入院患者とその付添いが使える共同物干し台くらいしかなかったって」

「へー。ずいぶん素敵になったんだね」

菊池さんは「素敵」と平坦《へいたん》な声で繰り返し、バラらしき植物の蔓《つる》を這《は》わせたアーチに貼られた禁煙マークを指さした。

「昔の屋上は、喫煙もオーケーだったみたい」

「病院で？　ありえない」

②わたしはそう言って笑ってみせたが、菊池さんは笑わない。顔を空に向けて、煙草《タバコ》の煙を吐き出すように唇を突き出し、息を吐いた。

「私はそれを聞いたとき、昔は病院にも逃げ場があったんだって思った」

「逃げ場？」

「病院で息が詰まったときの逃げ場。どこを歩いてもいいし、どこに座ってもいいし、煙草だって吸える場所」

わたしは歩く場所と座る場所のしっかり決まったプロムナードと〝立ち入らないでください〟〝花を摘まないでください〟などと注意書きの多い花壇を交互に眺める。

突然、菊池さんが立ち上がった。とっさに身構えたわたしを置いて、歩き出す。デニムに包まれた長い足がプロムナードを大きく逸《そ》れて、花壇を飛び越え、鉄柵の方へと直進していった。屋上庭園のルールをすべて無視してやろうという、強い意志を感じる動線だった。わたしはあわてて追いかける。

庭園の美しい雰囲気を崩さないようにするためか、高い鉄柵は白いペンキで塗られていた。すぐ横の〝のぼらないでください〟という注意書きが、やたら目立つ。

わたしが追いつくのを待って、菊池さんは言った。

「屋上からだと、けっこう遠くまで見渡せるでしょ」

「本当だ」

わたしは夢中で鉄柵にかじりつく。柵の間から町が見えた。

東京タワーやスカイツリーからの眺めには遠く及ばないけれど、わたしたちの学区の住宅街やスーパー、県道沿いのショッピングモールくらいは視界におさまっている。県道を走る車や通りを歩く人々の動く様は、ジオラマのコマ撮りみたいだ。滝庭中の校舎とグラウンドを見つけて、わたしは思わずB歓声をあげた。

「滝庭中まで見えるんだ」

うん、と答えた菊池さんの声はやけに冷めていて、わたしは口をつぐむ。不登校の人の前で学校の話題はよくなかったかと反省した。

「ここから見下ろしてると、あっちは別世界だな、って思う」

「別世界って」

「あっちは生きている人の世界。何の苦労もなく、当たり前に健康な人の世界」

「——じゃ、③こっちは？」

意外な流れになった会話に戸惑い、わたしはおそるおそる尋ねる。菊池さんはわたしに向き直り、長い前髪の向こうから見透かすような眼差しで言った。

「その逆の世界」

思わず絶句するわたしを切れ長の目の端に入れて、菊池さんは鉄柵の間から細い腕を伸ばす。病院の隣に建った、二階建ての四角い建物を指さした。

「私のお母さん、今あそこに入ってんの。去年の秋からずっと呼吸器科に入院してたんだけど、三日前にあの病棟に移った」

「あそこ、病棟だったんだ」

「うん。パッと見、普通の家みたいだけどね、れっきとした緩和ケア病棟だよ」

わたしは息をのみ、菊池さんを見つめる。緩和ケアとは何であるかを、わたしはよく知っていた。がんという病に伴う精神的、肉体的苦痛をやわらげる処置を施すことだ。ときにそれは、医療以外のサポートだったりもする。患者本人はもちろん周りの家族を含めてのケアだったりもする。半年近く入院してから科を転じて緩和ケア病棟に移ることが、どういう意味を持つのか、嫌というほどわかった。

わたしの表情を見て、菊池さんは肩にこもっていた力を抜く。泣きだすのか、笑いだすのか、よくわからない表情を作り、結局どちらにも転ばないまま話しだした。

「私、本当は見舞いに来るのが苦痛なんだ。お母さんのことは大好きだけど、今は正直、怖い。死んでいく人って、すごく怖いの。だから、こっちの世界は大嫌い。暗いし、寂しいし、つらいし、逃げだしたくなる。せめて屋上くらい逃げ場にさせてほしいのに、目に入ってくるのは人工的で窮屈なものばかり。もううんざりだよ」

鉄柵からあっちの世界を覗《のぞ》くことが私の気晴らしだと、菊池さんは語った。そしてすぐに付け加える。

「屋上から見下ろすくらいの距離感がいいんだよね。今の自分が参加するには、生きている人の世界はうるさすぎるから」

だから、学校にも来なくなったの？　その質問は発せられることなく、わたしの胸の中でサイダーの泡のように弾けて消えた。

それからずいぶん長い時間、わたしも菊池さんも喋《しゃべ》らなかった。

死が濃密に取り巻く環境は、元気溌剌《はつらつ》って言葉が似合いすぎるほど似合っていた菊池さんをも弱らせてしまうのだと、わたしは驚いていた。屋上から見下ろす馴染《なじ》みの町やそこで暮らす人々が「別世界」に思えるくらい、菊池さんは今、孤独に追い込まれている。どれだけ長い前髪で隠しても、その目に生気のないことは、すぐにわかる。

ふいに、お腹《なか》が熱くなった。何これ、とうろたえている間に、熱さはどんどん場所を移し、みぞおちから肩甲骨に回り込み、うなじから頭にのぼっていく。たぎる熱が後頭部から頭頂に達したとき、わたしはようやくそれが怒りだと気づいた。

菊池さんに怒っていたわけじゃない。人を——あんなにかがやいていた菊池さんまでを——たやすくくすませ、濁らせ、弱らせてしまう死というモノに、怒りがこみ上げていた。やり場のないそれに足を取られ、ズブズブとその場に埋まりそうになる。この感覚、懐かしい。忘れようとしたし、実際やっと忘れかけていた感覚だった。

「別々の世界じゃないよ」

わたしは怒りの沼で必死にもがき、声を絞り出す。

「④死ぬことは生きることの中に入ってると思う。逆に、死ぬことの中に生きることが入ってると言ってもいい。とにかく別々じゃない。二つの世界はつながってるんだよ」
「どうして、そんなことが言いきれるの？」
菊池さんの声は虚《うつ》ろだ。それは、とわたしは言いよどみ、次の瞬間、覚悟を決める。
「ついてきて」
菊池さんは、そこではじめてわたしという存在に気づいたように、目を丸くして何か言いたげな顔をしたけれど、黙ってうなずいた。
わたしは菊池さんを伴って、エレベーターを使わず階段でおりていく。三階の廊下を渡り、奥まで進むと、血液腫瘍外来の受付があった。〃本日の受付は終わりました〃と書かれたプレートのあるカウンター前で立ち止まり、わたしは人気のない待合室を見回す。
「嘘《うそ》ついてごめん。本当はね、わたし、今日ここに来てたんだ。予防接種じゃなくて、診察に来た。正確には経過観察ってやつなんだけど」
「どういうこと？」
菊池さんは怯《おび》えきった目をしていた。わたしは言いたいことが頭の中でこんがらがったりしないよう、深呼吸して心を落ち着かせる。
「わたしは小学二年生のときに、小児白血病という病気になったんだ。入院や治療で二年くらい学校に行けなくて、治療が終わってからも、体は疲れやすいし心は不安定だしで、授業や行事にフルで参加できないまま、小学校を終えたんだよね」
菊池さんはC神妙にうなずく。長い前髪の下の目は、まだ少し泳いでいた。
「だからわたし、死についてはよく考えたよ。治療が終わったあとも、二年は再発の恐れがあるって言われたし、そのあとの二年も通院と検査がつづいたし、この間やっと〃再発の可能性は九十九パーセントありません〃ってお医者さんから言われたけど、残りの一パーセントが気にならないって言ったら嘘になる。晩期合併症に備えて経過観察もつづく。本当に死って怖いし、ムカつくって思ってた」
わたしの物言いがおかしかったのか、菊池さんが表情をやわらげて同意してくれる。
「マジそれな。本当に怖いし、ムカつく」
「うん。で、頭がおかしくなりそうなくらい考えて、辿《たど》り着いた答えが、さっき言ったことだよ」
「〃死ぬことは生きることの中に入ってる〃、〃死ぬことの中に生きることが入ってる〃、〃二つの世界はつながってる〃」
菊池さんは、わたしの言葉をそのまま繰り返してくれた。わたしはうなずき、一番言いたかったことを伝える。
「だから結局、生きるしかないんだって思う。死が向こうからやってきている人も、健康で何不自由なく暮らしてる人も、等しく〃生きている人〃なんだよ。同時に、昨日より今日、今日より明日のほうが確実に死にa近づく〃死んでいく人〃でもある。だったらどんな状況であっても、毎日は生きる自分を味わうためにあるのかなって」
菊池さんbは何も言わない。わたしは心細くなったが、一人で喋りつづけた。
「菊池さんのお母さんだって、〃生きている人〃だcよ。屋上から見える町の人といっしょだよ。その強さと尊さを、菊池さんには感じてほしい」
菊池さんはゆっくりまばたきをした。びっしり生え揃《そろ》った睫毛《まつげ》が前髪を揺らす。
「菊池――」
「え」
「『菊池さん』って今呼んだよね？　私のこと知ってたの？」
頰《ほほ》がdさっと冷たくなった。血の気の引いたまま「eえっと」と「fあの」を交互に繰り出すわたしを見下ろし、菊池さんは笑って肩をすくめる。
「まあいいや。その代わり、gそっちの名前も教えてよ」
「――貝藤。三年二組十番の貝藤瀬里hです」
か細い声だ。こんな自己紹介になるはずじゃなかったのに、情けない。
菊池さんはわたしの名前を口の中で何度か転がし、「覚えた」と言って微笑《ほほえ》んだ。わたしはたまらず目線を落とす。指先が白くて、自分がまだ動揺していることを知る。
「じゃあ、私そろそろお母さんの病室に戻るね。貝藤さん、今日はありがとう」
思いがけず感謝の言葉が降ってきて、わたしは顔をあげる。考える前に口が動いていた。
「わたしのほうこそ、ありがとう」

二年前の春、わたしは滝庭中学校に入学した。いろいろ躓《つまず》いた小学校生活を挽回《ばんかい》できるよう、友達《ともだち》作りも勉強もがんばろうと思っていたけれど、そんなにiうまくいくのか不安でもあった。知らないうちにプレッシャーが心の許容量を超えていたらしい。入学式の朝、わたしの足は中学の校門前でピタリと止まってしまった。
やっぱりダメだと諦めかけたとき、後ろから快活な声がかかった。
――遅刻しちゃうよ。
振り向くと、ショートカットで背のすらりと高い女の子が笑いながら、わたしを追い抜いて立ち止まる。同じ新入生だという彼女に「おいでよ。ほら早く」と手招きされ、わたしの足と心は嘘みたいに軽くなった。もたつきながら懸命に前へ進みだしたわたしといっしょに、彼女は体育館まで走ってくれたのだ。

わたしは「菊池さん」と呼ばれているその子に、生きぬく勇気を分けてもらった気がした。

一年も二年も違うクラスだったけれど、菊池さんの名前と顔は忘れなかった。中二の秋、菊池さんが突然不登校になったと知ったときは、ずいぶん動揺したものだ。人気者で友達も多く、勉強もできて、部活でも活躍しているあの子がなぜ、と。ただどんなに心配しても、友達でもクラスメイトでもない自分の声は、菊池さんには届かない。三年で同じクラスになれたときは、本当に嬉《うれ》しかった。ずっと空いている後ろの席が、本当に寂しかった。

⑤だから菊池さん、次は教室で会おうよ。前の席で待ってる。

（名取佐和子「後ろの席の菊池さん」『飛ぶ教室　第73号』所収　光村図書出版より）

問一　二重傍線部A「観念して」、B「歓声」、C「神妙に」の意味として最も適切なものを次のア～オの中からそれぞれ選び、符号を記せ。

A「観念して」
- ア　同意して
- イ　深く考えて
- ウ　意識に浮かべて
- エ　覚悟して
- オ　了解して

B「歓声」
- ア　誘い出そうとあげる声
- イ　驚いてあげる声
- ウ　喜びのあまりあげる声
- エ　低く抑えられた声
- オ　取り繕ったような声

C「神妙に」
- ア　素直に
- イ　立派に
- ウ　丁寧に
- エ　訝《いぶか》しげに
- オ　不安げに

問二　傍線部①「わたしは強い既視感にめまいを覚えながら」とあるが、なぜ「既視感」を覚えたのか。具体的に説明せよ。

問三　傍線部②「わたしはそう言って笑ってみせたが、菊池さんは笑わない」とあるが、このときの両者はそれぞれどのように考えているか。最も適切なものを次のア～オの中から選び、符号を記せ。

ア　「わたし」は一緒に座るように誘ってくれたのに急に反応が冷たくなった菊池さんへの戸惑いをごまかそうとしているが、菊池さんは「わたし」にはお構いなしに昔の病院の屋上へのノスタルジーを語ることで「わたし」の嘘《うそ》を暴こうとしている。

イ　「わたし」は管理の行き届いた今の病院の屋上からすると昔は喫煙が許されていたことが信じられないように感じたが、菊池さんは殺風景だった昔の屋上を理想化し、花や注意書きで埋め尽くされてしまった今の屋上に怒りを抱いている。

ウ　「わたし」は大人の目が光っている今の病院の屋上からすると昔はこっそり喫煙できたということが想像できないと思ったが、菊池さんは花壇やベンチが見られる屋上が素敵だと認めつつ、喫煙も許されない厳しさにやりきれなさを感じている。

エ　「わたし」は不機嫌そうな菊池さんの気持ちが分からず、忖度《そんたく》するように笑って場の空気を和まそうとしたが、菊池さんは「わたし」の反応に安易な追従《ついしょう》を読み取り怒りを深めると同時に、現状に違和感を抱かない「わたし」に不満を抱いている。

オ　「わたし」は昔は病院で健康を損なう喫煙が可能だったということが現代の常識から外れていると考えたが、菊池さんは自由な屋上が逃げ場になっていた昔の病院に比べて注意書きが多くなり窮屈になった現代の病院にうんざりしている。

問四　傍線部③「こっち」とあるが、これは菊池さんにとってどのような世界か。簡潔に述べよ。

問五　傍線部④「死ぬことは生きることの中に入ってると思う。逆に、死ぬことの中に生きることが入ってると言ってもいい。とにかく別々じゃない。二つの世界はつながってるんだよ」とあるが、「二つの世界はつながってる」とはどういうことか。五十字以内で説明せよ。

問六　傍線部⑤「だから菊池さん、次は教室で会おうよ。前の席で待ってる」とあるが、「わたし」はなぜこのように考えているのか。八十字以内で説明せよ。

問七　波線部a「近づく」、b「は」、c「よ」、d「さっと」、e「えっと」、f「あの」、g「そっち」、h「です」は次のア～スのどれに該当するか。それぞれ適切なものを選び、符号を記せ。なお、同じ符号を二度以上使ってもよい。

ア　名詞　イ　動詞　ウ　形容詞　エ　形容動詞　オ　感動詞　カ　接続詞　キ　連体詞
ク　副詞　ケ　助動詞　コ　格助詞　サ　接続助詞　シ　副助詞　ス　終助詞

問八　波線部i「うまくいくのか不安でもあった」を、例にならって単語に分けよ。

例　私／は／中学生／だ。

〈四十点〉

《三》　次の文章を読んで、後の問いに答えよ。

今は昔、修行者のありけるが、*津国《つのくに》まで行きたりけるに日暮れて、竜泉寺《りゅうせんじ》とて大きなる寺の古《ふ》りたるが人もなき[i]ありけり。これは人宿らぬ所といへども、そのあたりにまた宿るべき所なかりければ、いかがせんと思ひて、*笈《おひ》打ちおろして内に入りてけり。

*不動の呪《じゅ》をとなへてゐたるに、「夜中ばかりにやなりぬらん」と思ふ程に、人々の声あまたして来る音すなり。[ii]見れば、手ごとに火をともして、百人ばかりこの堂の内に来集《つど》ひたり。近くて見れば、目一つつきたりなどさまざまなり。人にもあらず、あさましき者どもなりけり。あるいは角生《つのお》ひたり。頭も[a]えもいはず恐ろしげなる者どもなり。恐ろしと思へども、すべきやうもなくてゐたれば、おのおのみな[b]ゐぬ。①一人ぞまた所もなくてえゐずして、火をうち振りて我をつらつらと見ていふやう、「我がゐるべき座に新しき不動尊こそゐ給ひたれ。今夜ばかりは外におはせ」とて、片手して我を引き下げて堂の縁の下に据《す》ゑつ。さる程に、「[c]暁になりぬ」とて、この人々[d]ののしりて帰りぬ。

「まことにあさましく恐ろしかりける所かな、とく夜の明けよかし。往《い》なん」と思ふに、からうじて夜明けたり。うち見まはしたれば、ありし寺もなし。はるばるとある野の来《こ》し方《かた》も見えず。人の踏み分けたる道も見えず。行くべき方もなければ、あさましと思ひてゐたる程に、まれまれ馬に乗りたる人どもの、人あまた具《ぐ》して出《い》で来たり。いとうれしくて、「ここはいづくとか申し候《さぶら》ふ」と問へば、「②などかくは問ひ給ふぞ。肥前国《ひぜんのくに》ぞかし」といへば、③「あさましきわざかな」と思ひて、事のさま詳しくいへば、この馬なる人も、「いと希有《けう》の事かな。肥前国にとりてもこれは奥の郡なり。これは*御館《みたち》へ参るなり」といへば、修行者悦《よろこ》びて、「道も知り候はぬに、さらば道までも参らん」といひて行きければ、これより京へ行くべき道など教へければ、舟尋ねて京へ上りにけり。

さて人どもに、「かかるあさましき事こそありしか。津国の竜泉寺といふ寺に宿りたりしを、鬼どもの来て『所狭《ところせば》し』とて、『新しき不動尊。しばし*雨だりにおはしませ』と[iii]いひて、かき抱《いだ》きて雨だりについ据ゆと思ひしに、肥前国の奥の郡にこそゐたりしか。かかるあさましき事にこそあひたりしか」とぞ、京に来て語りけるとぞ。

（『宇治拾遺物語』巻第一―十七）

《注》
津国――摂津国。　笈――荷物を入れて背負う箱。　不動の呪――不動尊（不動明王）の加護を願う呪文。
御館――国の庁舎。　雨だり――軒下。

問一　傍線部i「ありけり」、ii「見れば」、iii「いひて」の主体を、三文字以内でそれぞれ本文中から抜き出して記せ。

問二　波線部a「えもいはず」、b「ゐぬ」、c「暁」、d「ののしりて」のここでの意味として最も適切なものを、次のア～オの中からそれぞれ選び、符号を記せ。

a「えもいはず」
ア　感情を揺さぶるほどに
イ　仮装と気づかぬほどに
ウ　言葉にできないほどに
エ　絵にも描けないほどに
オ　衣服も妖しげなほどに

b「ゐぬ」
ア　いなくなった
イ　行ってしまった
ウ　眠りはじめた
エ　いたたまれなくなった
オ　腰を下ろした

c「暁」
ア　夜明け前
イ　昼前
ウ　昼過ぎ
エ　日没頃
オ　真夜中

d「ののしりて」
ア　悪態をついて
イ　尻込みをして
ウ　勝ち誇って
エ　大騒ぎをして
オ　粛然として

問三　傍線部①「一人ぞまた所もなくてえゐずして」とあるが、それはなぜか。説明せよ。

問四　傍線部②「などかくは問ひ給ふぞ」を現代語訳せよ。

問五　傍線部③『あさましきわざかな』と思ひ」とあるが、それはなぜか。説明せよ。

問六　この文章の題名は「修行者、〇〇〇行にあふ事」であり、□部には、二重傍線部「この人々」のことを指す四字熟語が入る。解答欄にあわせてその四字熟語を記せ。なお、四字熟語を構成する漢字は、四文字とも本文中に用いられている。

〈二十点〉

教英出版

2024年度 ラ・サール高等学校入学試験問題 数学 (90分 100点) No.1

1 次の各問に答えよ。(12点)

(1) $\left(5+\sqrt{3}\right)\left(\dfrac{5}{\sqrt{30}}-\dfrac{1}{\sqrt{10}}\right)+\left(\sqrt{2}-\sqrt{15}\right)^2$ を計算せよ。

(2) $12x^2y^3 \div \left(-3xy^2\right)^3 \times \left(-\dfrac{xy}{2}\right)^2$ を計算せよ。

(3) $\dfrac{x}{12}(9+x)+\left(19-\dfrac{5}{3}x\right)\left(1-\dfrac{x}{4}\right)-\dfrac{1}{6}(42-x)$ を因数分解せよ。

2 次の各問に答えよ。(36点)

(1) 2つの数 a, b は，m, n を整数として $\dfrac{10}{a}=\dfrac{15}{b}=2^m\times 3^n$ をみたす。$\dfrac{1}{a}+\dfrac{1}{b}=144$ のとき，m, n の値をそれぞれ求めよ。

(2) 座標平面上に2点 A(1, 1), B(3, 6) と直線 ℓ : $y=x+a$ がある。A, B から ℓ に垂線を引き，ℓ との交点をそれぞれ C, D とすると，AC = BD となった。このとき，定数 a の値を求めよ。

(3) 2つの関数 $y=-3x+a$ と $y=x^2$ があり，x の変域が $b \leqq x \leqq 4$ のとき，y の変域が一致するという。a, b の値の組をすべて求めよ。ただし，$b<0$ とする。

(4) 平面上に2点 A, B があり，A, B 間の距離は3である。$30^\circ \leqq \angle\mathrm{APB} \leqq 60^\circ$ をみたすこの平面上の点 P が存在する範囲の面積を求めよ。

(5) 正六角柱 ABCDEF−PQRSTU がある。直線 AR と直線 FT はどのような位置関係にあるか。「交わる」「平行である」「ねじれの位置にある」から選び，その理由を答えよ。

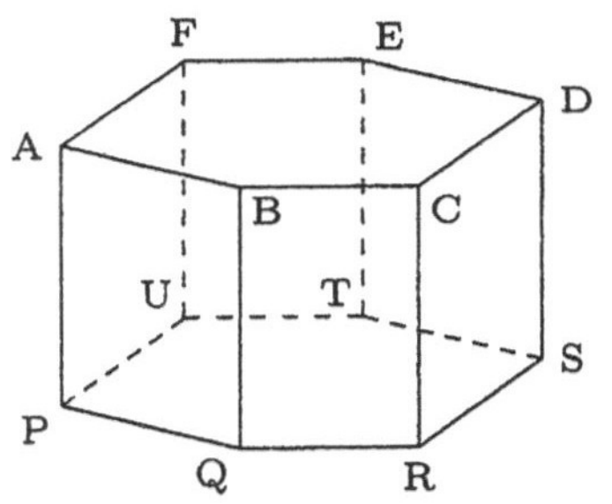

3 家から学校まで自転車で行くと，徒歩より56分早く着く。7時20分に家を出て自転車で学校に向かったが，7時26分に自転車が故障したため，残りを歩いたら8時11分に学校に着いた。自転車が故障しなければ何時何分に学校に着いたか。ただし，途中経過もかけ。(14点)

4 大, 中, 小の3個のサイコロを同時に投げ, 出た目の数をそれぞれ a, b, c とする。
次のようになる確率をそれぞれ求めよ。(14点)

(1) $ab = c$

(2) $a + 2b = c$

(3) a を百の位, b を十の位, c を一の位としてできる3けたの整数が9の倍数になる。

5

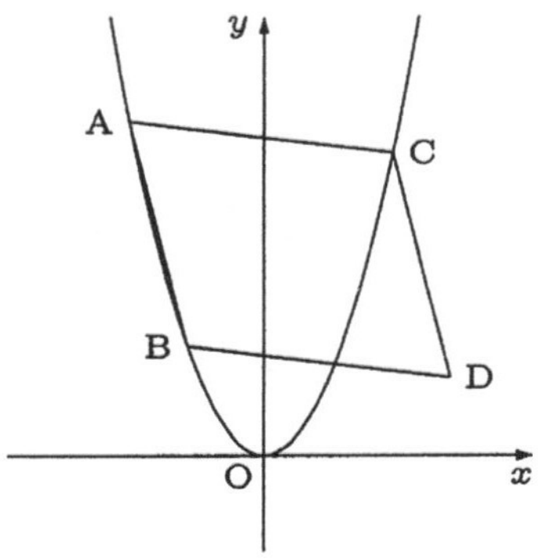

放物線 $y = x^2$ 上に3点 A, B, C があり, それぞれの点の x 座標は a, -2, 4 である。
また, 四角形 ABDC はひし形である。このとき, 次の各問に答えよ。
ただし, $a < -2$ とする。(12点)

(1) 対角線 AD と BC の交点 E の座標を求めよ。

(2) a の値を求めよ。

(3) 点 D の座標を求めよ。

6 1辺の長さが2である立方体 ABCD−EFGH において, 辺 AB の中点を L, 辺 AD の中点を M, 辺 AE の中点を N とする。この立方体のすべての辺に接する球 O をとるとき, 次の各問に答えよ。(12点)

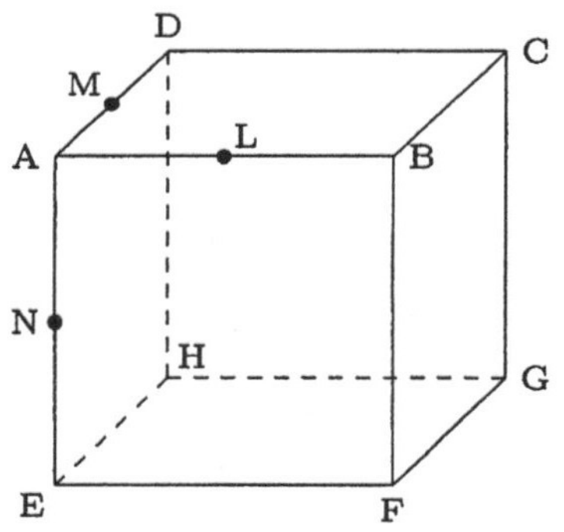

(1) 球 O の半径を求めよ。

(2) 3点 L, M, N を通る平面で球 O を切ったときの切り口の面積を求めよ。

(3) 3点 L, M, E を通る平面で球 O を切ったときの切り口の面積を求めよ。

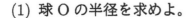

2024年度　ラ・サール高等学校入学試験問題　（英語）　

時間：70分　問題用紙は３枚、解答用紙は２枚ある。[１]、[２]の解答は解答用紙 No. 1 に、[３]、[４]の解答は No. 2 に記入せよ。
試験を開始してから約５分後に[１]に関する放送を始める。

[１] This is the 2024 La Salle Entrance Examination Listening Test.　There are three parts to the test.　※音声は収録しておりません

Part 1

You will hear five short conversations.　Choose the best reply for each one.　Write a, b or c.

1. (　　　　)　2. (　　　　)　3. (　　　　)　4. (　　　　)　5. (　　　　)

Part 2

You are going to hear a conversation between two people looking at a painting in an art gallery.　Choose the best answer to complete each sentence a, b or c.

1. The man thinks the painting is __.
   a) terrible　　b) funny　　c) British

2. The artist thinks the bright colors are like __.
   a) a sunrise　　b) fireworks　　c) autumn leaves

3. The colorful things at the top of the painting make the man feel __.
   a) hungry　　b) ill　　c) angry

4. In the painting there is __.
   a) a crocodile and an elephant　　b) an elephant and a horse　　c) a crocodile and a horse

5. The artist says there is a __ in the middle of the painting.
   a) backpack　　b) door　　c) chocolate bar

6. The man is going to __ about the painting.
   a) make a video　　b) post on Wikipedia　　c) make a podcast

7. The sign says that the painting is called __.
   a) Doorway to Heaven　　b) Arty Smarty Weekly　　c) Stairway to Hell

8. The artist is going to meet __ first.
   a) his aunt　　b) the journalists　　c) his fans

Part 3

Listen to a half-time speech by a sports coach and complete the sentences with the missing information.　You will hear the information twice.　Write one word or a number in each space.

Half-time speech

1. The coach's team is _____________ the game at half-time.
2. The coach wants his players to _____________ in themselves.
3. The other team's best player is _____________ centimeters tall.
4. One way to foul is to pull _____________ their shorts.
5. The players are told to _____________ the toilet door.
6. Cody is the team's new _____________ player.
7. The coach wants the boys to make him _____________.

［2］以下の指示に従って設問に答えよ。使用した語数も書くこと。解答用紙に印刷されている語は含まない。

Here is part of an email you received from your friend, Nancy.

I really hate camping.　What do you think is the worst thing about camping?

- **Write an email to your friend answering her question.**
- **Write 60-70 words.**

［3］次の文章を読み、下のA～Fの設問に答えよ。

The feelings people experience when they have to live and survive within a new culture, such as in a foreign country, are known as culture shock. These may include feeling surprised, feeling unsure and feeling lost. They develop from the difficulties people have when they are in a new culture and don't know how to function within it. Gemma Atkinson, who is British, lived in Italy for three years. "Everything was fantastic at first," explains Gemma. "I was 1thrilled by the charm of Italy, but after I had lived there for a while, I began to feel overwhelmed and frustrated. Trying to find a place to live, getting a new phone line and getting my work license seemed impossible. What was wrong? All I could say was 'Do you speak English?' I couldn't understand the Italian way of doing things. There were times when I wanted to pack up everything and return to Britain. 2But in the end, I got used to my new environment and felt at home."

Psychology professor, Rowan Bates explains what Gemma describes as the three stages of culture shock. "The majority of people who move to a new country, whether to study there or as a permanent move, go through the following stages. The first, known as the honeymoon period, lasts for a few weeks and is when people (　3　). The food, lifestyle, and architecture, for example, are admired and seem far more interesting than what one has left behind back home. However, after some time, the new culture begins to make people feel stressed. People may start to miss their old country and the way of life there. This is known as the negotiation period and it is when people start to feel annoyed with their new culture. After about six months, most people enter the adjustment period, which is when they are getting used to their new culture. They (　4　)."

But not all people react in the same way. Professor Bates explains there are three different types of adjustment. "Many people actually (　5　). They are extremely unhappy and only wish to return to their own culture, where they feel safe and secure. Other people fit in so completely into their new environment that they (　6　). Finally, there are those who succeed in combining the best parts of their new culture with their old culture. 7These people experience few problems and are the happiest of all."

Canadian Simon Hart, who went to Greece for a year-long working holiday, says a sense of humour helped him enormously. "I couldn't speak a word of Greek when I arrived, which led to some funny misunderstandings. On my second day there, I bought what I thought was a bus ticket from an old man who had dozens of them. Once on the bus, an inspector took a look at my ticket and told me that I had bought a lottery ticket, not a bus ticket. We both started laughing about it, and he thought it was so funny that he 8let me ride for free."

9The professor has some important advice for people thinking of moving to a new country. He says before you travel, you should learn as much as you can about the new culture so that you are better prepared for what you will face. Obviously, learning the new language will help. Once you are there, develop new friendships not only with locals, but also with foreigners, who will give you support as they've had a similar experience. Keep an open mind about the new culture, enjoy the differences, and try to see the funny side of your experiences.

A. 下線部1の語とほぼ同じ意味を表す語を以下から1つ選び、解答欄の記号を○で囲め。
　ア scared　イ excited　ウ bored　エ relieved

B. 下線部2を和訳せよ。

C. 空所3～6に入れるのにもっともふさわしいものを以下から1つずつ選び、解答欄の記号を○で囲め。なお、不要な選択肢が1つ含まれており、重複は不可とする。
　ア lose their original identity
　イ find it impossible to accept the new culture
　ウ see the new culture as something wonderful
　エ want to leave for another country
　オ are learning how to behave properly and have accepted most aspects of the new culture

D. 下線部7の人たちはどういう人たちか。日本語で説明せよ。

E. バスの車掌がサイモンに対し下線部8のような行動をとったのはなぜか。40字以内の日本語で説明せよ。

F. 以下の英文の下線部について、下線部9の例とは言えないものを2つ選び、解答欄の記号を○で囲め。

　I am in Fiji as a member of the Japan Overseas Cooperation Volunteers. I'm going to stay here for one year. Before leaving Japan, ア I read some books to find out about the local eating habits and lifestyles because they are very different from those in Japan. In addition, イ I learned some native Fijian phrases and ウ looked for a safe place to live in advance.

　Currently, I am working with local people on a project to build bridges. エ I have also become friends with some engineers from other countries as well as my neighbors. The other day, オ I took part in an activity where I spoke online to Japanese children about my experiences here.

［4］気候問題に関する活動家(climate activists)についての次の文章を読み、下の A～H の設問に答えよ。

Climate activists have spray-painted a boat, blocked private planes from taking off and covered holes in golf courses over the summer. These actions are part of a campaign against the lifestyles of very rich people who, the activists say, release a lot of carbon pollution into the air.

As more flooding, storms, and wildfires take place around the world, climate activists have also tried other ways to make people become aware of these (　1　). Some activists glued themselves to a road in Germany. Others threw soup on a Vincent van Gogh painting in Britain. They also caused delays in sporting events including a Formula One Grand Prix race car competition and the Tour de France bicycle race. Now, they are focusing on rich people after targeting oil and gas companies and businesses that put money into fossil fuels.

"We do not 2point the finger at the people but at their lifestyle; the injustice it represents," said Karen Killeen. She was protesting in Ibiza, Spain, a popular place 3in / to / for / the / visit / rich summer. Killeen and other climate activists spray-painted a $300 million boat while holding up a sign that read, "You consume, others suffer." She said she was protesting (　4　) carbon releases such as superrich individuals going to pick up a pizza by boat. "In a climate emergency, it seems like a crime," she said.

In Switzerland, about 100 activists chained themselves to aircraft stairs and to an entrance at Europe's biggest private jet sales gathering in Geneva. Another group of activists spray-painted a private jet on the island of Sylt in the North Sea. In Spain, activists 5plugged holes in golf courses to protest the sport's heavy water needs during hot, dry weather.

According to American University social scientist Dana Fisher, 6luxury lifestyles are making the climate crisis much worse.

In a 2021 report, the NPO Oxfam said the richest one percent of people would be responsible for around 16 percent of CO2 emissions by 2030.

Richard Wilk is an economic anthropologist at Indiana University. He has criticized superyachts: large boats that come with a crew, a helicopter, submarines and swimming pools. Wilk said superyachts release about 7,020 tons of carbon dioxide a year. That is 7more / 1,500 / a family car / over / than / times, he said. The environmental group Greenpeace calculated that private aircraft caused about 3 million tons of carbon pollution in Europe alone. That is the same as the average yearly CO2 emissions of over half a million people in the European Union.

But University of Pennsylvania climate scientist, Michael Mann, warned not to take attention away from fossil fuel companies. "The solution is to (　8A　) everyone to use less carbon-based energy, whether wealthy or lower-income people", he said.

David Gitman is president of Monarch Air Group, a private airline in Florida. He encouraged activists to (　8B　) twice about whether their actions would bring real change. Gitman added, "Now, if they go out and they spray-paint a private jet in an airport in Europe, is that going to (　8C　) the situation? In my opinion, no."

But Wilk said such protests could still bring changes in behavior. "9Public shaming is one of the most powerful ways of controlling people," Wilk said. "It acts in a lot of different ways to embarrass people, to make them more aware of the results of their actions."

A. 空所 1 にもっともふさわしい語句を次から選び、解答欄の記号を○で囲め。
　ア good weather events　イ bad weather events　ウ good actions　エ bad actions
B. 下線部 2 とほぼ同じ意味になる動詞をこれよりあとの本文中から探し、原形で答えよ。
C. 意味の通る英文となるよう、下線部 3、7 の各語句を適切に並べ替えて解答欄に書け。
D. 空所 4 にもっともふさわしい語を次から選び、解答欄の記号を○で囲め。
　ア independent　イ inexpensive　ウ understandable　エ unnecessary
E. 下線部 5 とあるが、これはどういうことに抗議するために行われた行為か。本文に即して日本語で説明せよ。
F. 下線部 6 を和訳せよ。
G. 空所 8A～8C にもっともふさわしい動詞を次からそれぞれ選び、解答欄の記号を○で囲め。
　ア get　イ improve　ウ make　エ think　オ understand
H. 下線部 9 の本文中における内容と目的について説明した文としてもっともふさわしいものを次から選び、解答欄の記号を○で囲め。
　ア ある人たちが犯している罪を公共の場でさらすことで、その人たちの行動を変えさせること。
　イ 強い立場にある人たちを公共の場で攻撃することで、弱い人たちが憂さを晴らすこと。
　ウ 公共の場での謝罪を通じて、自分の行為の責任をとること。
　エ 公共の場での説得を通じて、飛行機にスプレーするような行為は無駄だと気付かせること。

Part 1 ※音声は収録しておりません

You will hear five short conversations. Choose the best reply for each one. Write a, b or c.

1. When's your birthday?
   (a) I'm fifteen years old.
   (b) I'm in the third grade.
   (c) It's in a few weeks.

2. I'm going to visit my grandmother tomorrow.
   (a) Did you have fun there?
   (b) Can I come with you?
   (c) How old is he?

3. Should I wear a coat?
   (a) Of course. It's going to be hot.
   (b) Yes, but make sure they match your tie.
   (c) If you want to, but I'm not going to.

4. Long time no see.
   (a) Nice to meet you.
   (b) Yes, it's been a while.
   (c) You're welcome.

5. Have a nice weekend.
   (a) You too.
   (b) No, thank you.
   (c) Yes, it is.

Part 2

You are going to hear a conversation between two people looking at a painting in an art gallery. Choose the best answer to complete each sentence a, b or c.

A: Excuse me. Would you mind standing back a bit so I can see the painting?

B: Of course not. Are you interested in modern art?

A: Actually, I consider myself to be a bit of an expert on modern art.

B: Oh really? So what do you think of the painting?

A: Well…to be honest…I think it's absolutely…what's the word…garbage.

B: Oh, hahaha. You're so funny. I love British jokes. Look at these bright colors. They must make you think of summer evenings, spring flowers, or leaves in the fall.

A: You mean those yellow and green things at the top? That's how I feel when I eat too much potato salad. Where's the bucket? I'm going to be sick.

B: (weak laugh) But surely you can understand the meaning of the white horse jumping over the hungry crocodile in the river.

A: A horse? That looks like a sick elephant in a swimming pool. And what's that?

B: Where?

A: Over there. Right in the middle. It looks like a kid left a backpack on the ground. Or maybe it's a giant bar of chocolate.

B: I think if you look closely it has a handle. It's a door that…

A: A chocolate door?

B: No! A door that is a symbol of how people must open their hearts to new experiences in life, both good and bad. Wouldn't you agree?

A: Um, how can I say this politely? No.

B: (chuffs) By the way, what kind of art expert are you?

A: A modern one. Look online and you'll see that I've posted on Wikipedia. I've also made a YouTube video and it got two likes – one of them was from my aunt. Next, I'm going to make a podcast about this terrible painting. Who painted this piece of trash? What's it called? Let me see if I can read the sign. *Doorway to Heaven* by Mon-Sewer Dee-Eckle-Air.

C: Sorry to interrupt Monsieur D'Éclair, the journalists from *Arty Smarty Weekly* are here to interview you.

B: OK, thank you. I'm sure *they* know real art when they see it. Take me to meet them. My fans can wait. (footsteps leaving)

A: Typical artist…thinks he knows better than everyone else. I know what I'd call this painting…*Stairway to Hell*.

Part 3 – Half-time Speech

Listen to a half-time speech by a sports coach and complete the sentences with the missing information. You will hear the information twice. Write one word or a number.

(Half-time buzzer and shoe sounds on a court)

Coach: OK. Gather 'round boys. I know we're losing by 60 points, but this is basketball and it's not over until that final buzzer. Believe in yourselves! You can do it. You can do it! ***(groan)***

Come on boys! This is how we're going to win this game: good defence…and better defence.　Now listen up.

First, their best player is that one hundred and seventy-nine centimetre guy with the Anpanman headband. Joey, if you stand on Marky's shoulders, you'll be about the same height as him. Then, you can block that big kid. Got it? Got it? **(Got it!)**

Second, when the referees aren't looking, foul any player you can. Pull on their jerseys, kick over their water bottles, pull their shorts down if you have to. Do whatever it takes. Whatever it takes! **(Yes, coach!)**

Third, you never ever give up. If someone runs, you run faster. If someone jumps, you jump higher. If their star player goes to the toilet, you follow him, lock the door and throw away the key. So what do you do? **(Throw away the key!)**

And most importantly Jimmy, you're our secret weapon. You're coming off. And we're putting on our new star player Cody. Go get 'em tiger. Now everyone get back out there and make me proud. **(Whoop!)**

Um, Cody, come here. You'd better shave that beard off first. ***(quiet voice)***

Cody: OK, coach. ***(deep voice)***

(Shaver sound)

令和６年度　ラ・サール高等学校　入学試験問題　理科　（５０分）

注意：１．解答はすべて解答用紙に記入せよ。
　　　２．いくつかの中から選ぶ場合は，記号で答えよ。特に指示のない場合は１つ答えよ。

【１】

〔A〕

流れる電流とかかる電圧との関係が図１のグラフのように表される抵抗，ダイオード，特性が同じ２つの豆電球 X，Y と電源を用いて，図２のような回路をつくった。図１を利用して，以下の問いに答えよ。

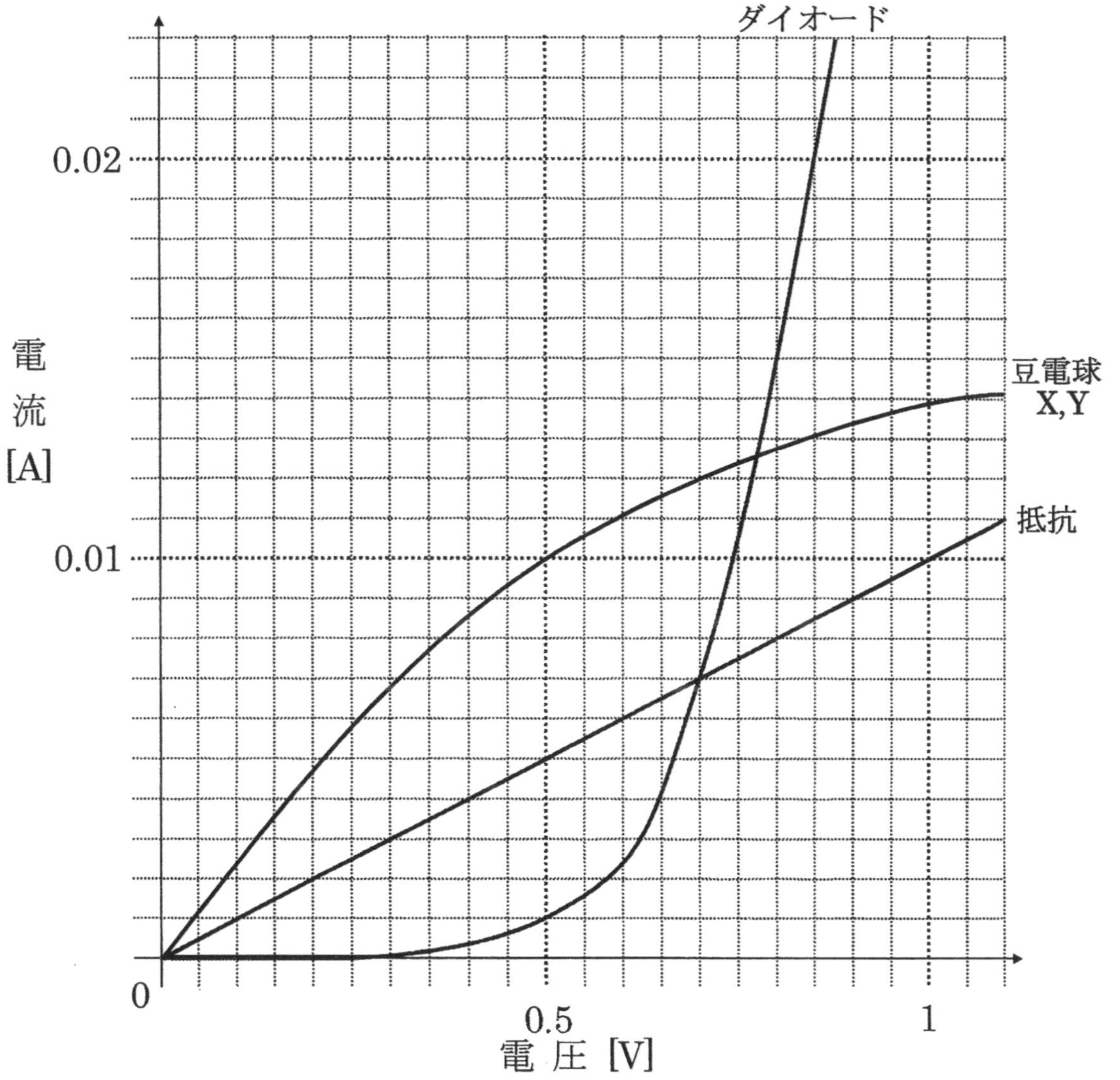

図１

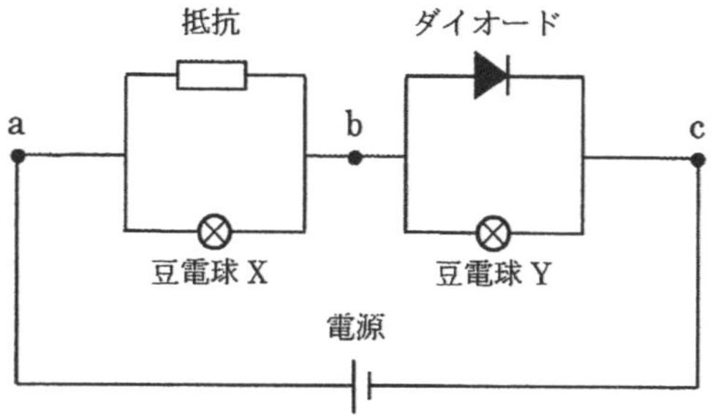

図２

（１）抵抗の抵抗値は何Ωか。

（２）ab 間の電圧が 0.5 V のとき，b 点を流れる電流は何 A か。また，抵抗で消費する電力は何 W か。

（３）bc 間の電圧が 0.5 V のとき，b 点を流れる電流は何 A か。

（４）電源の電圧が１V のとき，豆電球 X と Y の明るさはどのようになるか。以下の中から選べ。

ア．X より Y が明るい。
イ．Y より X が明るい。
ウ．X も Y も明るさは変わらない。

（５）電源の電圧が 1.4 V のとき，ダイオードを流れる電流および b 点を流れる電流はそれぞれ何 A か。

〔B〕

【Ⅰ】凸レンズについて，次の問いに答えよ。

（1）凸レンズの軸上で，凸レンズの前方 30 cm のところに物体を置いたら，凸レンズの後方 30 cm のところに実像ができた。この凸レンズの焦点距離は何 cm か。

【Ⅱ】図１は物体，凸レンズ，実像の位置と物体の先端から出た光線を示したものである。図１を参考にしながら以下の問いに答えよ。ただし，図１において焦点距離を f，物体から凸レンズまでの距離を a，凸レンズから実像までの距離を b とする。

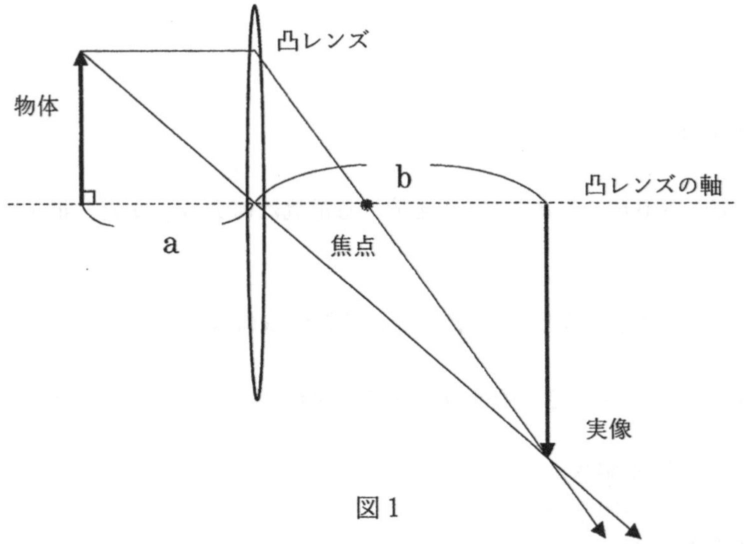

図１

（2）凸レンズの中心を通る光線を斜辺とする二つの三角形の相似について考えると，物体と実像の長さの比が求められる。その比を a と b を用いて求めよ。

物体の長さ：実像の長さ＝(　　　　　　)：(　　　　　　)

（3）物体の先端から凸レンズの軸に平行に出た後，凸レンズにより曲げられて焦点を通る光線を利用すると，物体と実像の長さの比が求められる。その比を b と f を用いて求めよ。

物体の長さ：実像の長さ＝(　　　　　　)：(　　　　　　)

（4）（2），(3)の二式を用いると以下の式が得られる。ア，イに当てはまる文字式を f を用いずに答えよ。ただし，解答の順序は問わない。

$$\boxed{\text{ア}} + \boxed{\text{イ}} = \frac{1}{f}$$

【Ⅲ】図２のように物体とスクリーンの距離を 90 cm で固定し，その間に凸レンズを置いた。その後，凸レンズを物体とスクリーンの間で凸レンズの軸が変わらないように左右に移動させて，スクリーン上に物体の鮮明な像をつくろうとした。

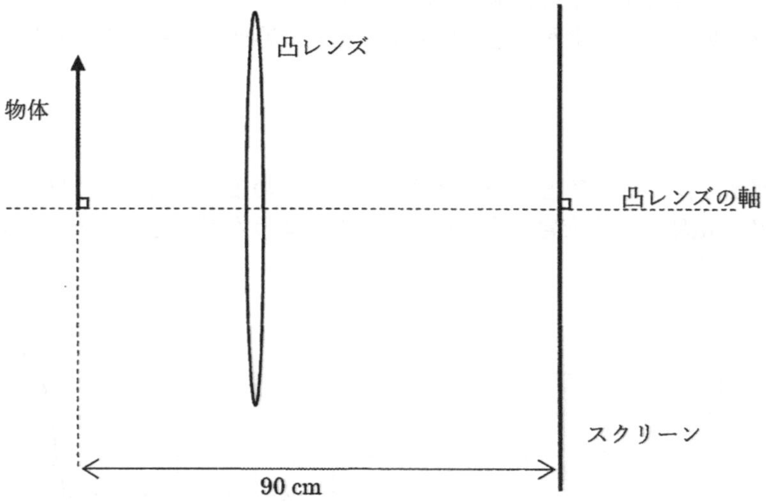

図２

（5）焦点距離が 20 cm の凸レンズを移動させたとき，鮮明な像ができる凸レンズの位置は２つあった。このときの凸レンズから像までの距離はそれぞれ何 cm か。ただし，解答の順序は問わない。

（6）（5）から凸レンズを焦点距離のちがう別の凸レンズに替えて移動させたとき，鮮明な像ができる凸レンズの位置は１つだけであった。この凸レンズの焦点距離は何 cm か。

【２】

下図は南半球に位置する島のＡ～Ｏの１５地点における気温（左：℃）と気圧（右：hPa表示の下２桁の数字）を示したものである。１５地点の最高気圧はＡの**1017 hPa**，最低気圧はＨの**997 hPa**であった。以下の問いに答えよ。

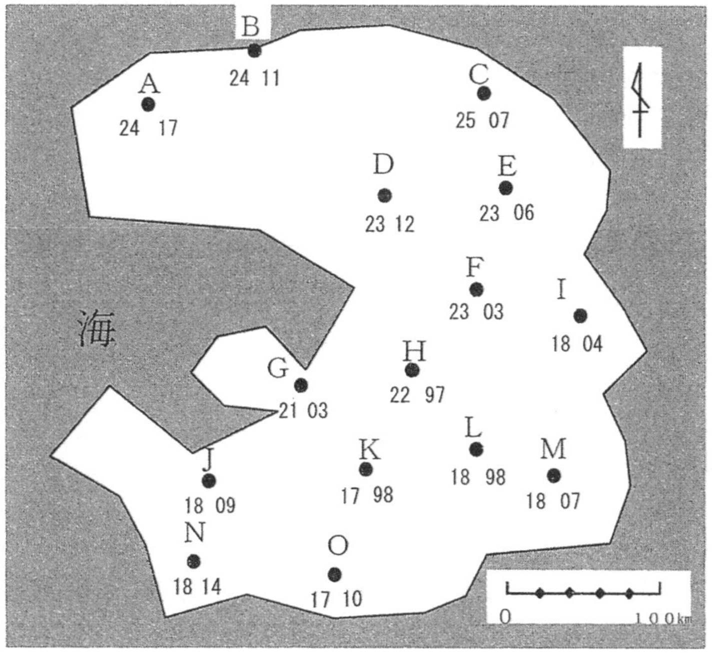

（１）**1000 hPa**と**1008 hPa**の等圧線が通るところとして適当なものを，それぞれ次からすべて選べ。

ア．ＡとＢの間　　イ．ＣとＤの間　　ウ．ＦとＨの間　　エ．ＧとＪの間
オ．ＩとＭの間　　カ．ＪとＮの間　　キ．ＫとＯの間　　ク．ＬとＭの間

（２）低気圧の中心の位置として適当なものを次から選べ。

ア．ＡＤＧで囲まれた地域　　イ．ＡＧＪで囲まれた地域　　ウ．ＢＣＤで囲まれた地域
エ．ＣＤＥで囲まれた地域　　オ．ＤＥＦで囲まれた地域　　カ．ＨＫＬで囲まれた地域

（３）温暖前線，寒冷前線の位置として適当なものを，それぞれ次からすべて選べ。

ア．ＡとＢの間　　イ．ＣとＤの間　　ウ．ＤとＦの間　　エ．ＦとＩの間
オ．ＧとＪの間　　カ．ＧとＫの間　　キ．ＨとＬの間　　ク．ＯとＮの間

（４）等圧線と前線を記入したこのときの天気図として適当なものを次から選べ。

ア

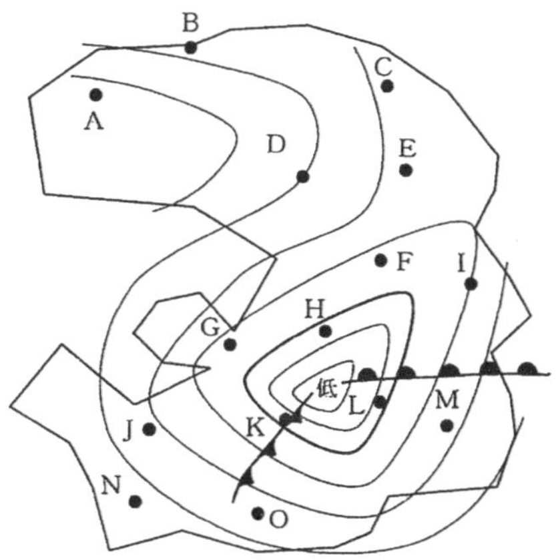

イ

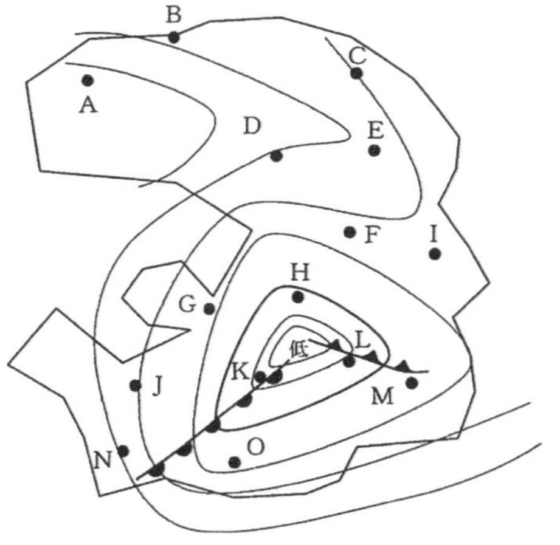

ウ

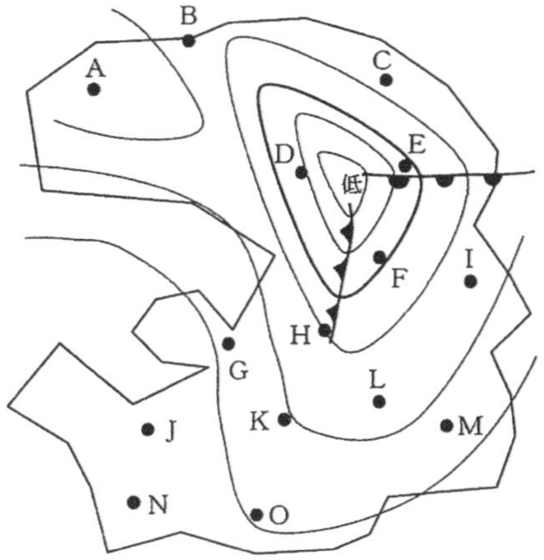

エ

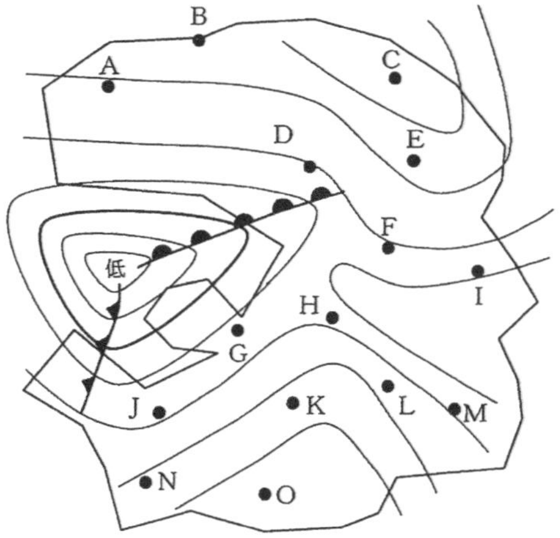

オ

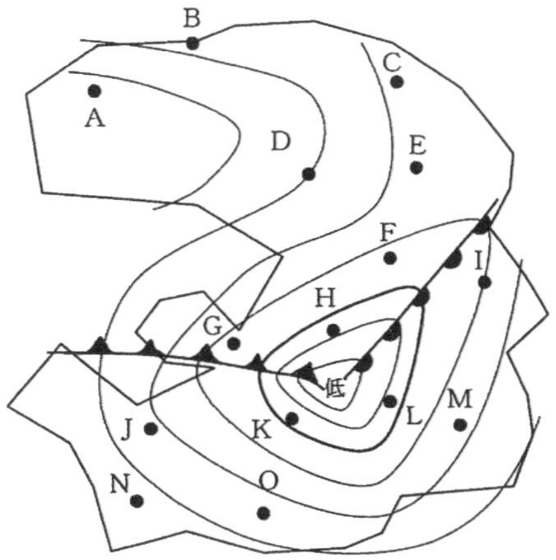

カ

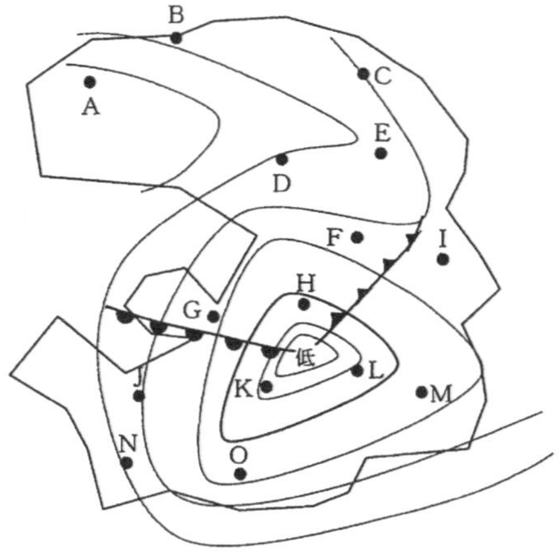

（５）Ｇ地点の風向として適当なものを次から選べ。

ア．南東　　イ．南西　　ウ．北東　　エ．北西

（６）次の文はＡ～Ｏのある地点におけるこれからの天気変化の説明である。

「現在，温暖前線による雨が降っているが，低気圧が毎時２０ｋｍの速さで南東に進んでいるため，あと４時間ほどで前線が通過し，雨はあがって気温は（　　）と考えられる。」

① ある地点とは，Ａ～Ｏのどこか。

②（　　）に入る語として適当なものを次から選べ。

ア．上がる　　イ．下がる　　ウ．ほぼ一定の状態が続く

【３】

〔Ａ〕

様々な色の花火がある。これは，火薬の中に金属元素を含んだ物質を加えておくと，燃焼したときに各金属に特有の色の炎が出る「炎色反応」というものを利用している。例えば，化合物の成分元素としてリチウムを含むと赤色，ナトリウムを含むと黄色，カリウムを含むと紫色，銅を含むと青緑色，バリウムを含むと黄緑色というように金属によって炎の色が変わる。しかし，銀や鉄や白金のように炎色反応が起こらず炎に色がつかないものもある。

炎色反応は物質の分析にも利用される。水溶液Ａ～Ｉは，次の物質群①のいずれかである。これらを判別するために炎色反応などの実験１～４を行った。これを読んで問いに答えよ。

物質群①

塩化ナトリウム水溶液	塩化リチウム水溶液	硝酸銀水溶液
塩化カリウム水溶液	硝酸カリウム水溶液	塩化バリウム水溶液
塩化銅水溶液	硫酸銅水溶液	硫酸ナトリウム水溶液

実験１　水溶液の色を観察すると，水溶液Ｅ，Ｆは青色透明であったが，水溶液Ａ，Ｂ，Ｃ，Ｄ，Ｇ，Ｈ，Ｉ は無色透明であった。

実験２　それぞれの水溶液に白金線を浸し取り出したのち，その白金線をガスバーナーの炎に入れると，水溶液ＡとＢでは紫色の炎が，水溶液Ｃでは黄緑色の炎が，水溶液ＤとＧでは黄色の炎が，水溶液ＥとＦでは青緑色の炎が，水溶液Ｈでは赤色の炎が見られた。水溶液Ｉでは炎色反応は見られなかった。

実験３　(あ)水溶液Ｉを水溶液Ａ～Ｈのそれぞれに加えると，水溶液Ａ，Ｃ，Ｆ，Ｇ，Ｈでは，いずれも白色沈殿を生じた。このとき生じた白色沈殿はすべて同じ物質であった。水溶液Ｂ，Ｄ，Ｅでは水溶液Ｉを加えても沈殿を生じなかった。

実験４　(い)水溶液Ｃを，水溶液Ｄ，Ｅのそれぞれに加えると白色沈殿を生じた。このとき水溶液Ｄ，Ｅから生じた白色沈殿は同じ物質であった。

（１）水溶液Ｂ，Ｅの水溶液はどの物質の水溶液か，物質群①から選び化合物の化学式を答えよ。

（２）下線部（あ），（い）の白色沈殿の物質名をそれぞれ答えよ。

（３）下線部（あ）で，水溶液Ｉと水溶液Ｇを混合したときに起こる変化を化学反応式で表せ。

（４）下線部（い）で，水溶液Ｃと水溶液Ｄを混合したときに起こる変化を化学反応式で表せ。

〔B〕次の文章を読み，あとの問いに答えよ。

下の表に様々な物質の密度を示した。以下の表および（1）～（4）ではすべて温度と圧力が同じものとする。

物質名	密度(g/cm^3)
アルミニウム	2.70
鉄	7.87
銅	8.96
金	19.30
水	1.00
エタノール	0.80

（1）物質Xは表中のいずれかである。82.6 gの物質Xを40.5 cm^{3}の水の入ったメスシリンダーに，この物質Xを完全に沈めて水面の目盛りを読み取ると図1のようになった。物質Xは何か。物質名を答えよ。

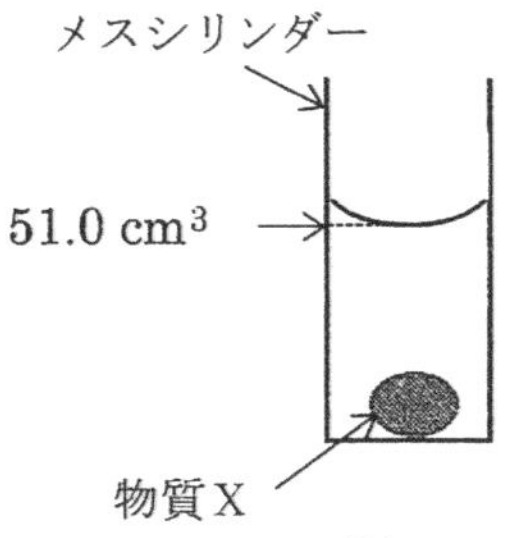

図1

（2）水とエタノールを体積比1：1で混合したところ混合溶液の体積は180 cm^{3}になり，密度は0.95 g/cm^{3}になった。水とエタノールを何cm^{3}ずつ混合したか。

（3）空気の密度を求めるために以下の実験Ⅰ～Ⅲを行った。空気の密度は何g/Lか。

> 実験Ⅰ：空気の入ったスプレー缶の質量を測定したら98.49 gであった。
> 実験Ⅱ：スプレー缶から空気を出して，出した空気の体積を測定すると1.45 Lであった。
> 実験Ⅲ：再びスプレー缶の質量を測定すると96.75 gであった。

（4）二酸化炭素の密度を正確に求めるために以下の実験を行った。あとの①～④の問いに答えよ。

[実験と結果]

空気の入っている三角フラスコにゴム栓をつけて質量を測定したところ170.88 gであった。次に図2のような装置をつくり二酸化炭素を発生させた。三角フラスコに二酸化炭素を送り，空気を追い出し，すべて二酸化炭素に置換した後，ゴム栓をつけて質量を測定したところ171.28 gであった。次に，実験で用いた三角フラスコに水を満たし，ゴム栓をはめて余分の水を追い出し，三角フラスコ内に残った水の体積を測定したところ0.625 Lであった。

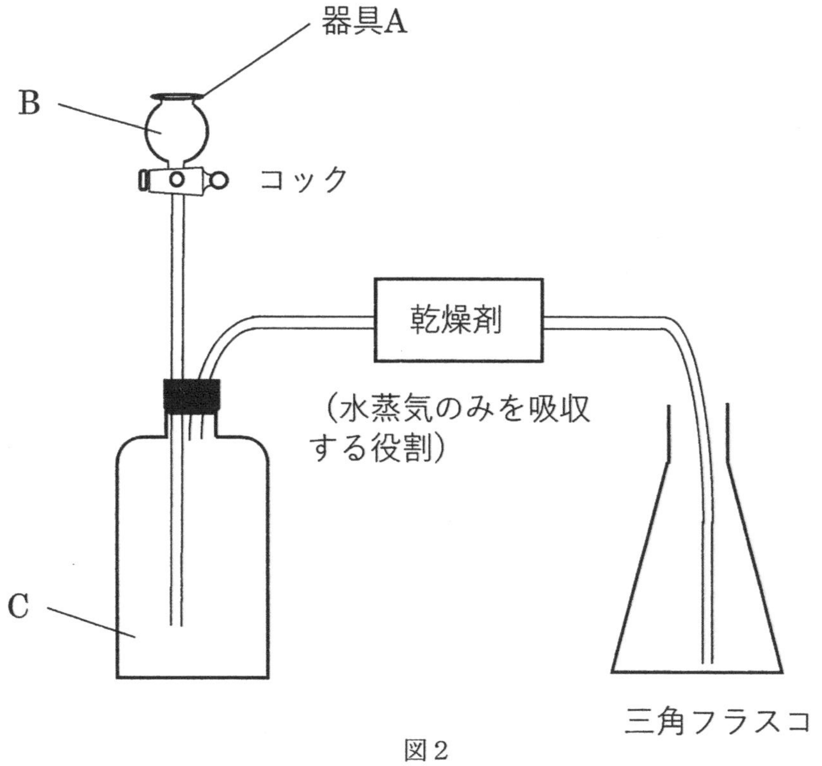

図2

① Aの器具は何と呼ばれているか。

② B，Cの部分に入れる適当な物質をそれぞれ次から選べ。

ア．石灰石　　イ．銅　　ウ．二酸化マンガン　　エ．塩酸

オ．水酸化ナトリウム水溶液　　カ．オキシドール

③ 空気0.625 Lの質量は何gか。ただし，（3）で求めた空気の密度を使用して求めること。

④ 二酸化炭素の密度は何g/Lか。

（5）空気や二酸化炭素のような気体の密度は，一般的に①圧力一定で温度を高くするとどのように変化するか。また②温度一定で圧力を高くするとどのように変化するか。それぞれ次から選べ。

ア．大きくなる。　　イ．小さくなる。　　ウ．変わらない。

【4】　以下の文は2023年のある日の中学生L君とS先生の会話である。

L君　今年のノーベル生理学・医学賞は（　①　）博士とドリュー・ワイスマン博士が受賞しましたね。

S先生　受賞理由は「COVID-19に対する効果的なmRNAワクチンの開発を可能にした塩基の修飾に関する発見」だそうだよ。

L君　mRNAとは何ですか？

S先生　まず，我々の体をつくるタンパク質は何からできているか知っているかい？

L君　(あ) <u>タンパク質が消化されるとアミノ酸になる</u>から，アミノ酸ですか？

S先生　そうだ。タンパク質を構成するアミノ酸は20種類あり，細胞の中でこの20種類のアミノ酸が順番通りに正しくつなげられてタンパク質が作られるんだ。このアミノ酸の順番を指定するのがmRNA(メッセンジャーRNA)だよ。これはDNAの情報が写し取られてできるんだ。

L君　タンパク質の設計図なんですね。どのように，アミノ酸を指定するのですか？

S先生　DNAがA，T，G，Cの4つの要素からできているのと同じように，mRNAはA，U，G，Cの4つの要素からできている。これを塩基といい，塩基の並ぶ順番でアミノ酸を指定しているよ。3つの塩基の並び方で一つのアミノ酸を指定しているんだ。この並び方をコドンと呼ぶ。例えば，AUGというコドンならメチオニンというアミノ酸を，GUAというコドンならバリンというアミノ酸を指定しているよ。

L君　AUGを逆さまにするとGUAですね。情報の読み取り方に方向性があるんですか？

S先生　いいところに気づいたね。mRNAはDNAと同様，ひも状の分子なんだけど，アミノ酸の情報を読み取る時の向きが決まっているんだ。

L君　じゃあ，AUGCUUだとどうなりますか？

S先生　資料集にコドンとアミノ酸の対応表があるよ。メチオニンの次にロイシンの順番になるね。塩基は読み取る順に表記することになっているんだ。コドンの塩基の並び方は理論上（　②　）通りになるので20種類のアミノ酸をすべて指定することができるよ。

L君　ちょっと待ってください。コドンの種類の数とアミノ酸の種類の数が合いませんよ。

S先生　さすがL君。同じアミノ酸を指定するコドンが複数あるんだ。

L君　どのようにコドンが指定するアミノ酸が分かったのですか？

> S先生　いくつか例をあげよう。
>
> [実験1]　…UUUUUU…のように，Uだけがたくさんつながったm RNAを用いてタンパク質を作る酵素などと混ぜると，「フェニルアラニンというアミノ酸だけが繰り返しつながったタンパク質」ができた。
>
> [実験2]　…ACACACAC…のようにAとCが繰り返しつながったmRNAを用いてタンパク質を作らせると，「トレオニンとヒスチジンというアミノ酸が交互に繰り返しつながったタンパク質」ができた。
>
> [実験3]　…CAACAACAA…という順番でCとAがつながったmRNAを用いてタンパク質を作らせると，「トレオニンだけが繰り返すタンパク質」，「グルタミンというアミノ酸だけが繰り返すタンパク質」，「アスパラギンというアミノ酸だけが繰り返すタンパク質」の3種類ができた。なぜこんなことになったかというと，コドンを読み始める位置がずれてしまったからなんだ。

このようにmRNAの塩基の並び方をいろいろと変えてタンパク質を作らせる実験を行うことでアミノ酸をどのように指定しているのかが明らかにされたんだ。

L君　パズルを解くようにして明らかにされたんですね。ところで，ワクチンとはどういうものですか？

S先生　ウイルスなどがわれわれの体に入ると，これを血液の白血球が取り込む。その結果，ウイルスに対応する抗体と呼ばれるタンパク質が作られて血液中に放出される。抗体は図1の左に示すような形をしていて，図1の右に示すようにウイルスの特定の部分に結合してその働きを止めるんだ。ワクチンは，無力化させたウイルスなどを注射して，感染前に抗体を作らせておくものなんだ。一度抗体を作れるようになると，ウイルスに感染しにくくなったり，もし感染してもすぐに新しい抗体を大量に作ることができるようになるよ。

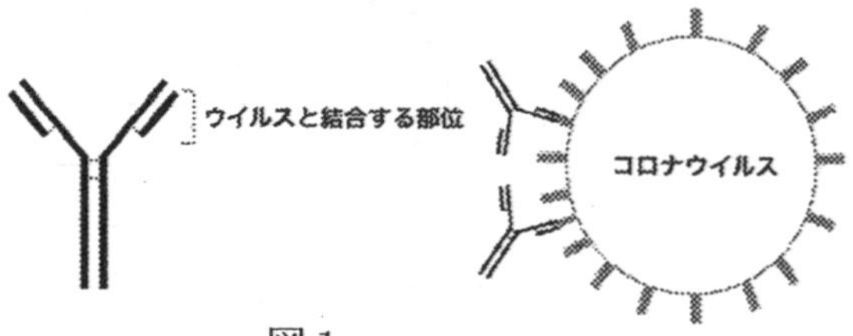

図1

L君　事前に練習させる，ということですか？

S先生　その通り。mRNAワクチンとは，無力化させたウイルスの代わりにウイルスの感染に必要なタンパク質のmRNAだけをヒトの体内に送り込むことで，体内の細胞にウイルスのタンパク質を作らせて感染の予行練習をさせようということなんだよ。

L君　そんなことができるんですね！　でも，「塩基の修飾」というのは？

S先生　それは，説明が難しいなあ。ラ・サール高校に入学すれば勉強できるよ。

（1）　（　①　）博士の名前を次から選べ。
　ア．利根川進　　イ．カタリン・カリコ　　ウ．本庶佑
　エ．スバンテ・ペーボ　　オ．ロジャー・コーンバーグ

（2）　下線部（あ）について，すい臓から分泌されるタンパク質分解酵素の名称を答えよ。

（3）　DNAの正式な名称を答えよ。

（4）　（　②　）に当てはまる数値を答えよ。

（5）　文中の枠で示したS先生の[実験1]～[実験3]の説明から，フェニルアラニン(Phe)，トレオニン(Thr)，ヒスチジン(His)を指定するコドンを推定し，それぞれ答えよ。

抗体とその利用に関する以下の文を読んで次の問いに答えよ。

18世紀末，イギリスのジェンナーは，ウシに感染する病気である「牛痘」にかかった牛乳しぼりの農民が，ヒトに感染する非常に致死率の高い病気である「天然痘」にかかりにくいことを知り，牛痘の病原体（牛痘ウイルス）を人為的にヒトに接種すると，天然痘の感染や，重症化を予防することができた。これがワクチンの始まりである。

また，北里柴三郎は「破傷風」という，細菌の毒素によって引き起こされる病気について，ウマに破傷風の毒素を注射し，このウマの血液から液体成分を採取した。この液体成分から，血液を固める成分を除いたものを血清という。破傷風に感染したヒトに血清を注射すると破傷風を治療できることを発見した。ただし，この治療を同じヒトに何度か繰り返すと，効果が得られにくくなった。

（6）血液の液体成分の名称を答えよ。

（7）天然痘が予防できたとき，牛痘ウイルスを接種したヒトの体内ではどのようなことが起きているか。正しいものを選べ。

ア．天然痘ウイルスによってヒト体内で作られた抗体が，ヒト体内で天然痘ウイルスに結合した。

イ．天然痘ウイルスによってウシ体内で作られた抗体が，ヒト体内で天然痘ウイルスに結合した。

ウ．牛痘ウイルスによってヒト体内で作られた抗体が，ヒト体内で天然痘ウイルスに結合した。

エ．牛痘ウイルスによってウシ体内で作られた抗体が，ヒト体内で天然痘ウイルスに結合した。

（8）ウマの血清を注射した破傷風の患者の体内では，どのようなことが起きているか。正しいものを２つ選べ。

ア．ウマ由来の抗体がヒトの体内で破傷風の毒素に結合する。

イ．ウマ由来の白血球がヒトの体内で破傷風の毒素を攻撃する。

ウ．ヒトの体内で，破傷風の毒素に結合するウマ由来の抗体が作られる。

エ．治療後しばらくするとウマ由来の抗体に結合するヒト由来の抗体が作られる。

ヒトがコロナウイルスに感染すると鼻の奥でウイルスが増殖する。このウイルスの有無を判定する簡易検査キットにも抗体が利用されている。ある検査キットは以下の3種類の抗体が使われていた。図２はそれぞれの抗体が何と結合するかを模式的に示したものである。

抗体A　コロナウイルスに結合する，青色の粒子を結合させた抗体。

抗体B　コロナウイルスに結合するが，抗体Aが結合する部分とは異なる部分に結合する抗体。なお，この抗体は抗体Aと結合したコロナウイルスとも結合できる。

抗体C　抗体Aに結合する抗体。なお，この抗体はコロナウイルスと結合した抗体Aとも結合できる。

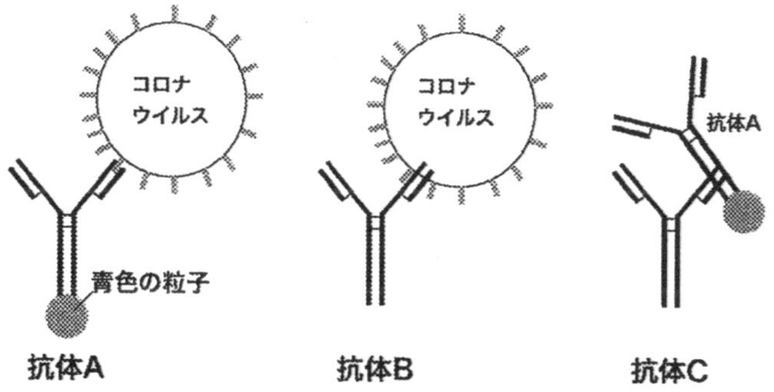

図２

図３のように，抗体Aは液体の中に含まれており，抗体Bと抗体Cは特殊な膜の上に固定されている。抗体Aの入った液と鼻の奥を綿棒でぬぐって採取した体液を混ぜて，膜の左端に乗せると，抗体Aと採取した体液の混合液は膜の上を右方向へと移動する。液体の移動が完了するまで15分ほど待ち，抗体Bや抗体Cを固定した部分が青色に変化するか否かで，陽性か陰性かを判定する。なお，キットの液体に含まれている抗体Aの量は膜に固定されている抗体Bや抗体Cよりも非常に多い。体液の中にウイルスが充分に存在する場合は「陽性」，ほとんど存在しない場合は「陰性」となる。

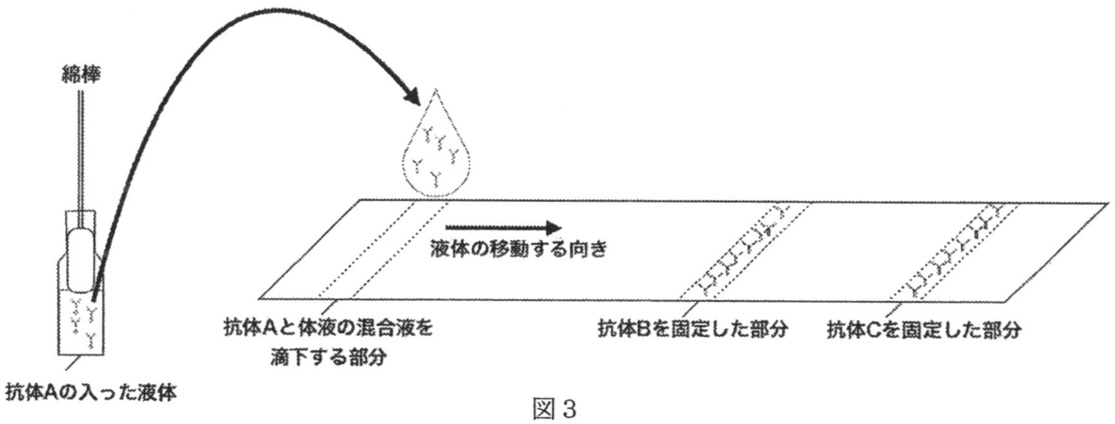

図３

（9）簡易検査キットが正常に作用すれば，「陽性」と「陰性」の時に抗体Bや抗体Cを固定した部分の色はどのように変化するか。それぞれ適するものを下の中から選べ。

ア．抗体Bを固定した部分は青色に変化し，抗体Cを固定した部分は青色に変化しなかった。

イ．抗体Bを固定した部分は青色に変化せず，抗体Cを固定した部分は青色に変化した。

ウ．抗体Bを固定した部分も抗体Cを固定した部分も青色に変化した。

エ．抗体Bを固定した部分も抗体Cを固定した部分も青色に変化しなかった。

［終わり］

2024年度　ラ・サール高等学校入学試験問題（社会）（50分）

＊解答はすべて解答用紙に記入せよ。

1　世界の歴史について述べた次の文章Ⅰ～Ⅲを読み、あとの問いに答えよ。

Ⅰ　それまでなじみのなかった新たな思想が受け入れられるのには、時間を要する。①キリスト教やイスラム教、儒教（儒学）なども例外ではない。それぞれの開祖が唱えた教えは、初めはごくわずかな人々にしか支持されなかった。やがて、次第に教えに対する共感が広がり、②帝国公認の学問や宗教にされるなどして、きわめて多くの人々に浸透した。

問1.　下線部①について述べた文として**誤っているもの**を、次のア～カから１つ選び、記号で答えよ。

ア　キリスト教は、イエスが開いたものであり、イエスやその弟子の言行などを書物としたものが『新約聖書』である。
イ　イスラム教は、ムハンマドが開いたものであり、彼に伝えられた神の言葉を書物としたものが『コーラン』である。
ウ　儒教（儒学）は、孔子が開いたものであり、孔子やその弟子の言行を書物としたものが『論語』である。
エ　キリスト教では、エルサレムが聖地の一つとされ、巡礼すべきところとされた。
オ　イスラム教では、メッカが聖地の一つとされ、巡礼すべきところとされた。
カ　儒教（儒学）では、相手に応じたふるまいのしかたである「仁」や、思いやりの心である「礼」が重視された。

問2.　下線部②に関連して、世界各地に成立した帝国について述べた文として正しいものを、次のア～クから２つ選び、記号で答えよ。順序は問わない。

ア　秦が中国を統一すると、いくつかに分かれていた文字も、楔《くさび》形文字に統一された。
イ　漢の時代に中央アジアを経由する東西交易がさかんとなり、西方から中国へ絹織物がもたらされた。
ウ　モンゴル帝国は、モンゴル高原に割拠していた諸部族を統一したフビライ・ハンにより建国された。
エ　モンゴル帝国の時代にマルコ・ポーロが来訪し、彼が接したことがらは、『大旅行記』という書物にまとめられた。
オ　ローマ帝国では、優れた建築技術のもと、各地にコロセウムとよばれる円形競技場がつくられた。
カ　ローマ帝国の時代にギリシア文化の影響を受けた彫刻作品として、「ミロのビーナス」がつくられた。
キ　明は、モンゴル人が支配者である元に対する反乱の指導者であった朱元璋《しゅげんしょう》により建国された。
ク　明の時代に倭寇《わこう》の活動がさかんとなり、倭寇の密貿易を通じて、中国から日本へ硫黄《いおう》がもたらされた。

Ⅱ　17世紀、イギリスでは国王が議会を無視して専制政治を続けたため、国王側と議会側との対立が深まり、ついには両者による内戦となった。内戦は（　1　）に指導された議会側が勝利し、（　1　）は国王を処刑し、共和政を始めた【　A　】。（　1　）の死後、イギリスは王政にもどるが、ここでも国王の専制政治が行われたため、議会側はこの国王を追放し、議会を尊重する新たな国王を迎えた【　B　】。

この　B　では、「国王は、議会の同意なしに勝手な政治を行ってはならない」という内容である　C　が定められ、イギリスは世界初の立憲君主制と議会政治の国となった。18世紀、イギリスはいち早く③産業革命を開始し、19世紀には世界の大国に成長した。これもあってイギリスの国のありようは、19世紀から20世紀にかけての時期には、とりわけアジアの国々から、近代国家建設のモデルとして注目されるようになった。

問3.　（　1　）に入る人物名を答えよ。

問4.　A　B　C　に入る語句の組み合わせとして正しいものを、次のア～カから１つ選び、記号で答えよ。

	A	B	C
ア	A　名誉革命	B　ピューリタン革命	C　マグナ・カルタ
イ	A　ピューリタン革命	B　名誉革命	C　マグナ・カルタ
ウ	A　名誉革命	B　ピューリタン革命	C　人権宣言
エ	A　ピューリタン革命	B　名誉革命	C　人権宣言
オ	A　名誉革命	B　ピューリタン革命	C　権利章典
カ	A　ピューリタン革命	B　名誉革命	C　権利章典

問5.　下線部③について、イギリスの産業革命は綿工業の分野から始まったが、そこでは「紡績」や「織布」などの工程を新発明の機械で行うことにより、作業の速度や効率が大幅に向上した。このうち水力紡績機を発明したのはだれか。その人物名を答えよ。

Ⅲ　1989 年、東ヨーロッパでは反政府運動が広がり、共産党の独裁政権が次々と消滅した。これを東欧革命という。第２次世界大戦後に生じた冷戦では、東ヨーロッパの国々はソ連の陣営に属し、人々はソ連が支援する政権を受け入れざるをえなかった。しかし 1980 年代に登場したソ連のゴルバチョフ政権は④冷戦の終結を強く望んでいた。とりわけゴルバチョフが「ソ連には東ヨーロッパの国々に対して指導する権利はない」と宣言したことは、人々に「自国の政権に反抗しても、ソ連は攻めてこない」という安心感をもたせた。この安心感こそが人々を運動に向かわせた最大の要因といえる。ほかにも世界では独裁的な政権に対する民主化運動や反政府運動が起こった。しかしそのなかには⑤政権からの弾圧を受け、運動が頓挫するものもあった。

問 6.　下線部④について、1989 年に米ソの首脳が会談を行い、冷戦の終結が正式に宣言された。この会談を何というか。

問 7.　下線部⑤について、1989 年、北京で学生と市民が民主化を求めてデモなどの運動を起こした。しかし軍隊の投入により運動は終息した。この事件を何というか。

2　次の地図はアフリカを示したものである。地図を見て、あとの問いに答えよ。なお、地図中の点線は国境線である。

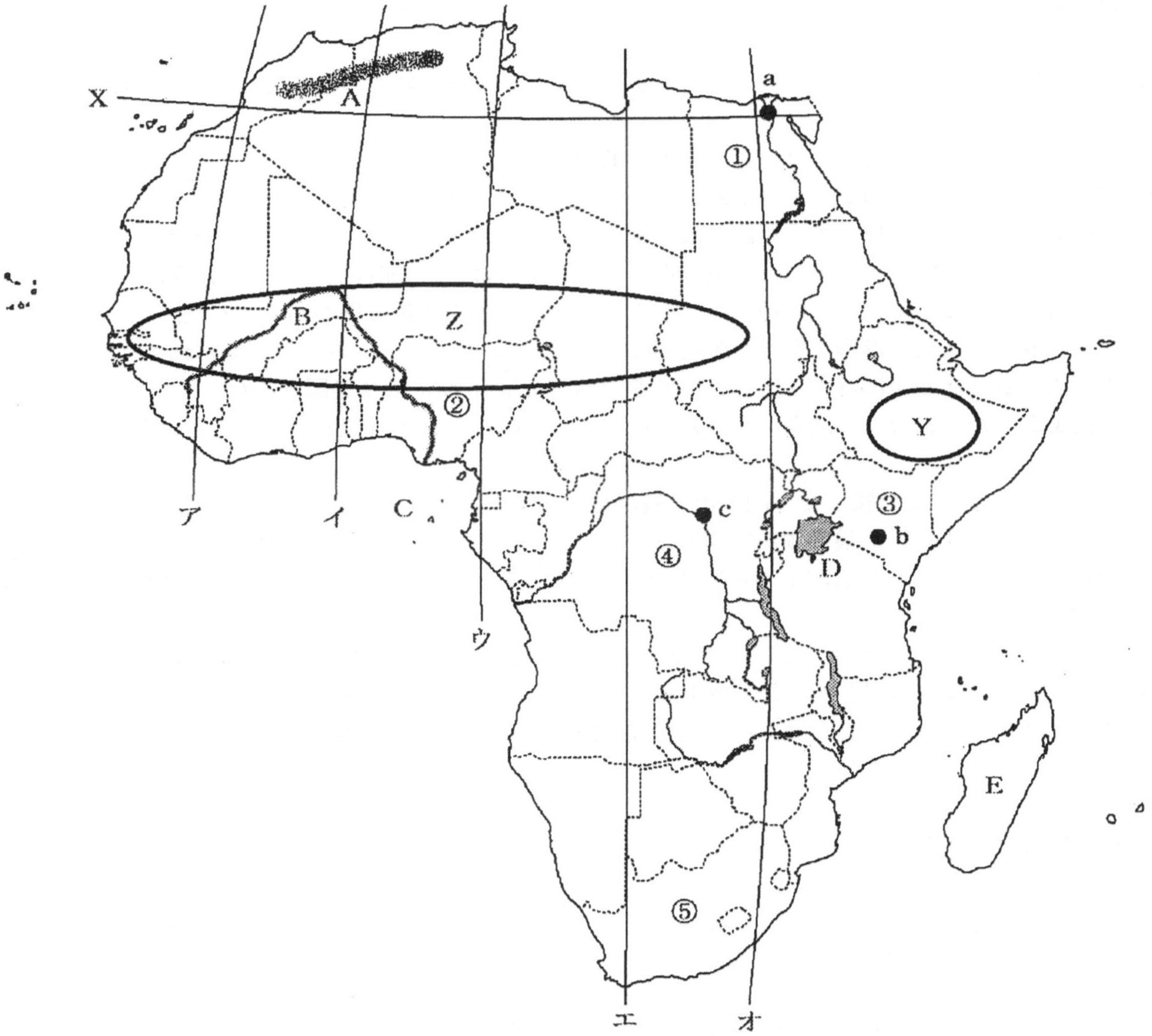

問 1.　Aの山脈名、Bの河川名、Cの湾名、Dの湖名、Eの島名を答えよ。

問 2.　本初子午線を、地図中のア～オから１つ選び、記号で答えよ。

問 3.　緯線Xが示している緯度に位置している都市を、次のア～オから１つ選び、記号で答えよ。

ア　バンコク　　イ　ジャカルタ　　ウ　ペキン　　エ　札幌　　オ　ニューオーリンズ

問 4.　Yの高原はある作物の原産地であり、その高原が位置する国はこの農産物の世界第５位の生産国(2021 年)である。この農産物の生産量が世界第１位・第２位の国(2021 年)をそれぞれ答えよ。

問 5.　サハラ砂漠の南縁のZの地域では、砂漠化の進行が激しい。Zの地域を何というか、カタカナで答えよ。

問 6. 次のⅠ～Ⅲのグラフは地図中のａ～ｃのそれぞれの都市の気候を示したものである。地図中のａ～ｃとⅠ～Ⅲとの正しい組み合わせを、あとの表のア～カから１つ選び、記号で答えよ。

Ⅰ

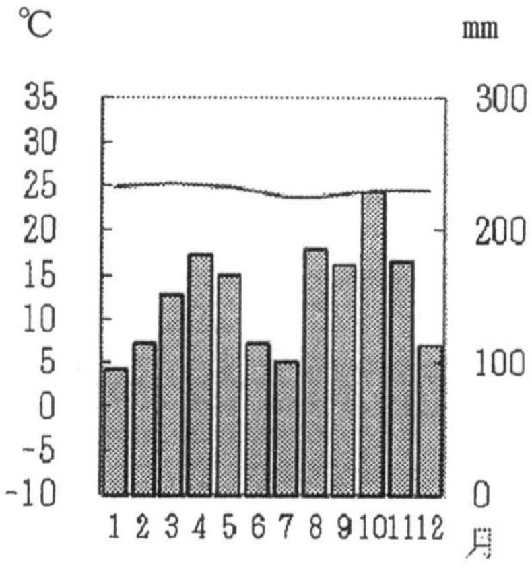

Ⅱ

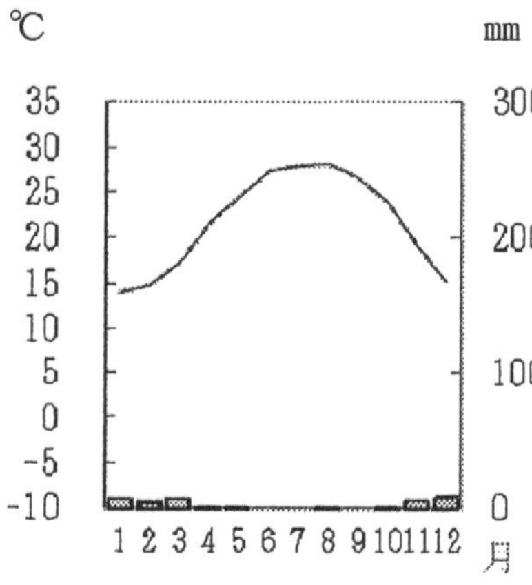

Ⅲ

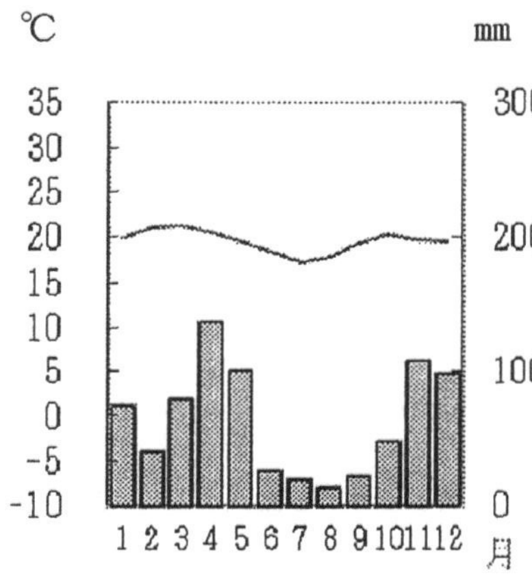

	ア	イ	ウ	エ	オ	カ
a	Ⅰ	Ⅰ	Ⅱ	Ⅱ	Ⅲ	Ⅲ
b	Ⅱ	Ⅲ	Ⅰ	Ⅲ	Ⅰ	Ⅱ
c	Ⅲ	Ⅱ	Ⅲ	Ⅰ	Ⅱ	Ⅰ

問 7. 次の表は地図中の①～⑤の国の主な輸出品（輸出額上位３品目）を示したものである。②、③、④の国に該当するものを、次の表のア～オから１つずつ選び、記号で答えよ。

	ア	イ	ウ	エ	オ
第１位	原油	紅茶	白金	石油製品	銅
第２位	液化天然ガス	切り花	自動車	液化天然ガス	無機化合物
第３位	船舶	野菜と果実	鉄鉱石	野菜と果実	銅鉱

貿易品目の順位は2021年。“UN Comtrade Database”より。

問 8. アフリカなど発展途上国の生産物をより適正な価格で取引することで、生産者の生活と自立を支える貿易の取り組みを何というか。

問 9. 地図中の①の国で、最も多くの人々が信仰している宗教について述べた文として**誤っているもの**を、次のア～エから１つ選び、記号で答えよ。

ア　一神教である。
イ　信者数が最も多い国は東南アジアの国である。
ウ　酒を飲んだり、牛肉を食べることを禁じている。
エ　西アジアでおこった。

問 10. 地図中の②の国と④の国の公用語の組み合わせとして正しいものを、次の表のア～ケから１つ選び、記号で答えよ。

	ア	イ	ウ	エ	オ	カ	キ	ク	ケ
②の国	英語	英語	英語	フランス語	フランス語	フランス語	スペイン語	スペイン語	スペイン語
④の国	英語	フランス語	スペイン語	英語	フランス語	スペイン語	英語	フランス語	スペイン語

問 11. 地図中の⑤の国では、かつて白人の政権によって白人とそれ以外の人々を分離して差別する政策が行われていた。その政策を何というか、カタカナで答えよ。

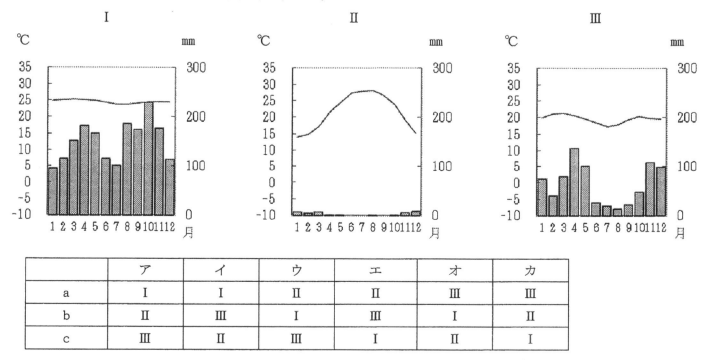

3 次の表は、日本各地の都市と、そこやその周辺にゆかりのある「できごと、人、もの」をまとめたものである。これを見て、あとの問いに答えよ。

都市	原始・古代	中世	近世	近現代
函館	大船遺跡	コシャマインの乱	a高田屋嘉兵衛《かへえ》	a五稜郭《ごりょうかく》の戦い
横浜	a大塚遺跡※1	②六浦《むつうら》の繁栄	神奈川が宿場町として発展	ハリス
前橋	①平将門	厩橋《うまやばし》城の築城	生糸に関する産業が発達	b前橋空襲
長野	b南向塚《なんこうづか》古墳※2	川中島の合戦	小林一茶	④長野五輪
宇治	c平等院鳳凰堂の建立	宇治川の合戦	宇治茶	⑤陸軍造兵廠《ぞうへいしょう》宇治火薬製造所の設置
四日市	鈴鹿関	伊勢長島一向一揆壊滅	b大黒屋光太夫	c公害の発生
敦賀《つるが》	渤海《ぼっかい》使を松原客館で応接	新田義貞	③港町として栄えていたが、やがて衰退	敦賀原子力発電所設置
広島	山陽道	平家納経	c宮崎安貞	池田勇人《はやと》が首相就任
熊本	d肥後国分寺の建立	蒙《もう》古襲来絵巻の成立	d加藤清正	d西南戦争

※1 稲作を行う農耕集団の集落で、竪《たて》穴住居や高床倉庫の跡がある。周囲に濠《ほり》をめぐらせ、他の集落との戦いに備えたと考えられる。すぐ隣には大塚遺跡と同じ時代の墓の遺跡（歳勝土《さいかちど》遺跡）があり、同じような大きさの墓が二十数基並んでいる。

※2 全長約 50 メートルの前方後円墳。

問 1.「原始・古代」のa～dの遺跡や建造物を、それが造られた時代の古い順に並べ替え、記号で答えよ。

問 2.「近世」のa～dの人物のうち、この時代の農学の発展に貢献した人物を記号で答えよ。

問 3.「近現代」のa～dのできごとを、起こった時代の古い順に並べ替え、記号で答えよ。

問 4. 次のA、Bともっとも関係が深いことがらを上の表（ただし都市名は除く）からそれぞれ探し、その語句を答えよ。
A ラクスマン　　B 厳島《いつくしま》神社

問 5. 下線部①に関連して、平氏や平安時代の武士の歴史に関する次の記述ア～エの中に**誤りを含むもの**が１つある。その誤りを訂正した語句を答えよ。記号は必要ない。
ア 源義朝は保元の乱では勝ったが、平治の乱では敗れた。平清盛は両方の戦いで勝ち、その後しばらくして太政大臣になった。
イ 平将門の挙兵とほぼ同時に、西国では藤原秀衡《ひでひら》が挙兵した。この両方の戦いを合わせて天慶の乱（承平・天慶の乱）と呼ぶ。
ウ 平清盛は日宋貿易の利益で経済力を高める一方、後白河上皇を閉じこめて一族で権力を独占し、孫の安徳天皇を即位させた。
エ 後三年合戦などの東北の戦乱を鎮めた源義家は東日本に、海賊平定などで活躍した平忠盛は西日本に、それぞれ勢力を広げた。

問 6. 下線部②の六浦は、鎌倉時代には鎌倉と関係の深い交通の要所だった。それに関連して、次の記述ア～カは近世以前の交通や取引、貿易の歴史に関わるものである。この中に**誤りを含むもの**が１つ以上あるので、誤りを含む文章をすべて除き、残りを時代の古い順に並べ替えて記号で答えよ。解答欄が余った場合、そこには×をつけること。
ア 交通の邪魔になっていた多数の関所を天下人が廃止させ、拠点の町には楽市令が出されて、経済の活発化が図られた。
イ 南蛮貿易が始まった。この貿易では日本から銀が輸出され、中国の生糸や陶磁器などが輸入された。
ウ 都と諸国をつなぐ七道が整備された。一定の距離毎に馬や食料を用意した駅が設けられ、税を都に運ぶ庶民が駅を利用した。
エ 当時の政治の仕組みを守るために道路や港に多くの関所が置かれ、通行料が徴収された。
オ 全国の荘園から年貢が京都や鎌倉に送られ、これらの都市では年貢や物資を売買する常設の定期市が開かれた。
カ 勘合貿易が始まり、日本からは銅や刀剣が輸出され、中国からは生糸や陶磁器、銭などが輸入された。

問 7. 下線部③の、敦賀が衰退した原因は西廻《まわ》り航路（西廻り海運）の開設に求められる。その因果関係を、敦賀と京・大坂が地理的に近いことを踏まえて説明せよ。

問 8. 日米和親条約と日米修好通商条約の両方で開港地に定められた港が１つある。その港がある都市の名を上の表から選んで記せ。

問 9. 下線部④の長野五輪（1998 年）は冬季大会である。一方東京五輪は夏季大会で、これまでに２回行われた。長野五輪の開催から２度目の東京五輪の開催までの間に起こった世界的なできごととして正しいものを、次のア～オからすべて選び、記号で答えよ。

ア 新型コロナウイルス感染症の発生と世界的流行の開始　イ アメリカでの同時多発テロで世界貿易センターが崩落

ウ 湾岸戦争の開始　エ 第四次中東戦争の開始　オ ロシアによるキーウやウクライナ東部などへの大規模軍事攻撃の開始

問 10. 下線部⑤に関連して、近代の軍隊や戦争の歴史に関する次の記述ア～エのうち、**誤りを含むもの**を１つ選び、記号で答えよ。

ア 大日本帝国憲法では陸軍・海軍の編制、作戦、指揮などが天皇の権限とされたが、軍事費については帝国議会で審議された。議会では軍事費を増やそうとする政府とその軍事費を削って減税につなげようとする民党がはげしく対立した。

イ 政府はロシア革命に干渉するためシベリアに軍隊を派遣した。しかしシベリア出兵の宣言をきっかけに米の買い占めが起こって米価が急に上がり、米騒動が起こった。政府は軍隊も動員してこれを鎮圧したが、混乱の責任を取って原内閣は総辞職した。

ウ 関東軍は満洲（満州）の指導者張作霖《ちょうさくりん》を爆殺したが、関東軍による満洲支配はうまくいかなかった。そこで関東軍は柳条湖事件をきっかけに軍事行動を起こして満洲をおさえ、さらに溥儀《ふぎ》を立てて満洲国の建国を宣言させた。

エ ミッドウェー海戦をきっかけに戦局は日本軍に不利になり、日本軍はガダルカナル島の戦いで敗れ、さらにサイパン島がアメリカ軍に占領されると、東条内閣は総辞職した。沖縄戦が始まったのはその後のことである。

4 次の文章Ⅰ・Ⅱを読み、あとの問いに答えよ。

Ⅰ 政府の経済活動が財政である。ここでは主に国家財政について見ていく。財政の規模と内容を示す指標が a 予算である。

財政には、主に３つの機能がある。第１は「資源配分の調整」であり、民間企業による生産が期待できない b 公共財の供給などを行う。第２は「所得の再分配」であり、所得分配が公正さを欠くと判断される場合は、国民の合意の下に政府がそれを是正していく働きであり、租税および c 社会保険・d 公的扶助・社会福祉・公衆衛生から成る社会保障制度を用いて行われる。第３は「経済の安定化」であり、景気循環の変動幅を抑制することにより経済活動規模を適正な大きさに保とうとする。経済の安定化は２つの方法により実現されている。e その１つは大規模な財政制度の存在自体である。もう１つは、政府が意図的・人為的に財政政策を実施することである。

財政の財源を提供するのが租税である。地方公共団体も含めると、現在の日本の租税は、国と地方公共団体がそれぞれ徴収しており、f 国に納める税が国税、地方公共団体に納める税が地方税である。また、納税義務者と実際に税を負担する者（担税者）との関係で見ていくと、法律上の納税義務者と担税者とが一致することが予定されている税が直接税であり、法律上の納税義務者と担税者が一致せず、税負担の転嫁が予定されている税が間接税である。g 所得税は直接税であり、h 消費税は間接税である。

租税だけでは財源が不足するとき、政府は i 国債を発行して資金を調達する。一般に公共事業費などを賄うための国債を建設国債、建設国債を発行してもなお歳入不足が見込まれる場合に、公共事業費以外の歳出に充てる資金を調達するために発行するものを特例国債（赤字国債）と呼んでいる。日本では財政法により国債の発行は制限されているが、国債発行額、国債残高ともに巨額になっている。財政赤字については、j 基礎的財政収支（プライマリーバランス）の黒字化の必要性が言われている。

問 1. 下線部 a についての記述として**誤っているもの**を、次のア～エから１つ選び、記号で答えよ。

ア 補正予算は緊急の歳出に限って編成されるものであり、今まで 10 兆円を超えたことはない。

イ 法律は、毎会計年度の予算を、前年度の１月中に内閣が国会に提出するのを常例とするとしている。

ウ 内閣は、予見の難しい予算の不足に充てるために、予備費として相当と認める金額を予算に計上することができる。

エ 会計年度開始までに予算が成立しないとき、内閣は一定期間だけに適用される暫定予算を作成して、国会に提出できる。

問 2. 下線部 b には２つの特徴がある。１つは、代金を支払わない者にその財を消費させないことが不可能または困難だということである。もう１つは、ある人がその財を消費しても、同時に他の人もその財の消費が可能だということである。このような特徴を備える公共財として適切なものを、次のア～エから１つ選び、記号で答えよ。

ア 人々の生活に欠かすことのできない農産物

イ 独占企業の存在がもたらす弊害が大きい自動車

ウ 所有者が自由に使用・収益・処分できる土地

エ 近隣の海域に広くサービスを提供する灯台

問 3. 下線部 c についての記述として**誤っているもの**を、次のア～エから１つ選び、記号で答えよ。

ア 健康保険法に基《もと》づいて、被用者またはその被扶養者の業務災害以外の負傷、病気または死亡などに関して保険給付が行われる。

イ 国民健康保険法に基づいて、健康保険法などの対象にならない者の負傷、病気または死亡などに関して保険給付が行われる。

ウ 労働安全衛生法に基づいて、業務災害による労働者の負傷、病気または死亡などに関する保険給付が行われる。

エ 国民年金法に基づいて、一定期間にわたり保険料を納付した者を対象として、原則として 65 歳に達したときから老齢基礎年金などの支給が行われる。

問 4. 下線部 d についての記述として**誤っているもの**を、次のア～エから１つ選び、記号で答えよ。

ア　生活保護の財源は、２分の１が 20 歳以上の国民が負担する保険料、残り２分の１が国が負担する税収入から成っている。

イ　保護の要否や程度は、原則として世帯を単位として決められる。

ウ　保護は厚生労働大臣が定める基準に基づいて、保護が必要な人の金銭または財で満たすことのできない不足分を補う程度で行われる。

エ　保護は、生活扶助・住宅扶助・医療扶助など８種類の扶助として行われ、複数の扶助を併せて受給することもできる。

問 5. 下線部 e に関連して、日本の不況期におけるこの機能についての記述として適切なものを、次のア～エから１つ選び、記号で答えよ。

ア　生産の縮小に伴って失業者が増加すると、労働契約法に基づいて失業給付を受ける家計が増加し、労働契約制度からの支出は増加、被保険者の保険料の支払いは減少するため経済活動の落ち込みが緩和される。

イ　企業の生産が縮小すると、法人税の累進課税制度により低い税率を適用される企業が増え、企業の手元に残る資金の減少が緩和されることにより経済活動の落ち込みが緩和される。

ウ　家計の所得が一定の割合を超えて減少すると、職業安定法に基づいて雇用維持給付が支給される家計が増え、家計の可処分所得の減少が緩和されることにより経済活動の落ち込みが緩和される。

エ　家計の所得が減少すると、所得税の累進課税制度により低い税率を適用される家計が増え、家計の可処分所得の減少が緩和されることにより経済活動の落ち込みが緩和される。

問 6. 下線部 f に関連して、地方税法は、地方税を大きく道府県税と市町村税に分けている。国税・地方税および直接税・間接税の分類に関する表１についての記述として**誤っているもの**を、次のア～エから１つ選び、記号で答えよ。

ア　自動車税は**iii**に含まれ、軽自動車税は**iv**に含まれる。

イ　都市計画税は**iii**に含まれない。

ウ　贈与税は **i** に含まれ、揮発油税は **ii** に含まれる。

エ　固定資産税は**iv**に含まれない。

表1　租税の種類

		直接税	間接税
国税		i	ii
地方税	道府県税	iii	地方消費税 道府県たばこ税 ゴルフ場利用税
	市町村税	iv	市町村たばこ税 入湯税

問 7. 下線部 g についての記述として**誤っているもの**を、次のア～エから１つ選び、記号で答えよ。

ア　配偶者控除や扶養控除などを設けて、課税対象の金額から差し引くことにより、税の負担能力に応じた課税を行うようになっている。

イ　納税方法には、源泉徴収制度と申告納税制度があり、被用者・自営業者・退職者を問わず、自由に選択することができる。

ウ　被用者の給与所得や自営業者の事業所得だけでなく、公的年金制度による収入にも課税される。

エ　累進税率の累進性の度合いが強くなり税率が高くなりすぎると、労働意欲を阻害するという問題がある。

問 8. 下線部 h についての記述として**誤っているもの**を、次のア～エから１つ選び、記号で答えよ。

ア　消費税法は、消費税による収入について、年金、医療および介護の社会保障給付などに充てると定めている。

イ　1988 年の消費税法の公布、1989 年度からの同法の施行により、消費税は当初、税率５％で開始された。

ウ　消費に際して課税される標準税率 10 ％のうち、7.8 ％が消費税、2.2 ％が地方消費税の課税である。

エ　消費税は同一の消費に対して同額の課税をするが、所得の低い人の方が所得のうち消費税に充てる割合が高くなる逆進性の問題がある。

問 9. 下線部 i についての記述として**誤っているもの**を、次のア～エから１つ選び、記号で答えよ。

ア　財政法は、政府が国債を発行するとき、日本銀行が引き受けることを禁止しているので、日本銀行は国債を保有していない。

イ　1990 年度以降の日本において、特例国債が発行されなかった年度もあった。

ウ　特例国債を発行して公務員の人件費を賄うと、原則として、今の世代が行政サービスを消費し、将来の世代が費用を負担することになり、将来への負担の転嫁という結果をもたらす。

エ　1990 年度以降の日本において、建設国債が発行されなかった年度はなかった。

問 10. 下線部 j が示す基礎的財政収支とは、借金に当たる「国債関連の項目」を除いた財政収支のことである。一般会計歳入は、税収、その他収入、公債金の３項目から成り、公債金が「国債関連の項目」である。歳出は、国債費が「国債関連の項目」である。また、歳入総額と歳出総額は等しい。基礎的財政収支の簡易的な計算としては、公債金を除いた歳入、すなわち税収とその他収入の合計から国債費を除いた歳出を差し引くことによって求めることができる。

表2　A年度一般会計予算（単位　兆円）

歳入	
税収	63
その他収入	9
歳出	
歳出総額	109
うち国債費	25

(1)　表２は A 年度の日本の一般会計予算の一部を表す仮の事例である。基礎的財政収支の金額を求めよ。値がマイナスになるときは、マイナス符号「－」を付けて答えること。

(2)　A 年度の基礎的財政収支についての記述として適切なものを、次のア～エから１つ選び、記号で答えよ。

ア　国民の公共サービスの消費は費用負担より大きく、この年度と同様の財政状況が継続すれば国債残高は減少する。

イ　国民の公共サービスの消費は費用負担より小さく、この年度と同様の財政状況が継続すれば国債残高は減少する。

ウ　国民の公共サービスの消費は費用負担より大きく、この年度と同様の財政状況が継続すれば国債残高は増加する。

エ　国民の公共サービスの消費は費用負担より小さく、この年度と同様の財政状況が継続すれば国債残高は増加する。

Ⅱ　近代憲法は、人権の保障を目的としている。人権としては、参政権のように統治に係わっていく権利を保障しつつ、中心となったのは制限を設けて権力が介入できない私的領域を確保する自由権であった。20 世紀に入り、人権の範囲は、人間たるに値する生活を求めて国家に対して積極的な政策を要求する社会権にまで広がった。第２次世界大戦後、国際連合を中心として k 人権を国際的に保障する活動が活発になった。

日本国憲法は、国民主権、平和主義と並んで、基本的人権の保障を基本原理としている。自由権としては、l 精神の自由や経済活動の自由、および m 人身の自由を保障している。また、n 平等については、第 14 条で法の下の平等などを定めている。社会権については、第 25 条から第 28 条において規定している。

問 11. 下線部 k に関連して、以下の条約のうち、日本が批准していないものを１つ除き、残りの条約を採択年の古い順に並べたとき、３番目に当たるものを次のア～オから１つ選び、記号で答えよ。

ア　障害者権利条約　イ　ジェノサイド（集団殺害防止）条約　ウ　児童の権利条約　エ　国際人権規約　オ　婦人参政権条約

問 12. 下線部 l についての記述として**誤っているもの**を、次のア～エから１つ選び、記号で答えよ。

ア　憲法は、信教の自由を保障するために、「国及びその機関は、宗教教育その他いかなる宗教的活動もしてはならない」など、政教分離の原則を定めている。

イ　独占禁止法は、不当な取引制限の規制などに関する事務をつかさどる機関として、消費者委員会の設置を定めている。

ウ　憲法は財産権の制限について、「財産権の内容は、公共の福祉に適合するやうに、法律でこれを定める」としている。

エ　表現の自由は人権として保障されるが、表現が名誉を侵害する犯罪に当たるとき、刑法が定める名誉毀損罪として刑事責任が追及される。

問 13. 下線部 m についての記述として**誤っているもの**を、次のア～エから１つ選び、記号で答えよ。

ア　被疑者が現行犯である場合には、捜査機関は裁判官が発する逮捕状なしに逮捕することができる。

イ　裁判所は、被告人に不利益な証拠が本人の自白しかない場合でも、犯罪の確信が得られれば有罪とすることができる。

ウ　被告人が抑留又は拘禁された後、無罪の確定判決を受けたときは、国に対して刑事補償を請求することができる。

エ　実行の時に適法であった行為について、行為のあとにできた法律を遡《さかのぼ》って適用して刑事責任を追及することはできない。

問 14. 下線部 n に関連して、民法についての記述として**誤っているもの**を、次のア～エから１つ選び、記号で答えよ。

ア　最高裁判所は、法定相続分について、法律上の婚姻関係にない男女から生まれた子が、法律上の夫婦から生まれた子の２分の１としていた規定を違憲としたことがある。

イ　18 歳で成年になると定めた法改正時に、男女で異なっていた婚姻適齢に関する規定も改正されて、「婚姻は、18 歳にならなければ、することができない」となった。

ウ　家族生活における個人の尊厳と両性の平等を定めた憲法第 24 条に従って、その後法改正が行われ、「この法律は、個人の尊厳と両性の本質的平等を旨として、解釈しなければならない」と定められている。

エ　夫婦の姓について、同姓とすることまたはそれぞれ婚姻前の姓のまま別姓とすることのいずれかを選択できるとしている。

二〇二四年度　ラ・サール高等学校入学試験　国語（時間　七十分）解答用紙

《一》

問一　〜

問二　40

問三　60

問四

問五　80

問六　A　B　C　める　D　E　F　G　H　I　れ　J　される

一　小計　40点

受験番号
得点

※100点満点

《二》

問一　A　B　C

問二

問三

問四

問五　50

問六　80

問七　a　b　c　d　e　f　g　h

問八　うまくいくのか不安でもあった

二　小計　40点

《三》

問一　i　ii　iii

問二　a　b　c　d

問三

問四

問五

問六　行

三　小計　20点

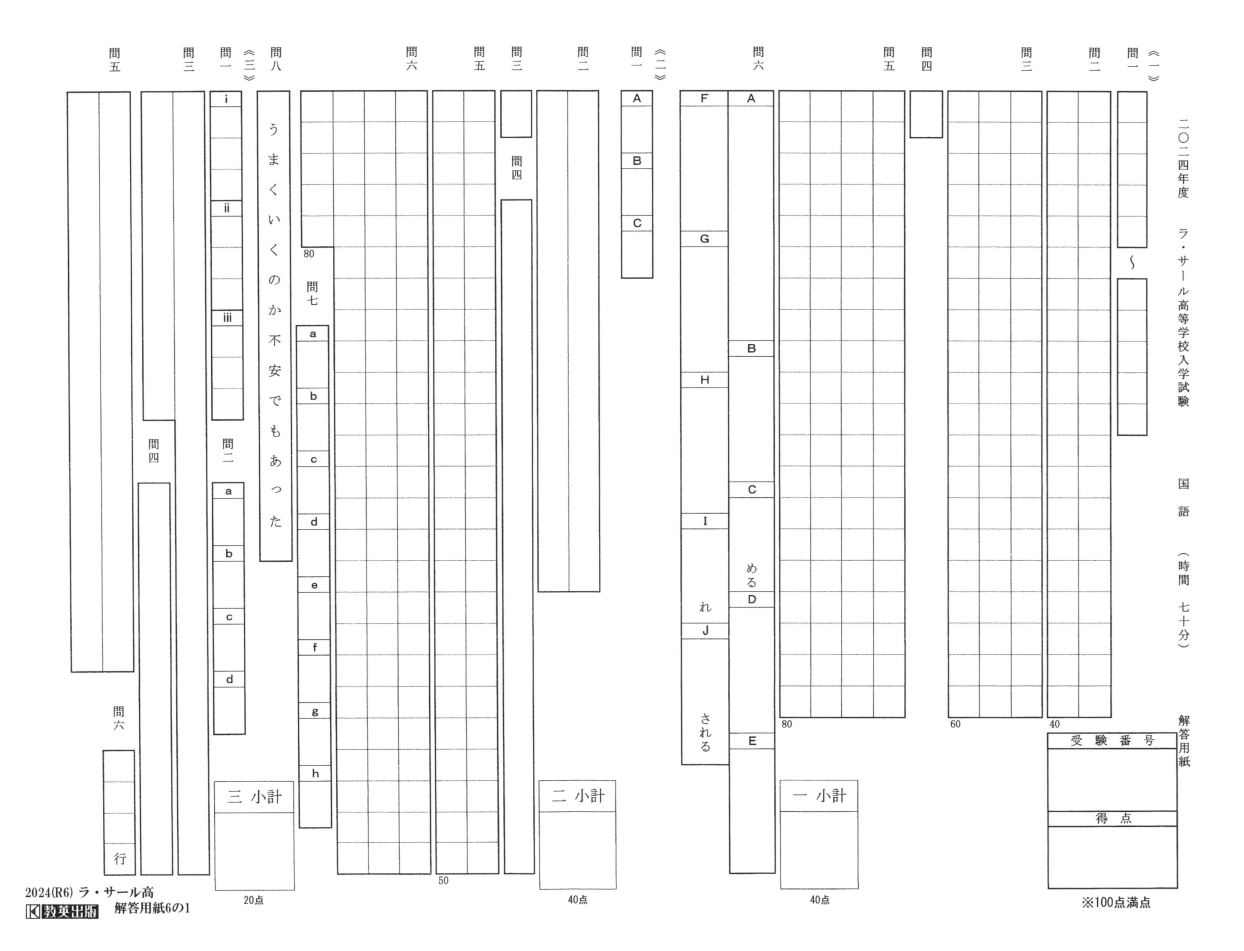

2024年度 ラ・サール高等学校入学試験 数学 解答用紙

1

(1)		(2)	
(3)			

1 小計 /12

2

(1)	$m=$, $n=$	(2)	$a=$
(3)	$(a, b)=$	(4)	
(5)		(理由)	

2 小計 /36

3

時　　分

3 小計 /14

4

(1)		(2)		(3)	

4 小計 /14

5

(1)	E(,)	(2)	$a=$	(3)	D(,)

5 小計 /12

6

(1)		(2)		(3)	

6 小計 /12

受験番号	

得点	

※100点満点

[1] **Part 1**

1. (　　　) 2. (　　　) 3. (　　　) 4. (　　　) 5. (　　　)

小計 1

Part 2

1. (　　　) 2. (　　　) 3. (　　　) 4. (　　　) 5. (　　　) 6. (　　　) 7. (　　　) 8. (　　　)

Part 3

1. The coach's team is ______________________ the game at half-time.

2. The coach wants his players to ______________________ in themselves.

3. The other team's best player is ______________________ centimeters tall.

4. One way to foul is to pull ______________________ their shorts.

5. The players are told to ______________________ the toilet door.

6. Cody is the team's new ______________________ player.

7. The coach wants the boys to make him ______________________.

[2]

Hi Nancy,

Thanks for your email. ______________________________________

____

____

____

____

____

____

____

____

Best wishes,

Michael　　　　　　　　　　　　　　　　　　(　　　words)

小計 2

受験番号

[3]

小計 3

A. ア　イ　ウ　エ

B. ＿＿＿＿＿＿＿＿＿＿＿＿＿＿＿＿＿＿＿＿

＿＿＿＿＿＿＿＿＿＿＿＿＿＿＿＿＿＿＿＿

C. 3 ア　イ　ウ　エ　オ　4 ア　イ　ウ　エ　オ　5 ア　イ　ウ　エ　オ　6 ア　イ　ウ　エ　オ

D. ＿＿＿＿＿＿＿＿＿＿＿＿＿＿＿＿＿＿＿＿

＿＿＿＿＿＿＿＿＿＿＿＿＿＿＿＿＿＿＿＿

E.

F. ア　イ　ウ　エ　オ　(2つ○で囲む)

[4]

小計 4

A. ア　イ　ウ　エ

B. ＿＿＿＿＿＿＿＿＿＿

C. 3 ＿＿＿＿＿＿＿＿＿＿＿＿＿＿＿＿＿＿＿＿

7 ＿＿＿＿＿＿＿＿＿＿＿＿＿＿＿＿＿＿＿＿

小計 1

D. ア　イ　ウ　エ

E. ＿＿＿＿＿＿＿＿＿＿＿＿＿＿＿＿＿＿＿＿

＿＿＿＿＿＿＿＿＿＿＿＿＿＿＿＿＿＿＿＿

小計 2

F. ＿＿＿＿＿＿＿＿＿＿＿＿＿＿＿＿＿＿＿＿

＿＿＿＿＿＿＿＿＿＿＿＿＿＿＿＿＿＿＿＿

G. 8A ア　イ　ウ　エ　オ　8B ア　イ　ウ　エ　オ　8C ア　イ　ウ　エ　オ

H. ア　イ　ウ　エ

受験番号

総得点
※100点満点 （配点非公表）

令和６年度　ラ・サール高等学校 入学試験　理科　解答用紙

【１】(１３点)

A	(1) Ω	(2)	電流 A	電力 W	(3) A
	(4)	(5)	ダイオードを流れる電流 A	b点を流れる電流 A	

B	(1) cm	(2) 物体の長さ : 実像の長さ (　　　) : (　　　)		(3) 物体の長さ : 実像の長さ (　　　) : (　　　)
	(4) ア	イ	(5) (　　)cm と (　　)cm	(6) cm

【２】(１０点)

(1)	1000 hPa	1008 hPa	(2)	(3)	温暖前線	寒冷前線
(4)	(5)	(6)	①	②		

【３】(１４点)

A	(1)	B	E	(2)	あ	い			
	(3)								
	(4)								
B	(1)	(2) cm^3 ずつ	(3) g/L						
	(4)	①	②B	C	③ g	④ g/L	(5)	①	②

【４】(１３点)

(1)	(2)	(3)			
(4)	(5)	Phe	Thr	His	
(6)	(7)	(8) と	(9)	陽性	陰性

受験番号	得点

※50点満点

解答用紙　2024年度高校社会

1

問1	問2		問3	問4	問5

問6	問7

点

2

問1 A	B	C	D	E
山脈	川	湾	湖	島

問2	問3	問4 第1位	第2位	問5	問6

問7 ②	③	④	問8	問9	問10	問11

点

3

問1	問2	問3	問4A	B
→ → →		→ → →		

問5	問6	問7
	→ → → →	

問8	問9	問10

点

4

問1	問2	問3	問4	問5	問6	問7	問8	問9

問10(1)	(2)	問11	問12	問13	問14
兆円					

点

受験番号		得点	※50点満点 (配点非公表)

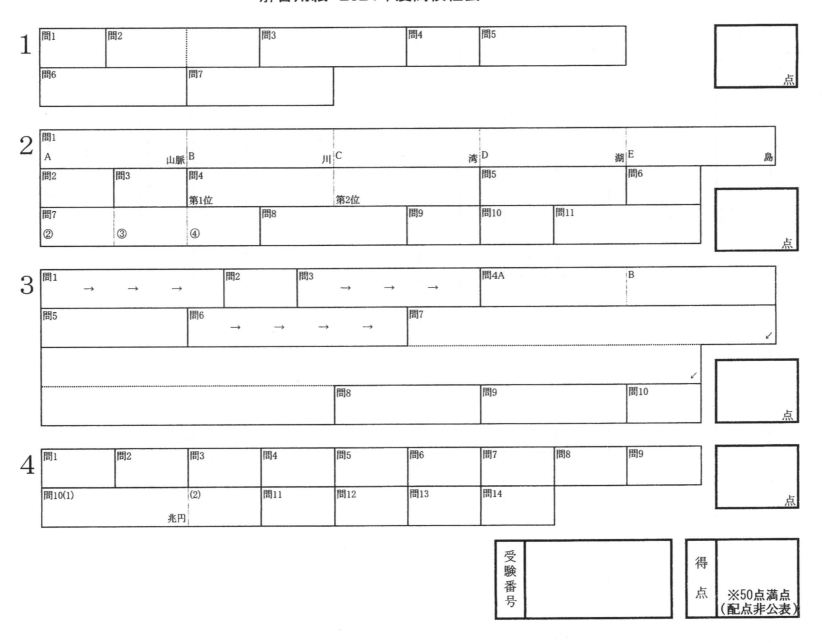

《一》　次の文章を読んで、後の問いに答えよ。（字数制限のある問題については、句読点も一字に数える。）

子供の頃、①大人が「個性」という言葉を安易に使うのが大嫌いだった。

確か中学生くらいのころ、急に学校の先生が一斉に「個性」という言葉を使い始めたという記憶がある。今まで私たちを扱いやすいように、平均化しようとしていた人たちが、急になぜ？　という気持ちと、その言葉を使っているときの、気持ちのよさそうな様子がとても薄気味悪かった。全校集会では「個性を大事にしよう」と若い男の先生が大きな声で演説した。「ちょうどいい、大人が喜ぶくらいの」個性的な絵や作文が褒められたり、評価されたりするようになった。「さあ、怖がらないで、みんなももっと個性を出しなさい！」と言わんばかりだった。

当時の私は、「個性」とは、「大人たちにとって気持ちがいい、想像がつく範囲の、ちょうどいい、素敵な特徴を見せてください！」という意味の言葉なのだな、と思った。そして、本当に異質なもの、異常性を感じさせるものは、今まで通り静かに排除されていた。

物はあっさりと排除する大人に対して、「大人の会議で決まった変な思い付きは迷惑だなあ。私は(多くの思春期の子供がそうであるように)容易《たやす》くその言葉を使い、一方で本当の異物はあっさりと排除する大人に対して、「大人の会議で決まった変な思い付きは迷惑だなあ。平凡さを求められたほうが、それを演じればいいのだから、私にとってはずっとましだったのだ。また大人たちがAヤッカイなことを言い出したなあ」と思っていた。平凡さを求められたほうが、それを演じればいいのだから、私にとってはずっとましだったのだ。「(大人が喜ぶ、きちんと上手に『人間』ができる人のプラスアルファとしての、ちょうどいい)個性」という言葉のなんだか恐ろしい、薄気味の悪い印象は、大人になった今も残っている。

大人になってしばらくして、「多様性」という言葉があちこちから、少しずつ、聞こえてくるようになった。

最初にその言葉を聞いたとき、感じたのは、心地よさと理想的な光景だった。例えば、オフィスで、様々な人種の人や、ハンデがある人、病気を抱えている人などが、お互いのことを理解しあって一緒に働いている光景。または、仲間同士の集まりで、それぞれいろいろな意味でのマジョリティー、マイノリティーの人たちが、互いの考え方を理解しあって、そこにいるすべての人の価値観がすべてナチュラルに受け入れられている空間。発想が貧困な私が思い浮かべるのは、それくらいだった。

それが叶《かな》えばいいという気持ちはずっとある。けれど、私は、「多様性」という言葉をまだ口にしたことがほとんどない。たぶん、その言葉の本当の意味を自分はわかっていないと感じているからだと思う。その言葉を使って、気持ちよくなるのが怖いのだと思う。私はとてもBオロかなので、そういう、なんとなく良さそうで気持ちがいいものに、すぐに呑《の》み込まれてしまう。だから、「自分にとって気持ちがいい多様性」が怖い。「自分にとって気持ちが悪い多様性」が何なのか、ちゃんと自分の中でCコクメイに言語化されて辿《たど》り着くまで、その言葉を使って快楽にDヒタるのが怖い。そして、自分にとって都合が悪く、絶望的に気持ちが悪い「多様性」のこともきちんと考えられるようになるまで、その言葉を使う権利は自分にはない、とどこかで思っている。

こんなふうに慎重になるのは、私自身が、「気持ちのいい多様性」というものに関連して、X一つ、罪を背負っているからだ。

私は子供の頃から、異常といっていいほど内気な子供だった。とても神経質で気が弱く、幼稚園で他の子供に怒鳴られただけですぐに泣き、幼稚園の先生も両親も、この子はきちんと小学校に通えるのだろうか、と不安がっていたのをよく覚えている。学校に行くと、担任の先生が言った。

「あなたが泣き虫の村田さんね。話は幼稚園の先生から聞いてるわよ。あなたの席はここ。先生のそばのここの椅子に座ってね」

そのとき、自分が異物であるということを、初対面の先生がもう知っているということがとても怖かった。よく考えればそれは、過敏な私に対して学校がEジュウナンに対応してくれていたのだと思うが、当時の私は、これ以上異物であることが周りの子供たちにばれたら、自分は迫害されると思った。私は、周りのしゃべり方、行動、リアクションを、自分の心の中に違和感がない範囲で、トレースするようになった。みんなが笑っているところでは笑った。みんなが怒っているとき、あまり賛同できない場合には、曖昧な困った顔をした。トレースすることで、いかに自分が平凡な人間かということを、発信し続けた。枠をはみ出したら、この世界を追われて、いつか殺される。大袈裟《おおげさ》に聞こえるだろうが、当時の私は、それくらい真剣に思い詰めていた。

大人になってもそのFクセは続いた。だから、私の古くからの友人や、学生時代の仲間などは、私を「おとなしい無害な人」だと思っている。その枠をはみ出すことは、私にとってとてつもない恐怖だったから、私は決してぼろを出さなかったのだ。

大人になってだいぶ経《た》って、たくさんの友人に出会い、私を取り巻く世界の価値観は急に変わった。相手の奇妙さを愛する、という意味で、「狂ってる」という言葉が飛び交うようになった。

②それは、迫害ではなく受容の言葉だった。その言葉は、いつも愛情と一緒に渡された。○○ちゃんのこんなところが変で、大好き。△△さんのこんな不思議な行動が、愛《いと》おしい。みんな狂ってる、だからみんな愛おしい、大好き。そんな言葉が交わされるようになった。

私はそこで、初めて、異物のまま、お互い異物として、誰かと言葉を交わしたり、愛情を伝え合ったりするようになった。それがどれだけうれしいことだったか、Gゲンコウ用紙が何枚あっても説明することができない。今まで殺していた自分の一部分を、「狂っていて、本当に愛おしい、大好き」と言ってくれる人が、自分の人生にHトツジョ、何人も現れたことが、どれほどの救いだったか。夜寝る前に、幸福感で泣くことすらあった。平凡にならなくてはと、③自分の変わった精神世界をナイフで切り落とそうとしながら生きてきた私は、本当はその不思議で奇妙な部分を嫌いではなく大切に思っていたのだとやっと理解できたのだった。同じように、誰かの奇妙な部分を好きだと、素直に伝えられるようになった。

そういうあたたかい、愛情深い世界は、わかりやすく見えないだけで本当はずっと遠くまで存在しているのではないかと、驕《おご》った気持ちを持つようになった。
　そうした日々の中で、私は、「多様性」という言葉で自分を騙《だま》し、私と同じように、「奇妙さ」を殺しながら生きている人を、深く傷つけてしまったのだった。

　誤解なく伝えられるよう願っているが、あるときから、メディアの中で、私に「クレージーさやか」というあだ名がつくようになった。それは、最初は友人のラジオの中で、愛情あるお喋《しゃべ》りの延長線上で出てきた言葉だった。だから、最初、私はうれしかった。けれど、だんだんとそれが、単なる私のキャッチフレーズとして独り歩きするようになった。ある日、テレビに出たとき、そのフレーズをキャッチコピーのように使うことを、私はいいことだと思って許諾してしまった。多様性があって、いろいろな人が受容されるのは、とても素敵なことなのではないかと思ったのだ。
　そのとき、④私という人間は、人間ではなくキャラクターになった。瓶に入れられ、わかりやすいラベルが貼られた。テレビに出ると、そのフレーズがテロップになり流れるようになった。私は馬鹿なので、最初はそのことが誰かを傷つけていることに気が付かなかった。
「村田さんがお友達に『クレージー』と言われているのは、村田さんが愛されてるのを感じて、私までうれしいのですが、テレビやインターネットでそう呼ばれているのを見ると、とてもつらく、苦しい気持ちになります」
　文面や詳細は違うが、私の元に、何通か、このような手紙が届いた。理由は様々で、「村田さんと自分は似ていると感じるからかもしれませんが、自分が言われているような気持ちになります」という方もいれば、「村田さんのことを知らない人に村田さんが笑われているのを見るのが、残酷な構造を見ているようでつらいです」という方もいた。「村田さんはどう思っていらっしゃいますか？」という、心のこもった、Ｉテイネイな質問に、私はまだ返事を書くことができていない。
　笑われて、キャラクター化されて、ラベリングされること。奇妙な人を奇妙なまま愛し、多様性を認めること。この二つは、ものすごく相反することのはずなのに、馬鹿な私には区別がつかないときがあった。
「村田さん、今はずいぶん普通だけれど、テレビに出たらちゃんとクレージーにできますか？」
　深夜の番組の打ち合わせでプロデューサーさんにそう言われたとき、あ、やっぱり、これは安全な場所から異物をキャラクター化して安心するという形の、受容に見せかけたラベリングであり、排除なのだ、と気が付いた。そして、自分がそれを多様性と勘違いをして広めたことにも。
　私は、そのことをずっと恥じている。この罪を、自分は一生背負っていくことになるのだと思う。私は子供の頃、「個性」という言葉の薄気味悪さに傷ついていた。それなのに、「多様性」という言葉の気持ちよさに負けて、自分と同じ苦しみを抱える人を傷つけた。
　私には「一生背負っていこう」と思う罪がいくつもあるが、これは、本当に重く、そしてどう償っていいのかわからない一つだ。
　どうか、もっと私がついていけないくらい、私があまりの気持ち悪さに吐き気をＪモヨオすくらい、世界の多様化が進んでいきますように。今、私はそう願っている。何度も嘔吐《おうと》を繰り返し、考え続け、自分を裁き続けることができますように。Ｙ「多様性」とは、私にとって、そんな祈りを含んだ言葉になっている。

（村田沙耶香『信仰』所収「気持ちよさという罪」文藝春秋刊）

問一　傍線部①「大人が『個性』という言葉を安易に使うのが大嫌いだった」とあるが、それはなぜか。「大人の語る『個性』は、」という書き出しに続けて、四十字以内で説明せよ。

問二　傍線部②「それは、迫害ではなく受容の言葉だった」とはどういうことか。七十字以内で説明せよ。

問三　傍線部③「自分の変わった精神世界をナイフで切り落とそうとしながら生きてきた」とあるが、「自分の変わった精神世界をナイフで切り落とそうと」することを具体的に表現した箇所はどこか。傍線部③以前の本文中から「しながら生きてきた。」につながるように、四十字以上四十五字以内で抜き出し、始めと終わりの五字を答えよ。

問四　傍線部④「私という人間は、人間ではなくキャラクターになった」とはどういうことか。最も適切なものを次の**ア**～**オ**の中から選び、符号を記せ。

ア　自分が持っている奇妙な性質を友人にありのままに認めてもらって、「クレージー」というあだ名がつけられたこと。
イ　見ず知らずの人間がつけたテロップが流されたことで、自分の持つ特徴が視聴者達《たち》に誤解されて伝わったということ。
ウ　テレビに出る際に、自分の立ち位置が決められたことで、様々な個性を持った人の中に埋もれずに済んだということ。
エ　与えられたラベルが独り歩きすることによって、自分がどんな存在かを更に深く理解できるようになったということ。
オ　自分が持っている特殊な部分ばかりをキャッチコピー通りに求められ、それを面白がられるようになったということ。

問五　二重傍線部**X**「一つ、罪を背負っている」について、「私」が背負っている罪とは何か。百二十字以内で説明せよ。

問六　二重傍線部**Y**「『多様性』とは、私にとって、そんな祈りを含んだ言葉になっている」とあるが、「私」にとって「多様性」とはどのような言葉か。最も適切なものを次の**ア**～**オ**の中から選び、符号を記せ。

ア　多数派の人だけが心地よく過ごす歪《いびつ》さを見えなくするもので、そんな負の側面が無くなるまで決して使うまいと決めた言葉。

イ　「私」が気持ち悪さを感じるほどの、互いに排除し合わない社会を求めるなかで、自分の罪を意識させ続けてくれる言葉。

ウ　自責の念が少しでも軽くなるように、全ての人々が互いを自然に受け入れ合う世界になって欲しいという祈りの言葉。

エ　「私」が心を傷つけた人々への罪悪感と、その人たちが再び傷付けられることのないようにという祈りを包含した言葉。

オ　多くの人が無視してしまう、素敵な言葉の気持ちが悪い部分を考え続けるきっかけを与え、自分を成長させてくれた言葉。

問七　波線部**A**～**J**のカタカナを漢字に改めよ。

〈四十点〉

《二》　次の文章を読んで、後の問いに答えよ。（字数制限のある問題については、句読点も一字に数える。）

〔菅原道真《すがわらのみちざね》は、讃岐《さぬき》の国司に任命され、八八六年に現地へ赴任した。いま道真は、灌漑《かんがい》用の溜《た》め池である満濃池を視察している。〕

「こちらが、満濃池でございます」

声がしたものの、明るさに馴《な》れず、道真は目を細めて、※実魚《さねお》の影が示す方へと視線をやった。

そして、息を呑《の》む。

見渡す限りの、穏やかな水面。向かいに連なる山々は霞《かすみ》を巻いて、その曖昧な山裾に吸い込まれるように、湖水はどこまでもどこまでもつづいていた。

白くまつわる霞にまぎれ、対岸はどこにあるのかさえ分からない。山の高みに浮かぶ海原か、それとも海の上に山が浮かんでいるのか。

神仙境《しんせんきょう》。

ふだんの道真ならば、そんな①月並みな言葉しか浮かんでこないことに、歯がゆさを感じたかもしれない。けれどいまは、何も感じ**a**ない。

ものを思うことも、すべての五感も、意識と切り離されたように遠い。そうして、**b**そこを埋めるように、道真のなかに何かがぽっかりと浮かんでいた。

cその感慨を表す言葉を、彼は知らない。

ただじっと、道真は感慨のなかに**d**いた。②うつつとさえ**e**思えぬまま、立ち尽くしていた。

（……うつつ、か）

fそう思った瞬間。道真ははじかれたように顔を上げた。

思い出す、目の前にある光景は人の手で作られたことを。③ただひとつの願《がん》によって生まれたことを。それに気づき、ゆっくりと後ろを振り返る。

薄曇りの穏やかな日差しのなかに、讃岐の大地があった。そこには川が流れ、山々は緑に萌《も》えて、遥《はる》か向こうには海さえ見える。そのあいだを埋めるように、いくつもの家々が、白茶けた田畑が、人の営みが広がっていた。

自身の足もとに目を移せば、固くたたき締められた土の堰《せき》。まったく平らかで、水面に向けて美しく弧を描いた造形は、それが人の手によってできたものだと見る者に思い知らせた。

（そうか）

これは神仙境などという幻では**g**なかった。人の営みのなかにあって、その営みを守るために作られた。満々とした湖水は、ひと滴《しずく》ひと滴がかの高僧の願いそのものだった。だからこそ、この光景は夢幻のように尊い。

（これが、浄土か）

どんな理にも論にも増して、その池のたたずまいが道真に思い知らせる。

思うだけ、言うだけなら誰でもできる。それが形にならなければ、**h**どんなに優れた考えでも所詮は④空手形にすぎない。

仁と義に従い、律令《りつりょう》格式に沿って政を行う。それが政治の正道だと思ってきた。いま、現実はその理想にほど遠く、厳しい風土や※郡司たちの思惑に戸惑い憤るばかりだ。

しかし、思いどおりにならぬ現実に拗《す》ねて何もしないのならば、道真のなかにある思いは誰の目にも触れず、初めから存在しないに等しい。

本当に願うならば、現実に顕《あらわ》さなければならない。その願いがどんなに途方もないことでも、命がけで為《な》そうとすれば、ほんのわずかでも実現できるかもしれない。

何しろ、空海は満濃池を作ったのだ。それに比べれば、自身の理想など何ほどでもないではないか。

「……※安行」

道真は湖水から目を離さぬまま、かたわらに控える少年を呼んだ。
「明日からは忙しくなりますよ」
帳簿上の讃岐と、自身の目で見る讃岐。まずはその両者の何が同じで、何が異なるのかを知りたいと道真は思った。できるだけ早く現状を把握し、手が届くところからはじめればいい。
「はっ、はい！」
明るくはっきりとした返答に、道真は微笑《ほほえ》む。気がつけば、思考は琴の糸のようにぴんっと張り詰めていた。ここ数ヶ月感じたことがないほど、頭のなかが澄んでいる。
自分が、この国を浄土にできるとは思わない。けれど、文章《もんじょう》の道に言う仁政を為し、人々に義の徳を示すことくらいはできるやもしれない。それは、決して空海の願に反するものではなかろう。
そこまで考えたとき、道真は実魚の姿を探した。見ると、空海を思慕して止《や》まない老爺《ろうや》はにこにこと相好を崩して、主従の姿を眺めている。
「何か、お答えすべきことがございましょうか？」
喜色をにじませた声で、実魚が尋ねた。
「いえ。この池が、⑤何よりの答えでございました」
応じて、道真は深く頭を下げた。
「左様でございますか。では、すぐに※国衙《が》へもどられましょうか」
「はい。ご案内をお願いしておきながら申し訳ありません」
生真面目に答える道真に、実魚はやわらかくかぶりを振る。
「ここで満濃池のことを学ぶのも、国衙にて務めをなさるのも、同じく行でございます。空海様も喜ばれましょう」
一礼すると、道真は身を翻して森へと下りていく。付き従う安行、そして※阿河《あが》たちもそれにつづく。去り際、阿河は蛙《かえる》似の顔を神妙に引き締め、実魚に向け合掌した。
老爺もまた合掌して応えると、逸《はや》る国司の背中を見送った。

「お、少しは見られる面《つら》になったな」
森を降り下った道真を待っていたのは、そんな⑥胴間声だった。驚くまでもなく、声の主を知っている。
「斉正殿？」
敢《あ》えて黙っていた道真に代わり、安行が戸惑い気味に男の名を口にした。
「そこの若いのは、分かりやすくていいなぁ。国司様も見習ったらどうだい」
「口を開けば嫌味《いやみ》を言うよりは、何も言わずが幾らもよいであろうよ」
言い返して、道真は牛車のそばでにやついている男――綾《あや》斉正の姿を見やった。素足に擦りきれた袷《あわせ》、相変わらずの蓬髪《ほうはつ》の下では犬のように人懐っこい顔が笑っている。
「自覚はあったんだな。それは感心」
物言いは無礼、不躾《しつけ》。まるで悪友と話すように親しい声音だったが、勝手に打ち解けられては道真の立場がない。しかも当てつけのような言葉に、道真は怒りを抑えるので精一杯だった。
「どうだね、満濃太郎は」
そんな道真の様子を気にせず、斉正は言った。
「まんのうたろう？」
「満濃池のことですよ。地元の者がこの池に親しみを込めて、そう言うことがあるそうです」
安行の疑問に、学者の性分で答える道真。すると、斉正は感心したようにほうっと声をあげた。
「さすがは学者先生、よく調べてるなぁ。けんど」
ぐいっと顔を近づけて、彼は道真の顔をのぞき込む。
「心底分かったってのは、そういうことを言うんだぜ。頭んなかじゃあ、誰もが聖《ひじり》様だ」
笑いながら言って握り拳を作ると、道真の胸もとにぽんっと置いた。
A不思議と腹が立たず、それどころか納得する自分がいることに道真は気づく。頭に収めた知識ではなく、自身で体感した味わい。それに心動かされたゆえだった。
うなずきかけた道真だったが、斉正のしたり顔が気に障《さわ》り、
「今度は何の用だ」
拳を除《の》けると仏頂面を扇で隠し、そう聞いた。
「冷やかしにきたんだよ」
答えは、相変わらず捉えどころがない。
「ここにくると、皆⑦そんな顔になるからな。いい見物だわな」

そう言って斉正は笑った。

「案の定、クソ真面目な国司様はやる気になったわけさ」

「……貴様は本当に口が減らぬな」

「⑧もともとひとつしかないゆえ」

不機嫌を隠さぬ道真の言葉もどこ吹く風。人を食った笑みのままに、がはがはと声をあげた。

こんな男など、いないものとして無視すればよいと道真も思う。しかし、先ほど感じた納得が、それをさせない。そのうえ、※綾の屋敷で助け船をもらった義理を、どうしても感じてしまうのだった。

「で、どうするんだい」

不意に斉正が聞いてきた。

「どうするとは、何をだ」

返す道真の声には腹立たしさがにじんでいる。

「おいおい。それを聞きたいのはこっちだわ」

心底から馬鹿にした声で言うと、斉正は大仰にため息をついてみせた。

「国司様、国司様よ。あんたの仕事はなんだよ」

「……なんだと？」

思わず道真は聞き返した。しかし、

「満濃太郎を見たし、空海様が何をなさったかも見たんだろう。そんで何かをしようと思ったわけだ。ちがうかい？」

内心をほとんど正確に言い当てられ、もはやぐうの音さえでない。

この斉正という男、見た目は浮浪人か物乞いのようだが、その実は学があり口も達者、飄々《ひょうひょう》としてこだわるところがなかった。国政や郡司の働きはもちろん、国民《くにたみ》の実状にまで精通している様子で、唐土《もろこし》でいうところの老荘の志士のような趣さえある。

〝良二千石《せき》〟とあだ名される藤原保則と親しんだのも、そのあたりの気風で意気投合したのではないかと思えた。それは、道真も認めるところではある。

だが、

「それは、讃岐の国政を善く改め、国民を支え……」

「ちがうちがう。そりゃ百姓が、米を作ると言ってるのと同じだ。米を作るために、あんたは何ができるんだって聞いてるのさ。土の世話や代掻《しろか》きをするのかい、畦《あぜ》を掘り水を整えるのかい」

こんな風に、斉正はまるで聞き分けのない子どもを相手にするような言い方をした。

悔しいことに、その言葉は正論である。感情のみで言い返したくなる自身を抑え込み、

「……まずは讃岐の国情を実際に、つぶさに見る。そのうえで国民の訴えを検《あらた》め、納税を監督し、治安を守る、農に支障があれば手を貸そう。国学の様子も見るとしよう」

道真は、さっと思いついた国の守《かみ》としての職掌を述べた。

それを聞いた斉正の反応は、果たして鈍いものだった。

「ふうん。そんなもんかね」

いかにも食い足りないというような顔をしたまま、あご先をぽりぽりと搔く。

「まあ、やってみるがいいや。ただ」

そのままの表情で道真の眼前に顔を寄せると、

「せいぜい国を潰さないようにしてくれや。学者先生よ」

嫌味ったらしく言って、斉正はにやけ笑いを浮かべた。

「貴様……っ！」

道真が怒鳴りつけようと声を荒らげる間もあらば、一瞬早く身を離した斉正はすでに背を向けて逃げ出している。

「待てっ、斉正！」

「まあよろしく頼むわっ、国守様！」

そう言い残して、彼は豪放な笑い声とともに姿を消した。

またしてもB収まらないのは道真である。どんなに斉正の言うことが正論であっても、素直に聞くには無礼でありすぎた。その反感のあまり、道真は前のめりで国政に取り組むようになったのだった。

（天津佳之『あるじなしとて』ＰＨＰ研究所より）

《注》
実魚　佐伯実魚。那珂《なか》郡の郡司。空海を輩出した讃岐の佐伯氏の一族。
郡司　各郡を治める地方官。その地の有力者が世襲的に任命された。
安行　祖父の代から菅原家の家人として仕えている人物。
国衙　国司が地方政務を執った役所。
阿河　讃岐の国府がある地の郷長である人物。
綾の屋敷で〜　新任の道真が、郡司の綾家の老人達に対峙《じ》し形勢不利な所を、綾の一族ではあるが老人達を快く思っていなかった斉正の機転によって救われた事をさす。

問一　傍線部①「月並みな」、②「うつつ」、④「空手形」、⑥「胴間声」の意味として最も適切なものを次の**ア**～**オ**の中からそれぞれ選び、符号を記せ。

①「月並みな」
ア　横にならえとばかりの
イ　ありふれていて平凡な
ウ　大それた表現の
エ　格好つけた言い回しの
オ　肩の力を抜いた

②「うつつ」
ア　現実
イ　没頭
ウ　茫《ぼう》然
エ　夢幻
オ　憂鬱

④「空手形」
ア　攻撃の体勢
イ　手に余る相談
ウ　豊かな空想力
エ　筒抜けな真意
オ　実行されない約束

⑥「胴間声」
ア　太くて濁った声
イ　優しく機嫌をとる声
ウ　不意をつかれて驚いた声
エ　低くうなったひとり言
オ　喜びのあまりあげる大きな声

問二　傍線部③「ただひとつの願《がん》によって生まれた」とあるが、この「願」とはどういう願いか。三十五字以内でわかりやすく記せ。

問三　傍線部⑤「何よりの答え」とあるが、どういうことか。最も適切なものを次の**ア**～**オ**の中から選び、符号を記せ。

ア　土地の奪い合いを続けていた讃岐《さぬき》の人々の緊張を解くために、満濃池が、山地を新たに開拓し有効活用するための良い解決策になったということ。
イ　国司に媚《こ》びて近づく様々な人に、何を求められているか分からなかったが、満濃池が、国司である道真の出すべき結果の基準になったということ。
ウ　道真が国司として何ができるのかを考えるとき、満濃池が、民のために人の手でなしえたこととして抜群にわかりやすい実例であったということ。
エ　国司という役職にこだわりすぎていた道真に、満濃池が、役職を捨てて純粋に一人の人間として奉仕することの大切さを教えてくれたということ。
オ　讃岐の人々が農作物の出来に左右されず毎年安心して暮らす方策として、満濃池が、新たな漁場として食物の供給に貢献していたのだということ。

問四　傍線部⑦「そんな顔」とは、どんな顔か。最も適切なものを次の**ア**～**オ**の中から選び、符号を記せ。

ア　したり顔
イ　不機嫌そうな顔
ウ　仏頂面
エ　気に障《さわ》る顔
オ　やる気の表れた顔

問五　傍線部⑧「もともとひとつしかないゆえ」とあるが、この一言のおかしみを説明せよ。

問六　傍線部**A**「不思議と腹が立たず、それどころか納得する自分がいる」と、傍線部**B**「収まらないのは道真である」との道真の心情の違いを百十字以内で説明せよ。解答には、傍線部**A**のことは「**A**」、傍線部**B**のことは「**B**」と書けばよい。

問七　波線部**a**「ない」、**b**「そこ」、**c**「その」、**f**「そう」、**g**「なかっ」、**h**「どんなに」は、次の**ア**～**コ**のどれに該当するか。それぞれ適切なものを選び、符号を記せ。なお、同じ符号を二度以上使ってもよい。

ア　名詞　**イ**　動詞　**ウ**　形容詞　**エ**　形容動詞　**オ**　感動詞
カ　副詞　**キ**　連体詞　**ク**　接続詞　**ケ**　助動詞　**コ**　助詞

問八　波線部**d**「い」、**e**「思え」について、活用の行と種類、活用形をそれぞれ記せ。

問九　二重傍線部「声がしたものの、明るさに馴《な》れず」を、例にならって単語に分けよ。

例　私／は、／中学生／だ。

〈四十点〉

《三》　次の文章を読んで、後の問いに答えよ。（字数制限のある問題については、句読点も一字に数える。）

陸奥国《みちのくに》田村の郷《さと》の住人、馬の允《じょう》なにがしとかやいふをのこ、鷹《たか》を使ひけるが、鳥を得ずして、aむなしく帰りけるに、赤沼といふ所に①鴛鴦のひとつがひゐたりけるを、＊くるりをもちて射たりければ、あやまたずをとりに当たりてけり。その＊鴛をやがてそこにて＊とりかひて＊餌がらをば＊餌袋に入れて、家に帰りぬ。

その次の夜の夢に、いとなまめきたる②女の小さやかなる、枕に来てさめざめと泣きゐたり。怪しくて、「③何人のかくは泣くぞ」と問ひければ、「昨日赤沼にて、bさせるあやまりも侍《はべ》らぬに、c年ごろのをとこを殺し給へる悲しみに耐へずして、参りてうれへ申すなり。この思ひによりて、④わが身もながらへ侍るまじきなり」とて、一首の歌を唱へて、泣く泣くさりにけり。

日暮るれば誘ひしものを⑤あかぬまの＊真菰《まこも》隠れの⑥ひとりねぞうき

あはれに不思議に思ふほどに、中一日ありて後、餌がらを見ければ、餌袋に鴛鴦のめとりの、はしをおのがはしにくひかはして、死にてありけり。これを見てかの馬の允、dやがて＊髻《もとどり》を切りて、［⑦］してけり。

（『古今著聞集』巻第二十より）

《注》
- くるり　水鳥や魚を射るための矢。
- 鴛　鴛鴦の雄鳥を指す。
- とりかひて（鳥飼ひて）　鷹に餌として与えたこと。
- 餌がら　鷹が食べ残した部分。
- 餌袋　鷹の餌を入れて携帯する籠。鷹が捕らえた鳥なども入れた。
- 真菰　水辺に群生するイネ科の植物。
- 髻　髪を頭の上に集めて束ねた所。また、その髪。

問一　傍線部a「むなしく」、b「させるあやまりも侍らぬに」、c「年ごろのをとこ」、d「やがて」のここでの意味として最も適切なものを、次のア～オの中からそれぞれ選び、符号を記せ。

a「むなしく」
ア　ひとまずは
イ　気が乗らず
ウ　腹を立てて
エ　何も持たず
オ　魂が抜けて

b「させるあやまりも侍らぬに」
ア　見込みが外れて面目を失ったので
イ　これという過失もありませんのに
ウ　殺害させる契機がありましたから
エ　標的の勘違いがございましたから
オ　殺傷への謝罪がございませんのに

c「年ごろのをとこ」
ア　見た目の優れた夫
イ　親密な仲である男
ウ　結婚適齢期の息子
エ　ほどよい年齢の男
オ　長年連れ添った夫

d「やがて」
ア　すぐさま
イ　とうとう
ウ　思い立ち
エ　後悔して
オ　暫《しばら》くして

問二　傍線部①「鴛鴦」は音読みでは「ゑんあう（えんおう）」だが、訓読みではどう読むか、ひらがなで記せ（現代仮名遣いでも構わない）。なお、この鳥の訓読みでの呼び名は、現代でも「仲むつまじい夫婦」を例える際に用いられている。

問三　傍線部②「女の小さやかなる」の正体を、本文中より抜き出して記せ。

問四　傍線部③「何人のかくは泣くぞ」、⑥「ひとりねぞうき」をそれぞれ現代語訳せよ。

問五　傍線部④「わが身もながらへ侍るまじきなり」という言葉は、この後どのように果たされたか。三十字以内で説明せよ。

問六　傍線部⑤「あかぬま」は、地名の「赤沼」と、親密な仲という意味の「飽かぬ間」の、二つを一語で表している。このような和歌の表現技法を何というか、適切なものを次のア～オの中から選び、符号を記せ。

ア　序詞《ことば》　イ　隠喩　ウ　掛詞　エ　縁語　オ　枕詞

問七　空欄［⑦］には、「髻《もとどり》を切」るという行為が意味する漢字二文字の熟語が入る。適切な語を記せ。

〈二十点〉

2023 年度 ラ・サール高等学校入学試験問題 数学 (90 分 100 点) No.1

1 次の各問に答えよ。(16 点)

(1) $\dfrac{4x-5y}{6}-\left(\dfrac{2}{15}x-\dfrac{2x-5y}{3}\right)$ を計算せよ。

(2) $-\dfrac{1}{2}ab^4\times\left(-\dfrac{3}{5}a^3b\right)^2\div\left(\dfrac{9}{4}a^4b^5\right)$ を計算せよ。

(3) $x=\sqrt{7}+\sqrt{2},\ y=\sqrt{7}-\sqrt{2}$ のとき，$x^4-6x^2y^2+y^4$ の値を求めよ。

(4) $3a(a-2b)-(a-2b)-(6b+2)$ を因数分解せよ。

2 次の各問に答えよ。(32 点)

(1) 3 桁の奇数で，各桁の数の積が 252 となるものをすべて求めよ。

(2) あるバスの乗客の大人と子供の人数比は 7 : 4 であったが，次の停留所で降車した人はおらず，新しく大人と子供合わせて 8 人が乗車したので，乗客の大人と子供の人数比が 8 : 5 になった。このバスの乗客の最大定員が 55 人であるとき，現在の乗客の大人と子供の人数をそれぞれ求めよ。

(3)

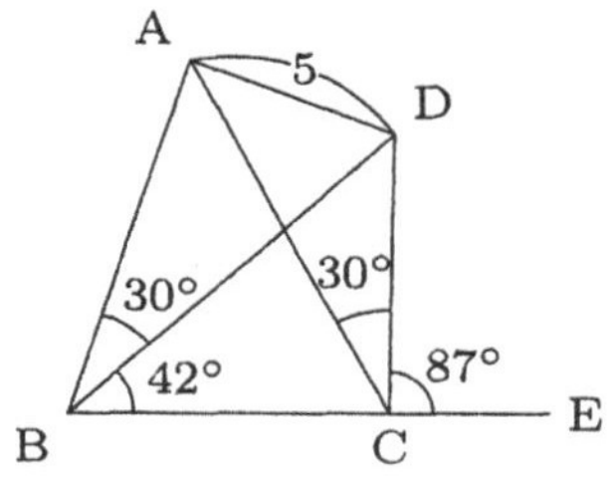

図の四角形 ABCD は，$\angle ABD=30^\circ$，$\angle DBC=42^\circ$，$\angle ACD=30^\circ$，$AD=5$ を満たしている。また，辺 BC の延長上に点 E をとったところ，$\angle DCE=87^\circ$ となった。このとき，次を求めよ。

(ア) $\angle BDC$ の大きさ

(イ) 辺 BC の長さ

(4) 図のように，1 辺の長さが 3 の正方形 ABCD の各辺に，BE = BF = DG = AH = 1 となる点 E，F，G，H をとる。2 直線 AF と EG の交点を P とするとき，次を求めよ。

(ア) 長さの比 EP : PG

(イ) 四角形 APGH の面積

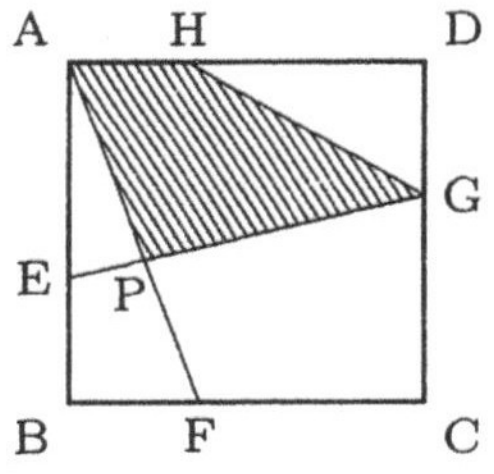

3 容器 A には a %の食塩水が 200 g，容器 B には b %の食塩水が 320 g 入っている。いま，容器 A から食塩水 80 g を取り出し容器 B に入れよくかき混ぜたあと，容器 B から食塩水 125 g を取り出し容器 A に入れたところ，容器 A，容器 B に含まれる食塩の量が等しくなる。このとき，次の各問に答えよ。(14 点)

(1) a と b の比 $a:b$ を求めよ。ただし，途中経過もかけ。

(2) さらに，a %の食塩水 $10a$ g と b %の食塩水 $10b$ g を混ぜ，そこに食塩を 5 g 加えてよくかき混ぜると，濃度が 10 %の食塩水になるとき，a，b の値の組をすべて求めよ。

4 放物線 $y = ax^2$ 上の点 A の x 座標は 1 であり，図のように点 A を通る直線がこの放物線と点 B で，また，x 軸と点 C で交わっている。点 C の x 座標は 1 より大きく，AB = AC が成り立つとき，次の各問に答えよ。ただし，a は正の定数である。(12 点)

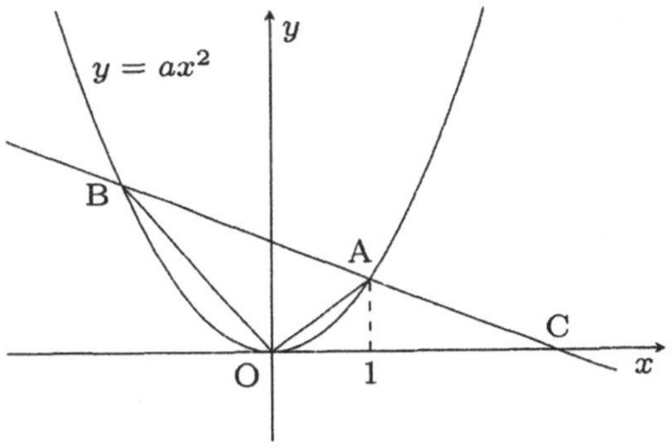

(1) 点 B の座標を a を用いて表せ。

(2) 点 C の座標を求めよ。

(3) △OAB を x 軸の周りに 1 回転してできる立体の体積を a を用いて表せ。

5

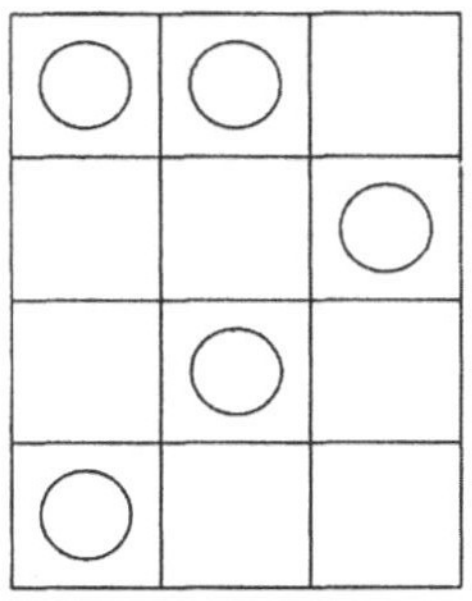

図のように，縦 4 マス，横 3 マスの長方形のマス目にいくつかの碁石を並べることを考える。縦に 2 つは続かない並べ方は何通りあるか。次の各場合について答えよ。(12 点)

(1) 碁石を 6 個並べるとき

(2) 碁石を 5 個並べるとき

(3) 碁石を 4 個並べるとき

6 1 辺の長さが 2 の正四面体 ABCD と AB を直径とする球 S がある。このとき，次の各問に答えよ。(14 点)

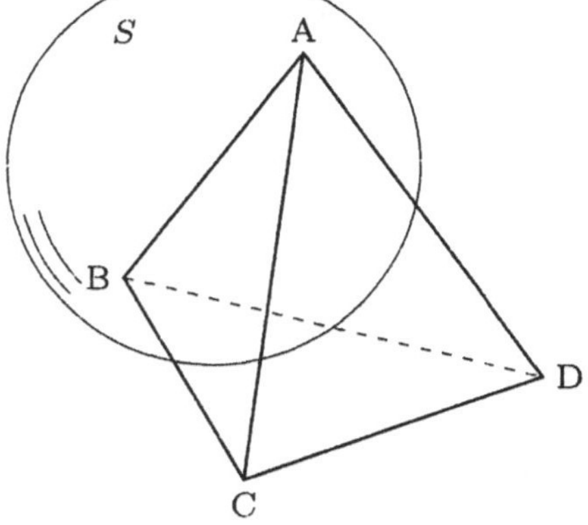

(1) 球 S を 3 点 A，C，D を通る平面で切るとき，切り口の円の半径を求めよ。

(2) 四面体 ABCD の面 ACD で球 S の内部にある部分の面積を求めよ。

(3) 四面体 ABCD の面で球 S の内部にある部分の面積の総和を求めよ。

時間：70分　問題用紙は3枚、解答用紙は2枚ある。[1]、[2]の解答は解答用紙 No. 1に、[3]、[4]の解答は No. 2に記入せよ。
試験を開始してから約5分後に[1]に関する放送を始める。

[1] This is the 2023 La Salle Entrance Examination Listening Test.　There are three parts to the test.　※音声と放送原稿非公表

Part 1
You will hear five short conversations.　Choose the best reply for each one.　Write a, b or c.

1. (　　　) 2. (　　　) 3. (　　　) 4. (　　　) 5. (　　　)

Part 2
You are going to hear a conversation in a taxi.　Choose the best answer to complete each sentence a, b or c.

1. He wants to go to the Ocean Hotel __.
   a) at the airport　b) downtown　c) at the beach

2. The taxi should arrive at the hotel at __.
   a) 8:30　b) 8:45　c) 9:00

3. If someone's not telling the truth, they speak in a __.
   a) higher voice and too fast　b) higher voice and too slowly　c) lower voice and too fast

4. The license plate number is __.
   a) HIW-1420　b) HIWU-1420　c) HIW-1412

5. The passenger's __ died 6 years ago.
   a) penguin　b) parrot　c) rabbit

6. The taxi driver doesn't have any __ CDs.
   a) pop　b) rock　c) jazz

7. The song says there's no place you can __.
   a) go　b) stay　c) hide

8. The police are arresting the driver because __.
   a) he stole a taxi　b) he escaped from prison　c) he drove too fast

Part 3
Listen to a speech and complete the sentences with the missing information.　Write <u>one word</u> in each space.

TODD Lecture

1. Calvin's speech is about the way he got rich really ____________.
2. In New York City, he was sleeping on the ____________.
3. The color of the yo-yo was ____________.
4. Calvin was trying to sell the card online at the ____________.
5. The van was parked just ____________ the building.
6. The old man who traded Calvin the camper van ____________ the card, and then ran away.
7. Calvin ____________ saw the woman again.

［2］以下の指示に従って設問に答えよ。使用した語数も書くこと。解答用紙に印刷されている語は含まない。

Here is part of an email you received from your friend, Otis.

> I've been thinking about my career after I finish university.　What job would you like to do in the future?

- **Write an email to your friend answering his question.**
- **Write 60-70 words.**

［3］ジェーン・グドールという科学者について子ども向けに書かれた次の英文を読み、下のA～Fの設問に答えよ。

Do you have a special toy that helps you go to sleep at night, maybe a bear, a rabbit, or a penguin?　Lots of kids have stuffed animals that help them sleep at night.　The famous scientist Jane Goodall also had a special stuffed animal when she was a child.　Her story starts back in the 1930s in London, when her father (　1　) her the special animal.　Its name was Jubilee and it was a chimpanzee.　Her father didn't know it at the time but chimpanzees would become a very important part of Jane's life.　As an adult, she would become a primatologist, a person who studies apes and monkeys.

Growing up, Jane was really interested in all kinds of animals, not just chimpanzees.　When she was two she (　2　) worms into her bed because she was curious about them.　Instead of (　3　) angry when she found her daughter carefully watching her wriggly new friends, Jane's mother told her gently that worms couldn't survive inside and needed to be outside in the dirt.　Maybe this is what made her father think that she needed a special stuffed animal to sleep with.

Living in the city, Jane didn't have many chances to watch animals.　That's why 4it was so exciting when she got to visit a relative's farm when she was four.　At the farm she was given the job of gathering the eggs that the chickens had laid.　Being a very curious child, Jane wanted to know how the hens laid their eggs.　She watched them moving around the yard but they never laid eggs there.　She watched them go into their henhouse but couldn't clearly see them laying eggs there either.　5She asked the adults in her family but they wouldn't tell her, so Jane made a plan.　She knew that the chickens laid their eggs on a special nest in the henhouse, so one morning she decided to go inside, watch quietly and wait.　She crawled into the henhouse, hid in a dark corner, and waited and waited for hours.　［ ア ］　The adults had no idea where she was and became very worried.　When it got late and Jane didn't come home, they started looking for her, calling her name as they walked all around the fields and the nearby area.　［ イ ］　But still Jane patiently waited and watched.　Finally, late in the afternoon her patience paid off.　［ ウ ］　She ran out of the henhouse, covered in dust, shouting to her parents about her discovery. Fortunately, Jane's mother again saw things from her daughter's point of view.　［ エ ］　She sat down with Jane and listened while she told her all about her discovery: how chickens lay eggs.　Jane's mother realized that she had a curious, determined, and patient daughter and wanted to support her.

［　6　］　She told her that it wouldn't be easy, but if she worked hard and took any chance that came along, she could do anything she wanted to.　As a young woman, Jane continued to dream of going to Africa to study animals.　Her chance finally came along when she was 23 and a friend invited her to visit Kenya.　To earn money to make the journey, she found a job and worked very hard for a whole summer.　7Finally, she made enough to make her dream come true.　She was on her way to Africa.

A. 空所1～3に入れるのにもっともふさわしいものをそれぞれ以下から選び、必要ならば形を変えて書け。
　(1) call　give　sell　take
　(2) become　bring　grow　lie
　(3) cry　get　remember　show

B. 下線部4の理由を日本語で答えよ。

C. 下線部5で彼女が家族の大人に尋ねた内容を日本語で答えよ。

D. 以下の英文は本文中の空所ア～エのどこに補うのがもっともふさわしいか。解答欄の記号を○で囲め。
　She saw a hen lay an egg.

E. 空所6に意味が通るように以下の英文を並べ、その順を記号で答えよ。
　ア　As always she supported her daughter.
　イ　But Jane's mother was not like most people.
　ウ　However, people back then thought that the adventure like the one Jane was dreaming of was just for boys.
　エ　Inspired by the book *Tarzan of the Apes*, Jane decided at age 10 that she wanted to go to Africa to study animals and write books about them.

F. 下線部7を日本語に訳せ。

［4］ 次の英文を読んで下の A～J の設問に答えよ。

Dave Farrow is a Canadian who appears in the book *Guinness World Records* for having the greatest memory. As a student, Dave had a learning disability called dyslexia. Even though he had difficulties with skills like reading and writing, Dave found ways to improve his memory in order to do well in school. In 2008, he set a world record by memorizing the 1order of 59 packs of playing cards in two days. How did his brain store all of this information? According to Dave, anybody's brain can do it, but it helps to understand how memory works.

Your brain is always taking in information through your senses. [　ア　] The information enters your sensory memory, which has enough space to hold lots of information, but only for a few seconds. [　イ　] If you ignore the information, your brain will throw it away. [　ウ　] This is why learning to pay attention is an important first step to improving your ability to remember what you learn. [　エ　]

To help the brain focus, Dave advises breaking big tasks down into smaller ones. 2He sets a timer and works as hard as he can for short periods of time until the alarm sounds. Then he takes a small break. This keeps his focus strong.

Your short-term memory can only hold information from 15 seconds to a few minutes. In addition, short-term memory can only hold about seven things at one time. Memory champions like Dave have to hold long lists of information in their short-term memory at one time. To 3do this, they make use of several different techniques.

One technique is to look at the first letter of every word you want to memorize. Then, create your own word, phrase or sentence using all of those letters. This is called an acronym. For example, if you want to remember all the colours in a rainbow, try remembering the name Roy G. Biv. Each letter in this fictional name matches the first letter of a colour: red, orange, (　4　), (　5　), (　6　), indigo, and violet. When you want to remember the colours of a rainbow, just think of Roy G. Biv and you will have an easier time.

Another technique is to organize information into chunks. For example, when you try to remember a telephone number, your brain usually remembers it in three chunks: the first three numbers [the area code], the next three numbers, and the last four numbers. This way, your brain only has to remember (　7a　) things instead of (　7b　). This works for words as well as numbers. Imagine that you wish to improve your vocabulary. Whenever you learn a new word, study words that share the same meaning. This way, you learn more new words at the same time and you only need to memorize one definition. Such words are called 8synonyms. For example, synonyms for the word big are *huge*, *enormous*, *gigantic*, *large* and *massive*.

A third memory technique is to use visualization. Say you wanted to memorize how people developed from wormlike creatures into human beings. First, create a picture in your mind for each stage (picture a worm, a fish, a monkey and a human). Then think of a route you regularly walk along. For example, you might normally walk from the path outside your home, into your house and into the kitchen. Finally, imagine each picture in a place along that route. For instance, in the garden you might see a worm. There might be a garbage can in the garden. You can imagine that the garbage can is full of rainwater and inside you can see a fish. When you enter the house you might see a bedroom door. You can imagine a monkey is jumping on the bed. Then you might see a member of your family, a (　9　), cooking dinner in the kitchen. Visualize that route a few times and you'll have the information memorized. Visualization works because the brain remembers images well, and the crazier an image is, the easier it is to remember.

If you don't keep using the information, your brain throws it away. If you keep reviewing the information, it will go into your long-term memory. The more you practice doing this, the better you will be (　10　) remembering it. Try these 11methods the next time you need to remember a phone number, a new word or something for school.

A. 下線部 1 の意味としてもっともふさわしいものを次から選び、解答欄の記号を○で囲め。
　ア 注文　イ 順番　ウ 枚数　エ 規則
B. 以下の英文は本文中の空所ア～エのどこに補うのがもっともふさわしいか。解答欄の記号を○で囲め。
　However, if you pay attention to it, the information goes into your short-term memory.
C. 下線部 2 を日本語に訳せ。
D. 下線部 3 の指す内容を日本語で説明せよ。
E. 空所 4～6 に入る語をそれぞれ 1 語ずつ書け。
F. 空所 7a、7b にもっともふさわしい数をそれぞれアルファベットで書け。
G. 下線部 8 の意味を漢字 3 文字で書け。
H. 空所 9 に入れるのにもっともふさわしい 1 語を同じ段落から抜き出して書け。
I. 下線部 10 に入れるのにもっともふさわしい 1 語を選び、解答欄の記号を○で囲め。
　ア at　イ by　ウ in　エ of
J. 下線部 11 と同じ内容を表す 1 語を本文中から抜き出して書け。

令和５年度　ラ・サール高等学校　入学試験問題　理科　（５０分）

注意：１．解答はすべて解答用紙に記入せよ。
　　　２．いくつかの中から選ぶ場合は，記号で答えよ。特に指示のない場合は１つ答えよ。

【１】

1866年，オーストリアの修道士であった[ア]はエンドウの７つの形質に注目して交雑実験を行うことによって遺伝の法則を発見し，論文を発表した。しかし，当初はこの説は注目されず，1900年に複数の科学者によって再現実験が行われたことによりようやく受け入れられた。

（１）[ア]にあてはまる人名を答えよ。

（２）エンドウの花の花弁の数を答えよ。

[ア]が注目したエンドウの７つの形質のうち，「種子の形」と「さやの色」に注目して，以下の実験をおこなった。

なお，エンドウの形質のうち，種子の形は丸いものがしわのあるものに対して顕性（優性）で，さやの色は緑色が黄色に対して顕性である。種子の形に関する遺伝子をＡ，ａ，さやの色に関する遺伝子をＢ，ｂで表し，種子の形とさやの色は独立に遺伝する。例えば，種子が丸く，さやの色が緑色の純系の個体の遺伝子型をＡＡＢＢとする。

＜実験１＞　遺伝子型ａａＢＢの個体から得た花粉を，遺伝子型ＡＡｂｂの個体の花の雌しべに人工受粉した。
＜実験２＞　実験１で得られた種子を育てた個体を自家受粉させた。

（３）さやは花のどの部分が変化して生じるか答えよ。

（４）新しい世代の植物体は，①胚珠内のどの細胞　と　②花粉内のどの細胞が合体して生じるか答えよ。

（５）実験１で得られる①種子の遺伝子型　と　②種子の形を答えよ。

（６）実験１で得られる種子が入っているさやの色は何色か答えよ。

（７）実験２で得られた丸の種子としわの種子の数の比を答えよ。ただし，丸の種子しか生じない場合は，１：０のように答えよ。

（８）実験２で得られる種子が入っている①さやの細胞の遺伝子型　と　②さやの色を答えよ。

（９）実験２の結果，実る種子の形は，１つのさやの中でどのようになるか。次のア～エから，最も適当なものを選べ。ただし，さやの中には複数の種子が入っているものとする。
　ア．１つのさやの中に種子の形が丸いものとしわのものが必ず混ざっている。
　イ．１つのさやの中に種子の形が丸いものとしわのものが混ざることも，混ざらないこともある。
　ウ．１つのさやの中に実る種子の形はすべて同じで，丸い種子だけができる株としわの種子だけができる株が得られる。
　エ．１つのさやの中に実る種子の形はすべて同じで，同じ株の中に丸い種子だけが入ったさやと，しわの種子だけが入ったさやが一定の割合で生じる。

（１０）実験２で得られる種子をすべて育てて自家受粉させたときにできる緑色のさやの数と黄色のさやの数の比を答えよ。ただし，緑色のさやしか生じない場合は，１：０のように答えよ。

（１１）実験２で得られる種子を育てて自家受粉させたときにできるさやの色は，１つの株の中でどのようになるか。最も適当なものを次のア～ウより選べ。
　ア．１つの株の中に緑色のさやと黄色のさやが混ざる。
　イ．１つの株の中に緑色のさやと黄色のさやが混ざることも，混ざらないこともある。
　ウ．１つの株の中にできるさやは緑色のみ，あるいは黄色のみである。

【２】

ＬＳ高校の**ソラ**君，**ウミ**君，**リク**君の会話である。

ソラ「そう遠くない未来に人類が火星に移住する計画があるって知っていた？」

ウミ「聞いたことはあるけど，火星ってどんな所なのだろう。」

リク「太陽からの平均距離は地球の１.５倍，平均気温は－５０℃。大気の主成分は（ ① ）で，（ ② ）の大気組成とよく似ているよ。ただ，火星表面の気圧は③７.５ｈＰａで，大気は④とても希薄なんだ。自転の向きは地球と同じで，自転周期も地球とだいたい一緒だよ。」

ウミ「そうか。住むためには温度と空気の問題を何とかしなければならないね。水はどうなのだろう？」

ソラ「かつては，大きな川や海を作るくらいの大量の水があったようだよ。その多くは消失してしまったけど，一部は地下に（ ⑤ ）の形で残っているそうだ。」

ウミ「火星での太陽の明るさは？」

リク「見かけの明るさは距離の２乗に反比例することを考えると，地球で見る太陽の明るさの約（ ⑥ ）になるよね。」

ソラ「それなりの設備を備えた基地を作れば，移住も不可能ではないかもね。」

ウミ「火星から見る地球はどんなだろう。星座の形は地球から見るものと大きく違わないだろうから，それらの星々の中に地球があると思うとワクワクするね。」

リク「でも，地球の位置を考えると，⑦火星から地球を観察できる時間帯は限定されるよね。」

ソラ「２０２２年１０月から２０２３年３月までの地球と火星の位置を調べたらこのようになっていたよ。」

とソラ君は下のような地球と火星を北からながめた図を見せました。

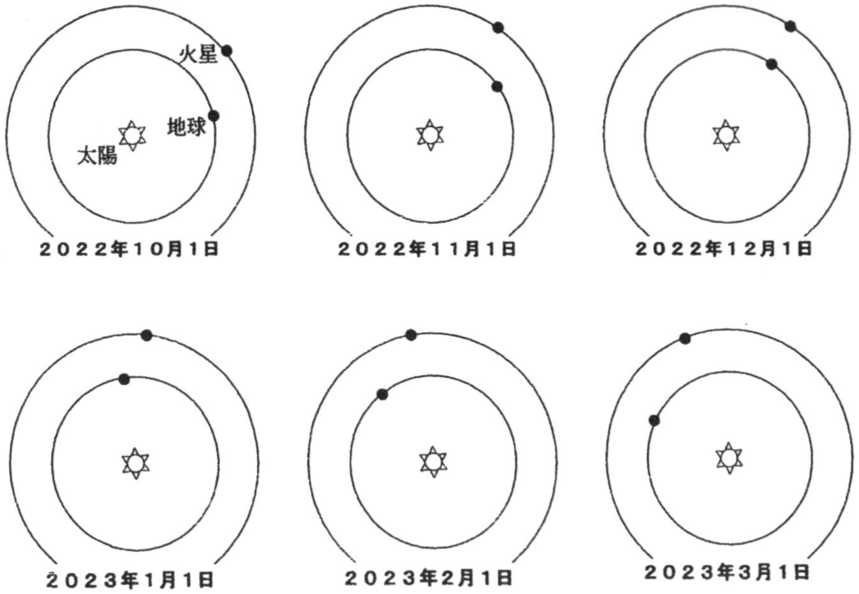

ウミ「２０２２年１２月に⑧地球と火星は最も接近しているね。この図によれば，２０２２年１１月以前に火星から地球を見ると（ ⑨ ）。２０２３年１月以降に火星から地球を見ると（ ⑩ ）わけだね。」

ソラ「火星から日本は見えるのかな？桜島の噴火は！？」

リク「それはわからないけど，２０２３年３月１日に火星の北半球から地球を拡大して見たら（ ⑪ ）のような形に輝いて見えるよね。」

ソラ「火星の生活に少し興味が出てきたね。」

ウミ「いよいよ俺たちも今年で卒業だけど，卒業２０周年の同窓会は火星でやることにしようよ。」

（１）①に当てはまる気体名を答えよ。

（２）②に当てはまる惑星名を答えよ。

（３）③について，下表のように，地球の大気圧は５ｋｍ上昇する毎におよそ半分に減っていくことが知られている。火星表面の気圧は地球の上空およそ何ｋｍの気圧に相当するか。適切な高さを次から選べ。

高さ km	0	5	１０	…
気圧 hPa	１０００	５００	２５０	…

ア．１５ｋｍ　　イ．２５ｋｍ　　ウ．３５ｋｍ　　エ．４５ｋｍ

（４）④について，火星は地球に比べて大気が希薄なのはなぜか。適切な理由を次から選べ。
ア．太陽から離れている　　イ．平均気温が低い
ウ．質量が小さい　　エ．公転周期が長い

（５）⑤に当てはまる水の状態として適切なものを選べ。
ア．氷（固体）　　イ．水（液体）　　ウ．水蒸気（気体）

（６）⑥に当てはまる値として最も近いものを選べ。
ア．$\frac{2}{3}$　　イ．$\frac{1}{2}$　　ウ．$\frac{1}{3}$　　エ．$\frac{1}{4}$　　オ．$\frac{1}{6}$

（７）⑦について，地球を観察できる火星の１日の中での時間帯を理由と共に答えよ。

（８）⑧について，このとき（ａ）地球から火星を見る　（ｂ）火星から地球を見る　とどのように見えるか。適切なものを次からすべて選べ。なお，火星の方角は，太陽の昇る方角を東，沈む方角を西というように，地球同様に定義する。
ア．夜明け前の東の空に見える　　イ．夜明け前の西の空に見える
ウ．日没後の東の空に見える　　エ．日没後の西の空に見える
オ．真夜中に南中する　　カ．太陽と方向が同じになって観察できない

（９）⑨，⑩に当てはまる説明を（８）のア～カより選べ。

（１０）⑪に当てはまる形を次から選べ。

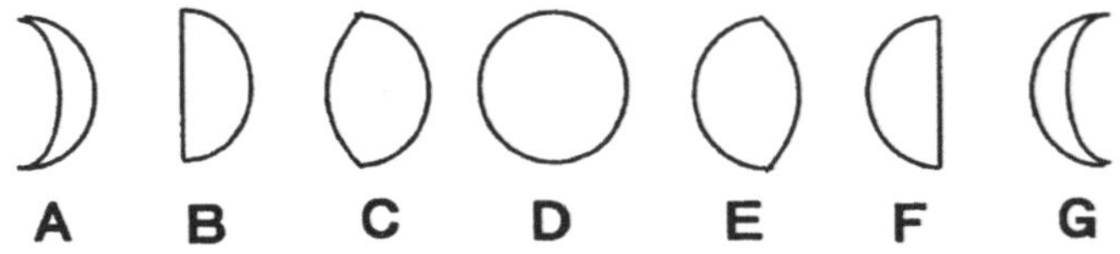

【3】

〔A〕

（1）以下の文中の(a)~(c)について適する記号を選べ。

　図１のように磁石のＮ極をコイルの上から近づけていくと電流計に誘導電流が(a)（Ａ　Ｂ）の向きに流れた。また磁石を近づける速度を大きくしたとき，誘導電流の大きさは(b)（ア．大きくなる　　イ．小さくなる　　ウ．変わらない）。また，コイルの巻き数を増やしていくと誘導電流の大きさは(c)（ア．大きくなる　イ．小さくなる　　ウ．変わらない）。

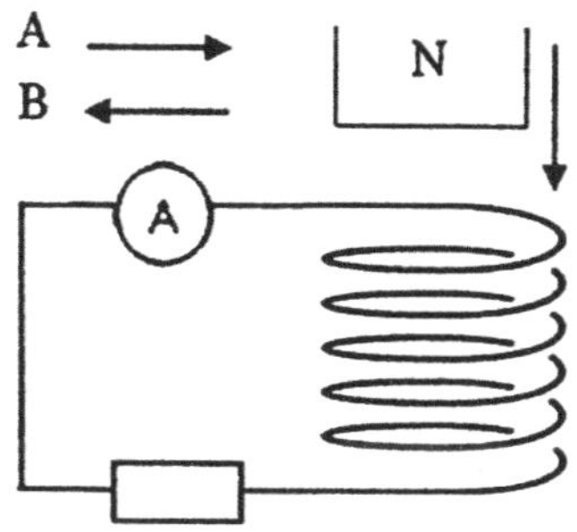

図１

（2）図２のように，斜面の裏に二つの同じ磁石を向きを変えてつけた。その斜面に，図１の回路を入れた箱を乗せ，滑らせた。箱は加速しながら斜面を滑り降り，一つ目の磁石の上を通過した速さよりも，二つ目の磁石の上を通過した速さは大きかった。このとき，横軸を箱を滑らせ始めてからの時間，縦軸を回路に流れた電流としたグラフとして最も適当なものを右のイ～チから選べ。ただし，電流の値は図２の矢印の向きに流れた場合を正とする。

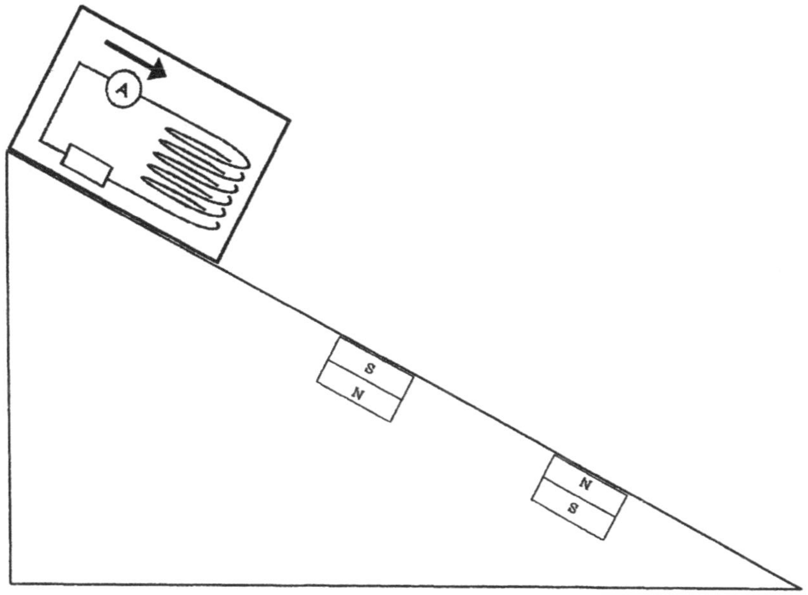

図２

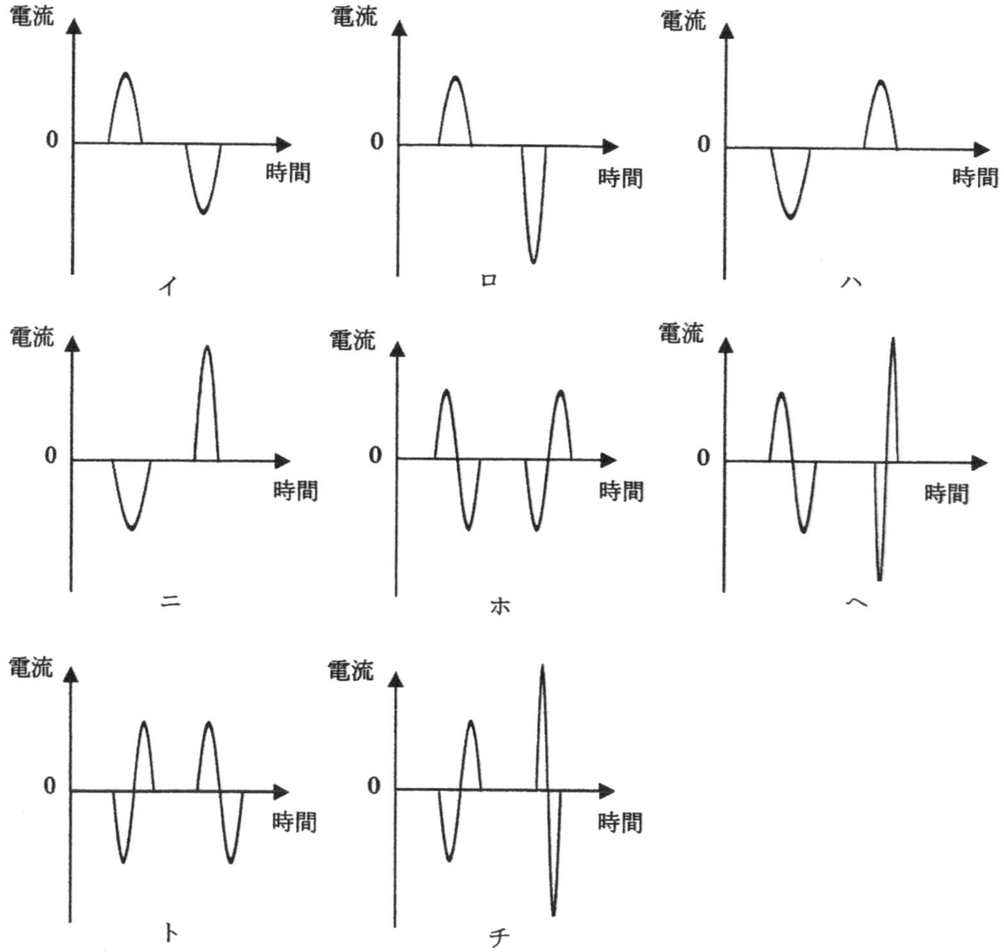

〔B〕次の文章を読み，あとの問いに答えよ。

１６世紀頃，ヨーロッパ各地で鉱山開発が盛んに行われていたが，坑道中にたまった水が鉱物採取の障害になっていた。ポンプを使ってたまった水を取り去ることを試みたが，約 10 m よりも深いところにある水はどんなポンプを使っても吸い上げることができなかった。この原因を当時の科学者であるガリレオは解き明かすことができなかったが，弟子であるトリチェリーが次のように解明した。

トリチェリーは図１のように，長さ約１m のガラス管に水銀を満たし，水銀を入れた水槽に逆さまに立てた。すると，ガラス管内の水銀面は水槽の液面からの高さが h〔mm〕で止まった。この実験は「トリチェリーの実験」とよばれ，またガラス管内の水銀面の上部にできた空間には何も存在せず「トリチェリーの真空」とよばれる。トリチェリーは「水槽の液面Ａでの大気圧」と「ガラス管内の高さ h〔mm〕の水銀柱によるＢでの圧力」が等しくなっていると考えた。この考えを水に当てはめて，約 10 m よりも深いところにある水を大気が押し上げることができないと考えた。

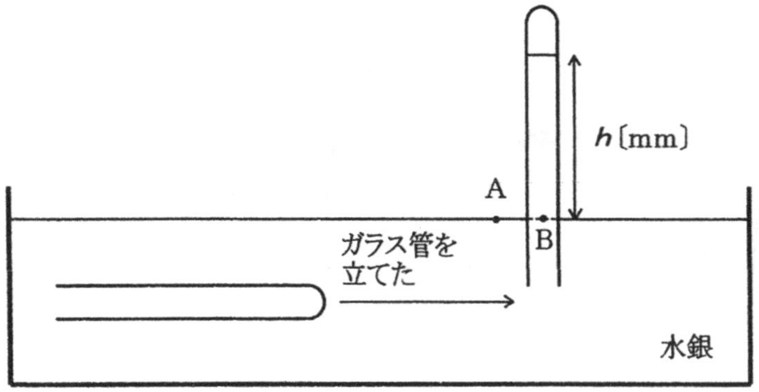

図１

（１）周囲の水から受ける圧力が５気圧になると水が浸入する防水時計がある。この時計を湖の湖面からゆっくりと沈めていった。このとき，この時計に水が浸入し始める水深はいくらか。最も近いものを選べ。

ア　0 m　　イ　10 m　　ウ　20 m　　エ　30 m　　オ　40 m

カ　50 m　　キ　60 m　　ク　70 m　　ケ　80 m　　コ　90 m

（２）次の□にあてはまる単位を書け。ただし，長さの単位 m，力の大きさの単位 N により組み立てた単位で答えよ。

1〔Pa〕＝1〔□〕

（３）ある夏の日，鹿児島のＬＳ高校（標高 2 m）で次の実験を行った。この実験に関する，あとの問いに答えよ。

【実験１】　図１と同じトリチェリーの実験を行ったところ，水銀の密度は 13500 kg/m³ (=13.5g/cm³) で，水銀柱の高さ h は 770 mm であった。

① **【実験１】**と同時刻に，桜島の山頂（標高 1117 m）でトリチェリーの実験を同様に行ったとすると，h の値はどうなると予想されるか。適切なものを選べ。

ア．770 mm である。　　イ．770 mm より大きい。　　ウ．770 mm より小さい。

② 底面積 1 m²，高さ 770 mm の直方体の水銀柱を考える。この水銀柱の質量は何 kg か。

③ **【実験１】**と同時刻に，ＬＳ高校で真空ポンプを使って水を吸い上げた。このとき，大気圧と真空の気圧差により，水面から何 m の高さまで水を吸い上げることができるか。小数第２位を四捨五入して，小数第１位まで求めよ。ただし，水の密度は 1000 kg/m³ (=1 g/cm³) である。

④ ＬＳ高校での1 kg の物体の重さを 10 N と仮定したとき，②の水銀柱の重さは何 N と見積もられるか。また，この結果を使うと，このときの大気圧は何 hPa と見積もられるか。ただし，大気圧については小数第１位を四捨五入して整数で求めよ。

⑤ **【実験１】**を行ったときの大気圧を気圧計で測定したところ 1018 hPa であり，④で見積もられた大気圧とずれがあった。このずれは，④で 1 kg の物体の重さを 10 N と仮定したことが原因と考えられる。気圧計の測定値を基にすると，ＬＳ高校での 1kg の物体の重さは何 N になるか。小数第３位を四捨五入して，小数第２位まで求めよ。

【４】

〔A〕　次の図１～３のような装置をつくって実験１～３を行った。

＜実験１＞ 希硫酸に，亜鉛板と銅板を接続せずに浸した。(図１)

＜実験２＞ 希硫酸に，亜鉛板と銅板をリード線で接続して浸した。(図２)

＜実験３＞ 希硫酸に，亜鉛板と銅板の間に電子オルゴールを接続して浸した。(図３)

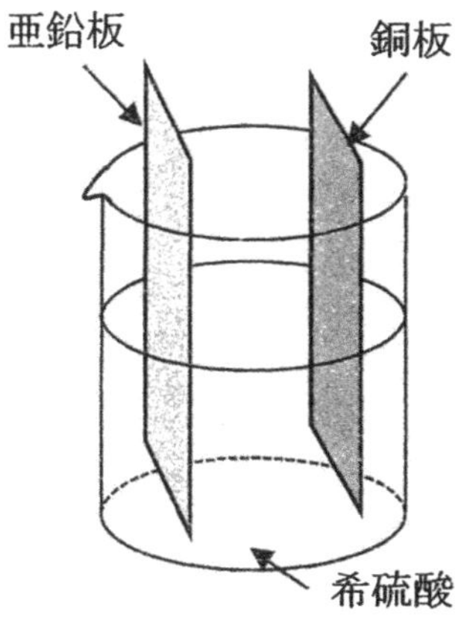

図１

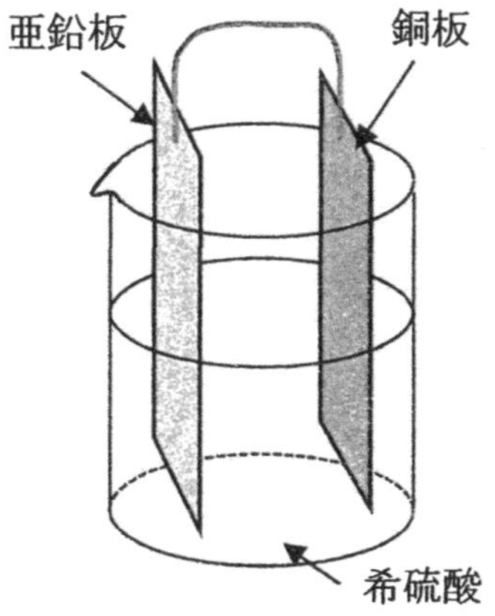

図２

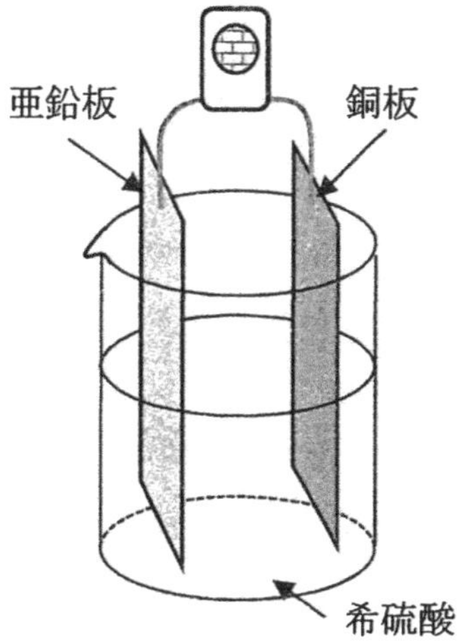

図３

（１）実験１で，亜鉛板では，気泡が発生したが，銅板では変化がなかった。
亜鉛板で起こった化学変化を化学反応式で表せ。(ただしイオン式を使わずに書くこと。)

（２）実験２では，銅板でどのような変化が観測されるか，適切なものを選べ。
ア．銅板が溶け，酸素が発生した。
イ．銅板が溶け，水素が発生した。
ウ．銅板は溶けたが，気体は発生しない。
エ．銅板は溶けないが，酸素が発生した。
オ．銅板は溶けないが，水素が発生した。

（３）実験３では，電子オルゴールが鳴って，「銅－亜鉛の組み合わせで電池となり，外部回路に電流が流れる」電池として機能していることが確認された。
① 図３の電池の名称を何というか。
② 図３の電池の銅板は「正極」,「負極」のいずれになっているか答えよ。

図３の電池では放電を続けると電流が流れにくくなる欠点があった。この欠点を補うために，図４のようなダニエル電池が考案された。ダニエル電池では，図３の電池と同じく，銅板と亜鉛板を電極に用いるが，２つの水溶液を素焼き板で仕切って銅板側には硫酸銅水溶液，亜鉛板側には硫酸亜鉛水溶液を入れてある。素焼き板は小さな穴がたくさん存在し，その穴を溶質粒子が通過して両側の溶液はゆっくりと拡散することができる。つまり電気的に接続されていることになる。

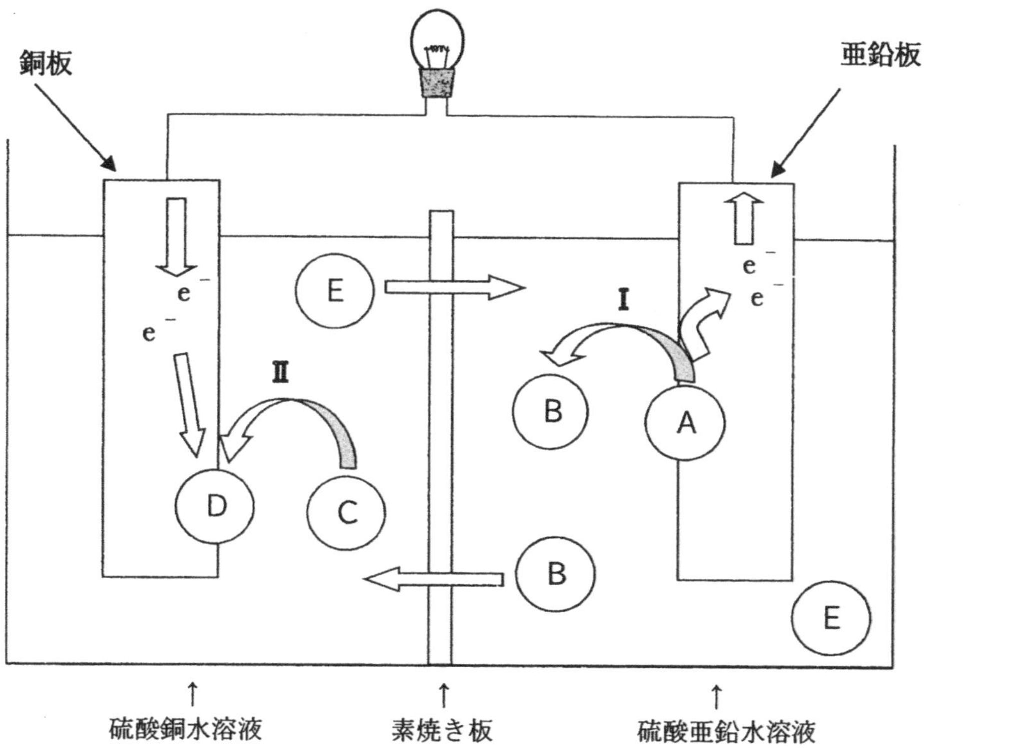

図４

（４）次の文を読んで，文中の空欄（A）～（E）に適切な化学式・イオン式を，また空欄（F）には「高く」または「低く」のうちから適するものを答えよ。なお，文中の（A）～（E）は図４のⒶ～Ⓔに対応している。

図４のダニエル電池では，まずイオン化傾向が大きい方の金属が次式のように溶け出し，電子を放出する。

（　A　）⟶（　B　）＋ $2e^-$

放出された電子は外部回路へと流れだし，反対側の電極に流れ込み，次式のようにイオン化傾向が小さい金属の陽イオンへ渡される。

（　C　）＋ $2e^-$ ⟶（　D　）

このとき生じた（D）は金属板の表面に析出するため，金属板の質量は増加してゆく。

上記の放電反応によって，硫酸亜鉛水溶液中では陽イオンが増加するのでプラスの電気が過剰になる。それとは反対に，硫酸銅水溶液中では陽イオンが減少するのでマイナスの電気が過剰になる。そのため左右の溶液でプラスとマイナスの電気の釣り合いがそれぞれ保たれるように（B）は硫酸銅水溶液側(⇦の向き)へ，（　E　）は硫酸亜鉛水溶液側(⇨の向き)へと移動する。このダニエル電池でより多くの電気を取り出すには硫酸銅水溶液の濃度を（　F　）しておくとよい。

〔B〕以下の文を読んで問いに答えよ。

図1のように，ホフマン型のガラス器具を用いて，電気分解の実験装置を組み立てた。電流を流したところ，実験1，2の各電極で発生する気体は，それぞれ1種類だけであった。
ただし，以下の実験では，すべて同温・同圧とする。また，酸素および水素は水に溶けないものとする。水素,酸素,塩素の各原子の質量比は，水素：酸素：塩素 ＝1：16：36とする。電極は白金を用いた。

<実験1>水酸化ナトリウム水溶液を電気分解したところ，
陽極からは酸素24mL，陰極からは水素48mLがそれぞれ集まった。

陽極で起こった反応　$4OH^- \rightarrow O_2 + 2H_2O + 4e^-$

陰極で起こった反応　$2H_2O + 2e^- \rightarrow H_2 + 2OH^-$

<実験2>同様に，塩酸を電気分解すると，
陽極からは塩素4mL，陰極からは水素36mLがそれぞれ集まった。

陽極で起こった反応　（　　ア　　）

陰極で起こった反応　（　　イ　　）

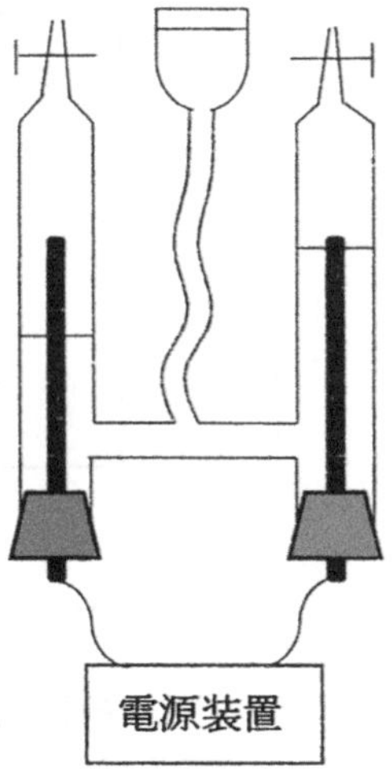

図1

（1）<実験2>の陽極と陰極で起こった反応ア，イを，電子 e^- を含む反応式でそれぞれ書け。

（2）<実験1>で発生した水素48mLの質量は，0.004gであった。<実験1>で発生した酸素の質量は何gか。

（3）<実験2>では，塩素の一部が水に溶けている。実際に発生した塩素の総質量は何gか。

（4）<実験1>の後，電源装置を外して電子オルゴールを接続したところ，音が鳴った。これは，化学エネルギーを電気エネルギーへ変換している。一般に,「酸素」と「水素」を化学反応させて，直接，発電する装置を（　ウ　）電池といい，実用化もされている。

①空欄（　ウ　）に当てはまる語句を答えよ。

②正極と負極で起こった反応をまとめると，どのような化学反応式で表されるか。

③いくつかの（　ウ　）電池を用いて，0.15kWの電力で1時間稼働したところ，水素が8g減少していた。

（ｉ）消費された酸素は何gか。

（ⅱ）この稼働によって得られた電気エネルギーは何kJか。

（ⅲ）水素 1gを燃焼させると140kJの熱エネルギーが得られることが知られている。この稼働で得られた電気エネルギーは，燃焼による熱エネルギーの何%に相当するか。小数第1位を四捨五入して整数で求めよ。

［終わり］

2023年度　ラ・サール高等学校入学試験問題（社会）　(50分)

＊解答はすべて解答用紙に記入しなさい。

1　世界の歴史について述べた以下の文章を読み、それぞれ下の問に答えよ。

A　第２次世界大戦終結後、アメリカ合衆国を中心とする資本主義の陣営とソビエト連邦（ソ連）を中心とする社会主義の陣営が対立する、①冷戦時代となった。この冷戦は1989年のマルタ会談において米ソ首脳が終結の宣言を出すまで40年以上に渡って続いた。

問１　下線部①に関連して、冷戦時代のできごとについて述べた次の**ア～エ**の中に、誤りを含むものが１つある。それを除き、残りを年代の古い順に並べ替え、記号で答えよ。

ア　キューバに建設された核ミサイル基地を巡ってキューバ危機が起こった。アメリカ合衆国はキューバ近海を海上封鎖するなどして対応したため核戦争の危機となったが、ソ連がミサイル撤去を発表して危機は回避された。

イ　北朝鮮が韓国に侵攻したことをきっかけに朝鮮戦争が勃《ぼっ》発した。中国義勇軍が北朝鮮を、国連軍が韓国を支援するなどして戦争は長期化したが、北緯38度線付近を軍事境界線とする休戦協定が結ばれた。

ウ　ソ連の統制下にあったハンガリーの首都では民主化を求める動きが生まれ、「プラハの春」と呼ばれる民主化政策が進められた。

エ　植民地支配から独立した国々を中心に、インドネシアのバンドンに集まった29カ国はアジア・アフリカ会議を開催して、両陣営に平和共存を訴えた。

B　18世紀に産業革命が起こったイギリスでは、産業の機械化によって大量生産が可能となった。1825年には（　②　）がストックトンとダーリントン間での蒸気機関車の走行を成功させ、以後大量生産されたイギリス製品はこの蒸気機関車や蒸気船などの交通機関によって世界中に輸出されるようになった。さらにイギリスは強大な軍事力を背景に世界各地に進出し、③中国に対しては戦争を起こして港を開かせ、インドには自国製品を輸出してインドの伝統的産業を壊滅させた。このようにしてイギリスは世界各地に植民地を持ち、繁栄の時代を迎えた。

問２　文中の（　②　）に適する人名を答えよ。

問３　下線部③に関連して、右のグラフのX・Yの説明として正しいものを次の**ア～エ**から１つ選び、記号で答えよ。なお、設問の都合でグラフの縦軸の目盛りなどの情報は省略してあるが、縦軸の上方が大きな値、下方が小さな値を表す。

ア　このグラフのXは中国の茶輸出量を、Yは中国への銀流入額を表している。

イ　このグラフのXは中国へのアヘン流入量を、Yは中国からの銀流出額を表している。

ウ　このグラフのXはインドのヨーロッパ向け綿布輸出額を、Yはイギリスのアジア向け綿布輸出額を表している。

エ　このグラフのXはイギリスのアジア向け綿布輸出額を、Yはインドのヨーロッパ向け綿布輸出額を表している。

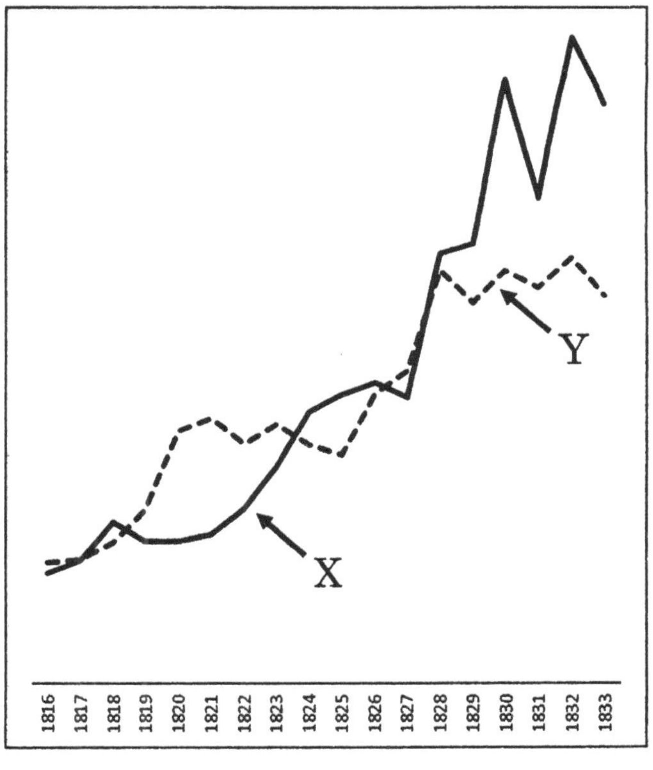

（『世界史資料』東京法令出版 より作成）

C　ヨーロッパでは、11世紀から（　④　）と呼ばれる運動が起こった。これはローマ教皇によって呼びかけられ、当時イスラーム勢力によって支配されていたキリスト教の聖地である（　⑤　）を奪回しようという運動であった。この運動は13世紀まで続けられたが、途中、ビザンツ帝国の都（　⑥　）を占領するなど本来の目的から逸脱したこともあり、最終的には失敗に終わった。

問４　文中の（　④　）に適する語句を答えよ。

問5　文中の（　⑤　）（　⑥　）に適する都市について、下の地図中の場所の組み合わせとして正しいものを次の**ア～カ**から１つ選び、記号で答えよ。

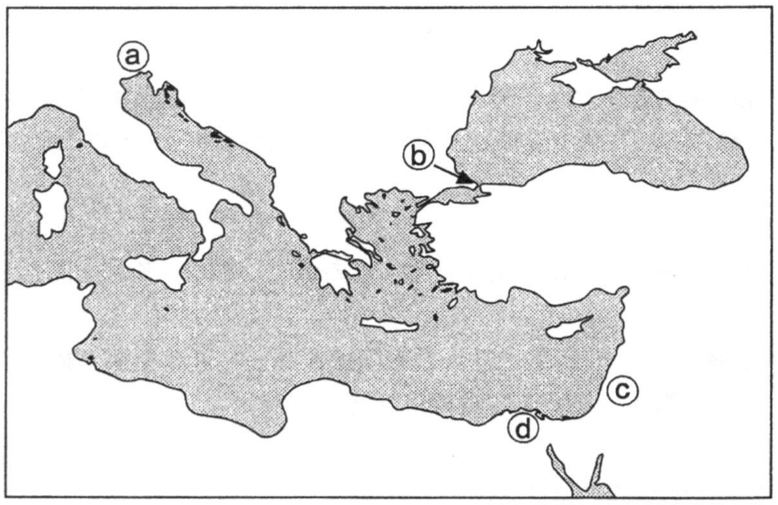

	⑤	⑥
ア	ⓐ	ⓑ
イ	ⓐ	ⓓ
ウ	ⓑ	ⓒ
エ	ⓑ	ⓓ
オ	ⓒ	ⓑ
カ	ⓒ	ⓐ

D　14世紀に成立した明王朝は、建国当初は⑦<u>民間商人による船を使った貿易を禁止する政策</u>を採っていた。しかし⑧<u>16世紀</u>になると、明王朝の混乱とともにこの政策は事実上緩和された。

問6　下線部⑦のような政策を何というか。漢字２字で答えよ。

問7　下線部⑧に関連して、16世紀の明について述べた次の**ア～エ**から、正しいものを１つ選び、記号で答えよ。

ア　明の建国者である李成桂は、朱子学に基づいた中央集権的な国家体制を整備した。
イ　ポルトガル商人や倭寇などにより、日本などから大量の銀が明に持ち込まれた。
ウ　万里の長城建設など北方防衛のために資金が必要となり、明の永楽帝はこれに充てるために増税した。
エ　明の民間商人が長崎に来航し、江戸幕府が設けた唐人屋敷と呼ばれる居留地に滞在して貿易を行った。

2

2022年は、沖縄返還や中華人民共和国との国交樹立から50年に当たっており、これを記念する式典などが行われた。小松原君は、2022年から50年ずつさかのぼって、どのようなできごとがあったかを調べて年表をつくった。次のページの年表は、それから一部を抜き出し、行頭にA～Tの記号を付したものである。この年表を適宜参照しながら、次の問に答えよ。

問1　Bの下線部の普選運動は、納税額に関係なく選挙権を得ようとする運動であった。さて、次の表は、いくつかの衆議院議員総選挙の実施年、選挙資格、有権者数の推移をまとめたものである。このうち、1902年と1908年の総選挙を比較すると、選挙資格に変更はないものの、有権者数は1.6倍以上になっている。その理由を簡単に説明せよ。

実施年	選挙資格	有権者数
1890年	直接国税15円以上を納めた25歳以上の男子	45万人
1902年	直接国税10円以上を納めた25歳以上の男子	98万人
1908年	同上	159万人
1920年	直接国税3円以上を納めた25歳以上の男子	306万人
1928年	25歳以上の男子	1241万人

問2　Eのころの政治・社会・文化を説明する文として、内容的に正しく、1722年に最も近いものを次の**ア～エ**から１つ選び、記号で答えよ。

ア　８代将軍吉宗は、新田開発を奨励し、年貢率を引き上げた。
イ　クナシリ地方のアイヌが、和人に対する戦いを起こしたが、鎮圧された。
ウ　高度な木版印刷技術が普及し、杉田玄白らの『解体新書』が出版された。
エ　対馬藩の儒学者雨森芳洲は、琉球王国との外交上の心得をまとめた。

問3　Gに関して、山口に拠点を置く大内氏と出雲国（島根県）に拠点を置く尼子《あまこ》氏は、この後、山口と出雲国の間にある鉱山の領有をめぐって激しく争った。その鉱山の名前を漢字４字で答えよ。

問４　Ｊに関して、新補率法は、幕府が全国3000近くの所領に新たに設置した地頭（新補地頭）の取り分を定めたものであり、その設置には地域的な偏りがあった。このことと、ほぼ同じころ京都に設置された幕府機関の任務の１つには密接な関係がある。その任務とはどのようなものであるか、機関の名前を示しつつ簡単に説明せよ。

問５　Ｌの（　　　）に適当な天皇名を入れよ。

問６　Ｐの奈良時代の政治・社会・文化を説明する文として、**誤っているもの**を次のア～エから１つ選び、記号で答えよ。
ア　古老の言い伝えや地名の由来、産物などをまとめた『常陸《ひたち》国風土記』がつくられた。
イ　『万葉集』におさめられている大伴家持の「貧窮問答歌」は、農民の生活の厳しさを伝えている。
ウ　平城京の東市・西市では、貴族や役人が給与の品物を用いて、必要な物を手に入れた。
エ　正倉院におさめられた聖武天皇の遺品の中には、西アジア製のガラス器も含まれている。

問７　Ｔの古墳時代について説明する次の文章の下線の中から間違いを１カ所見つけ、それを訂正した語句を答えよ。
雄略天皇は、中国に使いを送った倭王武、稲荷山古墳・江田船山古墳で見つかった鉄製の刀剣に刻まれていたワカタケル大王と同一人物と考えられている。古墳時代の人々は、朝鮮半島から伝わったかまどをもつ竪穴住居に住み、朝鮮から伝わった技術によって焼かれた土師器を使うこともあった。

問８　次のａ～ｃからなる文章群ア～ウのなかには正しいものが１つずつある。それが下の年表のＡ～Ｔのどの時期に最も近いかを考えて、記号で答えよ。ａ～ｃのいずれが正しいかを答える必要はない。

ア
ａ 湾岸戦争により石油危機が起こり、日本の高度経済成長は終わった。
ｂ ワシントン会議が開催され、海軍軍縮条約が成立した。また、日本は遼東半島の利権を中国に返還した。
ｃ 中国には明王朝が成立し、日本に倭寇の禁圧を求めてきた。

イ
ａ 白河藩では、藩主上杉鷹山を中心として、専売制を導入し、武士には徹底した倹約を求める藩政改革を行った。
ｂ 本願寺の門徒を中心に、正長の土一揆が起こり、自力で借金を帳消しにした。
ｃ 政府は徴兵令を発して、20歳以上のすべての男子を兵役に就かせることとしたが、多くの免除規定が存在した。

ウ
ａ フビライは、国書を新羅の使いにもたせて日本に送り、服属を求めてきた。
ｂ 都を大津宮から飛鳥に遷《うつ》した人物が、律令や歴史書の編さんに着手した。
ｃ 征夷大将軍に任命された坂上田村麻呂は、蝦夷の指導者アテルイの本拠地に侵入し、多賀城を築いた。

	年代	できごと
A	1972	札幌オリンピックが開催される。沖縄が返還される。中華人民共和国と国交を樹立する。
B	1922	全国水平社が創設される。日本農民組合が結成される。全国各地で普選運動の演説会が開かれデモがおこる。
C	1872	政府が学制を定める。新橋～横浜間で鉄道が正式開業する。
D	1772	田沼意次、老中となる。幕府が樽廻船《たるかいせん》問屋の株仲間を公認する。
E	1722	幕府が、諸大名に上米を課し、参勤交代を緩和する。
F	1622	幕府が、多数のキリシタンを長崎で処刑する（元和《げんな》の大殉教）。
G	1522	大内義興《よしおき》が、安芸（広島県）で尼子経久《あまこつねひさ》らと戦う。
H	1372	幕府から九州探題に任命された今川了俊（貞世）が南朝の拠点である大宰府を攻略する。
I	1272	親鸞の妻が、親鸞の遺骨を大谷廟《びょう》堂に改葬する。（後に大谷廟堂は本願寺となる）
J	1222	幕府が、新補率法を定める。
K	1172	平徳子（清盛の娘）が、高倉天皇のきさきとなる。
L	1072	（　　　）天皇が、白河天皇に譲位する。
M	1022	藤原道長が、阿弥陀堂の寺号を法成寺と改める。
N	972	空也が亡くなる。
O	822	最澄が亡くなり、直後に比叡山に戒壇の建立が許される。
P	722	政府が、陸奥の蝦夷や薩摩・大隅の隼人と戦った政府軍の将軍以下に位を与える。
Q	672	壬申の乱が起こる。
R	622	厩戸王（聖徳太子）が亡くなる。
S	572	蘇我馬子が大臣《おおおみ》、物部守屋が大連《おおむらじ》となる。
T	472	雄略天皇が、桑の栽培に適した国や県《あがた》に桑を栽培させる。

3　次のＡ・Ｂの文章を読み、下の問に答えよ。

Ａ　2022 年は国際情勢が大きく変化した１年だった。２月には、①ロシア軍が②ウクライナに侵攻した。ロシアはウクライナの東部・南部を占領し、９月には４州の併合を一方的に宣言した。ウクライナは抵抗を続けており、戦争は長期化している。このことは、③国際政治や国際経済にも影響を及ぼしている。８月には④核拡散防止条約の再検討会議が開催されたが、ロシアの反対により最終文書の採択に失敗した。また、エネルギー資源や穀物などの国際商品市況にも影響し、世界的な物価［　⑤　］に拍車をかけた。これを抑え込もうと、世界の主要中央銀行は一斉に金融［　⑥　］に着手し、利上げが相次いでいる。この結果、大規模な金融［　⑦　］を続ける日本との政策金利差は開き、［　⑧　］が加速し、日本の⑨企業にも大きな影響を及ぼした。

2022 年は世界各地で国家元首の選挙や交代が行われた年でもあった。3月には韓国［　⑩　］選挙で野党「国民の力」の尹錫悦《ユンソンニョル》が勝利した。４月には、フランス［　⑪　］選挙で現職のマクロンが当選した。９月には、エリザベス２世が亡くなり、チャールズ３世が新たな国王になった。なお、イギリスでは７月にジョンソン［　⑫　］が不祥事により辞任し、現在スナクが［　⑫　］を務めている。

問１　右の図は、冷戦後のヨーロッパをめぐる国際的枠組みを示したものである。下線部①・②の国は 2022 年末時点で右の図のどこに位置づけるのが適当か。図中の**ア～オ**から１つずつ選び、それぞれ記号で答えよ。

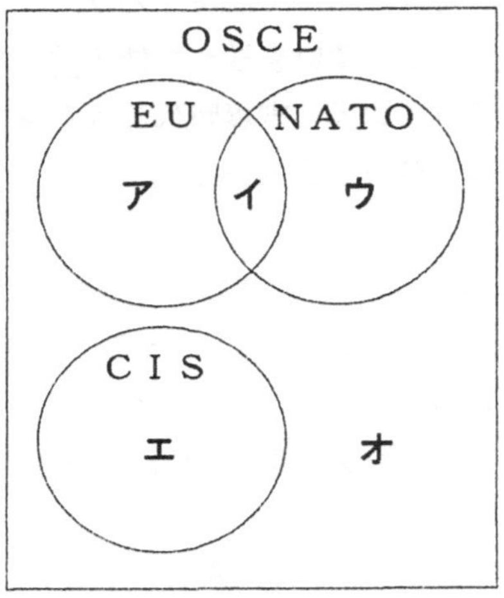

問２　下線部③に関連して、戦後の国際政治においては国際連合が重要な役割を果たしてきた。国際連合に関する記述として正しいものを、次の**ア～エ**から１つ選び、記号で答えよ。

ア　毎年９月に、国際連合の総会が開催されている。総会では、アメリカ合衆国、ロシア、イギリス、フランス、中華人民共和国が拒否権をもっている。

イ　国際連合には安全保障理事会が設置されており、５か国の常任理事国と 10 か国の非常任理事国で構成される。日本は、2023 年１月より非常任理事国を務めている。

ウ　国際連合の常設の司法機関として国際司法裁判所が設置されている。国際司法裁判所では、訴えられた国の同意がなくても裁判が開始される。

エ　国際連合の収入にあたる分担金は、加盟国の支払い能力に応じて負担の比率が決められる。日本は、アメリカ合衆国に次いで世界で２番目に多い分担金を負担している。

問３　下線部④の採択以降の核兵器や核実験に関するできごとⅰ～ⅲを年代の古い順に並べたとき、その順序として正しいものを、下の**ア～カ**から１つ選び、記号で答えよ。

ⅰ．北朝鮮がはじめて核実験を行った。
ⅱ．核兵器禁止条約が国連で採択された。
ⅲ．包括的核実験禁止条約（ＣＴＢＴ）が国連で採択された。

ア　ⅰ→ⅱ→ⅲ　　**イ**　ⅰ→ⅲ→ⅱ　　**ウ**　ⅱ→ⅰ→ⅲ　　**エ**　ⅱ→ⅲ→ⅰ　　**オ**　ⅲ→ⅰ→ⅱ　　**カ**　ⅲ→ⅱ→ⅰ

問４　空欄⑤～⑧にあてはまる語句の組み合わせとして最も適当なものを、次の**ア～ク**から１つ選び、記号で答えよ。

	ア	イ	ウ	エ	オ	カ	キ	ク
⑤	上昇	上昇	上昇	上昇	下落	下落	下落	下落
⑥	緩和	緩和	引き締め	引き締め	緩和	緩和	引き締め	引き締め
⑦	引き締め	引き締め	緩和	緩和	引き締め	引き締め	緩和	緩和
⑧	円高	円安	円高	円安	円高	円安	円高	円安

問５　下線部⑨に関する次のⅰ～ⅳの記述について、正しい文の組み合わせとして適当なものを、下のア～エから１つ選び、記号で答えよ。

ⅰ．［　⑧　］が加速すると、製造業では国内から海外に生産拠点を移す企業が増える傾向にある。
ⅱ．［　⑧　］が加速すると、製造業では海外から国内に生産拠点を移す企業が増える傾向にある。
ⅲ．［　⑧　］が加速すると、ドル換算した賃金が上昇し、日本の企業で働きたいと考える外国人が増える傾向にある。
ⅳ．［　⑧　］が加速すると、ドル換算した賃金が低下し、日本の企業で働きたいと考える外国人が減る傾向にある。

ア　ⅰ・ⅲ　　**イ**　ⅰ・ⅳ　　**ウ**　ⅱ・ⅲ　　**エ**　ⅱ・ⅳ

問６　空欄⑩～⑫にあてはまる語句の組み合わせとして正しいものを、次のア～エから１つ選び、記号で答えよ。

ア　⑩－首相　⑪－首相　⑫－首相　　**イ**　⑩－首相　⑪－首相　⑫－大統領
ウ　⑩－大統領　⑪－大統領　⑫－首相　　**エ**　⑩－大統領　⑪－大統領　⑫－大統領

B　2022年には主要な改正法が施行された。４月には、成人年齢を18歳に引き下げる改正［　⑬　］が施行された。７月には改正⑭刑法の一部が施行され、「侮辱罪」が厳罰化された。12月には改正公職選挙法が施行され、［　⑮　］議員選挙の区割りが変更された。

政治においては、７月には［　⑯　］議員選挙が行われ、自民・公明の与党が過半数を獲得し、日本維新の会を含む改憲勢力は３分の２を超えた。このため、⑰日本国憲法を⑱改正しようという動きも活発化している。一方で、選挙に勝利した岸田首相は内閣改造を行ったが、政治家と宗教団体の関わりや失言、不透明な政治資金をめぐって2022年末までに４人の閣僚が相次いで辞任した。

司法でも注目を集める判決が相次いで出された。５月には、海外の日本人が⑲最高裁判所裁判官の国民審査に投票できないのは憲法違反であるとする判決を最高裁が言い渡した。９月には、ある医科大学を受験した女性たちが、⑳性別を理由に減点され不合格になったとして大学に賠償を求めた裁判で、東京地裁は、「不合理な差別を禁止した憲法14条の趣旨に反する」と指摘し、損害賠償を命じた。

問７　空欄⑬にあてはまる法律の名称を漢字で答えよ。

問８　下線部⑭に関する説明として正しいものを、次のア～エから１つ選び、記号で答えよ。

ア　刑法は憲法と同様、国民と国家の関係を規律する公法に分類される。そして、憲法と同様、国家権力が国民の権利を制限するものといえる。

イ　刑法は憲法と同様、国民と国家の関係を規律する公法に分類される。しかし、憲法と異なり、国家権力が国民の権利を制限するものといえる。

ウ　刑法は憲法と異なり、国民と国家の関係を規律する公法に分類される。そして、憲法と同様、国家権力が国民の権利を制限するものといえる。

エ　刑法は憲法と異なり、国民と国家の関係を規律する公法に分類される。しかし、憲法と異なり、国家権力が国民の権利を制限するものといえる。

問９　空欄⑮・⑯にあてはまる語句の組み合わせとして正しいものを、次のア～エから１つ選び、記号で答えよ。

ア　⑮－衆議院　⑯－衆議院　　**イ**　⑮－衆議院　⑯－参議院　　**ウ**　⑮－参議院　⑯－衆議院　　**エ**　⑮－参議院　⑯－参議院

問10　下線部⑰に関する説明として正しいものを、次のア～エから１つ選び、記号で答えよ。

ア　日本国憲法は国務請求権を保障している。そのため、中学生であっても、条例の制定を求めて市議会に請願書を提出することは認められている。

イ　日本国憲法は自由権を保障している。国民の財産を守るため、経済活動の自由（経済の自由）は、精神活動の自由（精神の自由）に比べ、より厚い保障を受けるとされている。

ウ　日本国憲法は社会権を保障している。具体的には、大日本帝国憲法と同様に、健康で文化的な最低限度の生活を営む権利や教育を受ける権利を保障している。

エ　日本国憲法は参政権を保障している。しかし、参政権は日本国内に居住する人に限って保障されており、外国に長期滞在する日本人は選挙権を行使することができない。

問 11　下線部⑱とその手続きに関する説明として正しいものを、次の**ア～エ**から１つ選び、記号で答えよ。

ア　憲法改正は、衆議院と参議院それぞれの出席議員の３分の２以上の賛成を得て、国会が発議する。

イ　憲法改正には、国会の発議および、国民投票における３分の２以上の賛成が必要である。

ウ　日本国憲法の制定に合わせて、日本国憲法の改正手続に関する法律（国民投票法）が制定された。

エ　国民投票法では、制定当初から投票年齢が満 18 歳以上とされている。

問 12　下線部⑲に関する次のⅰ～ⅲの記述について、その正誤の組み合わせとして正しいものを、下の**ア～カ**から１つ選び、記号で答えよ。

ⅰ．国民審査は、国会議員の選挙ごとに裁判官全員を対象として実施される。

ⅱ．国民審査の投票の際には、続けた方がよいと思う裁判官に「○」をつけて投票する。

ⅲ．これまで国民審査で罷免された裁判官はいない。

ア	ⅰ－正	ⅱ－正	ⅲ－誤	**イ**	ⅰ－正	ⅱ－誤	ⅲ－正	**ウ**	ⅰ－正	ⅱ－誤	ⅲ－誤
エ	ⅰ－誤	ⅱ－正	ⅲ－正	**オ**	ⅰ－誤	ⅱ－正	ⅲ－誤	**カ**	ⅰ－誤	ⅱ－誤	ⅲ－正

問 13　下線部⑳に関連して、次の図中のⅰ～ⅲには男女の平等に関するできごとを年代の古い順に並べたものが入る。ⅰ～ⅲに入るできごとの組み合わせとして正しいものを、下の**ア～カ**から１つ選び、記号で答えよ。

日本国憲法制定	→ a	ⅰ	→ b	ⅱ	→ c	女性活躍推進法制定	→ d	ⅲ

ア	ⅰ－男女雇用機会均等法の制定	ⅱ－男女共同参画社会基本法の制定	ⅲ－男女共同参画推進法の制定
イ	ⅰ－男女雇用機会均等法の制定	ⅱ－男女共同参画推進法の制定	ⅲ－男女共同参画社会基本法の制定
ウ	ⅰ－男女共同参画社会基本法の制定	ⅱ－男女雇用機会均等法の制定	ⅲ－男女共同参画推進法の制定
エ	ⅰ－男女共同参画社会基本法の制定	ⅱ－男女共同参画推進法の制定	ⅲ－男女雇用機会均等法の制定
オ	ⅰ－男女共同参画推進法の制定	ⅱ－男女雇用機会均等法の制定	ⅲ－男女共同参画社会基本法の制定
カ	ⅰ－男女共同参画推進法の制定	ⅱ－男女共同参画社会基本法の制定	ⅲ－男女雇用機会均等法の制定

問 14　問 13 に関連して、女子差別撤廃条約の採択は図中のどこに入るか。図中のａ～ｄから１つ選び、記号で答えよ。

4　次の地図に示した地域に関連する問に答えよ。

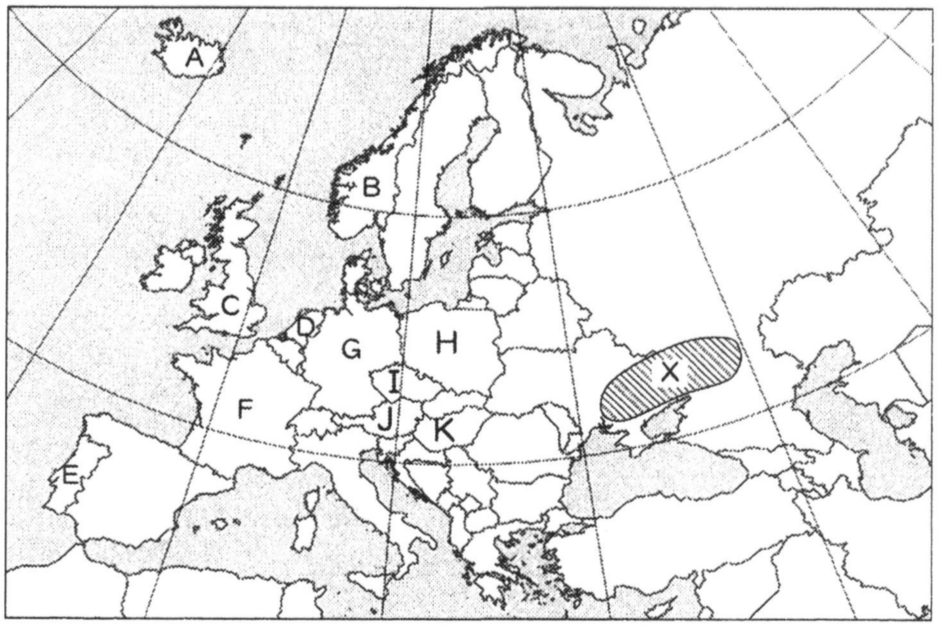

問１　次のグラフは、地図中のＡ、Ｂ、Ｆ、Ｇ国のいずれかにおける電源別発電量の割合を示したものである。
（各グラフは『データブック・オブ・ザ・ワールド2023』より作成。2020年の集計値に基づく。）

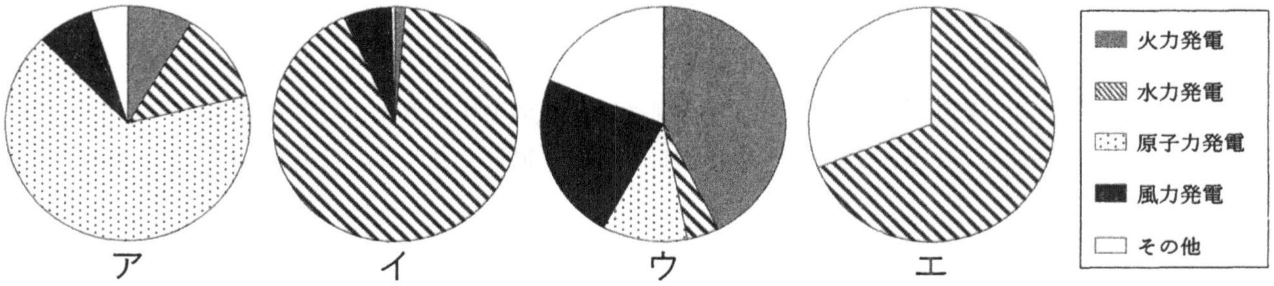

（１）　Ｇ国に該当するものを**ア〜エ**から１つ選び、記号で答えよ。

（２）　**ア〜エ**で示した国のうち、国内で産出される化石燃料の輸出量が最も多い国の名を答えよ。

（３）　水力発電の占める割合の高い国**イ・エ**では、両岸を切り立った崖に挟まれた入り江が多く分布している。この入り江では水力発電に必要な高低差が容易に得られるが、このような地形を何と呼ぶか。その名称を答えよ。

問２　地図中のＸで示した地域の環境と農業について述べた文章として、適切なものを**ア〜エ**から１つ選び、記号で答えよ。
ア　年間を通じて寒冷であるため農耕には適さず、生業は漁業や遊牧などに限られている。
イ　針葉樹林が広く分布しており、林業が営まれているものの、畑作は見られない。
ウ　冷涼ではあるが、肥沃な土壌を活かして小麦等の穀物が盛んに栽培されている。
エ　低平で水持ちのよい土地を活かして稲作が営まれている。

問３　地図中のＨ、Ｉ、Ｊ、Ｋ国では、いずれも同じ宗教・宗派を信仰する人々の割合が高い。
（１）　その宗教を次の**ア〜エ**から１つ選び、記号で答えよ。
ア　正教会　　　**イ**　カトリック　　　**ウ**　プロテスタント　　　**エ**　イスラム教

（２）　主な宗教が共通である一方で、この４か国の公用語はいずれも異なっている。ヨーロッパでは、ラテン系言語・ゲルマン系言語・スラブ系言語の３つの系統に属する言語を公用語とする国が多いが、Ｈ、Ｉ、Ｊ、Ｋのうち、これら３つの系統いずれにも属さない言語を公用語とする国を１つ選び、記号で答えよ。

問４　ヨーロッパでは、国境を越えて流れる河川を利用した水運が活発におこなわれている。
（１）　地図中のＪ国およびＫ国の首都はいずれも同じ河川に面している。その河川名を答えよ。

（２）　（１）の河川について述べた文章として**誤っているもの**を**ア～エ**から１つ選び、記号で答えよ。

ア　平坦な地域を流れているため、流れが穏やかであることが、この河川が水運に適している一因と言える。

イ　河口には、河川によって運ばれた土砂が堆積した大規模な三角州が広がっている。

ウ　流域はすべて 1993 年以降に EU に加盟した国の領土である。

エ　中下流域では、いくつかの国の国境をなしている。

問５　次の表は、地図中の C、D、E、F 国のいずれかから独立した４つの**あ**国～**え**国の旧宗主国、人口、面積、各国の首都と東京との時差を示している。（表は『データブック・オブ・ザ・ワールド 2023』より作成）

	旧宗主国	人口（万人）	面積（万km²）	首都と東京との時差
あ国	C 国	2592.1	769.2	東京より１時間早い
い国	D 国	27375.3	191.1	東京より２時間遅い
う国	E 国	21432.6	851.6	東京より 12 時間遅い
え国	F 国	9746.8	33.1	東京より２時間遅い

（１）　**う**国、**え**国の国名を答えよ。

（２）　**あ**国～**え**国のうち、2 カ国は計画的に建設された都市が首都である。該当する首都名をそれぞれ答えよ。（順不同）

（３）　**あ**国～**え**国のうち、イスラム教を信仰する国民の割合が最も高い国を選び、記号（**あ～え**）で答えよ。

（４）　次の①～③は、**あ**国、**い**国、**え**国それぞれの首都で観測された月別平均気温および降水量の平年値を示した雨温図である。雨温図と首都の正しい組み合わせを、下の**ア～カ**から１つ選び、記号で答えよ。（図は気象庁ほかのデータより作成）

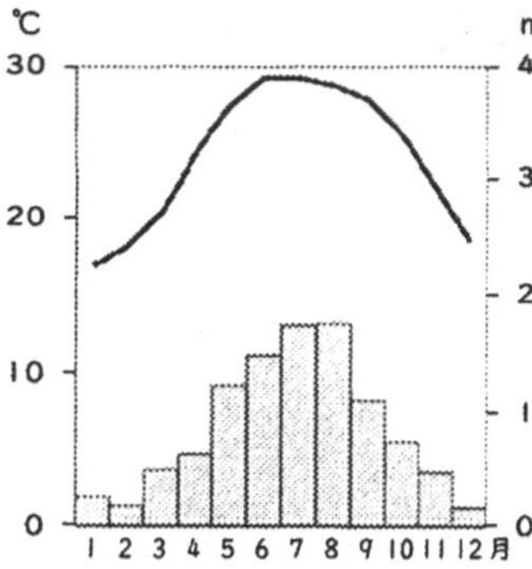

①

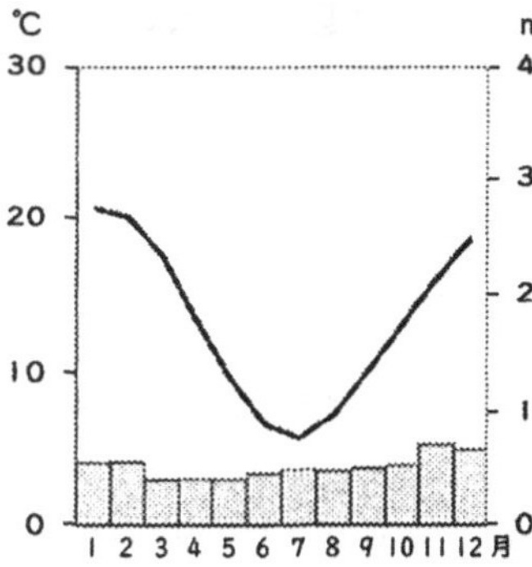

②

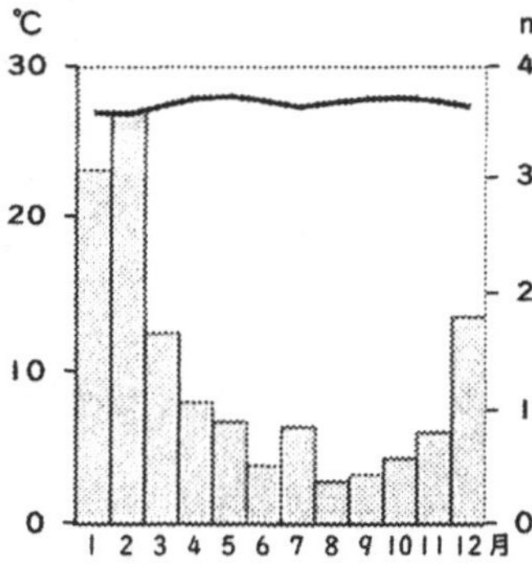

③

	ア	イ	ウ	エ	オ	カ
あ国	①	①	②	②	③	③
い国	②	③	①	③	①	②
え国	③	②	③	①	②	①

（５）　左下の表は、**あ**国～**え**国の穀物の輸出量（2019 年、単位：万トン）を示したものであり、
表中の①～③は米、小麦、とうもろこしのいずれかである。①～③と穀物名の組み合わせとして正しいものを、右下の**ア～カ**から１つ選び、記号で答えよ。（表は FAO データより作成）

	①	②	③
あ国	6.3	13.5	959.2
い国	0.4	0.0	0.0
う国	4275.2	96.8	56.4
え国	14.4	545.4	3.2

	ア	イ	ウ	エ	オ	カ
米	①	①	②	②	③	③
小麦	②	③	①	③	①	②
とうもろこし	③	②	③	①	②	①

（以上）

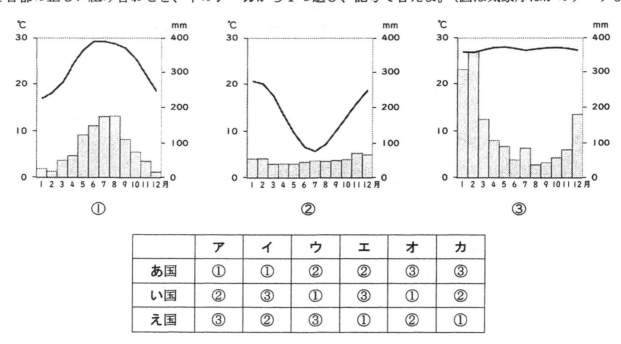

二〇二三年度　ラ・サール高等学校入学試験　国語　（時間　七十分）　解答用紙

受験番号

得　点

※100点満点

《一》

問一　大人の語る「個性」は、

40

問二

70

問三　〜　しながら生きてきた。

問四

問五

120

問六

問七

A	B	C	D	E
	か	る		

F	G	H	I	J
				す

一　小　計

《二》

問一

①	②	④	⑥

問二

35

問三

問四

問五

問六

110

問七

a	b	c	f	g	h

問八

d	e
行　活用　形	行　活用　形

問九　声がしたものの、明るさに馴れず

二　小　計

《三》

問一

a	b	c	d

問二

問三

問四

③	⑥

問五

30

問六

問七

三　小　計

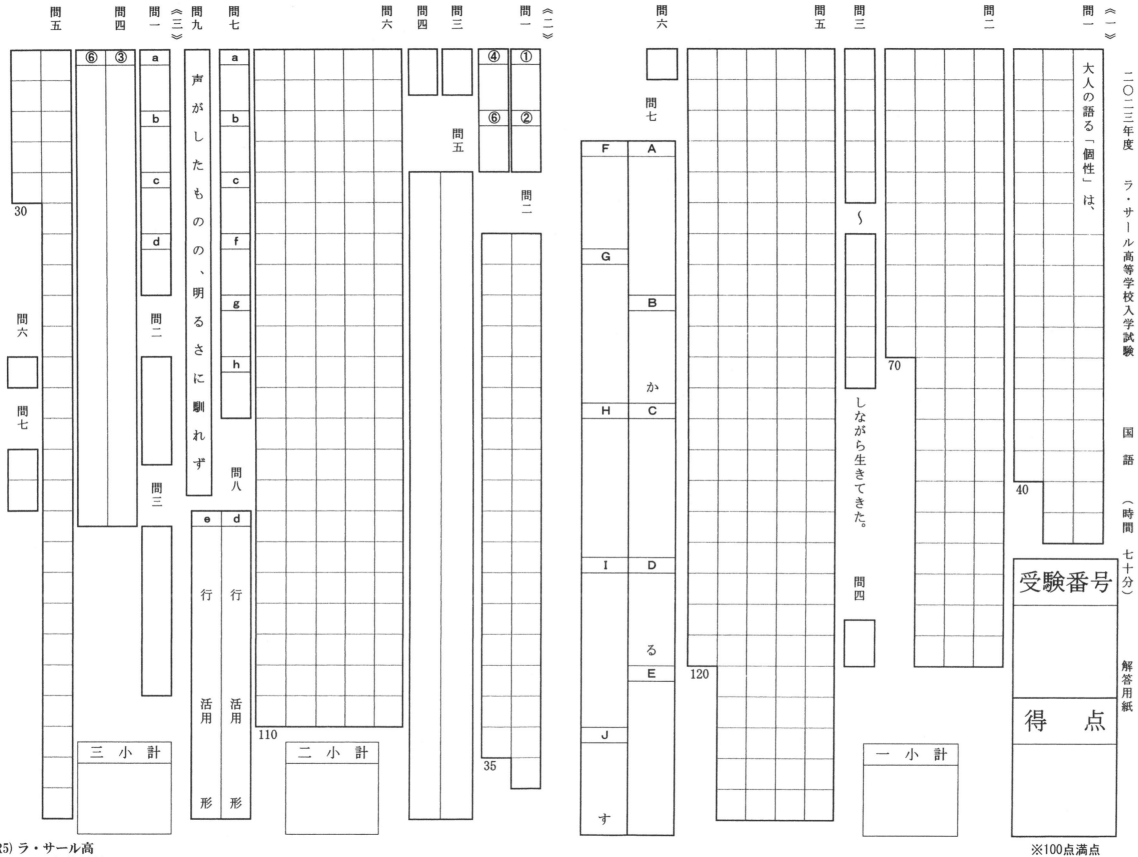

2023年度 ラ・サール高等学校入学試験 数学 解答用紙

1

(1)		(2)	
(3)		(4)	

1 小計 /16

2

(1)				(2)	大人　人, 子供　人		
(3)	(ア)	°	(イ)	(4)	(ア)	:	(イ)

2 小計 /32

3

(1)	$a : b =$
(2)	$(a, b) =$

3 小計 /14

4

(1)	B(,)	(2)	C(,)	(3)	

4 小計 /12

5

(1)	通り	(2)	通り	(3)	通り

5 小計 /12

6

(1)		(2)		(3)	

6 小計 /14

受験番号		得点	

※100点満点

[1] **Part 1**

1. (　　　) 2. (　　　) 3. (　　　) 4. (　　　) 5. (　　　)

小計 1

Part 2

1. (　　　) 2. (　　　) 3. (　　　) 4. (　　　) 5. (　　　) 6. (　　　) 7. (　　　) 8. (　　　)

Part 3

1. Calvin's speech is about the way he got rich really ______________________.
2. In New York City, he was sleeping on the ______________________.
3. The color of the yo-yo was ______________________.
4. Calvin was trying to sell the card online at the ______________________.
5. The van was parked just ______________________ the building.
6. The old man who traded Calvin the camper van ______________________ the card, and then ran away.
7. Calvin ______________________ saw the woman again.

[2]

Hi Otis,

Thanks for your email. ____

____

____

____

____

____

____

____

____

Best wishes,

Ken　　　　　　　　　　　　　　　　(　　　words)

小計 2

受験番号

2023 年度　ラ・サール高等学校入学試験　（英語）　解答用紙　No. 2

[3]

小計 3

A. 1. ＿＿＿＿　2. ＿＿＿＿　3. ＿＿＿＿

B. ＿＿＿＿

C. ＿＿＿＿

D. ア　イ　ウ　エ

E. ＿＿＿＿ → ＿＿＿＿ → ＿＿＿＿ → ＿＿＿＿

F. ＿＿＿＿

[4]

小計 4

A. ア　イ　ウ　エ

B. ア　イ　ウ　エ

C. ＿＿＿＿

小計 1

D. ＿＿＿＿

E. 4. ＿＿＿＿　5. ＿＿＿＿　6. ＿＿＿＿

F. 7a. ＿＿＿＿　7b. ＿＿＿＿

小計 2

G. ＿＿＿＿

H. ＿＿＿＿

I. ア　イ　ウ　エ

J. ＿＿＿＿

受験番号

総得点

※100点満点
（配点非公表）

令和５年度　ラ・サール高等学校 入学試験　理科　解答用紙

【 1 】（１１点）

(1)	(2) 枚	(3)	(4) ①	②
(5) ①	②	(6) 色	(7) 丸：しわ ＝	
(8) ①	②	(9)	(10) 緑：黄 ＝	(11)

【 2 】（１２点）

(1)	(2)	(3)
(4)	(5)	(6)
(7)		

(8) (a)	(b)	(9) ⑨	⑩	(10)

【 3 】（１３点）

A (1) (a)	(b)	(c)	(2)	
B (1)	(2)	(3) ①	② kg	③ m
B ④ 重さ N	大気圧 hPa	⑤ N		

【 4 】（１４点）

A (1)		(2)	(3) ① 電池	②	
A (4) A	B	C	D	E	F

B (1) ア	イ			
B (2) g	(3) g	(4) ①	②	
B ③ (i) g	(ii) kJ	(iii) %		

受 験 番 号	得　点

※50点満点

解答用紙

1

問1 → →	問2	問3	問4	問5

問6 →			問7

点

2

問1 →	

問2	問3 →				

問4 →	

問5 天皇	問6	問7	問8 ア	イ	ウ

点

3

問1 ①	②	問2	問3	問4	問5	問6	問7
問8	問9	問10	問11	問12	問13	問14	

点

4

問1(1)	(2)	(3)

問2	問3(1)	(2)	問4(1)	(2)

問5(1) う国	え国	(2)	

(3)	(4)	(5)

点

受験番号		得点	※50点満点（配点非公表）

《一》次の文章を読んで、後の問いに答えよ。（字数制限のある問題については、句読点も一字と数える。）

「どうすれば、うまい文章が書けるんですか？」

ある講演会で高校生にそう質問されたことがある。将来は社長になりたいという男子からのAソボクな質問で、私は思わず「aうまく書こうと力むからうまく書けないのだ」と答えた。うまく書こうとするとうまく書けない。そもそも私自身うまく書けていないわけで、正直に「誰かに読んでもらえばよい」と答えるべきだった。

私の場合、原稿はまずBツマに読んでもらう。次に出版社などの編集者、そして校正者が読む。「読む」とは「一つ一つCモらさずに確認・認知する」（『古典基礎語辞典』角川学芸出版　二〇一一年）こと。彼らが誤字脱字はもとより事実関係などをチェックし、原稿に赤字を入れてくれる。それを見ながら私は文章を直し、整えるわけで、文章は彼らとの共同作品なのだ。チェックすることを「ケチを付ける」などとバカにする人もいるが、1彼らは優れた読み手である。文章を読むだけではなく、不特定多数の一般読者はこれをどう読むか、ということも読む。自分だけではなく一般的な読みまでも読み込むわけで、bその視点が入ることで文章cはひとりよがりを脱し、公共性や社会性を帯びる。彼らに読まれることによって言葉は練られ、開かdれていく。言葉は元来、読み手頼みの他力本願。世の中には優れた書き手などおらず、優れた校正者がいるだけではないかとeさえ私は思うのfである。

実際、日本最古の歴史書・文学書である『古事記』がそうだった。撰録《せんろく》した太安万侶《おおのやすまろ》は実は校正者なのである。上巻の「序《じょ》を并《あは》せたり」にこう記されている。

旧辞《ふること》の誤《あやま》り忤《たが》へるを惜しみ、先紀《さきつよのふみ》の謬《あやま》り錯《たが》へるを正さむ

（『古事記　新編日本古典文学全集1』小学館　一九九七年　以下同）

『古事記』以前に書かれていた『旧辞』と『先紀』のあやまりを正す。つまり彼は過去の文献を校正したのである。なんでも天皇が『旧辞』などを「討《たつ》ね覈《きは》め、偽《いつはり》を削《けつ》り実《まこと》を定めて、後葉《のちのよ》に流《つた》へむと欲《おも》ふ」と命じたgらしい。文章をよくよく調べて正し、虚偽を削除し、真実を定めて後の世に伝えたいということ。まさしく校正を命じたということなのだhが、実は『旧辞』や『先紀』などは、その存在がいまだに確認されていない。原本のどこをどう直したのかわからず、原本があるのかないのかすらわからiない。いずれにしても私たちにとって最初にあるのは校正を宣言した『古事記』。「はじめに言葉があった」と宣言する聖書と違って、日本では「はじめに校正があった」のだ。

歴史を校正するのではなく、2校正することが歴史を生む。考えてみれば、校正するからこそ「原本」や「誤り」「偽り」「真実」などのDガイネンも生まれるわけで、校正がなければ元も子もないのである。「原稿」も「原《もと》」とあるように「印刷したり発表したりする文章などの下書き」（『新大字典〈普及版〉』講談社　一九九三年）にすぎず、校正を前提としている。そもそも何かを書くというのも何かを正そうとしているようで、3すべては校正ではないだろうか。

しかし、校正者はその存在が忘れられがちである。校正の記録はEヒトクされるし、文章上も校正者が直したFコンセキは完全に消されている。はじめから誤りがなかったかのように。まるで著者がひとりで書いたかのように。それゆえ校正者が居ても居なくても世の中は変わらないように思われるのだが、ネットの普及によって彼らの不在が露呈している。

目をGオオうばかりの誤字脱字の氾濫。ひとりよがりを超えた罵詈《ばり》Hゾウゴンや事実関係を無視したデマのIタれ流し。間違えることが人間らしいという考え方もあるが、校正するからこその「間違い」なのであって、もはや間違いの自覚もない。最近では政府から国会に提出された法案も、その三分の一（二三法案と一条約）に一三四カ所ものミスがあったという（三月二五日時点）。「産業競争力強化法の改正案」などにミスがあったらしいが、改正ばかりに気をとられて校正をJオコタるからこのような事態に陥るわけで、4私としてはあらためて世間にこう訴えたい。

校正せよ。

（髙橋秀実「ことばの番人」より）

問一　傍線部**１**「彼ら」とあるが、筆者は、「彼ら」が筆者の文章をどうすると述べているか。解答欄に合うように八十字以内でまとめよ。

問二　傍線部**２**「校正することが歴史を生む」とあるが、なぜか。最も適切なものを次の**ア**～**オ**の中から選び、符号を記せ。

ア　私たちの確認できる最古の歴史書としての古事記に、私たちの確認できない古文書を直した記録だけが残っているから。

イ　今や原本があるかわからない古文書でも、後の世に伝えられた歴史書を複数たどれば、いつかは原本に近づけるから。

ウ　過去の文献をよく調べて正し、虚偽を削除し真実を定めることで、将来に引き継ぐことのできる記録ができるから。

エ　古事記の時代でも私たちの時代でも依然として校正作業には意義があり、校正の習慣は長い歴史をもつといえるから。

オ　歴史書を校正するという態度が長年保たれるおかげで、よりよい歴史書が絶えず私たちの手に届いているといえるから。

問三　傍線部**３**「すべては校正ではないだろうか」とあるが、なぜか。最も適切なものを次の**ア**～**オ**の中から選び、符号を記せ。

ア　読み手のチェックがなくては文章の質を向上させることはできないため、すべての書かれたものには読み手による校正が不可欠であるといえるから。

イ　何かを書くとき、書き手はその都度ものごとの正誤を判断して言葉にするはずで、書くことすべては書き手自身の校正の行為であるといえるから。

ウ　文章を発表した後の、取り返しのつかぬトラブルを避けるため、発表する文章すべてには書き手による事前の校正がほどこされているといえるから。

エ　歴史書にはすでに原本の失われた物もあり、確かめようがないこともあるので、歴史関係の書物は発表前に専門家がすべて校正することを前提とするから。

オ　原稿をずっと書き手の手もとに置いていてはだれもそれを読むことはできないため、すべての原稿が校正を経て印刷されることが望ましいといえるから。

問四　傍線部**４**「私としてはあらためて世間にこう訴えたい。／校正せよ。」とあるが、筆者のどのような思いが表現されているか、百字以内で説明せよ。

問五　波線部**Ａ**～**Ｊ**のカタカナを漢字に直せ。

問六　二重傍線部**ａ**「うまく書こうと力むからうまく書けないのだ」を、例にならって単語にわけよ。

例　私／は／中学生／だ。

問七　二重傍線部**ｂ**「その」、**ｃ**「は」、**ｄ**「れ」、**ｅ**「さえ」、**ｆ**「で」、**ｇ**「らしい」、**ｈ**「が」、**ｉ**「ない」は、次の**ア**～**ソ**のどれに該当するか。適切なものをそれぞれ選び、符号を記せ。ただし同じ符号を繰り返し用いても良いものとする。

ア　名詞　**イ**　接続詞　**ウ**　形容詞　**エ**　副詞　**オ**　連体詞　**カ**　形容詞の一部

キ　接続助詞　**ク**　副助詞　**ケ**　格助詞　**コ**　推定の助動詞　**サ**　様態の助動詞

シ　断定の助動詞　**ス**　受身の助動詞　**セ**　可能の助動詞　**ソ**　打消の助動詞

〈五十点〉

《二》次の文章と詩を読んで、後の問いに答えよ。（字数制限のある問題については、句読点も一字と数える。）

①僕がその詩人と出会ったのは、大学の学部を卒業してすぐの春、九州の中高一貫の男子校に就職した時のことだった。白髪交じりのボサボサの髪に、かなりフランクな服装は、何というか、「風変わり」を地でいくような出《い》で立ちで、時々校外を歩いている姿を見かけても、真っ直《す》ぐすいすい進んでいることはまずなくて、いろんなところに引っかかりながら、しかも地面から３センチくらい浮いている感じの不思議な歩き方をする人だった。その当時、実際は五十代半ばであったかと思うが、年齢不詳で、もの凄《すご》いおじいさんのようにも、その表情が子供のように見える時もあり、とにかく不思議な人だった。正直に言って「ええっ、この人ホントに先生？」などと思ってしまったが、それは全然嫌な感じではなく、寧《むし》ろ「凄いものを見ちゃっているな」というワクワク感とでもいえばよいのか、「こういう人、物語の世界じゃなくて現実の中にきちんといるんだ」という驚きとでもいえばよいのか、とにかく日々の生活の中でその人を見ながら小さな感動を積み重ねていた。更に、その人と机を並べて働くうちにどんどんとその存在を尊く感じていく自分を感じていた。教員というよりは、聖人や聖者とでもいえばいいのか（アッシジの聖フランシスコはこんな人だったよと言われれば、即座に納得していたと思う）、何というか、とにかく特別な方であった。

その詩人について述べておきたい想《おも》いやエピソードは山ほどあるけれど、今日はその詩を一つ紹介したい。

草と木と　　徳重敏寛

生きているっていう不思議さ
世界っていう不思議さの中に
今生きている。

木が生えていて、
座って
その木に倚《よ》っかかってる。
草が生えていて、
草と
木と
夕陽《ひ》を見ている。

――詩集『詩は鏡』（武蔵野書房刊）より――

この詩について、文芸評論家・月村敏行氏は以下のように語っている。

むろん、これは存在、存在性を生きる姿である。「時は過ぎてゆく」という、②「他人」との区別ある「人生を生きる」ことはまったき別天地を築く「生きる」姿なのだ。別言すれば、「在るっていう不思議」に詩人とともに出会っている。ただそのことは「生きる」と表出されねばならなかったのであって、詩人が自然や社会を存在、存在性において本当に生き抜いたことの賜物《たまもの》である。詩集全体がそういうことの誤《あやま》たない結実なのだ。

この意味から言えば、詩集そのものが、自己の存在性を生きることの不可能を代償に言語の存在性を生きざるを得なかった、いわゆる戦後詩とははっきりとA一線を画するものである。戦後詩におけるような難解な詩語、詩行でなく、日常のやさしい詩語、詩行の実現は詩人が自己の存在性を明確に生き抜いたことの秘密を示している。若かった姿からこの詩集を編むまでの四十五年間余において「時は過ぎ」たのではなく、時が時として顕《あら》われただけなのだ。このことを詩人との長いつき合いを通じて証言できるのは、私自身、B以《もっ》て瞑《めい》すべきであろうか。

月村氏は、詩人と大学で十九歳の時に出会ってからの友人で、それが解説文中の「若かった姿からこの詩集を編むまでの四十五年間余」や「詩人との長いつき合いを通じて証言できる」などといった表現に繋《つな》がっている（因《ちな》みに第三詩集である『詩は鏡』が出版されたのは、今から二十年前のことになってしまった）。月村氏は、評論家として、そして友人として、この詩人の本質を明確に掴《つか》んで示してみせるだけでなく、戦後詩の限界や、詩というものが本来持っている可能性について、言及している。

そして、僕は詩人の詩集とこの跋《ばつ》文を読んだ後で、別の詩人による一つの詩を思い出した。僕が二十歳過ぎの頃からずっと大切にしてきた詩だ。そして、この詩もまた、③戦後詩の陥った病からは遠くに在る詩の一つであるだろう。示されているテーマは必ずしも「合同」ではないが、あらゆる付加価値を捨象した生の原型を描いている点で「相似」形をなしている。唐突だが以下に引用してみよう。

伝説　　会田綱雄

湖から
蟹《かに》が這《は》いあがってくると
わたくしたちはそれを縄にくくりつけ
山をこえて
市場の
石ころだらけの道に立つ

④蟹を食うひともあるのだ

縄につるされ
毛の生えた十本の脚で
空《くう》を掻《か》きむしりながら

蟹は銭になり
わたくしたちはひとにぎりの米と塩を買い
山をこえて
湖のほとりにかえる

ここは
草も枯れ
風はつめたく
わたくしたちの小屋は灯《ひ》をともさぬ

くらやみのなかでわたくしたちは
わたくしたちのちちははの思い出を
くりかえし
くりかえし
わたくしたちのこどもにつたえる
わたくしたちのちちははも
わたくしたちのように
この湖の蟹をとらえ
あの山をこえ
ひとにぎりの米と塩をもちかえり
わたくしたちのために
熱いお粥《かゆ》をたいてくれたのだった

わたくしたちはやがてまた
わたくしたちのちちははのように
痩せほそったちいさなからだを
かるく
かるく
湖にすてにゆくだろう
そしてわたくしたちのぬけがらを
蟹はあとかたもなく食いつくすだろう
むかし
わたくしたちのちちははのぬけがらを
あとかたもなく食いつくしたように

⑤それはわたくしたちのねがいである

こどもたちが寝いると
わたくしたちは小屋をぬけだし
湖に舟をうかべる
湖の上はうすらあかるく
わたくしたちはふるえながら
やさしく
くるしく
むつびあう

——詩集『鹹湖《かんこ》』（緑書房刊）より——

僕らは当たり前のように毎日を生きている。でもそれは、本当は、「当たり前」じゃない。僕らの暮らすこの小さな世界の中にさえ、数多《あまた》の小さな奇蹟《せき》が散り嵌《ば》められている。僕らの毎日は、幸せなことばかりじゃないかもしれない。でも、不幸せばかりでもない。それをどう捉えるかで、この世界はその姿を全く別のものにしてしまう。

どこか遠くに特別な世界があるんじゃない。些《さ》細な付加価値に彩られた人生を求めることが本当に幸せなのかはわからない。ある日突然僕がスーパーマンになれるわけじゃない。それはみんなわかっている。そして、この世界こそが、——たとえコロナ禍《か》で苦しむ世界であっても、たとえ自然の猛威に戦《おのの》きながら生きていかざるを得ない世界であっても、子供たちが教室で配られた冷たい牛乳をゴクゴクと美味《おい》しそうに飲み干す、この世界こそが、——他でもない、僕達《たち》にとっての「約束の地カナン」なんだ。

そう思いながら、この小さな世界で、ありのままの生を引き受けつつ、今できることを精一杯してゆく。それは多分、ものすごく「幸せ」なことなんじゃなかろうか。

問一　傍線部①「僕がその詩人と出会ったのは」とあるが、この文章が書かれた時点の「僕」（筆者）と「その詩人」の年齢はおよそ何歳くらいであるか。最も適切なものを次の**ア**〜**キ**の中からそれぞれ選び、符号を記せ。

ア　三十五歳くらい　**イ**　四十五歳くらい　**ウ**　五十五歳くらい　**エ**　六十五歳くらい
オ　七十五歳くらい　**カ**　八十五歳くらい　**キ**　九十五歳くらい

問二　波線部**A**「一線を画する」、**B**「以《もっ》て瞑《めい》すべき」の意味として最も適切なものを次の**ア**〜**オ**の中からそれぞれ選び、符号を記せ。

A　一線を画する
- **ア**　相互の関係性を探る
- **イ**　完全に同一視する
- **ウ**　はっきり区別する
- **エ**　大きく転換する
- **オ**　繋《つな》いで考える

B　以て瞑すべき
- **ア**　判然としないはず
- **イ**　それで満足すべき
- **ウ**　少しためらうはず
- **エ**　哀悼の意を表すべき
- **オ**　忸怩《じくじ》たる思いを抱くはず

問三　傍線部②『他人』との区別ある『人生を生きる』こと」とほぼ同じことを言っている表現を、文中から二十字前後で抜き出して記せ。

問四　傍線部③「戦後詩の陥った病」とは、どのような状態を指して言うのか。本文の内容に即して五十字以内でわかりやすく説明せよ。

問五　傍線部④「蟹《かに》を食うひともあるのだ」とあるが、詩の語り手はなぜそのように言うと考えられるか。詩の内容を踏まえた上で、最も適切なものを次の**ア**〜**オ**の中から選び、符号を記せ。

ア　市場のある町では蟹は滅多《めった》に捕まえることが出来ず、とても高価で簡単には購入できないものだから。
イ　世間にはいろいろな考え方があり、多様な食文化を認めるべきだと、こどもたちに伝えたいから。
ウ　この蟹は姿かたちが気持ち悪く、食べるべきではないという先祖からの言い伝えがあるから。
エ　人の亡骸《なきがら》を食べて大きくなる蟹を食べることは、自分には受け入れ難《がた》いことだったから。
オ　湖で獲れる蟹は海で獲《と》れる蟹に比べて味がよくないことを、経験上知っていたから。

問六　傍線部⑤「それはわたくしたちのねがいである」とあるが、「それ」とはどういうことか。詩全体の内容を踏まえて、五十字以内でまとめよ。

問七　二つの詩から読み取れることに、筆者はどのような共通点を見出《いだ》しているか。四十字以内でまとめよ。

〈三十点〉

《三》　次の文章を読んで、後の問いに答えよ。

昔、晴明が土御門《つちみかど》の家に老い白《しら》みたる①老僧来たりぬ。十歳ばかりなる童部《わらはべ》二人具したり。晴明、「何ぞの人にておはするぞ」と問へば、「播磨国《はりまのくに》の者にて候《さぶら》ふ。陰陽師《おんやうじ》を習はん志にて候ふ。この道に殊《こと》にすぐれておはします由《よし》を承りて、少々習ひ参らせんとて参りたるなり」といへば、晴明が思ふやう、「この法師は、かしこき者にこそあるめれ。我を試みんとて来たる者なり。②それに悪《わろ》く見えては悪《わろ》かるべし。この法師少し引きまさぐらん」と思ひて、「供なる童部は、式神を使ひて来たるなめりかし。式神ならば召し隠せ」と心の中に念じて、袖《そで》の内にて印を結びて、ひそかに③呪《じゅ》を唱ふ。さて法師にいふやう、「④とく帰り給ひね。後《のち》によき日して、習はんとのたまはん事どもは教へ奉らん」といへば、法師、「⑤あら、貴《たふと》」といひて、手を摺《す》りて額《ひたひ》に当てて立ち走りぬ。

「⑥今は往《い》ぬらん」と思ふに、法師とまりて、⑦さるべき所々、車宿《やどり》など覗《のぞ》き歩《あり》きて、また前に寄り来ていふやう、「この供に候ひつる童の、二人ながら失ひて候ふ。それ賜《たまは》りて帰らん」といへば、晴明、「御坊は希有《けう》の事いふ御坊かな。晴明は何の故に、人の供ならん者をば取らんずるぞ」といへり。法師のいふやう、「さらに⑧あが君、⑨大きなることわり候ふ。さりながら、ただ許し給《たまは》らん」と詫《わ》びければ、「よしよし、御坊の、人の試みんとて、式神使ひて来るが、うらやましきを、ことに覚えつるが、異人《ことひと》をこそさやうには試み給はめ、晴明をばいかでさる事し給ふべき」といひて、物よむやうにして、しばしばかりありければ、外の方より童二人ながら走り入りて、法師の前に出《い》で来ければ、その折《をり》、法師の申すやう、「まことに試み申しつるなり。⑩使ふ事はやすく候ふ。人の使ひたるを隠す事は、さらにかなふべからず候ふ。今よりは、⑪ひとへに御弟子になりて候はん」といひて、懐《ふところ》より名簿《みやうぶ》引き出でて取らせけり。

（『宇治拾遺物語』巻第十一より）

語注　晴明——安倍晴明。土御門大路に住んでいた、平安時代を代表する陰陽師。陰陽師とは、宮中の官職の一つ。また、不思議な術を用いる者。
陰陽師を習はん志——陰陽師の術を習おうという気持ち。　式神——陰陽師の命令に従い、様々なことに使役される神秘的なもの。
希有の事——とんでもない事。　名簿——師または主人として仕える相手に服従を誓う証拠として提出した名札。

問一　傍線部①「老僧来たりぬ」とあるが、来たのはどうしてか。説明せよ。

問二　傍線部④「とく」、⑪「ひとへに」の意味として最も適切なものを次の**ア**～**オ**の中からそれぞれ選び、符号を記せ。

④　とく
- **ア**　特に
- **イ**　直《す》ぐ
- **ウ**　突然
- **エ**　遠く
- **オ**　今は

⑪　ひとへに
- **ア**　自分から
- **イ**　むりやり
- **ウ**　いちどは
- **エ**　ひたすら
- **オ**　今度こそ

問三　傍線部③「呪《じゅ》を唱ふ」と同様の行動をしている箇所を探し、抜き出して記せ。

問四　傍線部②「それに悪《わろ》く見えては悪《わろ》かるべし」、⑤「あら、貴《たふと》」、⑥「今は往《い》ぬらん」、⑨「大きなることわり候《さぶら》ふ」の訳として最も適切なものを次の**ア**～**オ**の中からそれぞれ選び、符号を記せ。

②　それに悪く見えては悪かるべし
- **ア**　そういう者に良くないように思われるのは本当の悪人だ。
- **イ**　それにしても悪く見られるのは実に責任重大に違いない。
- **ウ**　そういう者に悪人に見られるのは当然悪い結果になろう。
- **エ**　そういう者に馬鹿にされるようでは後々良くないだろう。
- **オ**　それにしても外見が悪かったら世間の評判まで悪くなる。

⑤　あら、貴
- **ア**　おお、ありがたや。
- **イ**　あれ、貴重なのか。
- **ウ**　おお、高貴だなあ。
- **エ**　あれ、珍しい事だ。
- **オ**　おお、大変な事だ。

⑥　今は往ぬらん
- **ア**　現在誰も行ってない。
- **イ**　今ではもう皆いない。
- **ウ**　もう帰った頃だろう。
- **エ**　もはや住んでいない。
- **オ**　今となってはおそい。

⑨　大きなることわり候ふ
- **ア**　全くその通りです。
- **イ**　あなたとは絶交だ。
- **ウ**　絶対に嫌なのです。
- **エ**　腹を割って話そう。
- **オ**　本当にすみません。

問五　傍線部⑦「さるべき所々、車宿《やどり》など覗《のぞ》き歩《あり》きて、また前に寄り来て」とあるが、何をしているのか。説明せよ。

問六　傍線部⑧「あが君」とは誰のことか。文中から抜き出して記せ。

問七　傍線部⑩「使ふ事はやすく候ふ。人の使ひたるを隠す事は、さらにかなふべからず候ふ」とあるが、どういうことか。説明せよ。

〈二十点〉

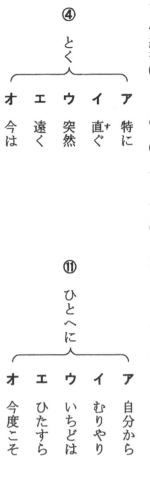

2022年度 ラ・サール高等学校入学試験問題 数学 (90分 100点) No.1

1 次の各問に答えよ。(16点)

(1) $\left(-\dfrac{1}{3}xy^2\right)^3 \div (-2xy)^2 \times 6x^2y$ を計算せよ。

(2) 連立方程式 $\begin{cases} \dfrac{3}{4}x-\dfrac{1}{2}(y+1)=1 \\ \dfrac{1}{3}(x+1)+\dfrac{3}{4}(y-1)=9 \end{cases}$ を解け。

(3) 2次方程式 $(5x+3)^2+(5x+3)(3x-2)-2(3x-2)^2=0$ を解け。

(4) $a^2-4b^2-c^2+4bc$ を因数分解せよ。

2 次の各問に答えよ。(32点)

(1) 正の数 $x,\ y,\ z$ が $x=y(z+2)=(x+y)z$ を満たしているとき, z の値を求めよ。また $\dfrac{y}{x}$ の値を求めよ。

(2) 右図のように, 2直線 $\ell,\ m$ は点Aで垂直に交わり, ℓ は放物線 $y=3x^2$ と2点B, Cで交わっている。直線 ℓ の方程式は $y=ax+6$, 直線 m の方程式は $y=2x+b$, 点Aの x 座標は5である。このとき, 次を求めよ。

(i) 定数 $a,\ b$ の値

(ii) 2点B, Cの座標

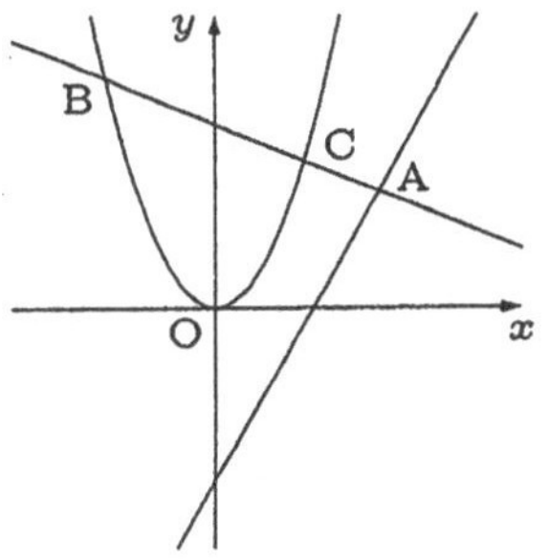

(3)

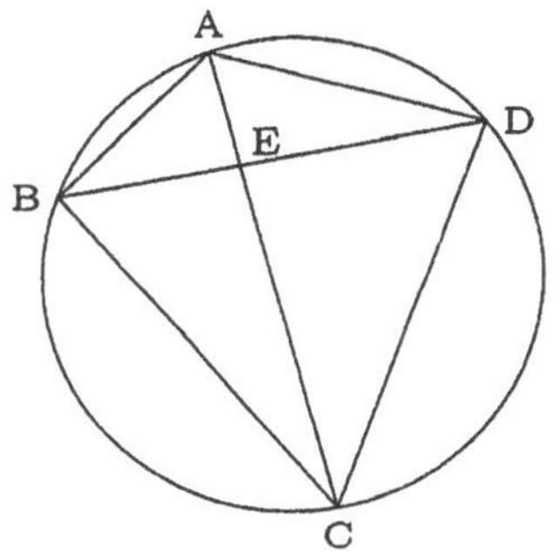

左図で, 円に内接する四角形ABCDは AB = 3, BC = CD, DA = 5, ∠BCD = 60° を満たしている。このとき, 次を求めよ。

(i) 対角線AC, BDの長さ

(ii) ACとBDの交点をEとして, 線分の長さの比 AE : EC

(4) 右図において, △ABCは AB = AC = 1, ∠BAC = 120° の二等辺三角形である。∠ABCの二等分線と辺ACの交点をDとし, CD = CE となる点Eを辺BC上にとる。次に, 辺BC上に DE // AF となる点Fをとり, AFとBDの交点をGとする。このとき, EFの長さと△AGDの面積を求めよ。

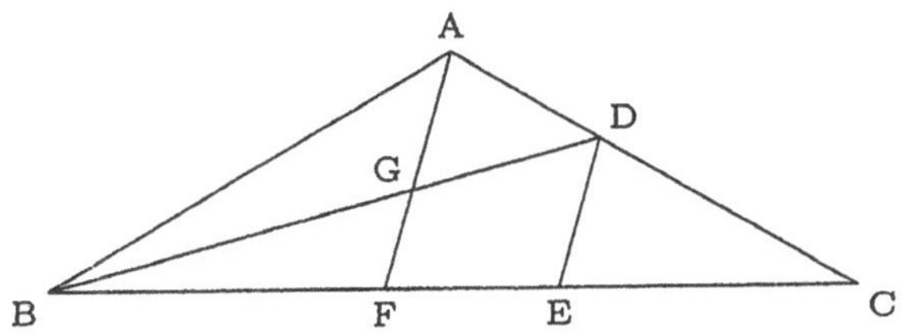

3 人口10000人のA町では, ある病気に対し, ワクチンを2週間あけて1人に2回接種する。7月1日の時点で町民全体の p %が, 1回または2回のワクチン接種を終えていた。7月1日の時点で1回も接種していなかった町民の p %と1回だけ接種していた町民の p %が, 7月8日までに接種した。A町では人口の増減はなかったものとして, 次の各問に答えよ。(14点)

(1) 7月8日の接種が終わった時点で1回も接種していない町民の人数を p を用いて表せ。

(2) 7月8日の接種が終わった時点で2回接種した町民と1回だけ接種した町民が, それぞれ1600人, 2775人であった。このとき, p の値, および7月1日の時点で既に2回接種済みの町民の人数を求めよ。ただし, 途中経過もかけ。

2022年度 ラ・サール高等学校入学試験問題 数学 (90分 100点) No.2

4 図のように, $AB = 12$, $AD = 8$ の長方形 ABCD があり, 辺 CD の中点を E とする。2点 P, Q は同時に A を出発し, 点 P は長方形の辺上を A → B → C と毎秒 2 で進み, 点 Q は線分 AE 上を A → E と毎秒 1 で進む。このとき, 出発してから t 秒後の $\triangle APQ$ の面積を S として, 次の各問に答えよ。(12点)

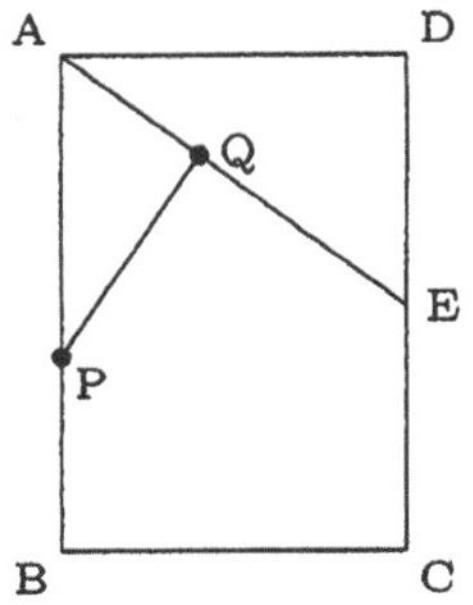

(1) $0 \leqq t \leqq 6$ のとき, S を t で表せ。

(2) $6 \leqq t \leqq 10$ のとき, S を t で表せ。

(3) $\triangle APQ$ の面積が台形 ABCE の面積の $\dfrac{3}{8}$ になるときの t の値を求めよ。

5 2022 のように, 4桁の整数で下2桁 (＝の部分) が上2桁 (＿の部分) よりも 2 大きいものを考える。次の各問に答えよ。(12点)

(1) 3 の倍数は全部で何個あるか。

(2) 12 の倍数をすべて求めよ。

6

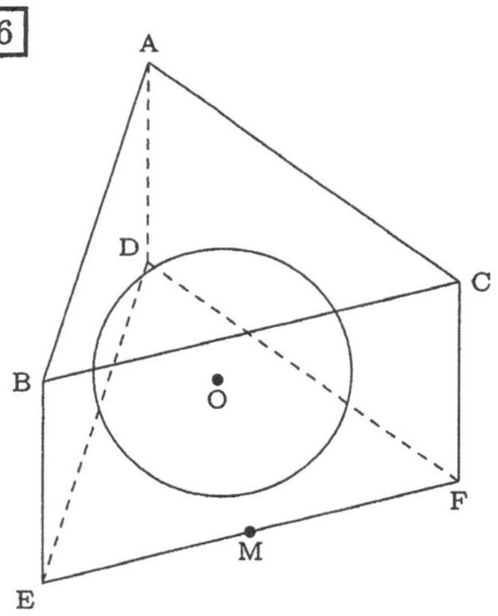

図のように, $AB = AC = 13$, $BC = 10$ である $\triangle ABC$ を底面とする三角柱 ABC − DEF がある。この三角柱のすべての面に, 中心 O の球が接している。さらに 辺 EF の中点を M とする。次の各問に答えよ。(14点)

(1) $\triangle ABC$ の面積と球 O の半径を求めよ。

(2) $\triangle AOM$ の面積を求めよ。

(3) 3点 A, E, F を通る平面で球 O を切るとき, その切り口の面積を求めよ。

時間：70分　問題用紙は3枚、解答用紙は2枚ある。[1]、[2]の解答は解答用紙 No. 1 に、[3]、[4]の解答は No. 2 に記入せよ。
試験を開始してから約5分後に[1]に関する放送を始める。

※音声は収録しておりません

[1] This is the 2022 La Salle Entrance Examination Listening Test.　There are three parts to the test.

Part 1
You will hear five short conversations.　Choose the best reply for each one.　Write a, b or c.

Part 2
You are going to hear a conversation in a barbershop.　Choose the best answer to complete each sentence a, b or c.

1. Sylvia works at the __.
   a) bakery　　b) post office　　c) bank

2. Dell is getting married at __ Church.
   a) St Mary's　　b) St Stephen's　　c) St Earl Grey's

3. Dell wants his hair to be __.
   a) blonde　　b) brown　　c) grey

4. Dell and Sylvia's honeymoon will be in __.
   a) Wales　　b) Italy　　c) L.A.

5. Dell pays __ for his haircut.
   a) £2　　b) £4　　c) £8

6. The next bus leaves at __.
   a) 2:30　　b) 3:00　　c) 3:30

7. Dell tries to get to the church by __.
   a) bus　　b) taxi　　c) skateboard

Part 3
Listen to a nature documentary.　Complete the sentences with the missing information.　Write <u>one word</u> or <u>a number</u>.

1. The cave is the ____________ in Nigeria.

2. Dirk has heard old ____________ about the frog.

3. The water is up to Dirk's ____________.

4. Inside the cave there is a smell of ____________ sports socks.

5. Something is swimming ____________ his feet.

6. The snake's bite takes ____________ seconds to kill an elephant.

7. The frog is the same size as a ____________.

8. Dirk wants to see his ____________.

[2] 以下の指示に従って設問に答えよ。使用した語数も書くこと。解答用紙に印刷されている語は含まない。
Here is part of an email you received from your English friend, Barry.

If you go to La Salle, which school club are you going to join, and why?

- **Write an email to your friend answering his question.**
- **Write 60-70 words.**

［3］次の英文を読んで下の A～H の設問に答えよ。解答に固有名詞を含む場合は英語表記でよい。

A company called Neuralink has shared a video which appears to show a monkey playing a video game. That's fairly unusual, but what makes the video even stranger is that the monkey is playing the video game with just its (1).

Neuralink is a company owned by Elon Musk, who also owns the car company Tesla and the rocket company SpaceX. Neuralink is working to develop *devices that could allow people to control things using just their brains. It sounds like something from (2) movie, but Neuralink is already showing progress in doing similar work with other animals, like pigs.

The monkey in the video is called Pager, and he has two of Neuralink's special "Link" devices inside his brain. The devices were planted in Pager's brain by a surgeon. These devices are connected to 2,048 wires 3 ア movements イ of Pager's brain ウ that control エ to the parts オ which lead of the arms and hands. Scientists taught Pager to play a video game. They used a banana smoothie as a special treat to reward him when he played the game correctly. Soon Pager was eager to play well in order to get more smoothie.

At first, Pager controlled the video game using a joystick, which is a normal gaming controller. But as Pager played, his "Link" devices wirelessly sent out information about the signals his brain was using to control his arms and hands. Neuralink's scientists recorded all of 4these signals.

Then they used computers to match up the signals from Pager's brain to the movements that his hands were actually making. 5This was challenging work and the scientists had to use artificial intelligence (AI) to help them decode Pager's brain signals.

The final step was to have a computer make moves in the video game as if Pager had actually moved the joystick. If Pager thought about moving the joystick up, the computer would send an "up" signal to the video game. 6At first, the researchers let Pager keep moving the joystick with his hand, even though it was connected to the computer. But soon Pager was able to play the video game using just his brain.

Even though Neuralink's work right now focuses on animals and video games, there's a very serious purpose behind it. 7Neuralink wants to make it possible for humans who have lost the ability to control their bodies to communicate and connect with the world around them.

Mr. Musk says that in the near future Neuralink hopes to allow a paralyzed person to control a smartphone just by thinking. He believes they'll be able to do it faster than someone who is using their hands. The next step would be to allow them to control a computer.

When people are paralyzed, it's often because the brain has lost the ability to send signals to different parts of the body. Neuralink hopes that one day in the future, its system will allow (8).

*a device: a machine or tool that does a special job

A. 文章全体の内容をふまえて、空所 1 に入れるのにもっともふさわしい語を次から選び、解答欄の記号を○で囲め。
　ア eyes　イ hands　ウ joystick　エ mind

B. 空所 2 に入れるのにもっともふさわしい語句を次から選び、解答欄の記号を○で囲め。
　ア an action　イ an adventure　ウ a science fiction　エ a suspense

C. 下線部 3 の語句を適切に並べ替え、解答欄にその順番で記号を書け。

D. 下線部 4 の内容を日本語で説明せよ。

E. 下線部 5 の内容を日本語で説明せよ。

F. 下線部 6 から not を抜いてある。not を入れるのにもっともふさわしい場所の直前と直後の 1 語ずつを書け。

G. 下線部 7 を和訳せよ。

H. 空所 8 に入れるのにもっともふさわしいものを次から選び、解答欄の記号を○で囲め。
　ア paralyzed people to use their arms or legs again
　イ any animal to communicate using a smartphone
　ウ better video games to be developed
　エ Elon Musk to create a robot using AI

［4］フィッシュアンドチップスに関する次の英文を読んで下のA～Hの設問に答えよ。

Long before the Big Mac was invented, Britain had its own national form of fast food.

"When I was a young man, it was the sort of thing you'd have once or twice a week," remembers 82-year-old Arthur Mowbrey. "Sixty years ago, you'd get a large amount of cod and chips for just sixpence. It was cheap, and good."

Fish and chips was a full meal that you could eat in the street on your way home from work, or during your lunch break. 1Wrapped in newspaper, it would keep warm to the last chip, even on the coldest days of the year.

In the last quarter of a century, things have changed.

"It's not so popular with young people these days," says Lizzie, a teenager. "Most of the time, if young people want to eat out, they'll go for a hamburger or something like that, or Chinese food. Fish and chips is a bit old-fashioned really, I suppose. But there are still cheap chip shops around. I had fish and chips about three weeks ago. We sometimes have it at home, and we go and get it from the chip shop. 2It saves cooking!"

Thousands of chip shops, however, have disappeared in the last twenty-five years. Some have been (3a) into Chinese or Indian take-aways, while others have just closed. They have (3b) best in seaside towns, where the fish is really fresh, and people visit them more as a tradition than for any other reason.

Yet nothing, perhaps, can save all fish and chip shops from dying out. Fish and chips wrapped in newspaper is already just (4). British and European health laws no longer allow food to be wrapped in old newspaper, so today's take-away chip shops use new paper or styrofoam cartons. Of course, you can still eat fish and chips with your fingers if you want, but there are now plastic throw-away forks for those who don't want to get oily (5)!

In spite of these changes, the classic fish and chip shop could disappear from British streets in a few years' time, for a completely different reason: a lack of fish. As a result of modern industrial fishing, some types of fish are at a risk of dying out in the North Sea and Atlantic. "Overfishing in the North Sea has reached crisis levels," say Greenpeace. For over twenty years, experts have been trying to solve 6the fish problem, but with little success. *Quotas have been introduced, but each time there are new restrictions, fishermen in Britain, France, Spain and other countries protest, because jobs are lost.

Sadly, these are very difficult problems to solve, and unless there are strict quotas, thousands of European fishermen could lose their jobs, as there will be few fish left to catch (at least, few of the kinds of fish that people want to eat). One way or the other, sea fish will become (7a), and therefore (7b).

The disappearance of the British fish and chip shop is probably going to continue. Fish and chips, however, will survive as a speciality in pubs and restaurants, and in new up-market fish restaurants. Comfortable, more expensive fish restaurants, with chairs and tables, have existed for a long time of course, alongside take-away fish and chip shops. In the years to come, 8they may be the only type of fish and chip restaurant to survive.

*a quota: the amount of fish that fishermen are allowed to catch

A. 下線部1をitが指すものを明示して和訳せよ。

B. 下線部2はどういうことを述べているか、日本語で簡潔に説明せよ。

C. 空所3a、3bに入れるのにもっともふさわしい動詞をそれぞれ下の語群から選び、必要ならば形を変えて書け。

(3a)　break　look　run　turn

(3b)　sell　smell　survive　taste

D. 空所4に入れるのにもっともふさわしい表現を次から選び、解答欄の記号を○で囲め。

ア　a dream of the future

イ　a gift people gave in the past

ウ　a good way of making money in the future

エ　a memory of the past

E. 空所5に入れるのにもっともふさわしい語を同じ段落から抜き出して書け。

F. 下線部6の内容を20字以内の日本語で説明せよ。ただし、句読点も字数に含める。

G. 空所7a、7bに入れるのにもっともふさわしい語句の組み合わせを次から選び、解答欄の記号を○で囲め。

ア (7a) rarer　(7b) less expensive　　イ (7a) rarer　(7b) higher-priced

ウ (7a) more common　(7b) cheaper　　エ (7a) more common　(7b) more costly

H. 下線部8の指す内容を20字程度の日本語で書け。ただし、句読点も字数に含める。

2022 年度　リスニング問題　〈スクリプト〉

※音声は収録しておりません

Part 1

You will hear five short conversations. Choose the best reply for each one. Write a, b or c.

1. How old is your kitten now, Doris?
   (a) It's great, thanks.
   (b) It's the smallest one.
   (c) Thirteen weeks.

2. I like going on vacation.
   (a) Me too.
   (b) Neither do I.
   (c) I am too.

3. Is there a tennis court at the sports center?
   (a) When do you go there?
   (b) Yes, it's a really nice one.
   (c) All right, that's excellent.

4. Where did you go to eat yesterday?
   (a) They're the nicest ones.
   (b) We ate at a restaurant.
   (c) It's for our dinner.

5. That T-shirt looks really nice on you.
   (a) Can I try it on?
   (b) I need to buy one too.
   (c) Thanks. I bought it last week.

Part 2

You are going to hear a conversation in a barber shop. Choose the best answer to complete each sentence a, b or c.

Barber: Hello Dell. Long time no see.　How's life?

Dell: Not so bad Rodney.　I'm getting married this afternoon.

Barber: To the girl who works in the bank or is it the one who works in the post office?

Dell: Neither.　I broke up with the girl at the bank about 2 months ago and the girl from the post office went abroad.　It's the girl who works in the bakery.

Barber: Oh, you mean Sylvia?　She's a sweetheart, always gives me an extra doughnut when I buy a box of six for the family.

Dell: Yeah, she's lovely.　Anyway, I've got to be at the church at 3pm.

Barber: Oh, I see.　So, you need a haircut.　How would you like it? Same as usual?　2 centimetres off the back and 1 off the sides?

Dell: No, I'd like it the other way round, and half a centimetre off the top too.

Barber: So, where are you getting married?　Up at St. Mary's Church?

Dell: We were going to get married there, but it burnt down in a fire last month.　Then we looked at St. Stephen's, but that was too expensive.　So now we're getting married at St. Earl Grey's.

Barber: Speaking of grey…would you like to look a little younger?　I could add some colour – how about a light brown or a dark brown?

Dell: Well, Sylvia's blonde…so, can I have it the same as hers?

Barber: Certainly sir.

Barber: So where are you going on your honeymoon?

Dell: Well, we're going to Wales for a week.　Our first choice was LA, but the flights were fully booked. Then Sylvia suggested Italy, but I told her that I'd already been there with the girl from the post office.

Barber: Brave man.　Anyway, are you happy with how I've cut your hair?

Dell: Yeah, looks fantastic! Thanks Rodney.　Sylvia will love it.　How much is it?

Barber: It's usually £8, but for a wedding present, you can have it for half-price.

Dell: Really?　Thanks.　Here's £2.

Barber: Erm, I said half-price.

Dell: Oops, sorry.　Here's another £2.

Barber: By the way, how are you planning to get to the church by 3pm?

Dell: I'm getting the 2:30 bus. Why?

Barber: Urm…you've just missed it.

Dell: What? When's the next one?

Barber: An hour from now.

Dell: Mamma Mia! How am I going to get there on time? Can you call me a taxi?

Barber: It'll take too long…here's my grandson's skateboard. (Barber bell again) (some outside noise) You're lucky it's downhill all the way to the church. But watch out for the old woman (shriek). Don't hit the dog. (bark) Oh my god! Mind the bus. (crash) Oooh! Looks like he caught the 2:30 after all.

Part 3

Listen to a nature documentary. Complete the sentences with the missing information.
Write <u>one word</u> or <u>a number</u>.

Narrator: This is the last video log that the world-famous explorer, Dirk Murdoch, made before he disappeared in December last year.

You join me twenty-five meters underground in the largest cave in Nigeria. I'm searching for the yellow-eyed Nigerian cave frog that was last seen in 1965 by the Nobel Prize-winning scientist Chuck Derwin. There are old stories that say if you touch the skin of the frog you will be able to see into the future. And I'm here today to find the frog…and the truth.

I'm moving deeper into the cave. The ice-cold water is now up to my knees, and even with this flashlight I can't see more than two feet ahead. Oh! What's that terrible smell? It smells like dirty sports socks. And I can hear something. It's coming towards me. It's getting closer. And now it's swimming between my feet…I'm reaching down…wait, I've got it! Let's see what it is. Oh, it's just the deadly West African water snake. One bite can kill an elephant in thirty seconds. Good thing I'm not an elephant. I think I'll follow it. It might lead me to the frog.

I can see a pair of bright, yellow eyes in the darkness watching me. I'm going closer. I'm really close now. Woo-hoo! I've finally found it. Oh, it's beautiful, and it's much larger than I thought – as big as a pumpkin. I need to touch it. I'm reaching out. Let me see

my future…I can see…

Narrator: Unfortunately, that's where the video ends, and we haven't heard from Dirk since. Dirk, if you're out there, let us know you're OK…and tell us what happens in the future.

令和４年度　ラ・サール高等学校　入学試験問題　理科　（５０分）

注意：１．解答はすべて解答用紙に記入せよ。
　　　２．いくつかの中から選ぶ場合は，記号で答えよ。特に指示のない場合は１つ答えよ。

【１】

次の文を読んで以下の問いに答えよ。

ヒトの血液の成分は細胞からなる（　ア　）と透明な液体である（　イ　）に大きく分けられる。（　ア　）は，酸素を運ぶ（　ウ　），細菌などの異物を除去する（　エ　），出血した血液を止める（　オ　）などがある。（　イ　）は血管の壁を通り抜けて（　カ　）となり，全身の細胞を満たす。

（1）空らん（　ア　）～（　カ　）に当てはまる語句を答えなさい。

（2）細胞の排出する二酸化炭素を最も多く運ぶ血液成分はなにか。名称で答えよ。

（3）（　ウ　），（　エ　），（　オ　）のうち，最も小さなものはどれか。名称で答えよ。

成人男性の血液を顕微鏡で観察すると（　ウ　）が非常に多く見えた。そこで，その数を調べるために，細胞の数を数えることができる特殊なスライドガラスを用いて観察を行った。図１はその模式図である。このスライドガラスにはスライドガラスの表面とカバーガラスの間隔がちょうど 0.1 mm となるように突起がつけられている。また，中心部には図２に示すように，格子状に 1 mm を５等分する枠が印刷されている。細胞を含む溶液をスライドガラスとカバーガラスの間にピペットを用いて隙間なく注入し，区画内の細胞を数えることで細胞の数を計算することができる。

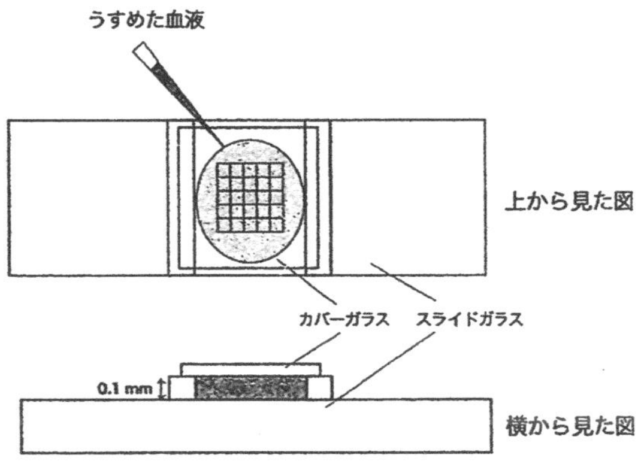

図１

この血液を適当な濃度の食塩水で 200 倍にうすめ，このスライドガラスを用いて観察すると，格子の一区画あたり平均 96 個の（　ウ　）が観察された。なお，一区画の面積は斜線で示した部分とする。

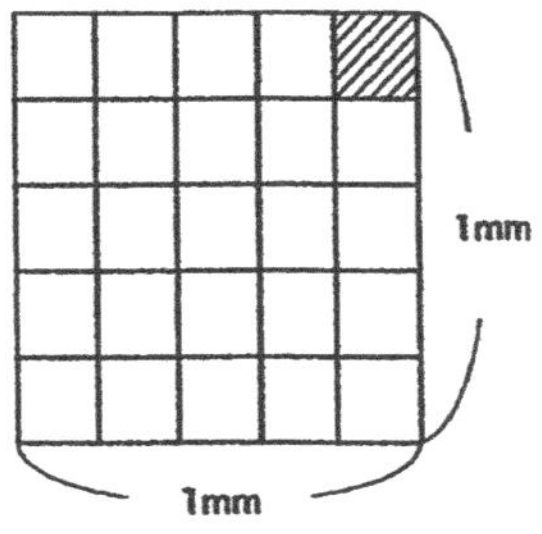

図２

（4）うすめる前の血液中の（　ウ　）は $1\ \mathrm{mm}^3$ あたり何万個含まれるか。

（5）（　ウ　）の寿命を 120 日，ヒトの血液量を 5 L としたとき，１日あたり何億個の（　ウ　）が作られなければならないか。なお，（　ウ　）の数は常に一定に保たれているとする。

血液の循環は心臓の収縮と拡張によって起こる。図３のグラフは安静時における左心室の圧力と容積の変化を示したものである。なお，グラフは反時計回りに一周すると一回の心拍が行われたことを示している。また，mmHg は圧力の単位である。

左心室の入り口と出口には弁があり，心臓の筋肉の収縮リズムに合わせて開閉する。左心室の収縮と拡張は以下の４つの段階に分けられる。

Ⅰ．心室の筋肉の収縮とともに心室内の血液の圧力（血圧）が上昇するが，出口の弁は閉じたままであり，心室内の容積は変化しない。

Ⅱ．心室の筋肉がさらに収縮すると心室の出口の弁が開き，血液が送り出される。

Ⅲ．心室の筋肉が緩み，心室内の血圧が低下する。

Ⅳ．心室内の血圧が，左心房の血圧よりも低くなると心室の入り口の弁が開き，左心房から血液が流れ込む。

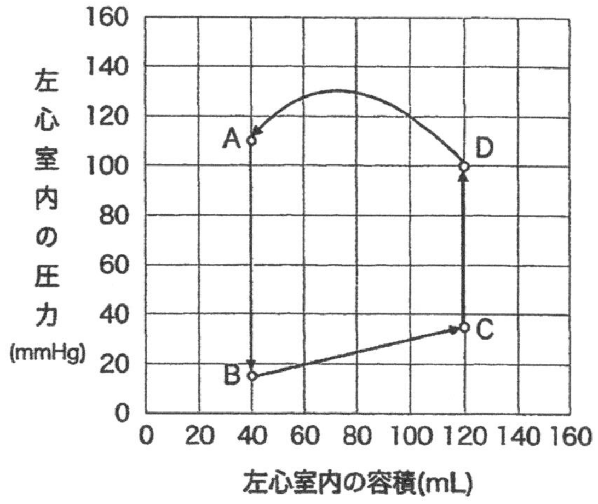

図3

（6）段階Ⅱを示しているのはグラフ中のどの区間にあたるか。適切なものを次から選べ。
　ア．A→B　　イ．B→C　　ウ．C→D　　エ．D→A

（7）心拍数が毎分 60 回の時，１分間に左心室から送り出される血液量は何 mL か。

（8）右心室の収縮と拡張も左心室と同様の過程で行われる。安静時に一回の心拍によって，「右心室から送り出される血液量」と「左心室から送り出される血液量」を比べるとき，適切なものを次から選べ。
　ア．右心室からの血液量の方が多い。
　イ．左心室からの血液量の方が多い。
　ウ．右心室からの血液量と左心室からの血液量は同じである。

【2】

ＬＳ高校のソラ君，ウミ君，リク君の会話である。

ソラ「教室の窓からよく見えるスターアイランドという島があるだろう。ここで，１週間程前に珍しい①アンモナイトの化石が見つかったらしい。」

ウミ「本当か。掘りに行きたいね。」

ソラ「それで今，計画を立てているところだ。」

といって，ソラ君はスターアイランドの地図（図１）を見せました。

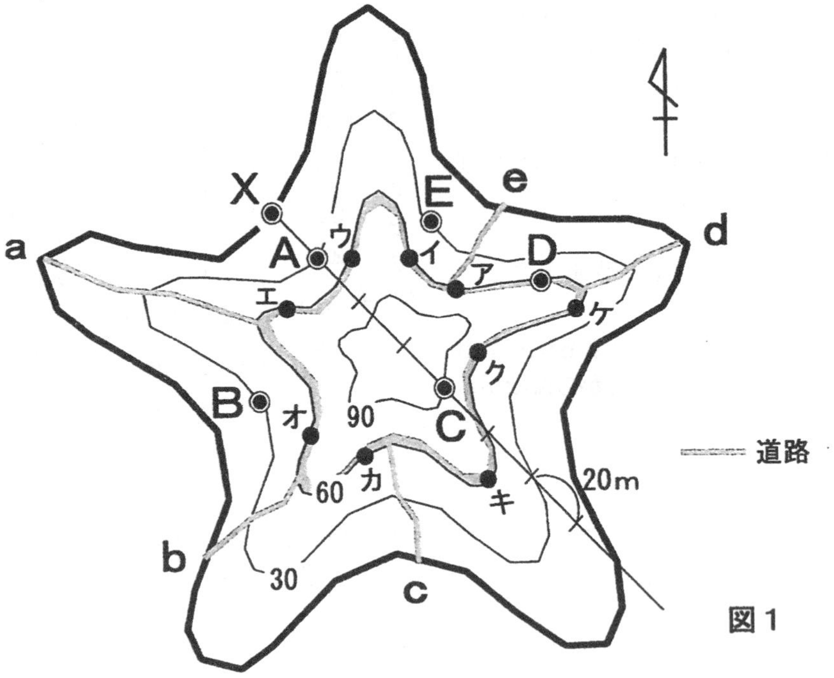

図１

ソラ「X地点の地層から化石が出たそうだけど，ここにはボートを着けられないので，６０ｍの等高線に沿って作られた周回道路に面したがけで，同じ地層を見つけられないかなと考えているんだ。というのも，この島の地層は北西に向かって傾斜している平坦な地層で，南東に向かっては上がっていくからなんだ。」

リク「ボートを着けられる場所はａ～ｅの５地点で，ここから周回道路に続く５つのルートがある。（②）からのルートは谷沿いで水が流れていたりして危険なのでやめて，最も勾配の緩やかな（③）からのルートにしようと考えている。」

ウミ「周回道路のがけを探すにしても，他に何か手掛かりが必要だろう。」

ソラ「実はＡ～Ｅ地点で行ったボーリング資料（図２）を手に入れた。ＡとＣはＸの南東にあって，ＸとＡは２０ｍ，ＸとＣは８０ｍ離れている。わかりやすいように地図には２０ｍごとの目盛りを付けてみた。」

といって，ソラ君はボーリング資料を，まずリク君に見せました。

リク「Ｘ地点で海面に露出していたアンモナイトを含む砂層は，標高３０ｍのＡ地点では標高④｛０　１０　２０　３０｝ｍ付近に，標高９０ｍのＣ地点では標高⑤｛５０　６０　７０　８０｝ｍ付近に分布しているわけだ。」

ソラ君は⑥ボーリング資料をウミ君にも見せました。

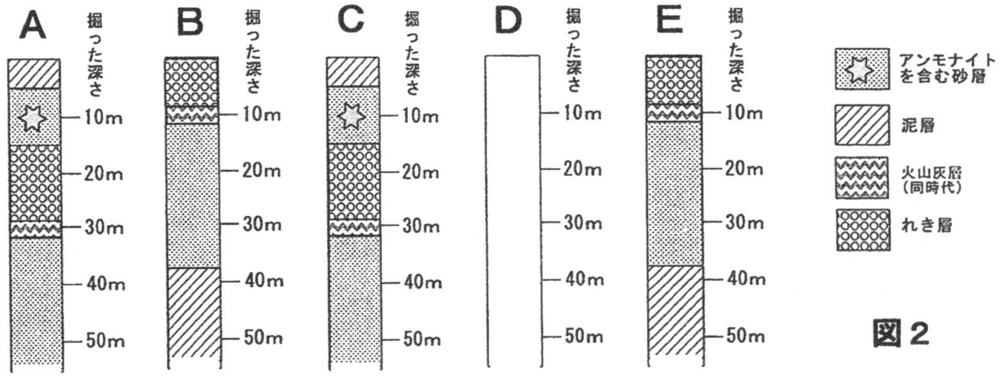

図２

ウミ「スターアイランドの地形とボーリング資料から判断すると，周回道路沿いの（⑦）地点のがけに，このアンモナイトを含む地層が露出しているはずだね。」

ソラ「よし，今度の日曜日にこの計画を実行するぞ。」

＊この話はフィクションです。ＬＳ高校では，このようなことは行っていません。

（１）下線部① について，次の文はアンモナイトの説明である。（Ⅰ）に適語を入れ，Ⅱ，Ⅲの｛　｝からは最も適するものを選び記号で答えよ。
「アンモナイトは（Ⅰ）生代に繁栄したⅡ｛ア．巻き貝　イ．魚類　ウ．二枚貝　エ．タコやイカ｝の仲間である。同時代の生物にⅢ｛ア．ビカリヤ　イ．モノチス　ウ．ピカイア　エ．三葉虫｝がいる。」

（２）②，③ の（　）にあてはまる場所を地図のａ～ｅから選べ。複数ある場合はすべて答えること。

（３）④，⑤ の｛　｝から適当な数値を選べ。

（４）下線部⑥について，標高６０ｍにあるＤ地点のボーリング資料は次のどれか。

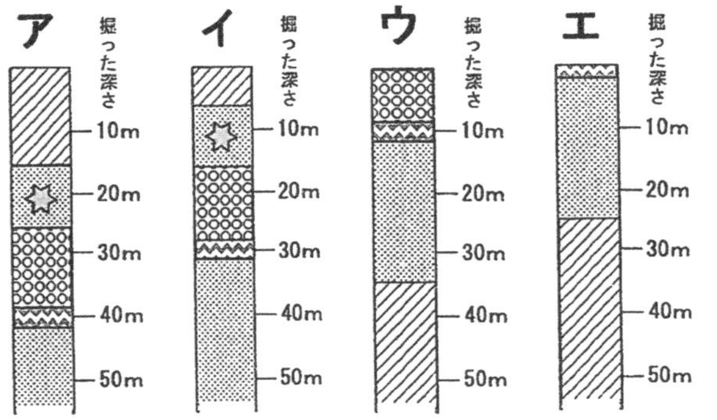

（５）⑦の（　）にあてはまる地点を地図のア～ケからすべて選べ。

【3】

〔A〕次の文を読んで以下の問いに答えよ。

アンモニアの工業的製法はハーバー・ボッシュ法と呼ばれ，窒素と水素を反応物とし，四酸化三鉄 Fe_3O_4 を触媒として高温・高圧で合成している。アンモニアは硝酸の原料として用いられるほか，化学肥料をつくるためにも重要な物質である。

（1）アンモニアの性質として正しいものをア～カよりすべて選べ。

ア．無色・無臭で水に溶けにくい。　　イ．無色・刺激臭で水に溶けやすい。
ウ．黄緑色・刺激臭で水に溶けやすい。　　エ．空気より重い。
オ．空気より軽い。　　カ．水溶液にフェノールフタレイン溶液を加えると赤色になる。

（2）アンモニアを実験室で得る方法について述べた次の文を読んで問い（a），（b）に答えよ。

「2種類の物質を混ぜて，試験管に入れる。試験管の口の方を ①（ア．**底よりも下げて**，イ．**底と水平に**，ウ．**底よりも上げて**）スタンドに固定する。その後，試験管の底を加熱し，発生する気体を②（ア．**水上置換**，イ．**上方置換**，ウ．**下方置換**）により捕集する。」

（a）下線部の2種類の物質の組み合わせとして適当なものを次から選べ。

ア．二酸化マンガンと過酸化水素　　イ．水酸化カルシウムと硫酸
ウ．石灰石と塩酸　　エ．硝酸カリウムと二酸化マンガン
オ．石灰石と水酸化ナトリウム　　カ．塩化アンモニウムと水酸化カルシウム

（b）①，②において最も適当なものを（　　）内のア～ウよりそれぞれ選べ。

（3）ハーバー・ボッシュ法に関する次の問い（a）～（c）に答えよ。ただし水素原子と窒素原子の質量比は1：14とする。

（a）窒素と水素からアンモニアを生じる反応を化学反応式で書け。

（b）窒素分子 28g 中の窒素がすべてアンモニアに変化したとき得られるアンモニアは何gか。

（c）窒素 100g と水素 20g を容器に入れて反応させたとき，アンモニアが 51g 生じていた。この時，反応せずに残っていた窒素と水素の質量はそれぞれ何gか。

（4）以下の1～3にアンモニアから硝酸をつくる方法とその化学反応式を，4に硝酸から化学肥料の原料となる硝酸アンモニウムをつくる方法とその化学反応式を示した。
化学反応式中の (a)～(h)に適当な係数を書け。ただし係数は1の場合も1と答えよ。

硝酸をつくる方法

1．アンモニアと酸素を反応させて一酸化窒素と水をつくる。
(a)NH_3 + (b)O_2 ⟶ (c)NO + (d)H_2O

2．一酸化窒素と酸素を反応させて二酸化窒素をつくる。
$2NO + O_2 \longrightarrow 2NO_2$

3．二酸化窒素と水を反応させて硝酸と一酸化窒素をつくる。
(e)NO_2 + (f)H_2O ⟶ (g)HNO_3 + (h)NO

硝酸アンモニウムをつくる方法

4．硝酸とアンモニアを反応させて硝酸アンモニウムをつくる。
$HNO_3 + NH_3 \longrightarrow NH_4NO_3$

〔B〕次の文を読んで以下の問いに答えよ。

水酸化バリウム水溶液はアルカリ性を示す。この水酸化バリウム水溶液を，塩酸や硫酸に加えて中和する実験を行った。

〈実験操作〉

塩酸Pと硫酸Qをそれぞれ 50 mL とって，別々のビーカーA，Bのどちらかに入れ，さらに両方のビーカーにBTB液を数滴加えた。

さらに左下図の装置を用いて，ビーカーA，またはBに，水酸化バリウム水溶液Rを少しずつ加えるたびに，白金電極を浸して溶液中を流れる電流の大きさを調べた。水酸化バリウム水溶液Rを加えていったとき，一方のビーカーだけで白色沈殿の生成が見られた。

加えた水酸化バリウム水溶液Rの体積と電流の大きさの関係を右下図のグラフに示してある。ビーカーAでは 20 mL 加えたとき，ビーカーBでは 40 mL 加えたときに，流れる電流の大きさがそれぞれ最小になった。なお，電流測定時のみ電流を流すため，電気分解によるイオンの量の変化はないものとする。

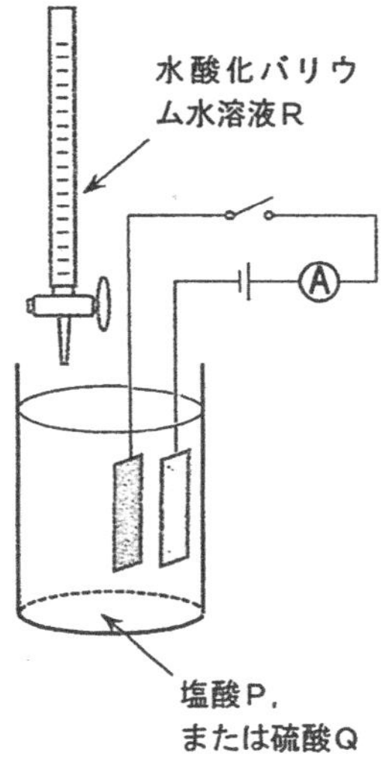

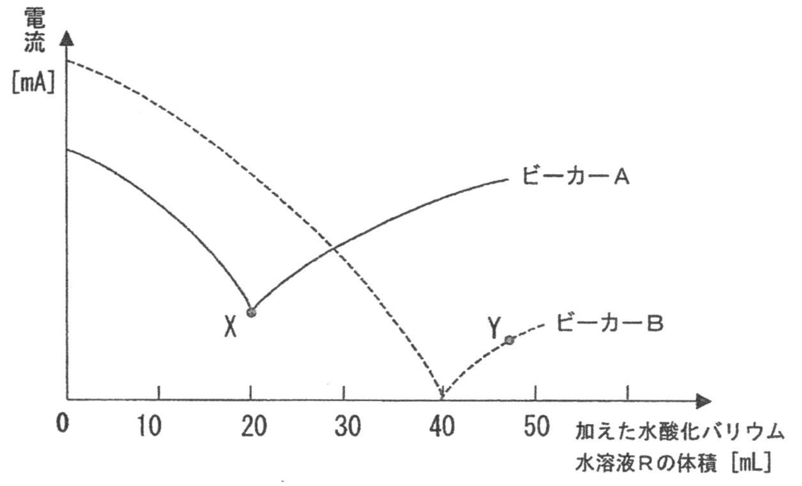

（1）グラフのビーカーA，ビーカーBの曲線は，塩酸P，硫酸Qのいずれかを用いた場合である。グラフの概形からどちらを用いた場合か判断し，それぞれで起こる化学変化を化学反応式で表せ。

（2）グラフ中の点X，Yの状態でビーカー内の溶液はそれぞれ何色になっているか答えよ。

（3）同じ体積の水溶液を取ったとき，塩酸Pの溶液に含まれるイオンの総数と硫酸Qの溶液に含まれるイオンの総数の比を，最も簡単な整数比で答えよ。

塩酸P ： 硫酸Q ＝（　　　　）：（　　　　）

（4）塩酸Pを 20 mL と硫酸Qを 30 mL 取って混合した 50 mL の混合溶液に，水酸化バリウム水溶液Rを加えていった。これについて，①，②の問いに答えよ。

① 電流の大きさが最も小さくなるのは，水酸化バリウム水溶液Rを何 mL 加えたときか。

② ①のときに溶液中に溶けているイオンの総数は，水酸化バリウム水溶液Rを加える前の混合溶液のイオンの総数の何倍になっているか。ただし，沈殿したイオンは数えないものとする。割り切れないときは分数を用いて答えよ。

【4】

〔A〕一本あたり 30 [Ω]の抵抗を 12 本用いて，図１のように立方体の格子を作った。その格子にAからGに向かって 0.6 [A]の電流を流した。次の文の［　　］に適切な記号や数値を入れよ。

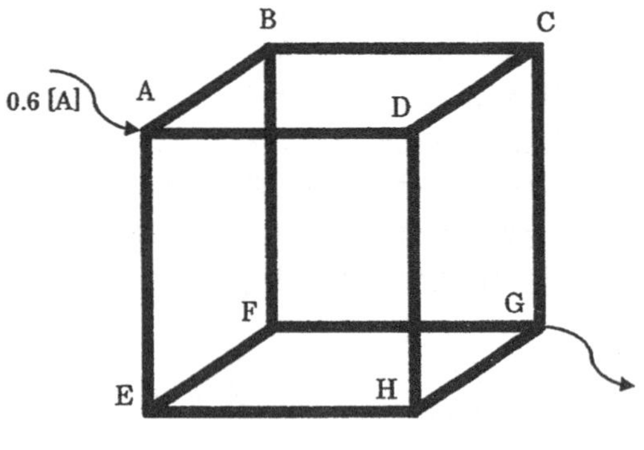

図１

直線AGを軸としてこの立方体を回転させることを考える。一回転する間に点Dは点A～点Hのうち点［ ① ］と点 E があった位置を通過する。点 D が点［ ① ］や点Eがあった位置にあるとき，回路の抵抗の配置は図１と同等である。このことより，点Aから点D，点［ ① ］，点Eのそれぞれに流れ込む電流の大きさは同じになる。よって抵抗 AE に流れ込む電流の大きさは［ ② ］[A]である。抵抗 AE に流れ込んだ電流も均等に分かれて抵抗 EF と抵抗 EH に流れ込むので，抵抗 EH に流れ込む電流の大きさは［ ③ ］[A]である。

ここで抵抗 DH と抵抗 DC についても同様に考えると，抵抗 DH に流れ込む電流の大きさは［ ④ ］[A]であるため，抵抗 HG に流れる電流の大きさは［ ⑤ ］[A]である。以上より，抵抗 AE，抵抗 EH，抵抗 HG に加わる電圧の大きさはそれぞれ［ ⑥ ］[V]，［ ⑦ ］[V]，［ ⑧ ］[V]となり，AG 間に加わる電圧の大きさがわかる。これより立方体格子の合成抵抗の大きさは［ ⑨ ］[Ω]とわかる。

〔B〕水平に置いた１本のガラス管に，３本のガラス管A,B,Cを垂直につなげた装置がある。垂直なガラス管A,B,Cの断面積はそれぞれ 10 [cm²]，20 [cm²]，30 [cm²]である。この装置に，一定量の水を流し込むと，３本の垂直なガラス管内の水面は同じ高さで止まった。さらに，３本の垂直なガラス管内の液面に，それぞれの断面積に等しいピストン（管Aにピストンa，管Bにピストンb，管Cにピストンc）を載せて，空気が入らないようにふたをする（図１）。各ピストンは，水面の移動にともなって，なめらかに上下することができ，その質量と厚さは考えないものとする。ここで，水の密度は1 [g/cm³]であり，大気圧はどこでも一定である。

図１
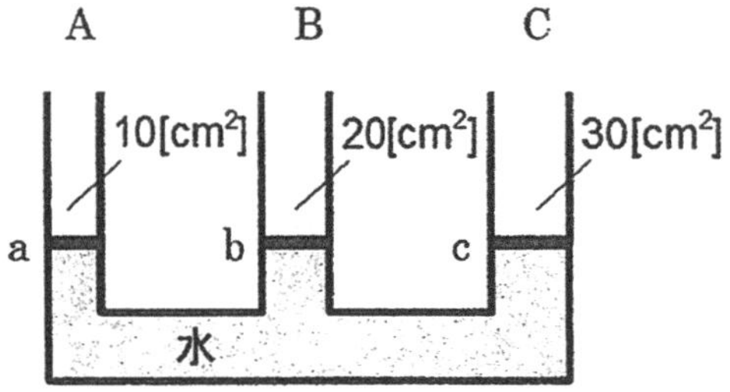

図２
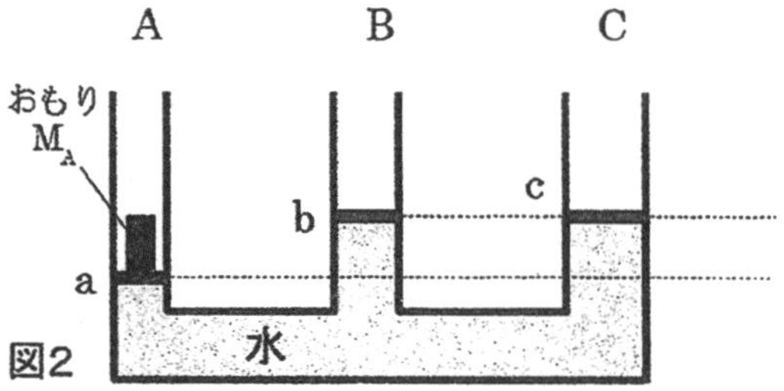

（1）図１の状態から，ピストンａの上に質量 200 [g]のおもり M_Aをのせたところ，図２の状態で液面が静止した。ピストンａとｂの高さの差は何 [cm]か。

（2）図２の状態から，管Ｂに液体Ｘを 100 [cm³]，管Ｃに液体Ｙをある体積分だけ流し入れたところ，図３のように，ピストンｂとｃが同じ高さになった。液体Ｘの密度が 2 [g/cm³]，液体Ｙの密度が 1.5 [g/cm³]であるとき，流し入れた液体Ｙの体積は何 [cm³]か。

図３
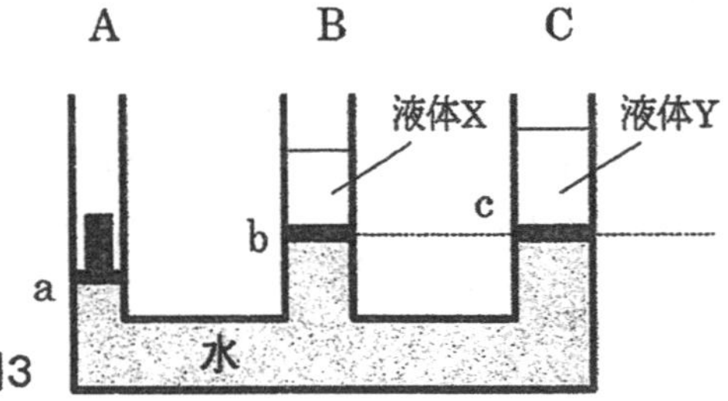

図４
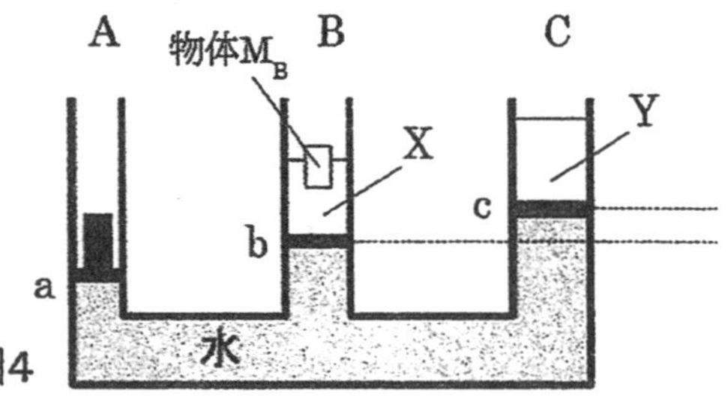

（3）図３の状態から，管Ｂに質量 50 [g]の物体M_Bを入れたところ，図４のように，液体Ｘの液面に浮いた。このときのピストンｂとｃの高さの差は何 [cm]か。

（4）図４の状態から，管Ｃに物体M_Cを入れたところ，図５のように，物体M_Cはピストンｃの上で静止し，ピストンｂとｃは同じ高さになった。物体M_Cの質量は何 [g]か。

（5）図５の状態から，物体M_Cをばねばかりにつなぎ，物体M_Cを鉛直上方へ引き上げてピストンｃから離し，かつ液体Ｙの中に完全に沈んだ状態で静止させた（図６）。このときのばねばかりの読みが 30 [g]であるとき，ピストンｂとｃの高さの差は何 [cm]か。

図５
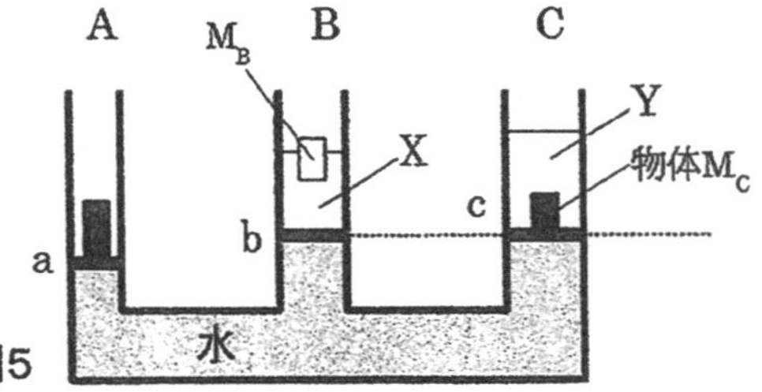

図６
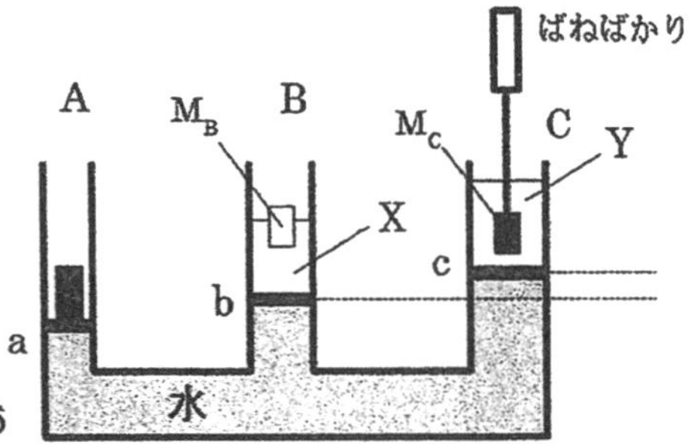

［ 終わり ］

2022(R4) ラ・サール高
教英出版　理4の4

2022年度　ラ・サール高等学校入学試験問題（社会）（50分）

＊解答はすべて解答用紙に記入せよ。

1　世界の歴史について述べた以下の文章Ⅰ～Ⅲを読み、後の問いに答えよ。

Ⅰ　紀元前3000年から紀元前2000年にかけて、いわゆる四大文明が栄えていた。そこでは①神殿を中心とした都市国家が成立し、文字や青銅器が使用され、王の統治を支える機構や制度が組織されていった。しかし、これらの文明では、おおよそ紀元前1000年前後の時期から異民族の侵入や鉄製農具の普及による生産力の上昇などが起こり、従来からの秩序が揺《ゆ》らいでいった。そして戦乱の多発や新興勢力の台頭で混乱が重なると、人々は行動の指針や心のよりどころを求め、これに応じて新たな②宗教や思想が生まれた。

問１　下線部①に関連して、メソポタミア文明のウルなどの都市国家で建設された高層の祭祀《し》施設を何というか。

問２　下線部②に関連して、世界の有力な宗教や思想について述べた次のア～カのうち、正しいものを１つ選び、記号で答えよ。

ア．孔子が開いた儒《じゅ》教（儒学）は、秦の初めに国教とされた。
イ．シャカが開いた仏教は、ムガル帝国の初めに国教とされた。
ウ．イエスが開いたキリスト教は、ササン朝の初めに国教とされた。
エ．儒教（儒学）では、無差別の愛が説かれ、家族に対する道徳は否定された。
オ．仏教では、人間の平等が説かれ、バラモンを頂点とする身分秩序は否定された。
カ．キリスト教では、マリアやイエスは神として説かれ、ユダヤ教以来の神を崇拝することは否定された。

Ⅱ　10世紀から11世紀にかけて、生産力が上昇し人口が増加した西ヨーロッパは、対外進出を始める。その一つが、11世紀末に始まる十字軍である。聖地である（　１　）をキリスト教徒のもとに回復せよというローマ教皇の呼びかけをきっかけに、イスラム世界への大規模な遠征が行われた。この十字軍は約200年間におよそ７回行われたが、結局失敗に終わった。そのため呼びかけを行った③教皇の権威は低下し、また遠征に参加した領主層も弱体化した。こうしたことが原因となり、西ヨーロッパでは中世を特徴づけるいくつかの勢力が没落し、おおよそ16世紀から17世紀にかけて、国王を中心とする集権的な国家が現れるようになった。集権化を果たした国王は、国家運営の財源を確保するために、④海外貿易を積極的に推進し、利益の獲得に努めた。

問３　（　１　）には、ある都市が入る。その名前を答えよ。

問４　下線部③に関連して、教皇の権威の低下は、16世紀初めに起こる宗教改革につながっていく。宗教改革やこれに関係する事柄について述べた次の文章の［　　］に適切な語句を入れ、文章を完成させよ。

　宗教改革は、教皇が［　Ａ　］を販売したことをルターが批判したことから始まり、西ヨーロッパのキリスト教はカトリックとプロテスタントに分裂した。16世紀後半、スペインからの独立をめざした［　Ｂ　］は、スペインと長い戦争を続け、また［　Ｂ　］の独立を支援《えん》したイギリスもスペインと戦争を起こした。これらの戦争が発生した理由の一つに、スペインがカトリックを、［　Ｂ　］やイギリスがプロテスタントを重んじているという宗教的な対立がある。

問５　下線部④に関連して、西ヨーロッパ、とくにスペインやポルトガルは、大航海時代のなかでアジアや新大陸に進出していった。これについて述べた次のア～キのうち、**明らかな誤りを含むもの**を２つ選び、記号で答えよ。順序は問わない。

ア．スペインから出発したコロンブスの船団が新大陸に到達し、そこをインドと誤解したことがきっかけとなり、新大陸の先住民は「インディオ」とよばれた。
イ．スペインは新大陸からヨーロッパをめざし、その過程でジャワを征服し、バタヴィアに要塞《さい》を建設して支配の拠点とした。
ウ．スペインは新大陸で先住民を労働力とする大農園や鉱山の経営を行い、莫《ばく》大な量の銀や砂糖をヨーロッパに運んだ。
エ．スペインが新大陸に進出したことがきっかけとなり、ヨーロッパにはトマトやトウモロコシなどがもたらされた。
オ．ポルトガルはアフリカ大陸沿岸を伝いながらインドを目指し、その過程で喜望峰《ほう》に到達した。
カ．ポルトガルから出発したマゼランの船団がインドに到達したことがきっかけとなり、ヨーロッパとインドをつなぐ航路が確立した。
キ．ポルトガルは東南アジア海域に進出して、イスラム商人と争いながら莫大な量の香辛料をヨーロッパに運んだ。

Ⅲ　1840年に起こった⑤アヘン戦争に敗北した清《しん》は、南京《ナンキン》条約で香港をイギリスに割譲した。1898年、香港はイギリスの租借地となったが、1984年、香港の返還がイギリスと中華人民共和国（中国）の間で合意された。その際、両国の政府で確認されたことは、「返還後の香港において自治が行われることや、資本主義にもとづく社会のありかたが50年間維持される」という、いわゆる（　２　）を中国政府が保障することであった。こうして1997年に香港は中国に返還されたが、近年に発生した激しい反政府・反中国デモをきっかけに、中国政府は香港への介入を強め、現在では（　２　）の有名無実化が進んでいる。

問６　（　２　）に入る適切な語句を答えよ。

（問題は次のページに続く）

問７ 下線部⑤に関連して、アヘン戦争は、イギリスがアヘンを密輸出したことに、清が猛反発したことから勃《ぼっ》発した。イギリスはなぜアヘンの密輸出を行ったのか。それを説明する次の文章の［　　　］に適切な語句を入れ、文章を完成させよ。

18世紀以来、イギリスは清から大量の［　　　］を輸入していたが、その代価として支払う銀の一方的な流出に苦しんでいた。これを打開するため、イギリスは植民地であるインドでアヘンを生産し、清に密輸出することにより、銀の回収を図った。

2

次のA～Pは、日本史に名を残した人々が 20 歳になる前に行ったことの一部を抜き出したものである。これを見て、後の問いに答えよ。なお、年齢は、Jを除き『日本史人物〈あの時、何歳？〉事典』（吉川弘文館刊行）の記載に基づく。

A　清和天皇は、８歳の時、文徳《もんとく》天皇の死去に伴い即位した。
B　一遍は、９歳の時、出家し、修行を始めた。
C　足利義満は、10歳の時、第３代将軍に就任した。
D　藤原彰子《しょうし》は、11歳の時、一条天皇のきさきになった。
E　千々石《ちぢわ》ミゲルは、12歳の時、他の３人とともに、ローマに向け出発した。

F　徳川家斉《なり》は、14歳の時、第11代将軍に就任した。
G　樋口一葉は、14歳の時、文芸の塾に入った。
H　細川勝元は、15歳の時、初めて将軍を補佐する役職に就いた。
I　種子島時尭《ときたか》は、15歳の時、種子島に漂着したポルトガル人から鉄砲を買い求めた。
J　原田正純《まさずみ》は、15歳の時、ラ・サール高等学校に２期生として入学した。
K　狩野探幽《かのうたんゆう》は、15歳の時、徳川秀忠に認められて幕府の御用絵師となった。
L　木戸孝允《たかよし》は、16歳の時、松下村塾に入門した。
M　和田英《えい》は、17歳の時、新設された官営工場で製糸技術を学んだ。
N　前畑秀子は、18歳の時、オリンピックのロサンゼルス大会で銀メダルを獲得した。
O　聖徳太子（厩戸皇子）は、19歳の時、『日本書紀』によれば推古天皇の皇太子になったとされる。
P　阿倍仲麻呂は、19歳の時、留学生として唐に渡った。

問１ A～Eを、年代の古い方から順に並べ替え、記号で答えよ。

問２ 次のQとRに当てはまる人物が誰か、漢字で答えよ。
①Qの人物はDの人物に仕え、Gの人物と同じ分野で活躍した。
②Rの人物はCの人物と同じ立場にあり、大きな戦乱のさなかに、Hの人物がRの人物の補佐役を務めたこともあった。

問３ Eの人物とPの人物はともに海外に出ているが、次の「日本（沖縄を含む）から海外に出た事例」であるア～オのうち、Pの時点からEの時点の間になされたものを**すべて**選び、記号で答えよ。
ア．勘合貿易　　イ．岩倉使節団　　ウ．満州移民　　エ．琉球王国の中継貿易　　オ．遣隋《ずい》使

問４ Fの人物が将軍をしていた頃の村の様子として正しいものを、次のア～エから１つ選び（ただし、その記号を答える必要はない）、その下線部に当たる語句が何であるかを答えよ。
ア．商人が農民に道具や原料などを渡して働かせ、できた製品を買い取ったり、工場を建てて働き手に分業させたりした。
イ．村人は地頭と荘《しょう》官の双方から支配され、土地が地頭と荘園領主によって半分ずつ分けられることがあった。
ウ．少数の地主が多くの小作人を支配していたが、小作人の生活向上を求める運動が各地で起こり、その人々の全国組織が作られた。
エ．自治組織が作られ、村人が用水路や森林の利用などについて掟《おきて》を作り、この人たちが連帯して土一揆を起こすこともあった。

問５ Jの人物は長年熊本大学に勤め、その県内で発生した公害病の研究と被害者の救済活動に尽力した。この公害病を何と呼ぶか。

問６ 次のア～オの絵画を年代の古い方から順に並べたときに、Kの人物が生きた時期はどの作品の間になるか。記号で「○と○の間」という形で答えよ。
ア．富嶽《ふがく》三十六景　　イ．一遍上人絵伝　　ウ．法隆寺金堂壁画　　エ．唐獅子《からじし》図屏風《びょうぶ》　　オ．伴大納《な》言絵巻

（問題は次のページに続く）

問7 Lの人物は政治上の争いに勝って新政府をつくった。政治上の争いについて述べた次のア～エから、**明らかな誤りを含むもの**を1つ選び、記号で答えよ。

ア．後鳥羽上皇は三代将軍源実朝が殺された後、北条義時を討てと命じたが、東国武士たちは京都を攻めて勝利を収めた。その結果、後鳥羽上皇は隠岐《おき》に流され、京都には六波羅探題がおかれ、幕府の力が西日本にも広がった。

イ．京都の朝廷と、後醍醐《だいご》天皇から始まる吉野の朝廷が並び立つ中で、全国の武士も二つに分かれて戦った。この間、守護は荘園の年貢の半分を徴収する権利などを得て、武士をまとめた。

ウ．織田信長は長篠合戦で武田勝頼を破るなど、従わない戦国大名を攻撃し、足利義昭《あき》を追放した。信長は寺院勢力とも敵対し、延暦《りゃく》寺を焼き討ちし、石山本願寺を中心とする一向一揆を攻め、多くの老若男女を殺害した。

エ．埼玉県では県民に負担を強いて道路工事を進める県令に対し、自由党員や農民が激しく抵抗した。その後福島県では、政府の政策で米や繭《まゆ》の値が暴落して窮乏した人々が多数立ち上がり、高利貸しや警察署などを襲ったが、軍隊や警察に鎮圧された。

問8 Mの人物が残した記録によると、彼女がこの工場で働くに際し、父から「国のためにお前を工場に遣わすについては、身を慎み、国の名や家の名を落とさぬよう、一心に励め」という趣旨のことを申し渡された。彼女がここで働くことがなぜ国のためになるのかを説明せよ。

問9 Nの人物はロサンゼルス大会の次のベルリン大会で金メダルを取った。ベルリン大会の次には東京大会が開かれることになっていたが、日中戦争の影響で中止になった。次のア～エから、日中戦争の発端とされる盧《ろ》溝橋事件発生から太平洋戦争終結までの間のできごとや様子について述べ、かつ内容の正しいものを1つ選び、記号で答えよ。

ア．ヨーロッパでのドイツの快進撃を見た日本は南進を行い、まずフランス領インドシナの南部に兵を進め、ついで日独伊三国軍事同盟を結び、さらにはソ連とも日ソ中立条約を結んで、北方の安全を確保した。

イ．国家総動員法が制定され、政府はそのつど議会の承認をもらうことで労働力や物資を調達できるようになった。軍需品の生産が優先され、生活必需品が不足したので、米やマッチ、衣料品などが配給制や切符制になった。

ウ．日本は国際連盟を脱退した。またワシントン・ロンドンの軍縮条約の期限も切れ、日本は国際的な孤立を深めたので、ドイツに接近し、ソ連を敵視する日独防共協定を結んだ。

エ．広島に原爆が投下され、ついでソ連がヤルタ会談での秘密協定に基づき日ソ中立条約を破って日本に宣戦布告し、さらに長崎にも原爆が投下された。これらを受け、日本はポツダム宣言を受け入れて降伏することを決めた。

問10 Oの人物の「憲法十七条」以来、現在まで様々な法令が出されているが、Iの人物が鉄砲を手に入れた数年後に作られた法令が次のア～エの中に1つある。それを選び、記号で答えよ。

ア．安土の町を楽市と定めたので、座は廃止し、さまざまな税や労役は免除する。街道を通行する者はこの町に一泊せよ。

イ．けんかをした者は、どんな理由があっても処罰する。武田氏の許可を得ないで他国へ贈り物や手紙を出してはいけない。

ウ．諸国の守護の任務は、御家人を京都の御所の警備に行かせることや、謀反《むほん》や殺人などの罪を犯した者の取り締まりに限る。

エ．日本は神の国なので、キリスト教を広めるのはとても良くないことだ。宣教師は20日以内に用意して帰国せよ。

3 次のⅠ・Ⅱの文章を読み、後の問いに答えよ。

Ⅰ　国家の基本を定める法が憲法である。国家とは、一定の地域を基盤にして、そこに居住する人々が、権力の作用にもとづいて社会秩序を形成した公的な団体である。これらの「地域」・「人々」・「権力」をそれぞれ、a 領域・国民・b 主権といい、一般に国家の３要素という。

近代より前の時代において、憲法は政治権力の組織や権限、すなわち政治権力の構造を定めていた。近代に到る過程において、近代自然法思想を基礎にして、各個人が自由意思に基づく合意により相互に結んだ契約に国家の起源と正当性の根拠を求める c 社会契約説が現れた。d 社会契約説を唱えた思想家の１人は、人間は生まれながらにして自由・平等であり、生来の権利である自然権をもつこと、人間は自然権の保障をより確実なものにするという目的で、政府に自然権を信託したこと、政府がこの目的に反して、権力の恣意的な行使によって人民の権利を不当に侵害する場合には、その信託は必然的に失われ、人民は政府に抵抗する権利をもつことを主張した。このような思想の影響下で、e アメリカ独立宣言やフランス人権宣言などの近代人権宣言が成立した。

近代憲法は、近代人権宣言によって唱えられた人権の保障を目的にして、その目的達成の手段として権力を制限するという立憲主義の思想にもとづく憲法である。人権を保障するために、権力を制限する近代憲法は、立憲的意味の憲法と呼ばれる。

f 大日本帝国憲法は、近代憲法の体裁を採っていたが、人権の保障についても統治権力の制限についても、本来の立憲的意味での憲法とはいえなかった。一方、g 日本国憲法は立憲的意味の憲法である。憲法は、第４章から第６章を「国会」・「内閣」・「司法」に充てて、統治機構における権力相互の「抑制と均衡」による権力の制限を定め、基本的人権の保障という目的を達成しようとしている。

国会は、h 衆議院および参議院によって構成される。日本国憲法は、両議院について、「全国民を代表する i 選挙された議員」（第43条第１項）によって組織されるとしている。j 内閣について、憲法は、「その首長たる内閣総理大臣及びその他の国務大臣でこれを組織する」（第66条第１項）と定めている。内閣と国会の関係については、議院内閣制が採られている。裁判所について、憲法は、「すべて司法権は、最高裁判所及び法律の定めるところにより設置する下級裁判所に属する」（第76条第１項）としている。裁判所は、法律などの合憲性を審査する違憲審査権をもっている。

（問題は次のページに続く）

問1　下線部 a に関連して、国連海洋法条約に関する記述として**誤っているもの**を次のア～エから１つ選び、記号で答えよ。

ア．沿岸国は、領海の外縁となる線から測定して 200 海里を超えない範囲で、排他的経済水域の幅を定める権利をもつ。

イ．領海は、沿岸国の主権が及ぶ海洋である。

ウ．沿岸国は、排他的経済水域において、生物資源や鉱物資源などの天然資源の探査・開発・保存および管理のための主権的権利をもつ。

エ．沿岸国は、海岸の基準となる線から測定して 12 海里を超えない範囲で、領海の幅を定める権利をもつ。

問2　下線部 b に関連して、国家の３要素の１つとしての「主権」は、国家権力そのもの、または領域および国民を支配する権力、すなわち立法権・行政権・司法権の総称としての統治権を意味する。「主権」という言葉はそれ以外に、(ｉ)主に外国に対する国家権力の独立性、すなわち国際社会において、国家が他国からの干渉を受けずに独自に意思決定を行う権力、(ⅱ)国の政治のあり方を最終的に決定する権力、具体的にはそれがだれに属するのかを問題にするときの権力、を意味する。次のア～エにある「主権」のうち、(ｉ)の意味の使用例として適切なものを１つ選び、記号で答えよ。

ア．ポツダム宣言第８項は、日本国の「主権」が本州、北海道、九州および四国などに限定されると定めていた。

イ．日本国憲法前文の第１段落において、日本国民は、「主権」が国民に存することを宣言する、と定めている。

ウ．日本国憲法第１条は、天皇の地位が、「主権」をもつ日本国民の総意にもとづくと定めている。

エ．日本国憲法前文は、第３段落において、政治道徳の法則に従うことが、自国の「主権」を維持して他国と対等関係に立とうとする各国の責務である、と定めている。

問3　下線部 c を唱えた思想家(1712 ～ 78)で、『社会契約論』(1762)の著者の名前を答えよ。
なお、解答するのは、ファミリーネーム(日本語では名字に当たる)だけでかまわない。

問4　下線部 d の「思想家の１人」は誰か。適切なものを次のア～カから１つ選び、記号で答えよ。

ア．ホッブズ　　イ．ボーダン　　ウ．ディドロ　　エ．マルクス　　オ．ロック　　カ．フィルマー

問5　下線部 e についての記述として**誤っているもの**を、次のア～エから１つ選び、記号で答えよ。

ア．アメリカ独立宣言の起草の中心になったのは、後の大統領、トマス・ジェファソンである。

イ．アメリカ独立宣言は、すべての人間が平等に創造されたこと、彼らは創造主によって一定の奪いがたい天賦の権利を与えられたこと、それらのなかに、生命、自由および幸福の追求が含まれること、を自明の真理と述べている。

ウ．フランス人権宣言は、経済生活の秩序が、すべての者に人間たるに値する生活を保障する目的をもつ正義の原則に適合すべきこと、この限界内においてのみ、個人の経済的自由が保障されることを定めている。

エ．フランス人権宣言は、憲法制定議会が 1789 年に採択したものである。

問6　下線部 f についての記述として**誤っているもの**を、次のア～エから１つ選び、記号で答えよ。

ア．法律の制限内ではあったが、「臣民ノ権利」として自由権や社会権を定めていた。

イ．帝国議会については、天皇の立法権の行使を協賛する機関と定めていた。

ウ．行政権については、国務大臣が天皇を輔弼《ほひつ》して、その責任を負うと定めていた。

エ．枢密院を構成する枢密顧問については、天皇の諮問に応えて重要な国務を審議すると定めていた。

問7　下線部 g に関連して、日本国憲法の成立についての記述として**誤っているもの**を、次のア～エから１つ選び、記号で答えよ。

ア．日本政府内に、国務大臣松本烝治《じょうじ》を委員長とする憲法問題調査委員会が設置され、憲法改正案を作成した。

イ．GHQ は、憲法問題調査委員会の憲法改正案(松本案)を拒否して、マッカーサー草案(GHQ の憲法改正案)を提示し、これにもとづいた憲法改正案の起草を要求した。

ウ．マッカーサー草案にもとづいて作成された「憲法改正草案」は、ともに公選の議員からなる衆議院と貴族院で審議・可決された。

エ．民間の団体としては、高野岩三郎などによる憲法研究会が、松本案よりも民主的な憲法改正案を作成した。

(問題は次のページに続く)

問 8　下線部 h に関連して、二院制の下において、一院のみがもつ権限または一院の議決だけで成立する案件についての記述として**誤っているもの**を、次のア～エから１つ選び、記号で答えよ。

ア．内閣不信任の決議案を可決、または内閣信任の決議案を否決する権限を、憲法によって保障されているのは、衆議院だけである。

イ．衆議院で可決し、参議院で否決した予算案について、衆議院は、両院協議会を求めることなく、出席議員の３分の２以上の多数で再議決することによって、予算を成立させることができる。

ウ．衆議院が解散されたとき、参議院は緊急集会において法律を成立させることができる。ただし、次の国会開会の後 10 日以内に、衆議院の同意がないとき、その法律は効力を失う。

エ．内閣総理大臣の指名について、衆議院と参議院とが異なる議決をした場合に、両議院の協議会を開いても意見が一致しないとき、衆議院の議決が国会の議決になる。

問 9　下線部 i に関連して、2021 年 10 月 31 日に実施された衆議院議員総選挙についての記述として**誤っているもの**を、次のア～エから１つ選び、記号で答えよ。

ア．野党第１党の立憲民主党は、選挙公示前より議席数を減らし、獲得議席数は 100 を下回った。

イ．投票日は、衆議院議員の任期満了の前日であった。

ウ．自由民主党は、選挙公示前より議席数を減らしたが、過半数を上回る議席を獲得した。

エ．小選挙区の投票率は、前回の 2017 年総選挙を上回ったが、それでも 60 %に満たなかった。

問 10　下線部 j に関連して、内閣または内閣総理大臣およびその他の国務大臣についての記述として**誤っているもの**を、次のア～エから１つ選び、記号で答えよ。

ア．内閣総理大臣およびそれ以外の国務大臣は、議院に議席がなくても、議案について発言するために、いつでも議院に出席することができる。

イ．閣議の議決は全会一致で行われるが、これについて憲法や法律に規定はなく、慣習法により決められている。

ウ．内閣総理大臣以外の国務大臣は、各省の主任の大臣として行政事務を分担管理するが、各省の主任の大臣以外の国務大臣も存在する。

エ．衆議院の解散・総選挙の後、初めて特別会の召集があったとき、内閣は総辞職し、次の内閣が組織されるまで内閣が存在しない状態が続く。

Ⅱ　資本主義経済においては、経済社会は市場として現れる。市場の主要な経済主体は、民間部門に当たる企業と k 家計である。それに対して、利益の追求を目的とせず、政策主体として市場に参加するのが政府である。市場はこの３つの経済主体によって構成されている。市場においては、取引される商品の価格が高ければ需要を減らし、価格が低ければ需要を増やすという需要の法則が働いている。他方では商品の価格が高ければ供給を増やし、価格が安ければ供給を減らすという供給の法則が働いている。

市場では、契約自由の原則にもとづいて売手と買手が取り引きし、l 貨幣を媒介として商品が流通している。企業が生産した財・サービスを家計が購入する財・サービス市場(生産物市場)を考えてみよう。企業や家計は、市場で成立する価格を目安として、各自の生産量、消費量を決定するが、社会全体として財・サービスの需要と供給が一致する保証はない。しかし、市場が競争的である場合には、価格の自動調整機能によりその不均衡は調整されて、均衡価格において需要量と供給量は一致する。

財・サービス市場において価格が果たしている役割は、それ以外の、m 労働市場、n 金融市場、o 外国為替市場などにおいても同様に発揮される。このように、市場においては、価格が上下に自由に変動することによって効率的に経済問題が解決される。

問 11　下線部 k に関連して、家計は財・サービス市場では消費者として市場に参加するが、消費者問題についての記述として**誤っているもの**を、次のア～エから１つ選び、記号で答えよ。

ア．消費者庁は、消費者の利益を擁護・増進すること、商品とサービスを消費者が自主的かつ合理的に選択できるようにすることなどを目的として、2009 年に経済産業省の外局として設置された。

イ．製造物責任法は、「製造物の欠陥により人の生命、身体又は財産に係る被害が生じた場合における製造業者等の損害賠償の責任」について定めることにより、被害者の保護を図ることなどを目的として制定された。

ウ．消費者保護を目的として 1968 年に制定された消費者保護基本法は、2004 年に消費者の自立支援を基本理念とする消費者基本法に改正された。

エ．消費者問題に対応するために、「国民生活に関する情報の提供及び調査研究を行う」ことなどを目的とした国民生活センターや、消費者からの苦情や相談を受け付ける消費生活センターなどが設けられている。

(問題は次のページに続く)

問 12 下線部 l についての記述として**誤っているもの**を、次のア～エから１つ選び、記号で答えよ。

ア．1885 年に発行された最初の日本銀行券は兌換銀行券であった。

イ．日本銀行券の製造および発行は日本銀行が行っている。

ウ．現在使用されている日本銀行券は、金との交換性をもたない不換銀行券である。

エ．記念硬貨以外の硬貨の種類は、法律によって、「500 円、100 円、50 円、10 円、5 円及び 1 円の 6 種類」と定められている。

問 13 下線部 m に関連して、国は、使用者に比べて弱い地位にある労働者を保護する法律を制定している。次の条文は、労働三法の１つのものである。この法律の名称を漢字で答えよ。

「使用者は、次の各号に掲げる行為をしてはならない。第1号　労働者が労働組合の組合員であること、労働組合に加入し、若しくはこれを結成しようとしたこと若しくは労働組合の正当な行為をしたことの故をもつて、その労働者を解雇し、その他これに対して不利益な取扱いをすること(以下省略)」

問 14 下線部 n に関連して、金融市場の１つが国債市場である。2021 年度補正予算を含めた、2021 年度末において償還されていない日本の国債残高見込みに最も近いものを、次のア～カから１つ選び、記号で答えよ。

ア．500 兆円　　イ．600 兆円　　ウ．700 兆円　　エ．800 兆円　　オ．900 兆円　　カ．1000 兆円

問 15 下線部 o に関連して、国際通貨または外国為替相場についての記述として**誤っているもの**を、次のア～エから１つ選び、記号で答えよ。

ア．1945 年、国際通貨基金の設立時においては、固定相場制を採っていた。

イ．2008 年、アメリカの大手金融機関が経営破綻に追い込まれたのをきっかけに、世界金融危機が起こり、円高が進んだ。

ウ．2021 年、年初で 1 ドルが約 115 円であった円は、年末には約 103 円となり、円高が進んだ。

エ．1985 年、ドル高を是正するために、アメリカ・西ドイツ・イギリス・フランス・日本が協調するというプラザ合意が成立した後、円高が進んだ。

4

次の表①～⑤は、山脈・河川とそれらを国境の一部にしている国と人口(2020 年)、首都の位置を表したものである。表を見て、後の問いに答えよ。

	山脈・河川	国	人口(万人)	首都の位置
①	（ 1 ）山脈	A国	＜X＞	北緯48度52分、東経2度21分
		B国	4,676	北緯40度26分、西経3度40分
②	（ 2 ）山脈	C国	4,520	南緯34度36分、西経58度24分
		D国	1,912	南緯33度28分、西経70度39分
③	（ ＊ ）山脈	E国	14,593	北緯55度45分、東経37度38分
		F国	＜Y＞	北緯41度42分、東経44度48分
④	（ 3 ）川	G国	6,980	北緯13度44分、東経100度30分
		H国	728	北緯17度58分、東経102度37分
⑤	（ 4 ）川	I国	33,100	北緯38度54分、西経77度01分
		J国	＜Z＞	北緯19度24分、西経99度12分

問 1 表中の（ 1 ）～（ 4 ）にあてはまる語句を答えよ。（ ＊ ）は答える必要はない。

問 2 表中の＜X＞～＜Z＞にあてはまる数値の組み合わせを、次の表のア～カから１つ選び、記号で答えよ。

	ア	イ	ウ	エ	オ	カ
＜X＞	399	399	6,752	6,752	12,893	12,893
＜Y＞	6,752	12,893	399	12,893	399	6,752
＜Z＞	12,893	6,752	12,893	399	6,752	399

問 3 表中の①について、次のア～オの文章のうち**誤りを含むもの**を１つ選び、記号で答えよ。

ア．（ 1 ）山脈付近には少数民族が存在する。

イ．A国・B国ともに EU 加盟国である。

ウ．A国の首都は次期夏季オリンピック開催都市である。

エ．A国・B国ともに国民の大半がプロテスタント信者である。

オ．A国・B国ともに日本よりも面積が広い。

（問題は次のページに続く）

問４ 表中の②について、次の問いに答えよ。

(1) （ ２ ）山脈が原産地で、この地域だけでなく世界的に栽培されている農産物を、次のア～オから１つ選び、記号で答えよ。

ア．さとうきび　イ．オリーブ　ウ．じゃがいも　エ．大豆　オ．小麦

(2) Ｃ国・Ｄ国の首都の気候を表したグラフを、次のア～エから１つずつ選び、それぞれ記号で答えよ。

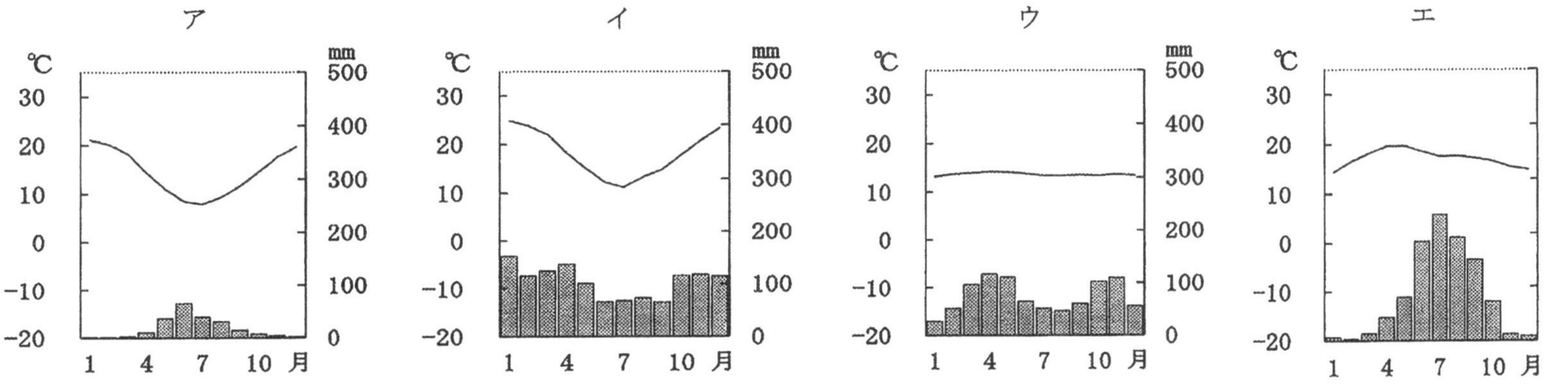

(3) Ｃ国・Ｄ国は同じ言語を公用語としている。その言語を答えよ。

(4) Ｃ国の首都はある河川沿いに位置しており、その河川の下流部分はＣ国と隣国の国境河川になっている。その河川名と隣国の国名を答えよ。

(5) Ｄ国南部の海岸には、出入りの激しい海岸線が見られる。その海岸の地形名を答えよ。

問５ 表中の③について、Ｆ国は 1991 年に独立したが、それ以前はＥ国とともに連邦国家の一部を構成していた。この連邦国家の名称を答えよ。

問６ 表中の④について、次のア～オの文章のうち**誤りを含むもの**を１つ選び、記号で答えよ。

ア．（ ３ ）川下流は三角州（デルタ）が形成され、そこでは稲作が盛んである。

イ．（ ３ ）川はＧ国・Ｈ国以外の複数の国を流れている。

ウ．Ｇ国は仏教徒が多い。

エ．Ｈ国は海に面していない内陸国である。

オ．かつてＧ国はイギリスの、Ｈ国はフランスの植民地だった。

問７ 表中の⑤について、（ ４ ）川が流れ込む湾の湾岸地域は、熱帯低気圧がたびたび襲来し、風雨や洪水などによって大きな災害に見舞われることがある。この熱帯低気圧の名称を答えよ。

（問題終わり）

二〇二二年度 ラ・サール高等学校入学試験 国語 （時間 七十分） 解答用紙

《一》

問一 「彼ら」が

80 。

問二

問三

問四

100

問五

A	F
B	G う
C らさず	H
D	I れ
E	J る

問六 うまく書こうと力むからうまく書けないのだ

問七 b c d e f g h i

一 小計

《二》

問一 僕 詩人

問二 A B

問三

20

問四

50

問五

問六

50

問七

40

二 小計

《三》

問一

問二 ④ ⑪

問三

問四 ② ⑤ ⑥ ⑨

問五

問六

問七

三 小計

受験番号

得 点

※100点満点

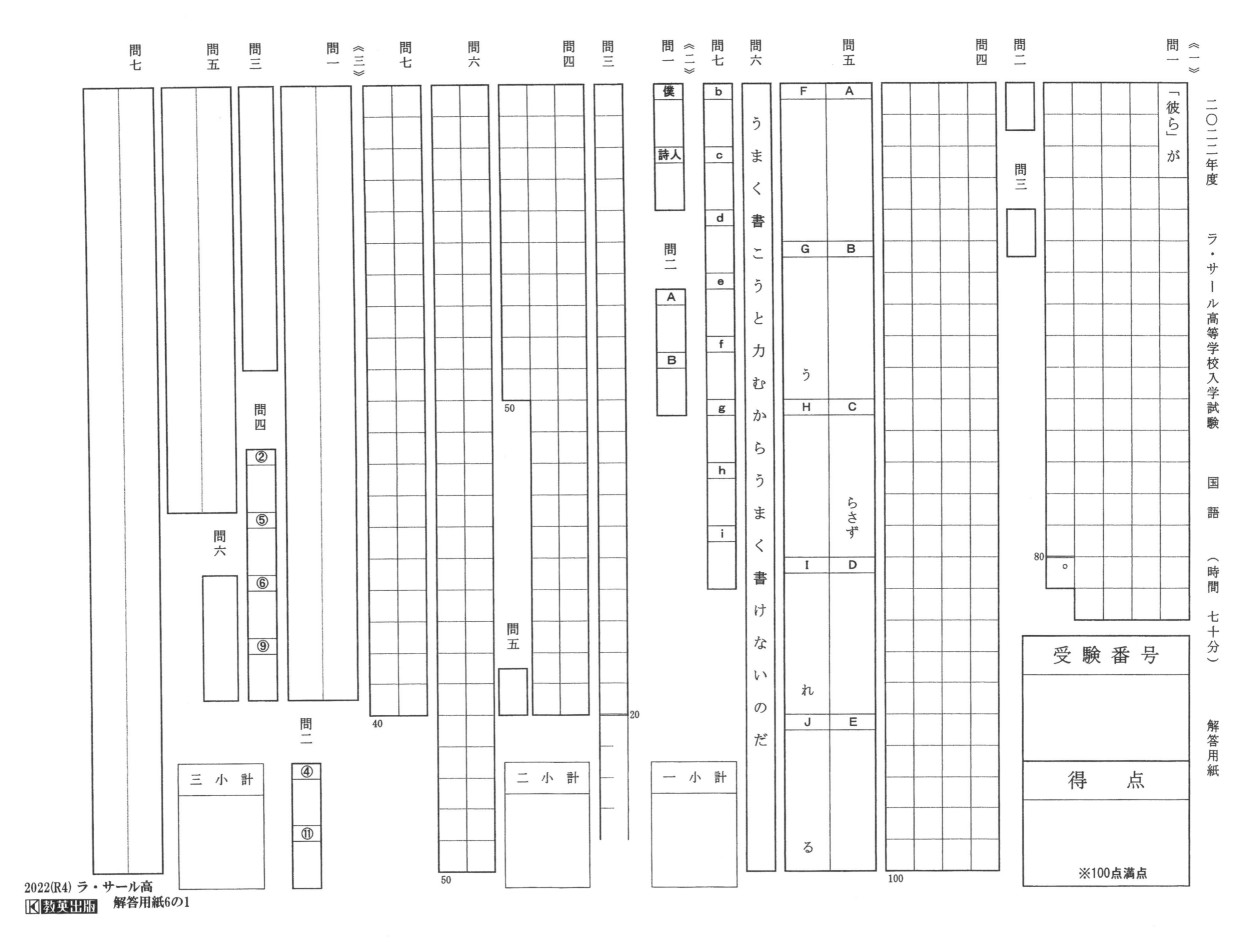

2022年度 ラ・サール高等学校入学試験 数学 解答用紙

1

(1)		(2)	$x=$, $y=$
(3)	$x=$	(4)	

1 小計 /16

2

(1)	$z=$, $\dfrac{y}{x}=$
(2)	(i) $a=$, $b=$ (ii) B(,), C(,)
(3)	(i) AC = , BD = (ii) AE : EC = :
(4)	EF = , △AGD =

2 小計 /32

3

(1)	人
(2)	$p=$, (人数) 人

3 小計 /14

4

(1)	$S=$	(2)	$S=$	(3)	$t=$

4 小計 /12

5

(1)	個	(2)	

5 小計 /12

6

(1)	(面積) (半径) ,	(2)		(3)	

6 小計 /14

受験番号	

得点	※100点満点

[1] **Part 1**

1. (　　　) 2. (　　　) 3. (　　　) 4. (　　　) 5. (　　　)

小計 1

Part 2

1. (　　　) 2. (　　　) 3. (　　　) 4. (　　　) 5. (　　　) 6. (　　　) 7. (　　　)

Part 3

1. The cave is the ______________________________ in Nigeria.
2. Dirk has heard old ______________________________ about the frog.
3. The water is up to Dirk's ______________________________.
4. Inside the cave there is a smell of ______________________________ sports socks.
5. Something is swimming ______________________________ his feet.
6. The snake's bite takes ______________________________ seconds to kill an elephant.
7. The frog is the same size as a ______________________________.
8. Dirk wants to see his ______________________________.

[2]

Hi Barry,

Thanks for your email. ______________________________

____

____

____

____

____

____

____

____

Best wishes,

Ren　　　　　　　　　　　　　　　　　　(　　　words)

小計 2

受験番号

[3]

小計3

A.　ア　イ　ウ　エ

B.　ア　イ　ウ　エ

C.　(　　)(　　)(　　)(　　)(　　)

D.

E.

F.　直前の語 ＿＿＿＿　直後の語 ＿＿＿＿

G.

H.　ア　イ　ウ　エ

[4]

小計4

A.

B.

C.　3a ＿＿＿＿　3b ＿＿＿＿

小計1

D.　ア　イ　ウ　エ

E.

F.

20

小計2

G.　ア　イ　ウ　エ

H.

20

受験番号

総得点

※100点満点
（配点非公表）

令和４年度　ラ・サール高等学校入学試験　理科　解答用紙

【１】（１２点）

(1)					
(ア)	(イ)	(ウ)	(エ)	(オ)	(カ)

(2)	(3)	(4)	(5)	(6)
		万個	億個	

(7)	(8)
mL	

【２】（１０点）

(1)			(2)		(3)	
(Ⅰ)	(Ⅱ)	(Ⅲ)	②	③	④	⑤

(4)	(5)

【３】（１４点）

A	(1)	(2)			(3)								
		(a)	(b)		(a)								
			①	②									
	(3)				(4)								
	(b)	(c)			(a)	(b)	(c)	(d)	(e)	(f)	(g)	(h)	
	g	窒素 g	水素 g										
B	(1)												
	ビーカーA				ビーカーB								
	(2)		(3)	(4)									
	X 色	Y 色	塩酸P ： 硫酸Q ＝ ：	① mL	② 倍								

【４】（１４点）

A	①	②	③	④	⑤	⑥	⑦	⑧	⑨

B	(1)	(2)	(3)	(4)	(5)
	cm	cm^3	cm	g	cm

受験番号	得点
	※50点満点

解答用紙　2022年度高校社会

1

問1	問2	問3	問4A	B

問5	問6	問7
と		

点

2

問1	問2Q	R	問3
→　→　→　→			

問4	問5	問6	問7
		と　の間	

問8

	問9	問10

点

3

問1	問2	問3	問4	問5	問6	問7	問8

問9	問10	問11	問12	問13	問14	問15

点

4

問1-1	2	3	4	問2

問3	問4(1)	(2) C国	D国	(3)
				語

(4)河川名	国名	(5)	問5	問6
川				

問7

点

受験番号	

得点	※50点満点（配点非公表）

《一》次の文章を読んで、後の問いに答えよ。（字数制限のある問題については、句読点も一字と数える。）

今年もまた、記録を塗りかえる豪雨災害が起きてしまった。そのすさまじい①ハンランの映像を目にした時、ふと、1年前に見た「天気の子」のことを思い出した。幅広い支持を得たアニメ映画だが、実は優れてA倫理的な問いを内包する作品である。

舞台は異常気象で雨が降り続く2021年の東京。神津島から家出をしてきた少年が、天気をコントロールできるという「晴れ女」の少女と出会う。2人は「晴れ」を呼ぶビジネスを始めるのだが、実は、その力を使いすぎると、副作用として地上での彼女の存在が消えていき、「天空」に召されてしまうのだ。

しかし少年は、そのような運命にあらがい、勇気を出して積乱雲の中から少女を救出する。ここまでならば単なる青春ファンタジーなのだが、重要なのはそこからである。本来はB「人柱」となるはずだった少女を奪還した結果、気象のバランスは大きく崩れる。雨はいつまでも、何年も降り続き、ついに東京の東側はほとんど水没してしまう。物語は、武蔵野台地の端にまで海岸線が迫った、田端付近の風景で終わる。

つまり主人公の少年は、少女を救い出した②ダイショウとして、首都の水没を招いたのだ。そんな「からくり」が広く共有されているわけではないが、もしその事が「権力」に知られたら、安全保障を理由にこの2人は、大きな不幸を背負わされる可能性もあっただろう。そんな［C］雰囲気が物語には埋め込まれている。

誰かが犠牲になって共同体を守る、という「美談」は昔からたくさんある。だが、Dこの作品はちょうどその※ネガになっている。同調圧力が強く、世間の目を気にしながら生きる人が多いと言われるこの国で、「世間様」をまるごと敵に回し、個人の幸福を追求する「身勝手な」姿を、新海誠監督は描き切った。そんな作品が、2019年の映画の国内の興行収入1位となったのだ。

1年前は、個人と社会の利害がこれほど極端に対立することなど、ありそうにないと思われた。だが新型コロナウイルス感染症の拡大は、若干構図は異なるものの、似通った緊張感を日々、私たちに強いている。

当然ながら感染症は、患者個人のみならず、社会的にも影響を及ぼす。私たちのちょっとした行動が、社会に不利益を与えるかもしれない。しかもそれは不確実性が高く、多くの場合、責任の所在は③フメイリョウである。しかしそれでも、時には特定の個人に非難が集中し、実際、人権侵害ということも起きている。

また、周知の通り、感染症のリスクと、社会経済的な不利益のバランスをどうとるのか、という対立は深刻である。前者は直接、人々の健康を損なうが、経済的な危機は人々の生活基盤を破壊する。日本人の自殺の原因は、「健康問題」に次いで「経済・生活問題」が多いことを思い出せば、E両者をバランスする天秤《びん》は、どちらの側にも人の命が乗っていると考えなければならない。

すでに私たちは「天気の子」で描かれたような世界に、ある意味で入り込んでいるのだ。「究極の選択」を至るところで迫られる私たちは、一体どう判断すべきなのだろう。

たとえば先日、イベントの参加人数の上限が④カンワされたが、それによって生活が救われる多くの人たちがいる一方で、確率的に低くても、イベントが拡大したために感染し、場合によっては命を落とす人も、出てしまうかもしれない。因果関係ははっきりしなくても、可能性としてはそういうことが考えられる。

問題は、その詳細な確率の値や、行動変化による影響の程度が、事前にはよく分からないという点だ。

Fこのような場合、一つ参考になるのが自動運転などで使われてきた「フィードバック制御」の考え方である。これは、動的に対象を制御する際に、その動きをセンサーで監視し、目標との差を検出、その結果をコントローラーに戻すことで、動きを目標に近づける仕組みである。

自転車で言えば、ハンドルを右に切り、曲がり過ぎたと認識したら左に戻し、また行き過ぎたら右に、ということを細かく繰り返すことだ。原理は単純だが、ここで最も重要なのは、センサーの情報を得てからコントロールに反映させるまでの時間が、十分に短いことである。そうでなければ、制御対象はめちゃくちゃな動きをしてしまうだろう。

これを感染症対策に当てはめるならば、感染の広がり方のデータを、細かく、素早く、政策に反映させることが大切、ということになるだろう。ただでさえ⑤センプク期間や検査による※タイムラグがあるのだから、データに変化が確認された際には、即座に対応することが肝要だ。

また、きめ細かな調整が必要なので、対象の※メッシュは小さく分割すべきであり、間違っても全国一律といった雑な対応をしてはならない。

首都圏での感染の再拡大が報じられているが、政府は「Go　To　キャンペーン」を進めるという（7月15日現在）。常識的に考えれば、比較的感染が少ない地域を選び、精密に感染者数を監視しながら、まずは少しだけ舵《かじ》を切るべきだろう。結果が良ければ、少し程度を強め、範囲を広げる。悪化したら即座に舵を戻す。こうしたフィードバックを繰り返して最適値を探るのが、結局のところ、健康と社会経済の価値の和を最大化する早道ではないか。

功利主義も万能ではないが、少なくとも、合理性を軽視すれば不幸は増える。「私たちの政府」に対し、粘り強く、理性的行動を求めたい。

（神里達博『月刊安心新聞plus「コロナ対策と経済のバランス　細かく舵を切り、最適値探れ」』二〇二〇年七月一七日　朝日新聞）

語注　ネガ＝明暗や色相が、実際の被写体とは逆になった画像。
　　　タイムラグ＝時間上のずれ。
　　　メッシュ＝地域を網の目のように区切ったもの。

問一　傍線部**A**「倫理的な問いを内包する作品である」とあるが、この作品が内包している「問い」とはどのような問いか。解答欄に合うように五十字以内で答えよ。

問二　傍線部**B**『人柱』となる」の説明にあたる表現を、本文中から十五字以内で抜き出して記せ。

問三　空欄**C**に入れるのに最も適切な語を次の**イ**～**ホ**の中から選び、符号を記せ。

イ　青臭い　**ロ**　ウソ臭い　**ハ**　泥臭い　**ニ**　キナ臭い　**ホ**　水臭い

問四　傍線部**D**「この作品はちょうどそのネガになっている」とあるが、この作品のどのような内容が「そのネガ」なのか。最も適切なものを次の**イ**～**ホ**の中から選び、符号を記せ。

イ　二人の「晴れ」を呼ぶビジネスが世間の人々に喜ばれたということ。
ロ　力を使い過ぎたため、彼女が消え「天空」に召されてしまったこと。
ハ　「からくり」が「権力」に知られ、二人が不幸を背負わされたこと。
ニ　積乱雲の中から少女を救出し、個人の幸福をひたすら追求したこと。
ホ　少女を奪還した結果、気象のバランスが崩れ、首都が水没したこと。

問五　傍線部**E**「両者をバランスする天秤《びん》は、どちらの側にも人の命が乗っている」とはどういうことか。五十字以内で説明せよ。

問六　傍線部**F**「このような場合、一つ参考になるのが自動運転などで使われてきた『フィードバック制御』の考え方である」とあるが、「フィードバック制御」の考え方を参考にした感染症対策とはどうすることか。八十字以内でまとめよ。

問七　二重傍線部①～⑤のカタカナの語を漢字に改めよ。

〈三十五点〉

《二》次の文章を読んで、後の問いに答えよ。（字数制限のある問題については、句読点も一字と数える。）

竹森　稜太《りょうた》竜皇・名人（「俺」）と、挑戦者　千桜《ちざくら》夕妃《ゆき》七段の竜皇戦は、最終局を迎えた。

ここまでの六局、千桜さんは一度として八時間の※持ち時間を使い切ってい[a]ない。それどころか六局とも終局した時点で、俺より持ち時間が一時間以上多かった。

彼女がインタビューや取材の際に、時々、言う言葉がある。

対局中に相手が考えていることが分かるというものだ。

将棋とは、この世で最も互いを思い合う競技であり、対局によっては思考の大半が、相手が何を考えているかを考察する時間になる。手番が向こうにある時、相手が次に指す手だけを予想しているわけじゃない。場合によっては、探るべきは相手自身になる。生い立ち、性格、現在の立場、あらゆるものが盤上に繋《つな》がっている。次に指す手が百パーセント分かっても、素人《しろうと》では棋士に勝て[b]ない。しかし、棋士同士なら話は別だ。相手が考えていることが分かれば、絶対的に有利になる。

千桜さんは三択くらいまでに[A]シボれる盤面であれば、次に指される手は、ほぼ確実に当てられるという。最初に聞いた時は、①はったりだと思ったけれど、対局を何度も経験した今なら分かる。あの言葉は真実だ。

俺が長考して指した手には、ほとんど時間をかけずに切り返してくるからだ。俺が答えを選ぶより早く、こちらの手を確信し、応手を考え始めていたとしか考えられ[c]ない。

将棋のソフトは日進月歩で強くなっている。開発者の努力の成果だと理解している人間が多いけれど、それは理由の半分でしか[d]ない。将棋は時間制限のある勝負だ。ソフト自体が改良されなくても、コンピューターの処理速度が速くなれば強くなる。思考の速さは棋力とイコールだ。持ち時間の短い棋戦で、若い棋士の方が好成績を残しているのも、それが理由である。

そして、千桜さんの強さの真髄も、そこにある。

全棋士の中で、いや、もしかしたら歴代の棋士たちの中でも、ずば抜けて思考が速いのだ。

「指したく[e]ない方に誘導されている気がする」

千桜さんに負けた棋士たちが、そんな言葉を口にする姿を幾度も見ている。

数十分、時には一時間以上考えて指した手を、ものの数秒で切り返されるせいで、そう誤解してしまうのだろう。

だが、真実は違う。彼女は対局者の手を、対局者自身より先に確信し、切り返しの手をじっくりと考えているだけだ。そこに気付いていない棋士たちは、思考を誘導されているという疑心暗鬼に陥り、焦り、飲まれていく。

瞬時に返せるわけがない複雑な手を、たとえ一秒で返されても、決して焦ってはいけない。マジックでも、[B]カンで最善手を返してきたわけでもない。そこには、きちんと理屈がある。単に彼女が人の心を読むことに長《た》けているだけだ。何度も自分に言い聞かせながら、慎重に盤面を追い、指していった。

一日目の対局が俺の※封じ手で終わった時点で、彼女の残り時間は、五時間半となっていた。一方の俺は二時間半である。

三時間の差は大きいが、先手有利で進んでいた形勢は、中盤でひっくり返した。

既に盤面は終盤に差し掛かっている。

明日、二時間半あれば大丈夫。番狂わせは絶対に起きないはずだ。

前日、俺が選べた手は三択ではなかった。

少なくとも七つの手で悩み、一時間以上考えて封じ手を決めている。

俺が最終的に選んだのは、七つの選択肢の中で、最もセオリーから外れた手だ。対局者が千桜さんでなければ、あの手は選ばなかったと言ってもいい。

読み合いに強い相手だったからこそ選んだ奇手だった。彼女の能力をリスペクトしつつ、既に優勢となっている盤面を確実に進めるための手だった。

それなのに、封じ手が明かされ、盤面が動くと、彼女は五秒で切り返してきた。

②「嘘《うそ》でしょ」

思わず、声が出てしまった。

一晩あったのだ。彼女には俺の手を予想する時間が沢山あった。だが、いや、だからこそ、俺は時間を調整し、予想が難しい封じ手を選べる盤面に誘導していた。

これ以上ないほどに特異な封じ手を選んだのに、彼女は完璧に読み切っていた。

俺が放った奇天烈《きてれつ》な一手により、今朝までの考察がすべて無駄になる。そういう作戦だった。一晩の熟考をCトロウに変えて精神を削り、予想外の手に対する考察で、時間と体力を奪う。

用意してきた作戦は、五秒でごDハサンになった。fしかも無駄になったgだけじゃない。

この手を完璧に読んでいたということは、ここから先の盤面についても、hありあまる時間で考察してきているということだ。

俺の残り時間は二時間半。彼女は五時間半。倍以上違う。

有利な形勢で進めていても、ここからの時間の使い方次第では……。

ここに至り、完璧に理解することになった。

千桜さんもコンピューターによって強くなった棋士だが、俺とはi決定的な違いがある。それは、その独特な能力が、対人戦に特化していることである。

彼女は対局中、相手をよく見ている。呼吸、視線、手の動き、汗、一挙手一投足から、相手の心を読み取っている。自分の手番の時でさえ、時折、顔を上げてこちらの様子を確認していることからもそれが分かる。

俺は対局中、自分の手を、最強の将棋ソフトに近付けることに集中している。

一方で、彼女はＡＩの思考過程をEノウリに走らせながら、敵の心まで探っている。

jもしも彼女が二つの能力を十全に操れているなら、俺の上位互換ということにならないだろうか。考えてみれば、何年か前に飛王戦の予選で勝利した時も、コントロールして勝ったわけじゃない。偶然に近い勝ち方だった。

③七局目の終盤にして、初めて冷や汗が背中を伝った。

体力やタイトル戦の経験だけじゃない。自力でも俺が上だと思っていた。

だが、本当は違うんだろうか？　体調が万全なら、棋界最強は、ＡＩの強さと、人の心を読む力を併せ持つ、千桜夕妃なのか？

……いや、違う。落ち着け！

仮に考察が正しかったとしても、今、盤上で優勢なのは俺だ。

どう見たって追い詰めているのは、こっちの方だ。

④焦るな。飲まれるな。それが千桜夕妃の作戦だ！

彼女が五秒で切り返してきた手は、俺も予想していたものだ。それに対する返しも既に考えていた。しかし、俺はそこからたっぷり十五分を考察に使った。

準備していた手を再考察するためではない。平常心を取り戻すためだった。

封じ手直後の五秒で、正直、度肝を抜かれた。

本当に相手の考えていることが読める人間なのだと、恐怖すら感じた。

しかし、俺は思い出すことが出来た。千桜さんの持つ特異な雰囲気に飲まれた棋士たちが、彼女に負けてきたのだ。

時間は使い切って構わない。肝要なのは最後まで平常心を保つことだ。

彼女は強い。けれど、俺はもっと強い。

真正面から戦えば負けやしない！

終盤戦、盤面が進めば進むほどに、どんどん持ち時間の差が埋まっていった。

誰がどう見ても苦しいのは彼女だ。

起死回生の一手を探るため、彼女は考えるしかない。

相手が指す手が読めても、自分が指す手は一人で決めなければならない。
長考が続くようになり、リズムの良い彼女の将棋は死んだ。
⑤ポーカーフェイスだった眼差《まなざ》しに、険しい表情が浮かび、重たそうな咳《せき》も増えている。
彼女の覚悟は分かっている。世界的な※インフルエンサーとなった彼女が竜皇になることで、将棋界にどれだけの光がもたらされるかも理解している。
女であることも、肺に問題を抱えていることも、知っている。
それでも、負けてやるわけにはいかない。
俺は名人にして竜皇であり、五冠だ。現役最強の棋士なのだ。
勝たなければならない。彼女が真に強い棋士だからこそ、⑥俺が倒さなければならない。

（綾崎隼『盤上に君はもういない』ＫＡＤＯＫＡＷＡより）

語注　持ち時間＝自分の手を考えるために与えられた制限時間。
封じ手＝将棋の対局がその日だけで済まない時、次の手を、指さずに書いて密封しておく。翌日それを開いて、以後の勝負を進める。
インフルエンサー＝世間に与える影響力が大きい人物。

問一　二重傍線部Ａ～Ｅのカタカナの語を漢字に改めよ。

問二　傍線部①「はったり」、⑤「ポーカーフェイス」の意味として最も適切なものを次のイ～ホの中からそれぞれ選び、符号を記せ。

①「はったり」
イ　できもしないことを大げさに言うこと。
ロ　過去の失敗をとりつくろって言うこと。
ハ　他人の威光をかさに着て言うこと。
ニ　思いつきで窮地を切り抜けようと言うこと。
ホ　能力を誇示せず控えめに言うこと。

⑤「ポーカーフェイス」
イ　熱意で目が血走っていること。
ロ　視線が相手を射抜くようであること。
ハ　全く無表情であること。
ニ　不敵な笑みを浮かべること。
ホ　順調で浮き足立っていること。

問三　傍線部②「『嘘《うそ》でしょ』　思わず、声が出てしまった」とあるが、この時、竹森はなぜ「嘘でしょ」と声が出てしまったのか。七十字以内で説明せよ。

問四　傍線部③「七局目の終盤にして、初めて冷や汗が背中を伝った」とあるが、この時竹森はどう感じているのか。最も適切なものを次のイ～ホの中から選び、符号を記せ。
イ　竹森は、経験という面では自分の方が千桜よりも上だと自負していたが、千桜が特異な能力を人知れず身につけていたことが分かったため、眼前の危機を切り抜けるにはもう偶然に頼るしかなくなったと絶望している。
ロ　竹森は、封じ手を五秒で覆された最終局、押し殺していた心を敵に読まれたらどれほど精神が乱れていくかが身にしみて分かり、体調を崩してまで現役最強の自分を全力で倒しにかかる千桜の執念に、震える思いである。
ハ　竹森は、将棋ソフトのおかげで現役最強の地位を得たが、敵の心を読む力をも駆使する千桜が台頭してきたことに衝撃を受け、普段から将棋ソフトよりも人間を相手に練習を積むべきであったと猛省している。
ニ　竹森は、将棋ソフトで上達しＡＩの強さを持つという点では千桜と変わらないが、ＡＩの強さと敵の心を読む力の両方とも自分より長けている千桜に圧倒されつつあり、現役最強の地位を失いそうだと恐れおののいている。
ホ　竹森は、経験も棋力も千桜より上だと思っていたが、千桜がＡＩの強さと敵の心を読む力の両方を持つため、仮に千桜の体調が良く、千桜が二つの力を目一杯働かせたなら現役最強の自分も敵《かな》わないのではないかと焦っている。

問五　傍線部④「焦るな。飲まれるな。それが千桜夕妃の作戦だ！」とあるが、竹森が考えている千桜の作戦を、七十字以内で説明せよ。

問六　傍線部⑥「俺が倒さなければならない」とあるが、この時、竹森はどのようなことを考えているのか。最も適切なものを次の**イ**～**ホ**の中から選び、符号を記せ。

イ　肺に問題を抱えている千桜に、しばしば長時間にわたる戦いを強いられるであろう現役最強の地位を引き継ぐのは無理があるため、最終局で倒し今後を諦めさせた方がいいと考えている。

ロ　千桜は女性で病弱であり、彼女が勝てば将棋界に注目が集まるのかもしれないが、勝利をめぐむ必要などなく、自分は現役最強の棋士として真剣勝負で臨まねばならないと考えている。

ハ　相手の心を読み取れない自分には勝ち目がないことを悟ってしまったが、現役最強だと自己暗示をかけることで平常心を取り戻し、彼女の体調の悪いうちに逆転勝ちで締めくくりたいと考えている。

ニ　自分の現役最強の信念を千桜に読心術で読み取らせ、心理的にも追い込むことで、これまでの千桜の作戦はまったく通用しない相手と対局しているのだと分からせたいと考えている。

ホ　相手の指す手を先回りして読むことで世界的に有名になれた千桜は、反面、駒の動かし方がまだまだ未熟なので、ここで現役最強の自分が全力を出してとどめを刺さなくてはと考えている。

問七　波線部**a**～**e**「ない」の中から、自立語を二つ選び、符号を記せ。

問八　波線部**f**「しかも」、**g**「だけ」、**h**「ありあまる」、**i**「決定的な」、**j**「もしも」の品詞名をそれぞれ漢字で記せ。ただし、助詞の場合は、「□助詞」の形で種類を含めて記すこと。

問九　破線部「あの手は選ばなかったと言ってもいい」を、例にならって単語にわけよ。

例　私／は／中学生／だ。

〈四十五点〉

《三》　次の文章を読んで、後の問いに答えよ。

江州《こうしう》にてある里侍《さとさぶらひ》、長《たけ》二※間《けん》ばかりの蛇を切り、ちまたこぞりて「①蛇切《じやきり》」と呼ぶ。この人の住所は琵琶湖《ひはのうみ》の東なり。「その浦に蛇あり」「つねに湖の底にすむ」など言ひふれり。しかるに何者のわざにや、かの侍の門に、「この浦の蛇、御退治しかるべし」と札に書きて貼《を》す。侍見て「筆まめなること」とて引きまくりて捨てけり。また次の夜も「ぜひ殺したまへ」とて貼す。これも取りて捨つるに、後には捨てても捨てても、札六七枚八九枚も貼して、あまつさへ雑言悪口す。※軽忽《きやうこつ》なること言ふばかりなし。侍見て、「今はあるにし、なきにし、②殺さではかなはぬ」と思ひ、我もぜひなく札を立てたり。「我不幸《ふかう》に蛇を殺す。人たのまぬに蛇切と呼ぶ。うれしきにもあらず。また手柄と思はねば自讃《さん》したる事もなし。しかるにこの浦に蛇あるよしにて、我をさしづしたまふ。すこぶる難儀なれども、また一人に選ばるるも、③かつは面目《めんぼく》なり。これやむことえがたし。下官《やつがれ》いかでか辞せんや。幸《さいは》ひ来月幾日《いくか》は庚寅《かのえとら》にして吉日なり。巳《み》の刻に退治申すべく候《さぶら》ふ。その浦へ御寄りあるべく候ふなり」と書けり。もろ人見て、「札のおもて聞こえたり。無理なる所望にこそ」と言ひ合へり。

かくて④其《そ》の日になるに侍も幕ひかせ、かしこにゆけば、見物も群れつれて来る。⑤時にのぞめば、侍酒あくまで酌《く》みて裸になり、下帯《したおび》に脇差し差して、※千尋《ちひろ》の底に入る。あはやと見るに上がらず。しばしして浮かめり。息をとくとつぎて、「さてさて蛇やあると右往左往見るに、⑥もとなきか、あれど出《い》でぬか、蛇と思ふものもなし。しかれどもここなる岸の下に広さ三間四方ばかりの※うつろあり。この洞《ほら》に水の動くにうつろふて、光りもの見えたり。さてこそと思ひ、aやがて側《そば》に寄り、二刀《ふたかたな》三刀《みかたな》刺すに、bあへてはたらきもせず。いかさま合点ゆかぬものなり。今一度ゆきて取りて帰るべし」と言ひ、長き縄を取り寄せ、その端を下帯につけ、また入ると見えしが、やがて上がり、「引きあげよ」と言ふ。人々寄りて、これを引くに、具足《ぐそく》、甲《かぶと》着たるもの引きあげたり。その時見物一度にどつと褒むる声やまず。さてよく見ればよろひ武者の入水《じゆすい》したると見えて、すぢほねの差別もなく凝《こ》りたる躰《てい》にして、甲、具足、太刀、差添《さしそへ》も金《こがね》作りなり。cよの物錆《さ》び腐れども、金は全《また》うしてこの侍、徳を得たり。保元《ほうげん》寿永か、あるは建武延元の頃の、しかるべき大将にやと言へり。⑦見物のものも「天晴《あつぱれ》、蛇を殺せる勇士かな」と褒めてかへりしと。

（『御伽物語』巻三より）

語注　間＝長さを測る単位。一間は約1.8メートル。　軽忽なること＝軽はずみなこと。　千尋＝非常に深いこと。　うつろ＝空洞。

問一　二重傍線部**a**「やがて」、**b**「あへて」のここでの意味と、**c**「よ」の意味を表す漢字として最も適切なものを次の**イ**～**ホ**の中からそれぞれ選び、符号を記せ。

a　やがて
- **イ**　徐《おも》ろに
- **ロ**　いつか
- **ハ**　その内
- **ニ**　すぐに
- **ホ**　すこし

b　あへて
- **イ**　わざわざ
- **ロ**　まったく
- **ハ**　一緒には
- **ニ**　たまたま
- **ホ**　出会えて

c　よ
- **イ**　世
- **ロ**　夜
- **ハ**　余
- **ニ**　予
- **ホ**　代

問二　傍線部①「蛇切《じやきり》」と呼ばれた里侍《さとさぶらひ》が用いている「我」以外の一人称を、本文中から抜き出せ。

問三　傍線部②「殺さではかなはぬ」とあるが、どうしてそう思ったのか。説明せよ。

問四　傍線部③「かつは面目《めんぼく》なり」とあるが、どうしてそう言うのか。説明せよ。

問五　傍線部④「其《そ》の日になるに」、⑤「時にのぞめば」とあるが、次に掲げるのは「其の日」を含むカレンダーと時刻表である。これに基づけば、「其の日」の「時」とは、何日の何時頃となるか。数字で答えよ。

1 癸亥	2 甲子	3 乙丑	4 丙寅	5 丁卯	6 戊辰	7 己巳
8 庚午	9 辛未	10 壬申	11 癸酉	12 甲戌	13 乙亥	14 丙子
15 丁丑	16 戊寅	17 己卯	18 庚辰	19 辛巳	20 壬午	21 癸未
22 甲申	23 乙酉	24 丙戌	25 丁亥	26 戊子	27 己丑	28 庚寅
29 辛卯	30 壬辰					

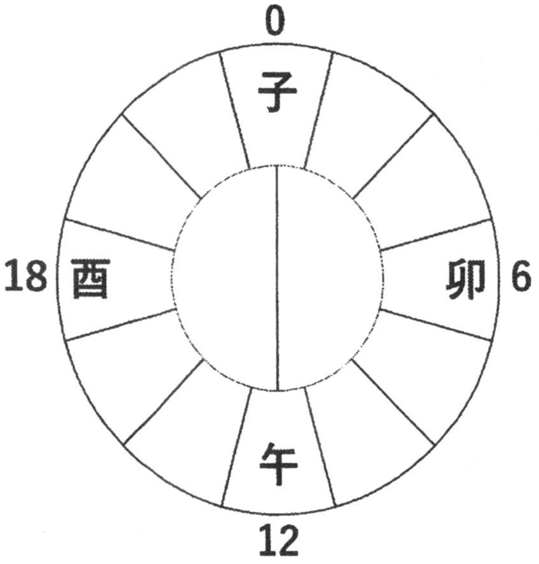

問六　傍線部⑥「もとなきか、あれど出《い》でぬか」を主語を明確にして現代語訳せよ。

問七　傍線部⑦「見物のものも『天晴《あつぱれ》、蛇を殺せる勇士かな』と褒めてかへりし」とあるが、どうしてそう褒めたのか。最も適切なものを、次の**イ**～**ホ**の中から選び、符号を記せ。

- **イ**　最初は渋っていたが最後には、江州の里侍が琵琶湖の底の蛇を退治してくれたから。
- **ロ**　見物人の目に映ったのは、下帯姿だった蛇取りの名人のきらびやかな姿だったから。
- **ハ**　以前蛇を殺した勇士だけあって、琵琶湖の底で金の武具を見つけ、手に入れたから。
- **ニ**　保元から延元の頃に名の知れ渡った大将が、琵琶湖の浦の蛇を退治してくれたから。
- **ホ**　琵琶湖の底の空洞から、入水したよろい武者の救出を何度も試みて成功させたから。

〈二十点〉

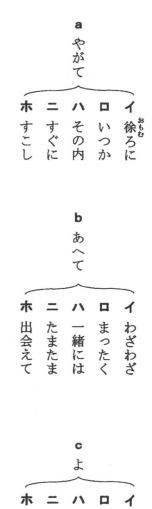

2021年度 ラ・サール高等学校入学試験問題 数学 (90分 100点) No.1

1 次の各問に答えよ。(16 点)

(1) $\left(-\frac{1}{6}x^3y\right) \times \left(-\frac{3}{2}x^2y^2\right)^2 \div \frac{3}{4}x^6y^3$ を計算せよ。

(2) $x = \frac{\sqrt{5}+\sqrt{2}}{2},\ y = \frac{\sqrt{5}-\sqrt{2}}{2}$ のとき，$3x^2 - 4xy + 3y^2$ の値を求めよ。

(3) $(x-12y)^2 - y(4x-51y)$ を因数分解せよ。

(4) 連立方程式 $\begin{cases} \frac{3}{2}(x+y) - \frac{5}{3}(x-y) = \frac{5}{2} \\ 0.4x + 0.1y = 1.7 \end{cases}$ を解け。

2 次の各問に答えよ。(32 点)

(1) $-1 \leqq x \leqq 2$，$3 \leqq y \leqq 4$ のとき，$x^2y - y$ の最大値と最小値をそれぞれ求めよ。

(2) 図のような $\mathrm{AB} = 2$ の直方体 ABCD-EFGH があり，$\angle \mathrm{EPH} = 90°$，
$\mathrm{AE} : \mathrm{EP} = 1 : 2$，$\mathrm{DH} : \mathrm{HP} = 2 : 3$ である。

(ア) FP の長さを求めよ。

(イ) 直方体 ABCD-EFGH の体積を求めよ。

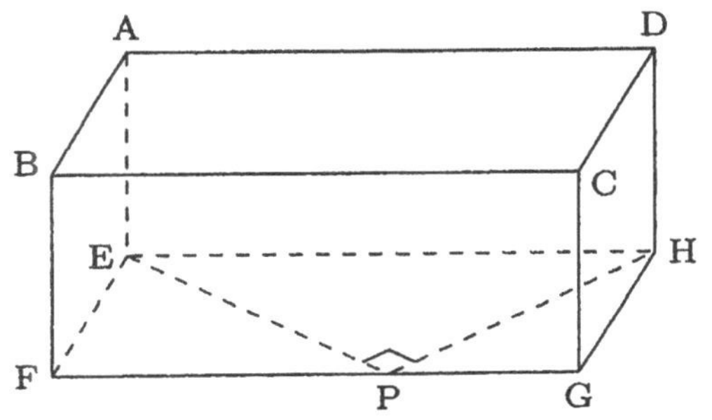

(3)

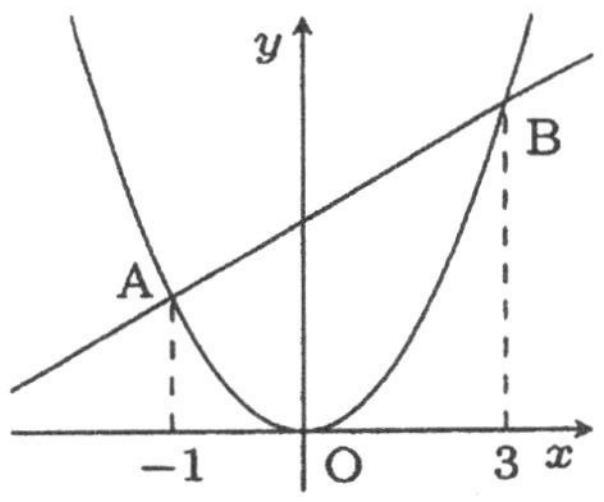

図のように放物線 $y = ax^2$ と直線 $y = bx + 6$ が 2 点 A, B で交わっており，点 A，B の x 座標はそれぞれ $-1, 3$ である。

(ア) a, b の値を求めよ。

(イ) 放物線上に点 P を △ABP の面積が 8 となるようにとる。ただし，点 P の x 座標は -1 以上，3 以下とする。点 P の x 座標をすべて求めよ。

3 水面からの高さが x m の地点 A より石を静かに落としたところ $\frac{17}{4}$ 秒後に地点 A で水音が聞こえた。また，水面からの高さが $\frac{9}{16}x$ m の地点 B より石を静かに落としたところ $\frac{201}{64}$ 秒後に地点 B で水音が聞こえた。音の速さは一定とし，石は落としてから t 秒間で $5t^2$ m 落下するものとして，次の各問に答えよ。(14 点)

(1) 石が地点 A から水面につくまでの時間 t_1 と地点 B から水面につくまでの時間 t_2 の比 $t_1 : t_2$ を求めよ。

(2) x の値を求めよ。ただし，途中経過もかけ。

4 サイコロを3回振り，出た目を順に a, b, c とする。$N=(a+b)c$ とおくとき，次の確率を求めよ。(14点)

(1) N が25の倍数となる確率

(2) N が15の倍数となる確率

(3) N が10の倍数となる確率

5 1辺の長さが4の立方体ABCD-EFGHに半径 r の球 S と半径 $2r$ の球 T が入っている。2球は互いに外接し，球 S は3つの面ABCD，ADHE，AEFBに接し，球 T は3つの面EFGH，CGHD，BFGCに接している。このとき，次の各問に答えよ。(12点)

(1) r の値を求めよ。

(2) S の中心と平面BDEの距離を求めよ。

6 1辺の長さが4の正方形の内部に半径1の2つの円がある。この2つの円は離れても接してもよいが重なることがないように正方形の内部を動く。この2つの円の中心をそれぞれP，Qとするとき，次の各問に答えよ。(12点)

(1) P，Qが存在しうる範囲 D を図示せよ。

(2) D の面積を求めよ。

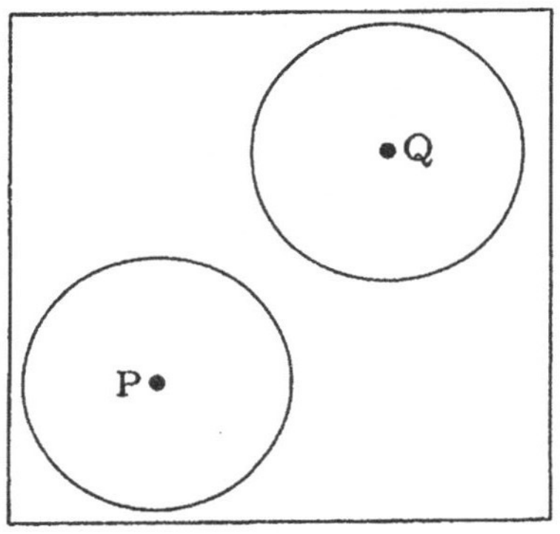

時間：70分　問題用紙は5枚、解答用紙は2枚ある。[1]、[2]の解答は解答用紙No. 1に、[3]、[4]の解答はNo. 2に記入せよ。試験を開始してから約5分後に[1]に関する放送を始める。

※音声は収録しておりません

[1] This is the 2021 La Salle Entrance Examination Listening Test. There are three parts to the test.

Part 1

You will hear five short conversations. Choose the best reply for each one. Write a, b or c.

Part 2

You are going to hear a conversation in a school. Choose the best answer to complete each sentence a, b or c.

1. Saint Xavier's is a school for __ children.
   a) talented　b) terrible　c) tall

2. You can only see the __ when the weather is good.
   a) beach　b) sports park　c) castle

3. The East River Battle was fought in __.
   a) 1165　b) 1253　c) 1412

4. You can't __ in the activity room.
   a) build a robot　b) use the Internet　c) read comics

5. The science magazines are in __.
   a) the physics room　b) the yoga studio　c) Dr Ironstein's office

6. Parents have to pay more money for __.
   a) textbooks　b) holidays　c) meals

7. Before breakfast William's dad used to __.
   a) shower　b) study　c) march

Part 3

Listen to a news report. Complete the sentences with the missing information.

1. The gorilla was found missing at ____________ a.m.

2. The gorilla took a guard's ____________.

3. She is fluent in ____________ language.

4. She was seen by a ____________ driver.

5. He saw her wearing a ____________ sweater.

6. The phone number to call is ____________.

7. She climbed the city ____________ tower.

8. Chantelle's message said, "____________ my baby!"

［2］以下の指示に従って設問に答えよ。使用した語数も書くこと。解答用紙に印刷されている語は含まない。

Here is part of an email you received from your junior high school teacher.

> I know you are going to pass the La Salle entrance exam. How are you going to celebrate?

- **Write an email to your teacher answering her question.**
- **Write 60-70 words.**

［3］次の英文を読んで下のA～Hの設問に答えよ。

Apart from wars and natural disasters, one of the worst accidents of the 20th century was the sinking of the great liner Titanic, in 1912. The "unsinkable" ship sank on a voyage from Liverpool to New York after striking an iceberg near the coast of Canada. "How did it happen? How could it happen?" people asked. Yet it happened! Unexplainable, or was it? Is it possible that the sinking of the Titanic was caused by a *curse? A lot of this story is true... but did it really happen quite like this?

We need to leave the icy cold waters of the North Atlantic, and go thousands of miles back to the dry heat of the Nile Valley in Egypt. It is here, perhaps, that we can find the start of the mystery of the Titanic, here in the year 1910, in the great city of Cairo.

One day, a British Egyptologist, called Douglas Murray, was staying in Cairo when he was contacted by a man he did not know, a strange American adventurer.

The American had something unusual to offer the British archaeologist, something that was certain to excite 1A him: a beautiful ancient Egyptian case, with the *mummy of a woman *priest from the temple of the god Amon-Ra inside it. The case was over 3000 years old, but in beautiful condition – gold, covered in bright paintings, and with an image of her on it. The American did not want a lot of money for it, and Murray was so happy that he bought it from 1B him immediately.

Strangely, that evening the American who had sold 1C him the case died. Soon after that, Murray arranged to have the treasure sent to Britain as soon as possible. However, it did not take long for 1D him to learn more about the amazing mummy: it had been discovered in an underground room for the dead in a dry part of the Nile Valley. On the walls of the room, 2 there were messages which warned that something terrible would happen to anyone who broke into it. Murray (3a) little attention to this warning until a few days later, when a gun he was holding exploded in his hand, breaking all the bones in his arm. The arm had to be cut off.

Murray decided to come back to England with the mummy. On the return journey, two of his companions died from mysterious causes, and two servants who had handled the mummy died soon afterwards. By this time, Murray had decided that the mummy was cursed, and he decided to 4 get rid of it. A lady he knew said she would like to have it, so he gladly gave it to her. Shortly afterwards, the lady's mother died, she herself (3b) a strange disease, and then 5 going / marry / left / she / her / the man / to / was. She tried to give the case back to Murray, but of course he did not want to have anything more to do with such a terrible thing. In the end, it was presented to the British Museum.

Most people thought that that would be the end of the story, but it was not.

Even in the museum, the mummy continued to cause 6 strange events. A museum photographer died shortly after taking pictures of it, and another member of staff also died for no known reason. In the end, the museum decided to give the mummy to another museum in New York.

At the start of April 1912, the mummy began its journey to its new home. Unfortunately... or was it fortunately?... the New York museum never received its new gift. For when it sank, one of the items on the Titanic was the case from the temple of Amon-Ra. Or so they say.

*curse 呪い　*mummy ミイラ　*priest 聖職者

A. 第一パラグラフの内容に即して、次の空所にもっともふさわしいものを次から選び、解答欄の記号を○で囲め。
People were shocked because (　　　).
ア the accident happened in the 20th century
イ they thought the Titanic couldn't sink
ウ the Titanic hit an iceberg
エ the Titanic was near Canada

B. 下線部1A～1Dの中で1つだけ指す人が違うものを選び、解答欄の記号を○で囲め。

C. 下線部2を、itが指すものを明示して和訳せよ。

D. 空所3aと3bに入れるべき語をそれぞれ次から選び、必要なら形を変えて答えよ。
catch　make　pay　take

E. 下線部4のここでの意味にもっとも近いものを次から選び、解答欄の記号を○で囲め。
ア to fix something that is broken
イ to look after something carefully
ウ to accept a bad situation without complaining
エ to give away something you do not want any more

F. 下線部5の語句を文脈に合うように並べ替えよ。

G. 下線部6の内容を日本語で2つ書け。

H. 次のア～カはミイラがあった場所または持ち主を示したものである。本文で書かれている出来事の順番に、これらを並べ替えよ。ただし、最初はアである。解答に際しては、次の1～6に該当するものの記号をそれぞれ答えよ。該当するものがない場合は「×」と書け。
ア The Nile Valley　イ a lady　ウ the Titanic　エ Douglas Murray　オ the British Museum
カ an American adventurer

ア The Nile Valley → (　　) → (　　) → (　　) → (　　) → (　　)

1. アの直後に来るもの
2. イの直後に来るもの
3. ウの直後に来るもの
4. エの直後に来るもの
5. オの直後に来るもの
6. カの直後に来るもの

［4］次の英文を読んで下のA～Fの設問に答えよ。

It's not only pirates in stories who go hunting for buried treasure. Every year, thousands of people search in the Rocky Mountains in the US for hidden treasure worth $2 million. And the *clues to where it is are written in a poem.

The treasure was buried by an art expert, Forrest Fenn, in 2010. He was 80 when he made the trip into the Rocky Mountains by car and then on foot. So that's one clue: it is somewhere (1). But the nine main clues in the poem, which are available to read on his website, are much more difficult to understand. Treasure hunters look at the meaning of every word in the poem and they look for extra clues in Forrest's two books about his life.

Here is one part of the poem to get you started:

Begin it where warm waters halt
And take it in the canyon down,
Not far, but too far to walk.
Put in below the home of Brown.

There are many possible meanings. A good place to start is with 'warm waters' and 'the home of Brown'. Some people look for a place where warm and cold water meet, perhaps two rivers. Others look for a more poetic meaning, for example, a person's tears could be warm water. 2 Brown might be a person because names usually start with a capital letter, so maybe you have to look for people called Brown who live in the Rocky Mountains. Unfortunately, Brown is a very common family name!

These places must be near a canyon, but what does the third line mean? How far is 'too far to walk'? Also, 'put in' is a strange way to say 'go', so maybe Forrest chose those words for a reason. 3 You can see why people spend a long time trying to solve the clues.

The only way to test your ideas is to follow the clues to try and find the treasure. Forrest advises people to wait until spring to avoid dangerous winter weather and he says people shouldn't go alone. However, not everyone has listened to his advice. Three people have gone missing while looking for the treasure. Police who work in the area want Forrest to take back the treasure and put a photo of himself with the box on the internet. They think 4 this will stop the treasure hunters from looking, so no more will die.

But Forrest refuses. He thinks people spend too much time inside their houses and offices on their computers and phones. He remembers his own (5a) in the Rocky Mountains and he wants (5b) to learn about (5c) and have (5d) together.

His plan is working. A dad who took his son camping in the woods says, 'We enjoyed the experience of it. We saw some bears, but luckily our dog scared them away before I had to shoot them with my gun. But we had to sleep on the ground in the freezing cold and everything got wet. We couldn't even light a fire.'

Some treasure hunters have been out looking for the box too many times to count. Marti and her daughter Libbi often travel from their home in Georgia to search in Montana. Libbi says: 'The thought of wolves around every corner was a horrible fear for the first two years, but you slowly lose this fear of animals. I love the scenery of Montana – seeing so many animals up close, camping in the mountains and crossing rivers and streams. It's all so exciting, even if we never find the treasure.'

However, there are people who think the whole thing is a trick. Some say maybe Forrest had a box of treasure, but they don't believe he hid it in the mountains. Others say he took it back years ago. They say maybe he just likes the attention. But even people who complain it's a trick still go to the Rocky Mountains to test their ideas. Of course, one possibility is that someone has already found the treasure and not told anyone. But that won't stop hundreds more people from going treasure hunting this spring. Where would you start looking?

*clue　手がかり

A. 空所1に入れるのにもっともふさわしいものを次から選び、解答欄の記号を○で囲め。

ア　elderly people often go to paint

イ　an old man could walk to with a heavy box

ウ　that even he doesn't know

エ　only young people can get to

B. 下線部2を和訳せよ。

C. 下線部3を和訳せよ。

D. 下線部4の内容を日本語で簡潔に説明せよ。

E. 空所 5a～5d に入れるのにもっともふさわしいものを次からそれぞれ1つずつ選び、記号で答えよ。ただし、同じ記号を2度以上使うことはできない。

ア technology　イ nature　ウ families　エ childhood　オ adventures

F. 最後の3つのパラグラフに関して、本文の内容と一致するものをすべて選び、解答欄の記号を○で囲め。

ア　The dad shot at some bears to save his son.

イ　The father and son were not able to warm up by a campfire.

ウ　Libbi is now afraid of animals, especially wolves.

エ　Some people think that Forrest just wants to be well-known.

オ　People who think the hidden treasure is a trick no longer search for it.

2021 年度　リスニング問題　〈スクリプト〉

※音声は収録しておりません

[1]　This is the 2021 La Salle Entrance Examination listening test. There are three parts to the test.

Part 1

You will hear five short conversations. Choose the best reply for each one. Write a, b or c.

1. Where are you from?
   (a) Yes, I am.
   (b) No, I'm Japanese.
   (c) I'm from Osaka.

2. What did you do yesterday?
   (a) I'm going shopping with my mum.
   (b) I played computer games with my friend.
   (c) I sometimes walk my dog in the park.

3. I'd like you to come to my birthday party.
   (a) My mum won't let me.
   (b) Sorry, you're not invited.
   (c) I'll buy a present for him.

4. Could you lend me your dictionary?
   (a) Sure. Here you are.
   (b) Of course. I'll borrow yours.
   (c) No problem. I haven't got one.

5. Oh no! My bicycle's broken.
   (a) Do you want to use mine?
   (b) Where did you lose it?
   (c) Oh good! Let's go for a bike ride.

6. How old are you?
   (a) They're in the third grade.
   (b) I'm fine thanks.
   (c) I'm eight and a half.

Part 2

You are going to hear a conversation in a school.　Choose the best answer to complete each sentence a, b or c.

(Knock on a door)

Teacher:　Good afternoon Mr and Mrs Winterbottom. I'm the headmaster Percival Pike. And welcome to Saint Xavier's School for Gifted Children.

Mum:　You're one of those. You always get the highest scores in your class.

Dad:　Stop telling him that. He already knows.

Teacher:　Our school motto is Est Optimus. Which in English means…

Boy:　Be the best.

Teacher:　That's right young man. What's your name?

Boy:　William Sir, William Winterbottom.

Teacher:　Well done, Will.

Boy:　It's William, Sir.

Teacher:　Good to know. First, let me tell you about Saint Xavier's dormitory. You will have a private air conditioned room with a view of the beach and the sports park. On a clear day you can even see the castle on the hill, which was built after the East River Battle in 1342.

Boy:　Actually, it was first built in 1165 and was rebuilt after the East River Battle which happened in 1253.

Teacher:　It seems you know your history young man.

Dad:　It seems he knows more than you.

Mum:　Be quiet Stanley.

Teacher:　Moving on. In the dormitory activity room, you can play video games on one of the PS4s, build your own robot or surf the Internet. And in the new TV lounge there are over 10,000 comics including *Detective Conan, Jump and One Piece* which you can read while relaxing in one of the 30 leather massage chairs. But, the comics mustn't be taken out of the room.

Boy:　And do you have any popular science magazines?

Teacher:　Not in the dorm, but the physics teacher Dr Ironstein, keeps them in a locker in the yoga studio, which is next to the music room and opposite her office.

Dad: Wow! This all sounds fantastic. But what about my boy's education? How long do they study for everyday? What are the rules? Where…

Mum: Where are your manners, Stanley?

Dad: Well, someone's got to ask.

Teacher: Those are excellent questions. Most schools for gifted children recommend four hours study every evening. However, we believe in giving children the freedom to choose how long they want to study for. Some of our students do about 30 minutes after school, but others do nothing at all. And that's just fine with us.

Dad: Are you kidding? You'll be telling us there are no textbooks next!

Teacher: Yes, that's right. We stopped using textbooks in 1992. And we haven't given any tests since 2005.

Dad: Hah! And how much is this holiday resort going to cost me?

Teacher: We charge ¥89,000 a week plus tax. Plus an extra ¥26,500 per term, for the meal plan.

Dad: How much is that a month William?

Boy: ¥420,858 a month.

Mum: I think we can afford that Stan.

Boy: Yes, it's only 3.4% of Dad's salary.

Dad: That's not the point. You're going to a proper school like the one I went to. We had to wake up at half past four in the morning…

Mum: Here he goes again…

Dad: run 10 kilometres, have a cold shower, and then we only had 10 minutes to eat breakfast which was usually just brown rice and pickles. Then it was marching practice even in the winter. After that for 12 hours we had to study in silence. What's more…

Mum: Stanley, that's enough. Be quiet! You're forgetting one thing, William is gifted, and you just think you are. Sorry about that Mr Pike, William will be starting here in April.
(Dad griping in the background)

Teacher: Fantastic! I think this is the perfect school for your son.

Boy: Could I just ask you one very important question Mr Pike? Where's the girl's dormitory?

Dad: That's my boy.

Mum: (sigh)

Part 3

Listen to a news report. Complete the sentences with the missing information.

We interrupt this programme to bring you a special emergency announcement.
A female gorilla has escaped from a top secret government science laboratory. Scientists discovered her missing at 6:30 this morning. It seems she stole a security guard's keys, turned off the alarm system, jumped over a seven-meter-high electric fence and disappeared somewhere into the city.
The gorilla is a ten-year-old mountain gorilla from the Congo called Chantelle. She's extremely intelligent, fluent in sign language, and has a 4th dan black belt in karate. We will bring you an update as soon as we have more information.

We'd like to bring you an update on Chantelle the escaped gorilla. She was seen by a truck driver running out of a home in the Bayside area of the city. He said he saw Chantelle wearing blue jeans with a purple sweater and dark sunglasses. The driver also said she was carrying something in a white sheet.
The police would like anyone who sees her to call this number: four-six-seven-four-double five-two. That's four-six-seven-four-double five-two. The police believe the gorilla could be very dangerous. Do not go near her! I repeat. Do not go near her!

We have a live update on Chantelle the escaped gorilla. She has climbed to the top of the city clock tower. Can the camera zoom in please? She's taking something out from under the sheet. What is it? Is it a ball? Is it a bomb? Holy cow! It's a cute little baby…a baby gorilla! Now she's holding up the sheet. There's something written on it. Unbelievable! It says, "Free my baby!"
Can we zoom in on the baby? It looks like it's trying to say something. "Mama. Mama." Cheese and crackers, that baby's smarter that its mother!

令和３年度　ラ・サール高等学校　入学試験問題　理科　（５０分）

注意：１．解答はすべて解答用紙に記入せよ。
　　　２．いくつかの中から選ぶ場合は，記号で答えよ。特に指示のない場合は１つ答えよ。

【１】

〔A〕図１はヒトの目の横断面を頭の上から見た模式図である。

（１）図１は左右どちらの目の横断面を示したものか。

（２）図１のア～ウで示した部位の名称を答えよ。

（３）近くのものを見るときにはレンズの厚みはどう変化するか。

（４）① 暗いところから明るいところに入るとアの大きさはどのように変化するか。
　　② ①の反応をなんと呼ぶか。

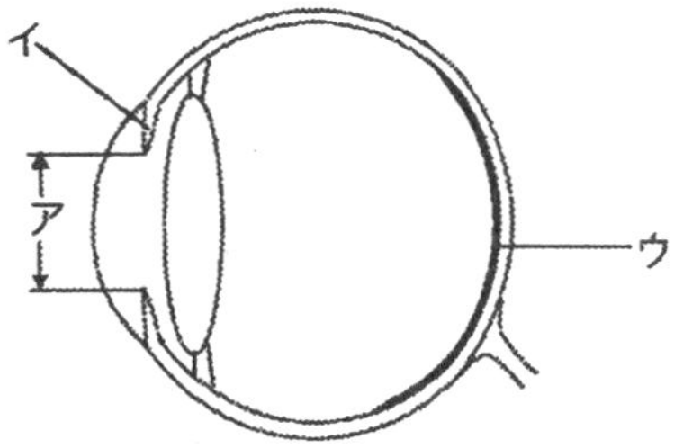

図１

〔B〕メダカの行動を調べるために以下のような実験を行った。

[実験 1] 図２のようにメダカを透明な円柱状の水槽に入れた。このとき，各個体はばらばらの方向に泳いでいた。水槽内で水流のない状態で，水槽の外側に周囲の景色に相当する「しま模様」を描いた円筒を置き，この円筒をゆっくり回転させると，①メダカは回転させた円筒の「しま模様」に同じ速度でついていくように泳ぎ始めた。また，円筒の回転を止めるとメダカは模様についていくことをやめた。

[実験 2] 図３のように「しま模様」を描いた円筒を水槽から取り除き，水槽の中の水が矢印の方向に流れるようにかき混ぜると，②メダカは一斉に流れに逆らって泳ぎ始めた。このとき，メダカはその場で止まっているように見えた。

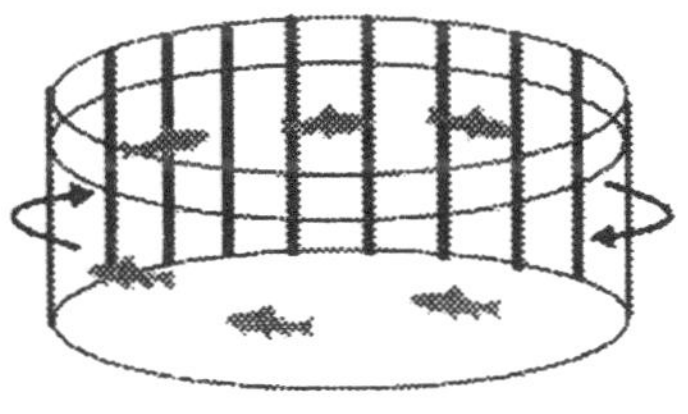
図２

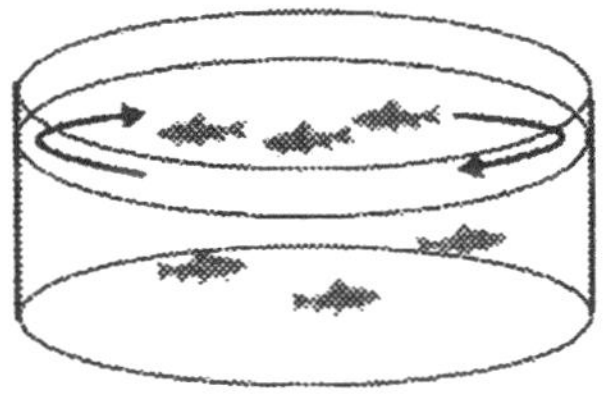
図３

（５）下線部①，②から小川などの自然環境において，メダカは周囲の景色や水流から得られる情報を用いてどのような行動をとっていると考えられるか，次から選べ。
　ア．周囲の景色や水流から得られる情報とは無関係に行動する。
　イ．周囲の景色や水流から得られる情報を用いて岸に対して一定の位置を保とうとする。
　ウ．周囲の景色や水流から得られる情報を用いて下流に向かって移動しようとする。
　エ．周囲の景色や水流から得られる情報を用いて上流にさかのぼろうとする。

（６）下線部②の行動はメダカが体表に持つ感覚器からの情報が関与している。この感覚器の名称を答えよ。

〔C〕フクロウの一種であるメンフクロウは日没後の真っ暗な環境でネズミなど小動物を捕えることができる。木の上からネズミの発した物音を聞きつけると，音が鳴りやんだ後であっても音源の位置に向かって飛びつくことができる。その誤差は小さく，角度にして５度以内である。暗い実験室内で音源に飛びつくように訓練されたメンフクロウを用いて，次の実験を行った。なお，この結果は実験を複数回行った平均値である。

[実験 1] 音の強さを 10 分の 1 以下に減衰させる耳栓を右耳に挿入した場合，メンフクロウは音源の位置から下に 35 度ずれた方向に飛びつくようになった。

[実験 2] 音の強さを半分程度に減衰させる耳栓を右耳に挿入した場合，メンフクロウは音源の位置から下に８度ずれた方向に飛びつくようになった。

（７）実験結果から判断できることを記述する文章として適切なものを，次から選べ。
　ア．左右の耳に届く時間のずれを利用して，音源が左右のどちらにあるかを判別している。
　イ．左右の耳に届く時間のずれを利用して，音源が上下のどちらにあるかを判別している。
　ウ．左右の耳が受け取る音の強さのちがいを利用して，音源が左右のどちらにあるかを判別している。
　エ．左右の耳が受け取る音の強さのちがいを利用して，音源が上下のどちらにあるかを判別している。

（８）メンフクロウの耳を調べると，他の種類のフクロウと違って左右の耳の穴が上向きか下向きのいずれかに開いていることが分かった。次の文章の空欄に，「上」か「下」のどちらが入るか答えよ。

　右耳の穴が［ア］向きに，左耳の穴が［イ］向きに開いている。

【2】

次の文章はＬＳ高校のＡ君，Ｂ君，Ｃ君の会話である。

Ｂ「今日，９月２７日は５８名の方々がなくなった御嶽山《おんたけさん》の噴火から６年ということで，麓の村で追悼式が行われるみたいだよ。」

Ａ「御嶽山の標高は３０６７ｍで，日本では（①）に次いで，２番目に標高の高い火山なんだって。１０月中旬には積雪が記録されるそうだよ。」

Ｂ「写真で見たところ，火山灰の色は白かったから，マグマの性質はきっと（②）はずだ。」

Ｃ「火山灰を採取して，③鉱物の分析をしてみたいね。」

Ａ「御嶽山は死火山と思われていたが，１９７９年に小さな爆発があって，活火山になったんだって。これが一つのきっかけになって，④活火山の定義が変わったそうだよ。ちなみに，日本では，現在およそ（⑤）個の火山が活火山として認識されているよ。」

Ｃ「右図を見ると，御嶽山は東日本火山帯の西端にほぼ位置していて，ここから火山の列は，くの字型に大きく伊豆諸島の方に曲がっていくよね。これって不思議じゃない？」

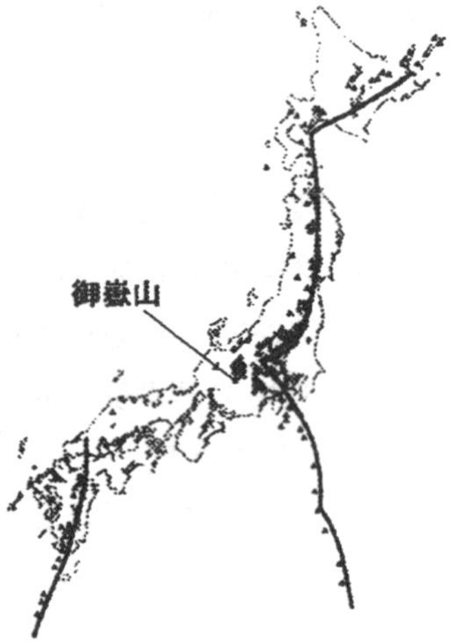

Ｂ「火山の分布はプレート境界とほぼ平行になるからだよ。伊豆諸島と小笠原諸島の主な火山の並びは，（⑥）プレートが（⑦）プレートに沈み込む境界に対応しているからね。」

Ａ「火山列の東端を結んだ線（図の太線）は火山前線と呼ばれているよ。」

Ｃ「ということは，火山前線の東側には火山の存在しない地域があると言うことだね。でも，なぜだ？」

Ｂ「プレートがある深さ以上潜り込まないと，温度が上がらず，マグマの発生する条件が満たされないからだよ。」

Ｃ「すると，火山前線の東にあたる太平洋側の地域では，プレートが沈み込む際に生じたエネルギーは，どうなっているんだい？」

Ａ「（⑧）が発生することで，そのエネルギーは放出されているんだよ。」

Ｂ「新聞に，過去に起きた火山噴火とその時に噴出した溶岩や火山灰などの⑨噴出物総量を比較した記事（右図）が出ていたよ。」

Ｃ「これを見ると，御嶽山の噴火の規模はそれほど大きくなかったということかな。」

Ａ「いやいや，噴火の種類が⑩水蒸気爆発であったため，溶岩や火山灰の噴出量が少なかっただけで，規模が小さかったわけではないよ。」

Ｃ「桜島は最近静かだけど，気を抜いちゃいけないね。」

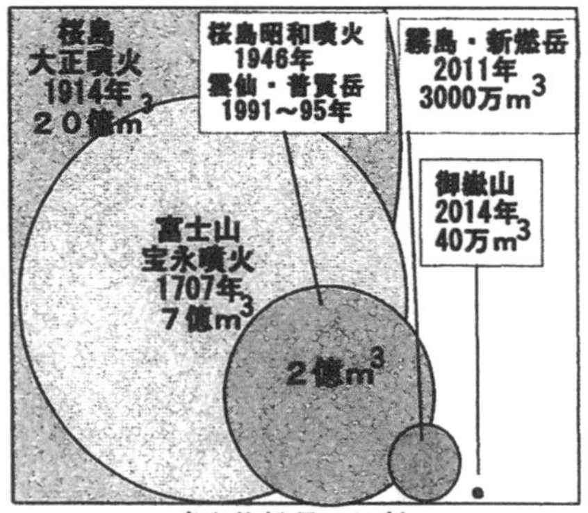

噴出物総量の比較

（１）①に当てはまる火山名を入れよ。

（２）②に当てはまる語句を次から選べ。
- ア．粘性が高く，火山ガスをためにくい。
- イ．粘性が高く，火山ガスをためやすい。
- ウ．粘性が低く，火山ガスをためにくい。
- エ．粘性が低く，火山ガスをためやすい。

（３）下線部③について，一般に，白色の火山灰に多く含まれる鉱物として，有色鉱物を１つ，無色鉱物を２つ，次から選べ。

〔石英　かんらん石　黒雲母　長石　輝石　角閃石　方解石　金剛石〕

（４）④の活火山の定義として正しいものを次から選べ。
- ア．常時，噴煙が確認できる火山。
- イ．温泉など，何らかの火山の影響が確認できる火山。
- ウ．２０００年以内の噴火記録が残っている火山。
- エ．１００００年以内の噴火が確認できる火山。
- オ．新生代以前のものも含め，火成岩が広く分布している火山。

（５）⑤にあてはまる数として，適当なものを次から選べ。

〔　５０　１００　２００　３００　５００　〕

（６）⑥，⑦に対応するプレートの名称を入れよ。

（７）⑧ に当てはまる現象名を入れよ。

（８）下線部⑨について，火山噴出物のひとつである火山弾の説明として正しいものはどれか。
- ア．散弾銃のようにスプレー状に放出された火山れき。
- イ．飛散した溶岩が空中で固結し，独特の形状になった火山岩塊。
- ウ．噴火の衝撃で，火口付近の岩石が破壊されて飛ばされた火山岩塊。
- エ．白色で水に浮かぶ性質を持つ火山れき。

（９）下線部⑩について，水蒸気爆発とはどのような噴火であるかを，下図を参考にして４０字程度で説明せよ。

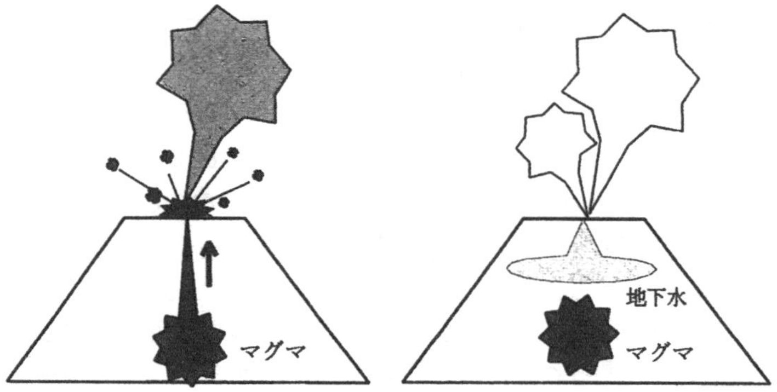

通常の火山噴火　　水蒸気爆発

【3】

〔A〕2020年7月より，買い物の際のレジ袋が有料化された。レジ袋に使われているプラスチックは，主にポリエチレンという炭化水素の仲間である。ポリエチレン分子の成分元素は炭素Cと水素Hで，たくさんの原子が連なった分子構造を持つ大きな「鎖状の分子」である。このポリエチレンの「組成式」を求めるために実験を行った。

なお，「組成式」とは，分子の中に含まれる各元素の原子の数をもっとも簡単な整数比で表した化学式のことをいう。例えば，ブタンガスの分子式はC_4H_{10}だが，組成式で書くとC_2H_5となる。

また，原子1個の質量の比は，H：C：O ＝ 1：12：16である。

実験　ポリエチレン2.8gを完全に燃焼させたときに，二酸化炭素が8.8gと水が3.6gが生じた。

（1）分子式がC_xH_yである炭化水素を完全燃焼させると次式のように二酸化炭素と水を生じる。空欄に当てはまる係数をxとyを用いて答えよ。

$$C_xH_y \ + (\qquad\quad) O_2 \longrightarrow x\ CO_2 + \frac{y}{2} H_2O$$

（2）二酸化炭素分子1個と水分子1個の質量比を最も簡単な整数比で表せ。
二酸化炭素分子：水分子＝（　　　：　　　）

（3）実験で生じた二酸化炭素8.8gに含まれる①C原子の質量と，水3.6gに含まれる②H原子の質量はそれぞれ何gか答えよ。

（4）ポリエチレン分子の組成式をC_mH_nとしたとき，含まれるC原子とH原子の個数の比 m：n を示す次式の空欄〔　〕に適する数値を答えよ。
C原子数：H原子数 ＝ m ： n ＝ 1 ：〔　　〕

（5）統計によると，日本国民一人当たり年間300枚のレジ袋が消費されている。使用したレジ袋がすべてスーパーマーケットなどで最も多く使われる標準的なサイズで，1枚あたりの質量が6.8gでポリエチレン製であるとした場合，レジ袋を使用後にすべて焼却処分したとすると，これによって放出される二酸化炭素排出量は一人当たり1年間で何〔kg〕になるか。小数第2位を四捨五入して小数第1位まで答えよ。

〔B〕電気分解に関する後の問いに答えよ。ただし，電極はすべて炭素棒である。

図1のように，塩酸と水酸化ナトリウム水溶液を直列に並べて電気分解を一定時間行ったとき，電池から2n個の電子e^-が流れ出たとする。各電極で起きる反応は下の反応式で表すことができる。

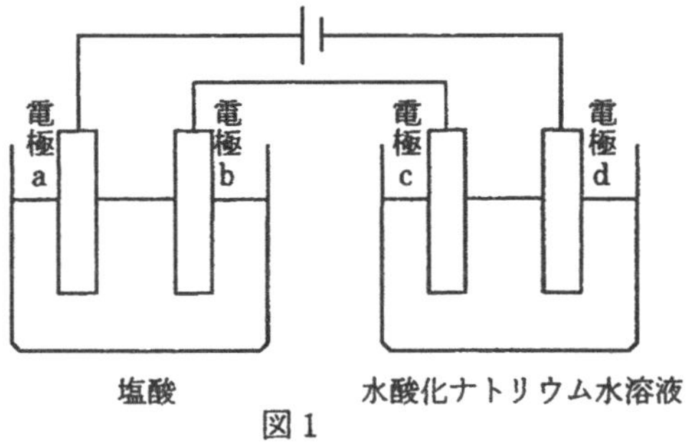

図1

電極a　$2Cl^- \rightarrow Cl_2 + 2e^-$

電極b　$2H^+ + 2e^- \rightarrow H_2$

電極c　$4OH^- \rightarrow O_2 + 2H_2O + 4e^-$

電極d　$2H_2O + 2e^- \rightarrow H_2 + 2OH^-$

（1）電極aでは塩素Cl_2が発生した。塩素Cl_2が発生するものを下のア～オから選べ。
ア. 塩化アンモニウムと水酸化ナトリウムを混ぜて加熱する。
イ. 二酸化マンガンに，塩酸を加えて加熱する。
ウ. 二酸化マンガンに，オキシドールを加える。
エ. 硫化鉄に，塩酸を加える。
オ. 炭酸カルシウムに，塩酸を加える。

（2）電極bの反応では，2個の電子e^-が流れたとき，2個のH^+が反応して，1個のH_2分子が生成する。電池から2n個の電子e^-が流れ出たとき，電極cでは何個の気体分子が発生したか。nを用いて表せ。

図2のように，塩化銅水溶液，塩酸を並列に並べて電気分解を一定時間行ったとき，電池から2n個の電子e^-が流れ出たとする。電極fからは，銅の析出のみが観察された。

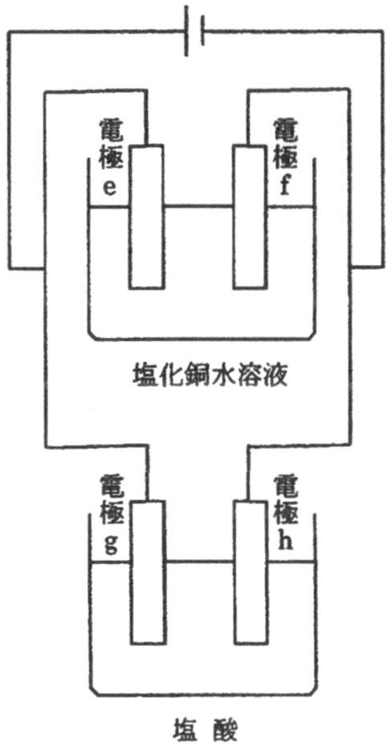

図2

（3）塩化銅水溶液は何色か，ア～オから選べ。
ア. 赤　　イ. 白　　ウ. 青　　エ. 黄　　オ. 紫

（4）電極eとfで起きる反応をそれぞれe^-を含む反応式で書け。

（5）電極gで発生した気体分子が，$\frac{1}{4}$n個である場合，
① 塩化銅水溶液と塩酸に流れた電子の数の比を最も簡単な整数比で表せ。
② 電極e～hで発生した気体分子の総個数を，nを用いて表せ。
③ 銅がm〔g〕析出した。このとき，電極e～hで発生した気体分子の総質量を，mを用いて表すと，

$$\frac{\boxed{} \times m}{96} 〔g〕$$

になる。空欄に当てはまる数を答えよ。ただし，原子1個の質量の比は，H：O：Cl：Cu＝ 1 ： 16 ： 36 ： 64 である。

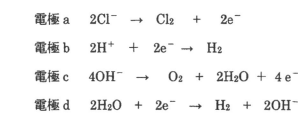

【4】

〔A〕

現在は，カメラで写真を簡単に撮ることができ，また虫眼鏡や顕微鏡を使って小さな物を拡大して見ることができる。ここでは，光の進み方やレンズの性質を考察しながら，これらの基本的な原理について考えていこう。

（1）カメラの原理を調べるために，図1のように細長い二つの箱と凸レンズを使って簡単な装置を作った。この装置で，図2の銅像を見たとき鮮明な像がスクリーン上にできた。図1の左側から見た様子として最も適当なものを選べ。

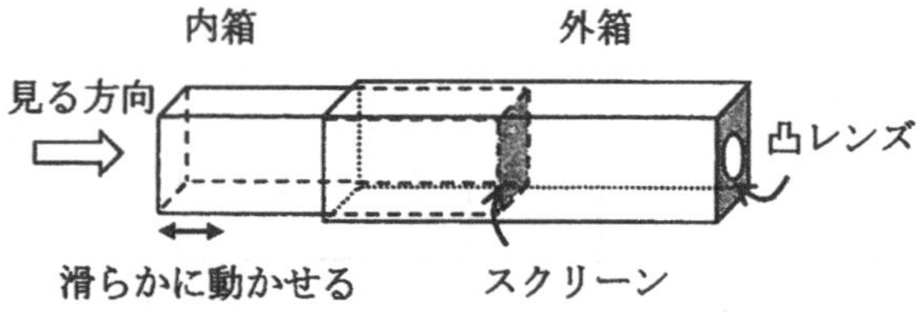

図1

図2

ア

イ

ウ

エ

（2）ある小さな光源からうすい凸レンズに光を入射させると，その光線の道筋の一部は図3のようになった。光線は，進行方向を逆にしても，そのまま同じ経路を通る性質があるので，光線の進行方向は示されていない。また，レンズの中心を原点 O として，レンズの軸（光軸という）を x 軸，レンズの中心線（レンズ面という）を y 軸とする。なお，レンズの端は点 P（0，4）と点 Q（0，−4）である。図3の1目盛を 1 cm として，以下の問いに答えよ。

図3

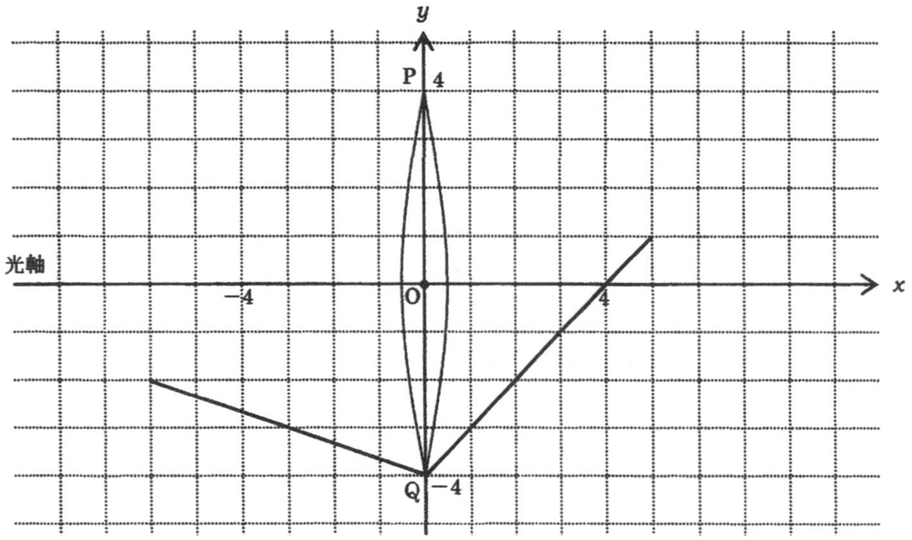

①このレンズの焦点距離は何 cm か。

最初の光源を取り除いたあと，別の小さな光源 A を座標位置（−6，0）に置いた。

②十分に広いスクリーンを，座標位置（3，0）を通りレンズ面と平行になるように置いた場合，光源 A から出てこのレンズを通ってきた光が当たるスクリーン上の範囲の y 座標の最大値および最小値はそれぞれ何 cm か。

③この凸レンズと同じ凸レンズをもう一つ用意し，その中心を座標位置（3，0）に合わせ，二つのレンズ面が平行になるように置いた場合，これら二つのレンズによってできる光源 A の像の位置の x 座標は何 cm か。

（3）（1）の装置とは異なり，レンズを用いなくても写真を撮ることのできるピンホールカメラがある。これは，図1において，凸レンズを使う代わりに，その位置に小さな穴（ピンホール）を開け，その穴を通ってきた外からの光をスクリーン上に集められるように作った装置である。この装置を用いて，（1）と同様に左側から図2の銅像を見た場合のスクリーン上にできる像について述べた次の文中の空欄に適当な語句を選び，記号で答えよ。

スクリーン上にできる像は，元々の銅像の向きと（① ア．同じ　イ．逆）向きで（② ア．実像　イ．虚像）となる。このとき，ピンホールをより（③ ア．大きく　イ．小さく）したほうが，スクリーン上にはよりはっきりした像ができる。

銅像とピンホールの距離は変えずに同じ位置で撮影した場合に，スクリーン上により拡大された像をつくるためには，スクリーンとピンホールの位置を（④ ア．近づける　イ．遠ざける）とよい。

〔B〕

［Ⅰ］

発電の原理について述べた以下の文章中の空欄（①）～（⑦）に適するものを答えよ。

ただし，空欄（①）（②）には解答群の中から記号で選び，空欄（③）（④）には名称を漢字で答え，空欄（⑤）～（⑦）には語句を記号で選べ。

図１

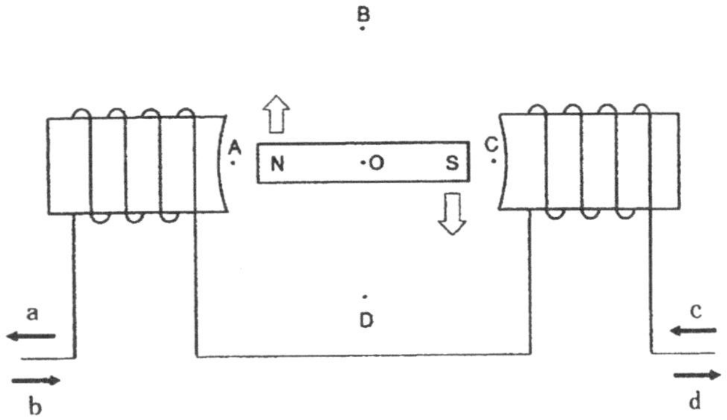

コイルの近くで磁石を動かすことにより，電流を流すことができる。例えば，図１のように，鉄心に巻いたコイルの近くで，棒磁石をその中心Oを軸として矢印の向きに回転させる。N極が位置Aから位置Bへ移動するとき，コイルの導線には（　①　）の向きに電流が流れ，その後，N極が位置Cから位置Dへ移動するとき，コイルの導線には（　②　）の向きに電流が流れる。

【解答群】

ア．aとc　　　イ．aとd　　　ウ．bとc　　　エ．bとd

これは，コイルの中の磁界が変化すると，コイルの両端に電圧が生じるためである。この現象を（　③　）といい，このときに流れる電流を（　④　）という。（④）をより大きくするためには以下のようにすればよい。

・磁石を（⑤ ア．速く　イ．ゆっくり）動かす。
・磁石の磁力を（⑥ ア．強く　イ．弱く）する。
・コイルの巻数を（⑦ ア．多く　イ．少なく）する。

［Ⅱ］

以下の送電に関する文章を読んで問いに答えよ。

左記の仕組みを利用して，連続的に電流を流し続ける装置が発電機である。発電機から生じる電流や電圧は，向きと大きさが周期的に変わり，交流とよばれる。交流は，変圧器を用いることで，電圧の大きさを自由に変えることができ，送電の際にはその特徴を利用する。以下では，発電所から送られる電気（電流 I，電圧 V）について，直流と同様に取り扱えるものとして，送電時の工夫について考える。

まず，発電所から遠く離れた市街地にある家庭に向けて電力を送る行程を，図２のように簡素化して表す。発電所では電圧 V_1，電流 I_1 の電気が発電され，このときの電力を P_1 とする。次に，この電圧 V_1 を変電所Aで変圧し，出力側を電圧 V_2 にする。変電所Aは，遠く離れた市街地の近くにある変電所Bとつながっており，その間は送電線で接続されている。変電所Aと変電所Bをつなぐ送電線全体の電気抵抗値を R とし，この送電線を流れる電流を I_2 とする。変電所Bの入力側にかかる電圧を V_3 とし，そこで変圧された出力側の電圧 V_4 が家庭へ届く。なお，各変電所の変圧器において，電力の損失はないものとする。例えば，変電所Aにおいては，$I_1V_1 = I_2V_2$ の関係が成り立つ。

図２

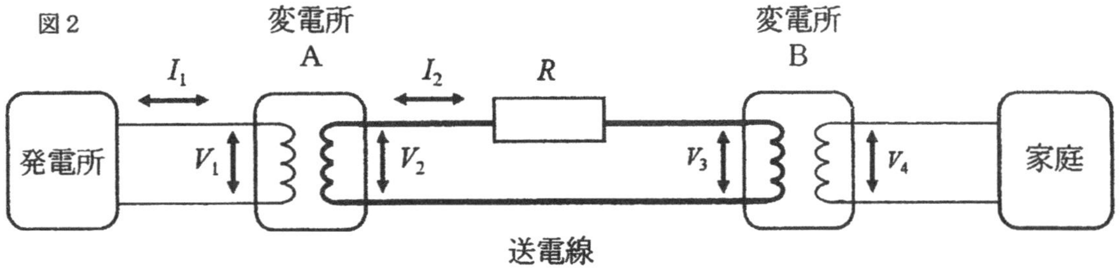

（１）送電線を流れる電流 I_2 を P_1，V_2 を用いて表せ。

（２）送電線で消費される電力を P_1，V_2，R を用いて表せ。

（３）変電所Bに送られる電力を P_1，V_2，R を用いて表せ。

（４）送電する時の工夫について述べた以下の文章中の（①）（②）について，適切な語句を記号で選べ。

「発電所でつくり出された電力を効率的に利用するためには，遠く離れた家庭へ送る際に，電力の損失を小さく抑える必要がある。そのための工夫として，変電所Aの出力側の電圧 V_2 を（① ア．小さく　イ．大きく）することで，送電線におけるジュール熱の発生が（② ア．小さく　イ．大きく）なり，電力の損失が抑えられる。」

［ 終わり ］

2021年度　ラ・サール高等学校入学試験問題（社会）

＊解答はすべて解答用紙に記入しなさい。

（50分）

1　世界の歴史について述べた以下の文章Ⅰ～Ⅲを読み、それぞれ下の問に答えよ。

Ⅰ　初期の国家は、都市国家のかたちをとることが多い。たとえば紀元前８世紀頃のギリシアでは、（　　）とよばれる都市国家が多く成立した。ローマも都市国家から出発したが、やがて地中海をとりまく巨大な帝国に成長したのである。当初、ローマ帝国ではさまざまな①宗教が信仰されていたが、次第にキリスト教が有力になっていった。

問１　文中の空欄を埋めるのに適切な語を答えよ。

問２　下線部①について、世界各地で成立した宗教に関して述べた次のア～カのうち、明らかな誤りを含むものを２つ選び、記号で答えよ。ただし順序は問わない。

ア．インドでは、バラモン教の説く身分制度を批判して、ゴータマ＝シッダールタが仏教を開いた。
イ．仏教は、インドでは７世紀頃から急速に衰え、ヒンドゥー教にとってかわられた。
ウ．中国では、孔子の教えがもととなって、家族内の秩序も重んずる儒教（儒学）が成立した。
エ．儒教（儒学）は、成立以後、次第に盛んになり、殷《いん》のときにはこれにもとづいた政治が行われた。
オ．アラビア半島では、ムハンマドがイスラム教を開き、唯一の神であるアッラーへの絶対的な服従が説かれた。
カ．イスラム教は、７世紀以降、西アジアを中心に各地に広がり、モスクではアッラーの像への礼拝がなされた。

Ⅱ　大航海時代をへてインドとの②交易が盛んになり、綿布が多くもたらされると、ヨーロッパではこれが生活に不可欠なものとなっていった。18世紀、イギリスはフランスとの戦争に勝利し、インド綿布の輸入を独占することに成功する。しかし、次第に綿布の代金として支払う銀の流出に苦しむようになる。インドへの銀の流出は、「綿布の国産化」を求める動きを生み、こうしたことも背景となって、イギリスは③産業革命に向かっていくのである。

問３　下線部②に関連して、交易や交流について述べた次のア～カのうち、正しいものを１つ選び、記号で答えよ。

ア．秦《しん》が中央アジアを支配したことをきっかけに、中国の絹織物がシルクロードをへて西方にもたらされた。
イ．モンゴル帝国が成立すると、陸・海の交通路が整備され、中国で発明された火薬や羅針盤が西方にもたらされた。
ウ．イスラム商人の交易活動にともない、インドにはイスラム文化がもたらされアラビア数字がつくられた。
エ．ベネチア商人であるマルコ＝ポーロは唐の皇帝に仕え、その経験を『世界の記述（東方見聞録）』にのこした。
オ．イスラム勢力がキリスト教徒の聖地であるアレクサンドリアを支配したことをきっかけに、十字軍がおこった。
カ．スペインが新大陸を支配したことをきっかけに、新大陸にはじゃがいもやトマトがもたらされた。

問４　下線部③に関連して、産業革命を達成した国々の多くは、19世紀末頃より帝国主義政策をとり、アジアやアフリカに進出する。この国々はなぜこうした動きをとったのか。それを説明する以下の文章の空欄を埋めるのに適切な語を、それぞれ漢字で答えよ。

これらの国々では工業が急速に発展し、自国工業を維持するための（　A　）の供給地と工業製品の（　B　）を確保しようとした。

Ⅲ　近現代の政治では、民族が重要な意味をもっていたといえる。それを示す例が、自らの民族の将来は自ら決する、という④民族自決の考えである。これにもとづき第一次世界大戦後には、ヨーロッパではいくつかの民族に独立が認められ、さらに第二次世界大戦後にはアジア・アフリカの植民地の独立を促すことになった。しかしながら民族自決は、⑤分裂していた民族の統一をもたらすこともあれば、宗教や政治信条の違いなどから、他の民族との間で、あるいは同じ民族どうしで激しい紛争を引き起こす原因ともなったのである。

問５　下線部④について、第一次世界大戦後のパリ講和会議で、民族自決を提唱したアメリカ合衆国大統領はだれか。

問６　下線部⑤について、次のア～エはその具体例である。これらをおこった順に並べたとき、３番目になるものを選び、記号で答えよ。

ア．南北ベトナムの統一　　イ．朝鮮戦争　　ウ．ユーゴスラビア紛争　　エ．第一次中東戦争

2　鹿児島県の歴史に関して年代順に並んでいる次の文Ａ～Ｓについて、下の問に答えよ。

Ａ　上野原遺跡では、人々が定住を始めたころの生活の跡が確認された。
Ｂ　稲作が日本列島に伝わって間もなく、薩摩《さつま》半島でも稲作がはじまった。
Ｃ　５世紀、大隅半島のａ有力者は、九州で最大規模の前方後円墳を築いた。
Ｄ　奈良時代の薩摩国の収支決算報告書には、ｂ疫病にかかった人々に薬として酒が支給されたという記載がある。
Ｅ　10世紀後半、大隅国府では、国司が郡司に和歌を詠ませ、その歌はｃ勅撰集《ちょくせんしゅう》（天皇の命令で編まれた歌集）にも収められた。
Ｆ　12世紀、摂関家の荘園《しょうえん》である島津荘が急速に拡大し、日本で最大の荘園となった。
Ｇ　13世紀半ば薩摩国のある荘園の地頭であった鮫島《さめしま》家高は、荘園領主新田八幡宮《にったはちまんぐう》の関係者が捧《ささ》げ持っていた神王面《しんのうめん》を破損したことで、新田宮に訴えられて罷免された。
Ｈ　南北朝時代、後醍醐《ごだいご》天皇の皇子懐良《かねよし》親王が薩摩に来て、南朝勢力の拡大を図った。
Ｉ　薩摩半島と屋久島の間にある硫黄島で産出される硫黄が、勘合船に積まれて輸出され始めた。
Ｊ　ザビエルが、鹿児島に来航し、キリスト教を伝えた。
Ｋ　薩摩藩は、江戸幕府９代将軍家重《いえしげ》の命令で木曽川の治水事業を行った。
Ｌ　薩摩藩は、パリで開催された万国博覧会に、幕府とは別に参加した。
Ｍ　鹿児島の士族が、西郷隆盛を中心に反乱を起こし、政府軍に鎮圧された。
Ｎ　ロシア皇太子ニコライが、ｄシベリア鉄道着工の式典に出席する途中、鹿児島に立ち寄った。
Ｏ　全国で米騒動が起こる中、鹿児島県では、米穀商たちが中心になって米の安売りにつとめたため、米騒動はほとんど起こらなかった。
Ｐ　1944年に鹿児島県内には、軍関係工事場《こうじば》で働いた朝鮮半島出身者が5920名おり、そのうち1634名が徴用、867名は労務動員計画による移入労務者であったことが、「鹿児島憲兵隊報告」に見える。
Ｑ　1952年、トカラ列島（現在の十島《としま》村）が本土に復帰した。
Ｒ　1970年、鹿児島宇宙空間観測所から、日本初の人工衛星「おおすみ」の打ち上げに成功した。
Ｓ　1993年、屋久島が日本初の世界自然遺産に登録された。

問１　次の文①～③は、上の文Ａ～Ｓのどこに位置づけるのが適当か。それぞれ「○と○の間」というかたちで答えよ。
①満州事変をうけて鹿児島県からも満蒙《まんもう》開拓移民団の移民が開始された。
②アメリカ船モリソン号が、日本の漂流民を送り届けるため、薩摩半島の山川《やまがわ》に来港した。
③朝鮮から連れてこられた人々によって、薩摩焼の製造が始まった。

問２　次のア～エは、さまざまな時代につくられた物や絵画である。これらを年代の早い順に並べ替えて３番目にあたるものは、上の文Ａ～Ｓのどこに位置づけるのが適当か。「○と○の間」というかたちで答えよ。

ア

イ

ウ

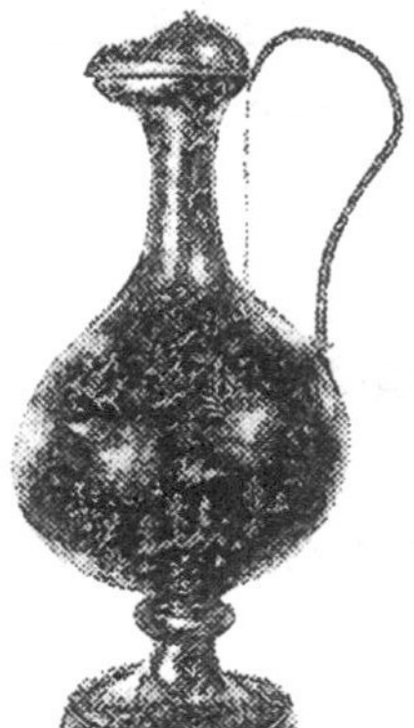

エ

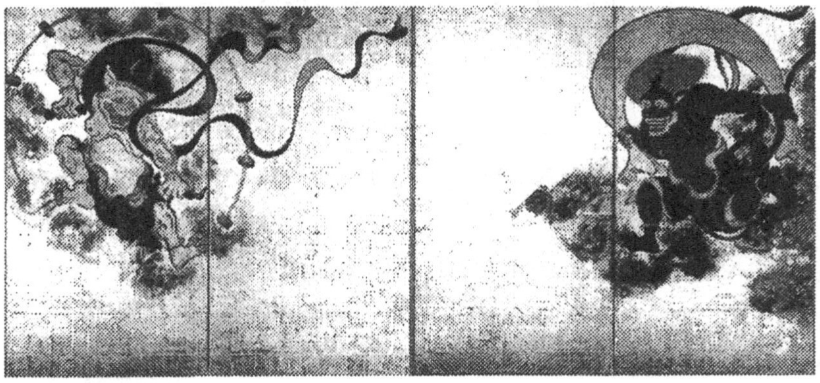

問３　下線部ａに関連して、様々な時代の有力者のなかには日本列島の外から貴重な品を手に入れる者がいた。次の品物ア～エについて彼らが手に入れ始める時期を考え、その記号を年代の早い順に並べ替えよ。

ア．仏教の経典　　イ．鉄の延べ板　　ウ．宋銭《そうせん》　　エ．硝石（火薬の原料）

問４　下線部ｂに関連して、疫病や凶作・飢饉《ききん》は人々を苦しめた。これに関する文として誤りを含むものを、次のア～エから１つ選び、記号で答えよ。

ア．平安時代後期、疫病や飢饉が続くなか末法思想が広まり、多くの人々が、極楽浄土への往生を願って阿弥陀仏《あみだぶつ》を信仰した。

イ．源平の合戦のさなか、西日本を中心に飢饉が起こり、京都でもたくさんの死者が出た。

ウ．天明の飢饉のころ、百姓一揆《いっき》や打ちこわしが多発し、大阪では大塩平八郎の乱が起こった。

エ．世界恐慌のさなか、冷害にみまわれた東北地方では、「娘の身売り」や「欠食児童」が社会問題となった。

問５　下線部ｃに関連して、歴代の天皇や皇后も多く歌を詠んでいる。次の和歌は、皇后が、ＬとＭの間の時期にフランスから技術を導入してつくったある施設を、開業半年後に視察した際に詠んだ歌である。ある施設とは何か。漢字で答えよ。

いと車　とくもめぐりて　大御代の　富をたすくる　道ひらけつつ

注　いと車＝生糸を巻き取る車　　とくもめぐりて＝速く回って　　大御代《おおみよ》＝天皇の治める時代

問６　下線部ｄに関して、フランスの援助でシベリア鉄道に着工したことに象徴されるロシアの動きをうけて、イギリスの日本に対する姿勢はどのように変化したか。「条約」という言葉を使って20字以内（句読点を含む）で述べよ。

問７　Ｏのころの日本の内外の情勢について述べた文として誤りを含むものを、次のア～エから１つ選び、記号で答えよ。

ア．日本は、中華民国に対して二十一ヶ条の要求を認めさせた。

イ．大戦景気のなか、工業生産額が農業生産額を上回るようになった。

ウ．ロシア革命に対して、これを阻止するために、日本も軍隊をシベリアに送り込んだ。

エ．立憲政友会の原敬が、初の本格的政党内閣を組織し、普通選挙法を成立させた。

問８　次のア～エもまた、鹿児島県の歴史に関して述べた文である。ＰとＱの間のできごとについて述べた文を１つ選び、記号で答えよ。

ア．鹿児島県内でも水俣病の患者が確認され、裁判で患者側が勝訴し、環境庁がつくられた。

イ．鹿児島県からも多くの中卒者が、集団就職列車に乗って関東・関西地方に向かい、高度経済成長を支えた。

ウ．第28回衆議院議員総選挙が行われ、定数４名の鹿児島県１区では自由民主党１名、日本社会党１名が当選した。

エ．ザビエル来航400年の年に、記念事業の一環として、学校教育法に基づきラ・サール高等学校設立が認可された。

問９　Ｒの年の日本の内外の情勢について述べた文として正しいものを、次のア～エから１つ選び、記号で答えよ。

ア．日本は、すでに日韓基本条約を結び、韓国と国交を樹立していた。

イ．日本は、すでに日中平和友好条約を結び、中華人民共和国と国交を樹立していた。

ウ．第４次中東戦争により原油価格が高騰したため、日本の経済は大きな影響を受け、深刻な不況に苦しんでいた。

エ．沖縄返還協定による沖縄の本土復帰が実現していた。

3　世界と日本の地理に関する次の問に答えよ。

問１　次の図は、世界の３つの海域を示したものである。３つの図はすべて同一の縮尺と投影法で作成され、上が北である。

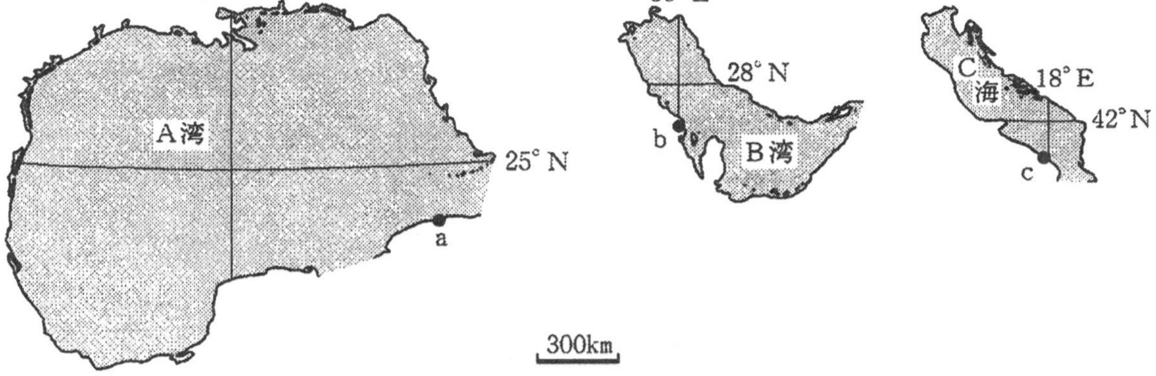

(1) Ａ湾に流入する河川のうち最長のものについて述べた文として最も適切なものを、次のア～エから１つ選び、記号で答えよ。

ア．広大な草原地帯を流れ、流域では小麦、とうもろこし、大豆の生産が盛んである。

イ．複数の国を流れる国際河川で、中流域では炭田を背景とした世界有数の重工業地域が形成されている。

ウ．河口から約 800km 上流までは、２つの国の国境となっている。

エ．河口の三角州はサイクロンの襲来による高潮の被害を受けやすい。

(2) Ｂ湾に流入する河川のうち、流域に古代文明が成立し、現在も首都を流れるものがある。この首都名を答えよ。

(3) Ｃ海に面している地域のうち、Ｃ海の東側は、ある半島の一部である。この半島名を答えよ。

(4) 次のグラフ①～③は、前ページの図中の地点ａ～ｃのいずれかの月別降水量を示したものである。①と②に該当する地点をａ～ｃから１つずつ選び、記号で答えよ。

①

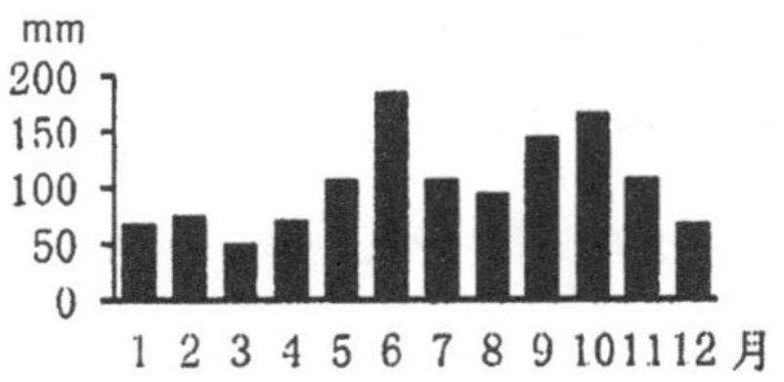

②

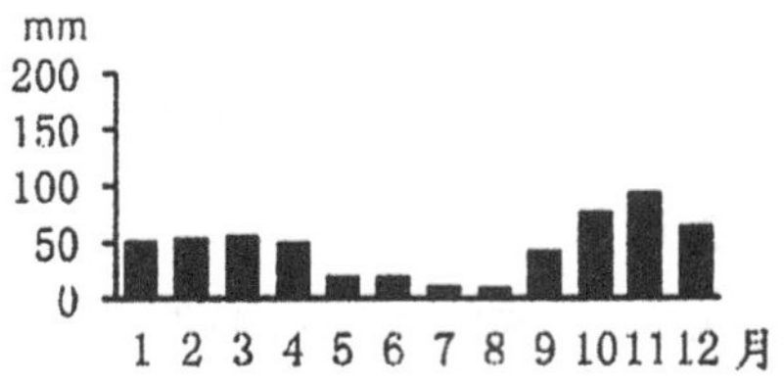

③

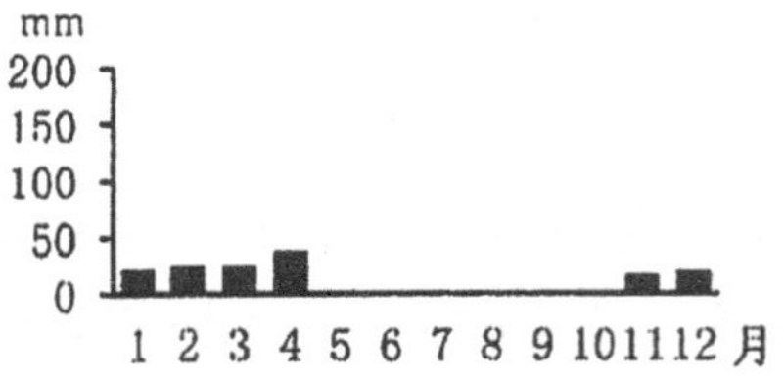

(5) Ａ湾とＢ湾の沿岸部や沖合でよく発達している産業は共通している。次のグラフは、この産業によって生産される「あるもの」の生産量の推移を、Ａ湾に面した国のなかから１つ（カ国とする）と、Ｂ湾に面した国のなかから１つ（キ国とする）について示したものである。2019 年の生産量でみたときに、カ国は、Ａ湾に面した国のうちで最も多く、同様に、キ国は、Ｂ湾に面した国のうちで最も多い。

①グラフ中のｄ、ｅのどちらがキ国に該当するか、記号で答えよ。また、キ国の国名を答えよ。

②グラフ中のｄは、2010 年以降の増加が著しいが、その理由を述べよ。

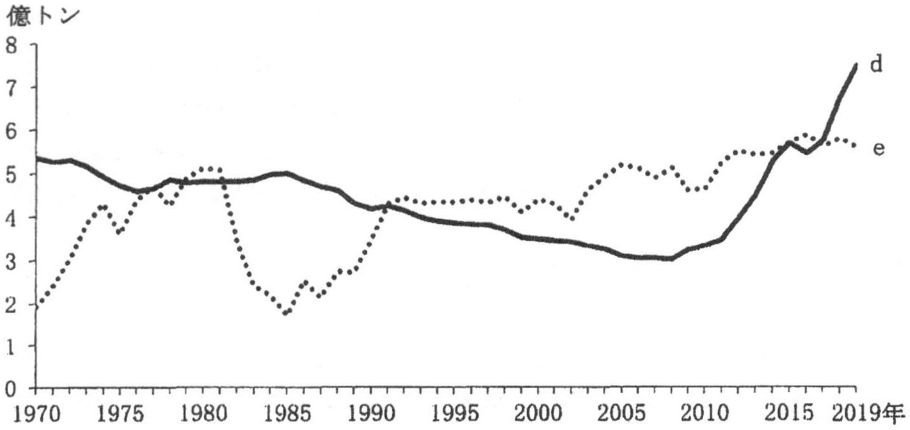

(6) 次の表は、Ｃ海に面した国のなかから３つを選び（サ国、シ国、ス国とする）、この３か国の輸出総額および主な輸出相手国を輸出額の多い順に３つまで示したものである。３か国に共通して上位にみられる□に該当する国名を答えよ。

単位：億ドル

サ国		シ国		ス国	
□	651	□	71	サ国	24
フランス	558	サ国	43	□	22
アメリカ合衆国	510	ス国	32	シ国	18
輸出総額	5327	輸出総額	376	輸出総額	171

統計年次は 2019 年。UN Comtrade による。

(7) 右の写真は、Ａ～Ｃのどの海域に面した国で撮影されたものか、１つ選び記号で答えよ。また、そのように判断した根拠を述べよ。

問２　次の図は、日本の３つの海域を示したものである。３つの図はすべて同一の縮尺と投影法で作成され、上が北である。Ｐは東京湾、Ｑは大阪湾、Ｒは静岡県の湾を示している。

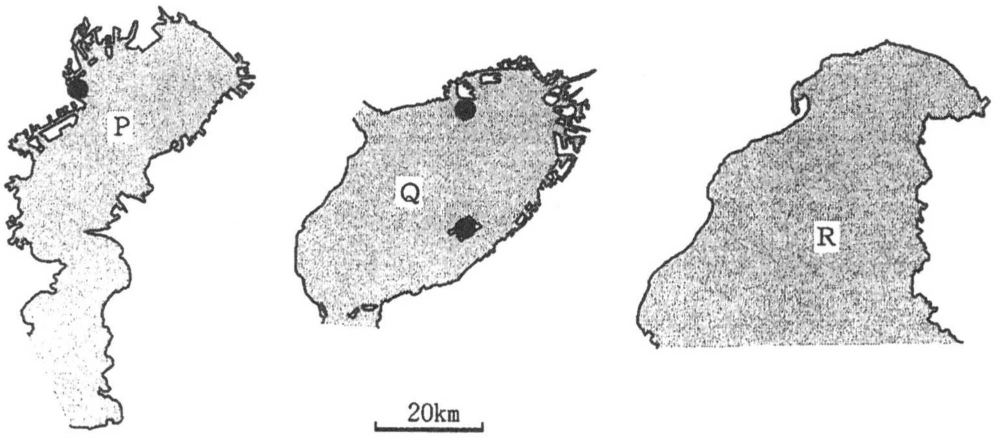

(1)Ｐに面している地域のうち、Ｐの東側は、ある半島の一部である。この半島名を答えよ。

(2)Ｑに面している地域のうち、Ｑの西側は、ある島の一部である。この島名を答えよ。

(3)Ｒの湾名を答えよ。

(4)ＰやＱでは埋立地の造成が進められてきた。このうち、●で示した埋立地に共通する用途を答えよ。

(5)次の表は、Ｐ～Ｒの湾に面した府県のうちから、千葉県、大阪府、静岡県の３府県を選び、工業出荷額にしめる各業種の割合を示したものである。①千葉県と②大阪府に該当するものをタ～ツから１つずつ選び、記号で答えよ。

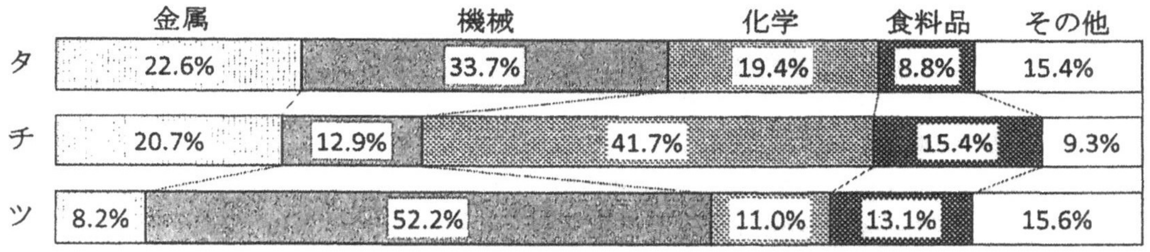

統計年次は 2018 年。工業統計表などによる。

4　2020 年９月、安倍内閣が総辞職し、菅義偉が内閣総理大臣に就任した。次の年表は、第２次安倍政権下で起きた国内外の主なできごとをまとめたものである。これをみて、下の問に答えよ。

年	日本のできごと	世界のできごと
2012 年	安倍晋三が①内閣総理大臣に就任	
2013 年	ねじれ②国会解消	エジプトでクーデタ発生
2014 年	③消費税の税率が８％に	ロシア、クリミア併合を宣言
2015 年	④安全保障関連法成立	⑩パリ協定採択
2016 年	⑤選挙権年齢引き下げ後初の⑥国政選挙	イギリス、⑪ＥＵ離脱決定
2017 年	⑦年金受給資格期間が 25 年から 10 年に短縮	⑫核兵器禁止条約採択
2018 年	⑧働き方改革関連法が成立	⑬世界人権宣言採択から 70 年
2019 年	新⑨天皇が即位し、令和と改元	米中⑭貿易摩擦が激化
2020 年	安倍晋三が内閣総理大臣を辞任	⑮香港で「香港国家安全維持法」が施行

問１　下線部①に関する次のｉ・ⅱの記述について、その正誤の組合せとして正しいものを、下のア～エから１つ選び、記号で答えよ。

ｉ．内閣総理大臣は、自衛隊の指揮監督権をもつ。さらに、日本国憲法によって、緊急時に自衛隊の防衛出動や治安出動を命令することが認められている。

ⅱ．内閣の方針や意思を決定する会議を閣議とよび、内閣総理大臣が閣議を主宰する。閣議には内閣総理大臣と国務大臣全員が出席し、全会一致で決定される。

ア．ｉ－正　ⅱ－正　　イ．ｉ－正　ⅱ－誤　　ウ．ｉ－誤　ⅱ－正　　エ．ｉ－誤　ⅱ－誤

問２　下線部②に関連して、2020 年９月以降の国会の動きに関する次の文章を読み、空欄（　ｉ　）・（　ii　）を埋めるのに適切な語の組合せとして正しいものを、下のア～ケから１つ選び、記号で答えよ。

2020 年９月 16 日から 18 日までの３日間で（　ｉ　）が開かれ、新たな内閣総理大臣に菅義偉が指名された。さらに、同年 10 月 26 日から 12 月５日までの 41 日間で（　ii　）が開かれ、菅義偉内閣総理大臣の所信表明演説が行われた。

ア．ｉ－常会　ii－常会　　イ．ｉ－常会　ii－臨時会　　ウ．ｉ－常会　ii－特別会
エ．ｉ－臨時会　ii－常会　　オ．ｉ－臨時会　ii－臨時会　　カ．ｉ－臨時会　ii－特別会
キ．ｉ－特別会　ii－常会　　ク．ｉ－特別会　ii－臨時会　　ケ．ｉ－特別会　ii－特別会

問３　下線部③に関連して、次の表は 2000 年から 2020 年までの所得税、消費税、相続税、法人税の税目別収入の５年ごとの推移を示したものである（他の項目は省略した）。消費税にあたるものを表中のア～エから１つ選び、記号で答えよ。

単位：兆円

区分	2000 年	2005 年	2010 年	2015 年	*2020 年
ア	18.8	15.6	13.0	17.8	19.5
イ	11.7	13.3	9.0	10.8	12.1
ウ	9.8	10.6	10.0	17.4	21.7
エ	1.8	1.6	1.3	2.0	2.3

*は当初予算、他は決算の金額。財務省「財政金融統計月報・租税特集」（817 号）による。

問４　下線部④に関連して、日本の平和主義に関するできごとｉ～iiiを年代が古いものから順に並べたとき、その順序として正しいものを、下のア～カから１つ選び、記号で答えよ。

ｉ．核兵器を「もたず、つくらず、もちこませず」とする非核三原則を国会で決議した。
ii．ＰＫＯ協力法が施行され、同年に自衛隊がカンボジアへ派遣された。
iii．防衛装備移転三原則を閣議決定し、条件を満たせば武器輸出が認められるようになった。

ア．ｉ→ii→iii　　イ．ｉ→iii→ii　　ウ．ii→ｉ→iii　　エ．ii→iii→ｉ　　オ．iii→ｉ→ii　　カ．iii→ii→ｉ

問５　下線部⑤に関連して、2018 年には民法の成人年齢を 20 歳から 18 歳に引き下げる改正法が成立し、2022 年４月に施行予定である。これに関する次の文章を読み、空欄を埋めるのに適切な語をカタカナで答えよ。

これまで、20 歳未満の人が契約を行う際、親権者の同意が必要だった。改正により、18・19 歳であれば、親権者の同意なしに（　　）カードを契約できるようになる。（　　）カードを利用すると、手元に現金がなくても商品を購入できる。しかし、収入を考えずに商品を買い込んでいると、後で支払いに追われることになりかねない。

問６　下線部⑥に関する次のｉ・iiの記述について、その正誤の組合せとして正しいものを、下のア～エから１つ選び、記号で答えよ。

ｉ．衆議院の比例代表制は、全国を一つの選挙区としており、政党票と個人票を合計した得票数に応じて各党の議席数が決まり、さらに当選者は政党のなかで個人票が多い順に決まる。
ii．参議院では、2015 年に都道府県単位の選挙区が一部見直され、「一票の格差」を縮めるために「島根・広島」と「香川・徳島」をそれぞれ１つの選挙区とした。

ア．ｉ－正　ii－正　　イ．ｉ－正　ii－誤　　ウ．ｉ－誤　ii－正　　エ．ｉ－誤　ii－誤

問７　下線部⑦に関連して、社会保障に関する説明として正しいものを、次のア～エから１つ選び、記号で答えよ。

ア．第二次世界大戦後、全国民を対象とし、「ゆりかごから墓場まで」を目指す社会保障制度が、アメリカ合衆国で確立された。
イ．日本では、1960 年代に、国民皆保険・皆年金制度が実現した。
ウ．日本では、2000 年に公的介護保険制度が導入され、30 歳以上の全員が加入している。
エ．日本では、年金に関わる業務は日本年金機構が担ってきたが、2010 年に解体され、社会保険庁に引き継がれた。

問８　下線部⑧に関連して、日本の労働に関する説明として正しいものを、次のア～エから１つ選び、記号で答えよ。

ア．年間総実労働時間が高度経済成長期に比べて大幅に伸びており、長時間労働が問題となっている。
イ．一人ひとりの労働時間を短縮し、仕事をより多くの労働者で分け合うテレワークが現在注目されている。
ウ．労働基準法を使用者に守らせるため、各市町村に労働基準監督署がおかれ、労働基準監督官がその任務にあたっている。
エ．労働基準法では、時間外労働や休日労働には、通常よりも高い賃金を支払わなければならないと規定されている。

問９　下線部⑨に関連して、天皇の国事行為に関する次の文章を読み、空欄（　ⅰ　）・（　ⅱ　）を埋めるのに適切な語の組合せとして正しいものを、下のア～エから１つ選び、記号で答えよ。

日本国憲法第６条２項では、「天皇は、（　ⅰ　）の指名に基づいて、最高裁判所の長たる裁判官を任命する。」と定めている。また、第７条では、「憲法改正、法律、（　ⅱ　）及び条約を公布すること」を国事行為の一つとして挙げている。

ア．ⅰ－国会　ⅱ－政令　　イ．ⅰ－国会　ⅱ－規則　　ウ．ⅰ－内閣　ⅱ－政令　　エ．ⅰ－内閣　ⅱ－規則

問10　下線部⑩に関連して、地球環境問題に関する説明として正しいものを、次のア～エから１つ選び、記号で答えよ。
ア．1971年には、多様な生物が生息し、水の浄化作用もある湿地を登録・保護するためにラムサール条約が採択された。
イ．1987年には、酸性雨の原因であるフロンガスの排出を規制するモントリオール議定書が採択された。
ウ．1992年には、ブラジルのリオデジャネイロで地球サミットが開かれ、ワシントン条約が採択された。
エ．2013年には、イタイイタイ病が発生した熊本県水俣市で、水銀に関する水俣条約が採択された。

問11　下線部⑪に関する説明として最も適切なものを、次のア～エから１つ選び、記号で答えよ。
ア．ＥＵ域内での共通通貨ユーロ導入により、各国が独自の金融政策を行いやすくなった。
イ．ＥＵ域内での共通通貨ユーロ導入により、加盟国間の競争が激しくなり、物価が下がりやすくなった。
ウ．ＥＵ加盟国の増加により、ドイツやフランスでは賃金の高い東ヨーロッパの国々へ働きに出る人々が増加した。
エ．ＥＵ加盟国の増加により、東ヨーロッパの国々からドイツやフランスへの工場の移転が進んだ。

問12　下線部⑫に関する説明として誤っているものを、次のア～エから１つ選び、記号で答えよ。
ア．日本は、被爆国という立場から、この条約に積極的に賛成している。
イ．核保有国は、この条約に参加していない。
ウ．この条約の交渉は、国際ＮＧＯ「ＩＣＡＮ」によって推進され、同団体は2017年にノーベル平和賞を受賞した。
エ．この条約は、核兵器の保有を背景とした威嚇を禁止しており、従来の核抑止の考え方を否定している。

問13　下線部⑬に関する次の文章を読み、空欄を埋めるのに適切な語を漢字６字で答えよ。

世界人権宣言は、「すべての人民とすべての国とが達成すべき共通の基準」とされたが、1966年に、国連総会は、世界人権宣言をより具体化し各国を法的に拘束するものとして、（　　　）を採択した。

問14　下線部⑭に関する説明として正しいものを、次のア～エから１つ選び、記号で答えよ。
ア．日本はかつて積極的に原油を輸入していたが、再生可能エネルギーが普及した現在では輸入額が大幅に減少している。
イ．日本は1981年以降、2010年まで輸出額が輸入額を上回る貿易黒字の状態が続いた。
ウ．日米間においては、1960年代に自動車摩擦が、1980年代に鉄鋼摩擦が発生し、日本は対米輸出自主規制を行った。
エ．日中間においては、2000年代に日本から中国への農産物の輸出が急増し、中国は一時的にセーフガードを発動した。

問15　下線部⑮に関する説明として正しいものを、次のア～エから１つ選び、記号で答えよ。
ア．香港はアヘン戦争以来ポルトガルの植民地であり、1997年に中国へ返還された。
イ．香港では、工場や設備の公有を原則とした計画経済が導入されている。
ウ．香港では、「香港国家安全維持法」の施行後、香港の民主化に反対する議員が次々と逮捕されている。
エ．香港の行政長官は、2020年９月の記者会見で「香港に三権分立はない」と述べた。

（以上）

二〇二一年度　ラ・サール高等学校入学試験　国語（時間　七十分）解答用紙

受験番号

得点

※100点満点

《一》

問一　（50）という問い。

問二　（15）

問三

問四

問五　（50）

問六　（80）

問七　①　②　③　④　⑤

一小計

《二》

問一　A　れる　B　C　D　ご　E

問二　①　⑤

問三　（70）

問四

問五　（70）

問六

問七

問八　f　詞　g　詞　h　詞　i　詞　j　詞

問九　あの手は選ばなかったと言ってもいい

二小計

《三》

問一　a　b　c

問二

問三

問四

問五　日　時頃

問六

問七

三小計

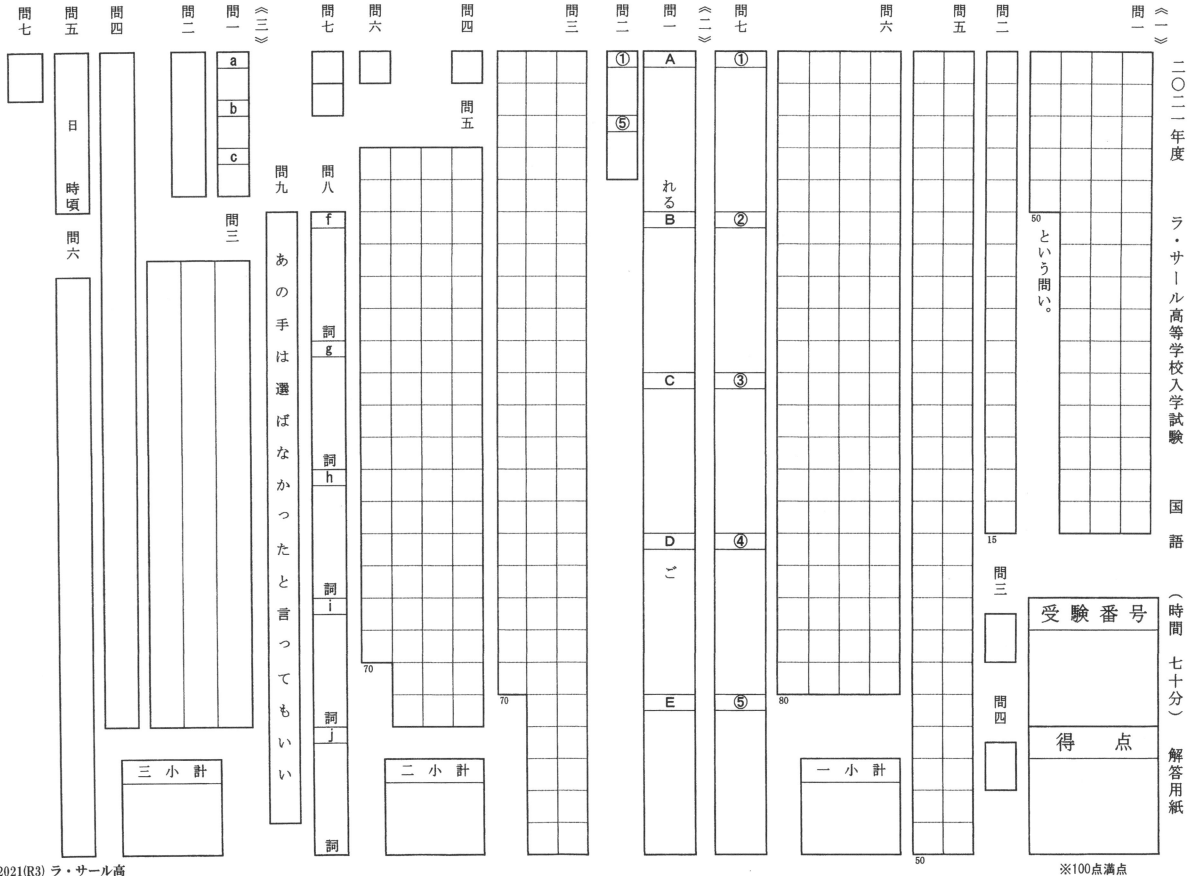

2021年度 ラ・サール高等学校入学試験 数学 解答用紙

1

(1)		(2)	
(3)		(4)	$x=$, $y=$

1 小計 /16

2

(1)	最大値 , 最小値			
(2)	(ア)		(イ)	
(3)	(ア)	$a=$, $b=$	(イ)	

2 小計 /32

3

(1)	$t_1 : t_2 =$:
(2)	$x=$

3 小計 /14

4

(1)		(2)		(3)	

4 小計 /14

5

(1)	$r=$	(2)	

5 小計 /12

6

(1)

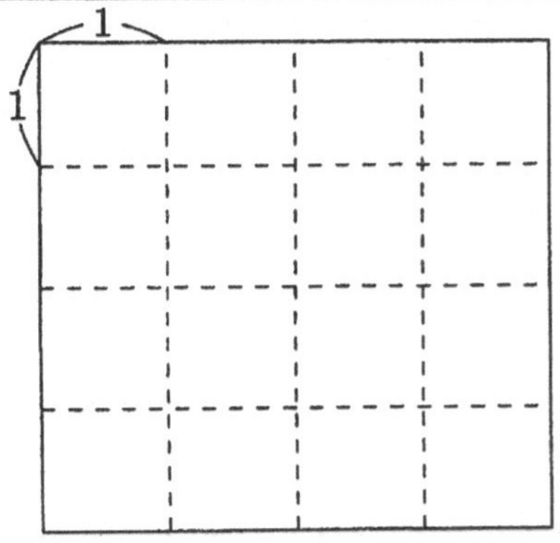

(2)

6 小計 /12

受験番号	

得点	

※100点満点

[1] Part 1

1. (　　　) 2. (　　　) 3. (　　　) 4. (　　　) 5. (　　　)

小計 1

Part 2

1. (　　　) 2. (　　　) 3. (　　　) 4. (　　　) 5. (　　　) 6. (　　　) 7. (　　　)

Part 3

1. The gorilla was found missing at ______________________ a.m.
2. The gorilla took a guard's ______________________.
3. She is fluent in ______________________ language.
4. She was seen by a ______________________ driver.
5. He saw her wearing a ______________________ sweater.
6. The phone number to call is ______________________.
7. She climbed the city ______________________ tower.
8. Chantelle's message said, "______________________ my baby!"

[2]

Dear Mrs. Morita,

Thank you for your email. ______________________

____

____

____

____

____

____

____

____

Best wishes,

Toru　　　　(　　　words)

小計 2

受験番号

[3]

小計3

A.　ア　イ　ウ　エ

B.　1A　1B　1C　1D

C.

D.　3a ______ 3b ______

E.　ア　イ　ウ　エ

F.

G.　・

・

H.　1. アの直後に来るもの　(　　　)　4. エの直後に来るもの　(　　　)

2. イの直後に来るもの　(　　　)　5. オの直後に来るもの　(　　　)

3. ウの直後に来るもの　(　　　)　6. カの直後に来るもの　(　　　)

[4]

小計4

A.　ア　イ　ウ　エ

B.

小計1

C.

小計2

D.

E.　5a (　　　)　5b (　　　)　5c (　　　)　5d (　　　)

F.　ア　イ　ウ　エ　オ

受験番号

総得点
※100点満点 （配点非公表）

令和３年度　ラ・サール高等学校入学試験　理科　解答用紙

【１】（１０点）

	(1)	(2)			(3)	(4)	
A		ア	イ	ウ		①	②

	(5)	(6)		(7)	(8)	
B			C		ア	イ

【２】（１２点）

(1)	(2)	(3)			(4)	(5)
		有色	無色	無色		

(6)		(7)	(8)
⑥　　プレート	⑦　　プレート		

(9)

40字

【３】（１４点）

	(1)	(2)	(3)		(4)	(5)
A		二酸化炭素：水 ＝　　：	①　　g	②　　g		kg

	(1)	(2)	(3)	(4)
B		個		e f
	(5)			
	① 塩化銅 ： 塩酸 ＝　　：	②　　個	③	

【４】（１４点）

	(1)	(2)				(3)			
A		①　　cm	② 最大値　　cm	② 最小値　　cm	③　　cm	①	②	③	④

B							
Ⅰ	①	②	③	④	⑤	⑥	⑦

B	(1)	(2)	(3)	(4)	
Ⅱ				①	②

受験番号	得点

※50点満点

解答用紙　2021年度高校社会

1

問1	問2 ・	問3	問4A	B
問5	問6			

点

2

問1① と の間	② と の間	③ と の間	問2 と の間
問3 → → →	問4	問5	

問6 →

問7	問8	問9

点

3

問1(1)	(2)	(3) 半島	(4)①	②

(5)①記号 国名	②
(6)	(7)記号 根拠

問2(1) 半島	(2) 島	(3) 湾	(4)	(5)①	②

点

4

問1	問2	問3	問4	問5	問6	問7	問8
問9	問10	問11	問12				
問13		問14	問15				

点

受験番号

得点

※50点満点
（配点非公表）

二〇二〇年度　ラ・サール高等学校入学試験問題　国語　（時間　七十分）　その一

《一》次の文章を読んで、後の問いに答えよ。（字数制限のある問題については句読点も一字に数える。）

著作権に関係する弊社の都合により
本文は省略いたします。

教英出版編集部

（池澤夏樹「ヒトとイヌ　幻想力ゆえに落ちゆく人間」二〇一九年十月二日　朝日新聞）

問一　傍線部①「イヌは犬になり、更にヒトは人間になった」と同内容を述べている部分として最も適切な一文を、本文十一行目「狩猟の場で犬はエモノを見つけ……」より後の部分から探し出して、その最初の五字を記せ。

問二　空欄【　②　】に当てはまる最も適切な言葉を、次の**イ**～**ヘ**の中から選び、符号を記せ。

イ　鬼畜米英　**ロ**　富国強兵　**ハ**　挙国一致　**ニ**　一衣帯水　**ホ**　和魂洋才　**ヘ**　一帯一路

問三　傍線部③「彼らを大統領や首相にしたら」とあるが、「犬」を「大統領や首相に」するということは、どういうことへの皮肉であるか。六十字以内で説明せよ。

問四　犬と人間が一緒に行動をするとき、その人個人にもたらされるのはどのような効果であると筆者は考えているか。犬と人間の違いを踏まえながら、百五十字以内で説明せよ。

問五　本文の内容に合致するものを、次の**イ**～**ヘ**の中から二つ選び、符号を記せ。

イ　犬と人間の間では脳のシンボル機能に隔たりがあるが、優れた猟師の脳は二者の中間に位置している。

ロ　知識人はかつて持っていた「幻想や妄想を正す役割」を政治家に奪われ、社会のペットと化している。

ハ　世界中の政治家たちが陥っている好ましくない状況に対して、市井《しせい》の人々は懸命に正そうとしている。

ニ　岸田氏は、個人も社会もそれぞれ幻想を抱えていると考え、その二者を繋《つな》ぐものが文化だとしている。

ホ　筆者は、養老孟司氏らの論を学べるということを『ヒト、犬に会う』を勧める理由の一つとしている。

ヘ　人間が言語を得る過程で犬との音声による意思のやり取りが必要だったと、島氏は自著に記している。

問六　波線部**a**「で」、**b**「だら」、**c**「で」、**d**「で」について、

i　波線部の説明として最も適切なものを、次の**イ**～**ハ**の中からそれぞれ選び、符号を記せ。

イ　助動詞　**ロ**　助詞　**ハ**　助動詞でも助詞でもない

ii　波線部が助動詞であればその文法的な意味（例「打消」）を、助詞であれば種類（例「終助詞」）を、それぞれ記せ。なお、助動詞でも助詞でもない場合は、解答欄に斜線を引くこと。

問七　波線部**e**「なけれ」、**f**「ない」、**g**「ない」について、

i　それぞれの品詞名を記せ。

ii　それぞれの活用形（例「命令形」）を記せ。

問八　破線部「押しこめられて現実の世界との接触を絶たれていた」を、例にならって単語に分けよ。

例　歴史／は／私達／に／問いかけ／ます。

問九　傍線部**A**「カクダン」、**B**「エモノ」、**C**「ソツウ」、**D**「ニブる」、**E**「オモムく」のカタカナを、漢字に改めよ。

〈四十点〉

《二》次の文章を読んで、後の問いに答えよ。（字数制限のある問題については句読点も一字に数える。）

大学生の「僕」は、水墨画の大家である「湖山《こざん》先生」と出会い、湖山先生から弟子入りをすすめられじかに絵の指導を受けている。

制作はひたすら難航していた。

何本も菊を買いこんで、枯らしてはまた何本も買い込んだ。講義に出る回数も少なくなり、※1古前《こまえ》君に代返を頼み、川岸さんにノートを頼むと二人とも①二つ返事で承諾してくれた。たまに川岸さんのバイトする喫茶店にコーヒーを飲みに行くと、作品の進捗《しんちょく》をきかれたけれど、僕は首を振るだけだった。

ただ単に墨で絵を描くことは、当然のようになり始めていた。

何度も菊の形を、緻密に毛筆で画仙紙の上になぞっていき、葉の形や、花びらの質感を覚え込み、精密に描く訓練をした。結果的に、形をとることはできるようになり、『菊を墨で描いた絵』は次第に描けるようになっていった。だが、それに習熟するにつれて、問題は大きくなった。どれほど精密に毛筆と墨で菊を描いても、それが湖山先生や※2翠山《すいざん》先生が描く水墨画のような印象を与えなかったことだ。

これだけ練習すれば、どう考えてもうまくなるはずだ、という量の紙を②反故《ほご》にしたあとに、自分が描いた絵を一枚一枚見直していくと愕然《がくぜん》とした。それは確かに菊の形をした絵に見える。だが、それ以上でもそれ以下でもなかった。

墨という粒子で構成された絵が最終的に菊の形に正確に配置されても、それが水墨画として完成しないのは、単純に考えても形以外の情報がそこに組み込まれているからだ。その形以外の情報が何なのかが見定められないから、ただひたすら菊を見て、描き続けるしかなかった。

悩むにつれ不安は募《つの》り、不安はそのまま焦《あせ》りになり、それは指先に現れた。

生み出される線は、どこかやつれたものになって、春蘭《しゅんらん》を描いていたときのような清々《すがすが》しさが消え去り、思ってもみなかったほど、よくない方向に動き出していると感じたときにはもう冬になっていた。作品の締め切りまで一ヵ月を切っていた。

広い部屋の床が反故にした画仙紙で埋め尽くされ、埋もれるほどに積み重なった後で、僕はばかみたいに単純なことに気が付いた。それは、

「墨で絵を描くことが、水墨画ではないんだ」

ということだった。その言葉は僕の口から独《ひと》り言《ごと》のように漏れて、僕の中に染《し》み込《こ》んでいった。考えてみれば、それはいまさら疑うべくもないことだった。形や技法のみを追求した絵が必ずしも水墨画にならないことは、何度も何度も繰り返し教わってきた。何度も何度も目にしてきたのだ。

だが、実際に自分が歩み始めると、知っていたはずの当たり前のことにさえ簡単につまずいてしまう。※3斉藤さんや千瑛《ちあき》の顔が浮かんだ。③あの人たちはこんな悩みとずっと闘ってきたのだ。眺めているだけでは分からない。実際に手を動かし、描いて、つまずいてみなければ分からないことばかりだ。僕はため息をついた。

室内を整え、散らばった紙を片づけて、お茶を淹《い》れた。画仙紙を広げ、墨をすり、心を落ち着けて筆をとった。画仙紙を見つめ、筆の重みをそっと感じた後に、また筆を真っ白な梅皿に、穂先のほうを立てかけて置いた。

僕はここからが勇気だと思った。水墨画を水墨画たらしめる要素は、描くことでは見いだせない。描くこと以外の方法で描き方を見いださなければならない。描くという行為以外の場所に、水墨画の本質は存在しているのだ。その場所が何処《どこ》で、そして何なのか、僕には分からなかった。だが、筆を静かに置いたとき、奇妙なことだけれど、これまでとはまるで違う手ごたえを感じた。

何かにほんの少し近づいたような、心が少しだけ解き放たれたような優しい気持ちになった。

④僕はこれまでよりも少しだけ心地よく花を眺めていた。何処かに入り口があるはずだ。そして、何処かに始まりがあるのだ。

僕は、時間も空間もまだ存在していない真っ白な画仙紙を見つめながら、その入り口を探していった。

それから一週間、筆を持ち上げることもなく、自室で花瓶《かびん》に生けた菊の花を眺めていた。花の前に坐《ざ》して、花の形、葉っぱの付き方、枝の伸び方を仔細《しさい》に眺めて、真っ白な画仙紙を見つめて時を過ごした。

真っ白な画仙紙に本物の白い菊をゆっくりとAスかし見て、そしてまた本物の菊に目を戻す。そしてまた菊を見つめては画仙紙を見る、ということの繰り返しで、はた目から見ればただぼんやりとそこに座っているようにしか見えない。それでも僕はBシンケンだった。腕を組んでCフキゲンそうにそこに座っていた。花と画仙紙に飲まれて、僕は動けなかった。

そのうち真っ白な画面を見つめながら、筆の動きや墨の滲《にじ》み、線のD雰囲気をイメージして、何百回も、頭の中で絵を描くようになっていた。数限りない失敗とわずかな成功の中で、僕は毛筆を持って絵を描くことを、頭の中で再現できるようになっていた。

少し集中してイメージしさえすれば、頭の中に筆があり画仙紙があり、それを現実とほとんど同じように動かすことができた。

それは棋士が頭の中に盤と駒《こま》を置いているのと同じで、自然に身についていた。モノトーンで筆一本で絵を描くという制約が、そ

うしたイメージを可能にしているのかもしれなかった。

何もない自室で、自然光だけで、⑤ひもすがら菊を眺めていると、さまざまなイメージが画仙紙の上にわいてくるようになった。湖山先生もときどき庭を見つめながら、ただぼんやりと座っていることがあったけれど、おそらくこんなイメージをEテンカイし頭の中でいくつもの仕事をしていたのだな、と思い至った。翠山先生にしても、どうしてあれだけ無口で、張り詰めたように静かに過ごしておられるのか何となく分かる気がする。どちらの先生も、筆を持っていなくても、画仙紙の前にいなくても、ずっと絵を描いていたのだ。

僕はガラスの部屋の大きな壁に向かって、そこを画仙紙だと想定してさまざまな実験を行った。無数の春蘭を壁一面に描いてみたり、竹林をひたすらにそこに描いてみたり、巨木の梅をただひたすら描いてみたり、まず自分が描けるものを可能な限りそこで描き続けた。次に、自分には不可能な技法も記憶を頼りに再現し、うまくいかないときは何度も文字どおり試行錯誤し、描いてみた。

千瑛の薔薇《ばら》や、斉藤さんの蔓《つる》薔薇、牡丹《ぼたん》に、湖山先生が先日描いて見せてくれた葡萄《ぶどう》の樹まで再現してみた。自分が習得した技法以外は不明な点も多かったが、何度も何度も考え、記憶を辿《たど》っていくと、ふいに閃《ひらめ》くこともあった。何かを想い詰めて、考え続けて、悩み続ける、というネガティブともいえる行為が、考えもしなかった方向で役に立っていることが少しおかしくもあった。僕は孤独を過ごすことに、とても適した人間なのだろう。

だがそれらは描いて見せられ、西濱《にしはま》さんの言葉を借りれば『教えられた』画題だった。千瑛は僕が『見いだした美』を見たいと言った。そして、湖山先生は『花に教えを請《こ》え』と言われた。⑥あの二人の言葉には、何処か重なるものがあるような気がした。技術はこうして、ひたすらに座り、考え続ければきっと上がっていくだろう。師や先輩に教えを請い、技を盗み、時に磨き、自分の力で再現する。それはたぶん、注意深く観察し、正確に動く手を持っていれば、何処までも同じ速度で伸びていく。けれども『絵を描く』ことは、高度な技術や自分が習得した技術をちらつかせることだけではない。それは技術を伝えてくれた『誰か』との繋《つな》がりであって、自然との繋がりではない。

そう思って、菊を見つめ直すけれど、やはり答えはまるでやってこなかった。描こうとするたびに、イメージは止まり、それが失敗に繋がることを描く前に察知していた。『たった一筆でさえ美しくあるように』とするなら、起筆《きひつ》のその一筆目がすでに誤りを含んでいた。

水墨画は、考察し、模索しながら描く絵画ではない、ということなのだ。⑦結局、描くという現象にすら僕はたどり着かなかった。

（砥上裕将『線は、僕を描く』より）

※1　古前君に代返を頼み、川岸さんに――古前君、川岸さんはともに大学生。代返は、出欠をとるとき、本人の出席を装《よそお》って欠席者に代わり返事をすること。

※2　翠山先生――水墨画の大家。

※3　斉藤さんや千瑛――それぞれ、「僕」の兄弟子と姉弟子。「僕」は千瑛から、敬語で話さなくていいと言われ、「さん」をつけずに呼んでいる。後に出てくる西濱さんも、「僕」の兄弟子。

問一　傍線部A「スかし」、B「シンケン」、C「フキゲン」、D「雰囲気」、E「テンカイ」のカタカナを漢字に改め、漢字はよみをひらがなで書け。

問二　傍線部①「二つ返事」、②「反故《ほご》にした」、⑤「ひもすがら」の意味として最も適切なものを、次のイ～ホの中からそれぞれ選び、符号を記せ。

①「二つ返事」
イ　仕方なしに賛成するようす
ロ　先を争って役目を取り合うようす
ハ　倍以上の成果を約束するようす
ニ　音が重なりこだまするようす
ホ　すぐに受け入れるようす

②「反故にした」
イ　判断の根拠にした
ロ　使用済みの状態にした
ハ　反転させながら重ねた
ニ　大切に取っておいた
ホ　反省の材料にした

⑤「ひもすがら」
イ　一日じゅう
ロ　すがる思いで
ハ　ためつすがめつ
ニ　一人ぼっちで
ホ　素人ながら

問三　傍線部③「あの人たちはこんな悩みとずっと闘ってきた」とあるが、「僕」には斉藤さんや千瑛《ちあき》がどうしてきたと考えられたのか。百字以内で説明せよ。

問四　傍線部④「僕はこれまでよりも少しだけ心地よく花を眺めていた」とあるが、その理由として最も適切なものを、次の**イ**～**ホ**の中から選び、符号を記せ。

イ　「僕」はこれまで水墨画の上達のために、繰り返し画仙紙に向かって練習を重ねていたが、水墨画の本質は描く行為以外の部分に含まれると思って筆を置いたとき、正体は分からないまでも現状の行き詰まりを打開する何かを見つけた感じがして、穏やかな気持ちになったから。

ロ　「僕」はこれまで締め切りが近いのに少しもうまくならず、ぶち当たった壁を越えるにはだいぶ時間がかかりそうであったが、自分はまだ学生であり自由に使える時間が他の人に比べれば充分にあると考え、勇気を出して描く行為をやめたら、かえって落ち着きを増したから。

ハ　「僕」はこれまで絶え間なく筆を動かして菊を画仙紙に描いていったが、菊の外形は真似《まね》できても繊細な花びらの情報までは描き込めなかったため、一度筆を置いたうえで花をすみずみまで観察することが大切だと思ったら、菊をいつくしむような気持ちが湧いてきたから。

ニ　「僕」はこれまで菊の形を緻密になぞっていけば美しい水墨画ができると信じて鍛錬してきたが、菊の形に忠実であるかどうかでなく、時間と空間を描くことが水墨画の本質であることを悟るに至り、筆を一旦置いたとき、なんとなく水墨画に向き合う気力が増したから。

ホ　「僕」はこれまで兄弟子や姉弟子との差を感じて愕然《がくぜん》とし、腕を上げるために、ひたすら菊の葉の形や花びらの質感を見定めようとしてきたが、ふと水墨画のことは横に置いておいて花瓶に生けた菊の花を見ると、ふさぎこむ自分を菊の花が包容してくれているように思ったから。

問五　傍線部⑥「あの二人の言葉」とあるが、二人の言葉から「僕」が汲《く》み取った内容を、九十字以内でまとめよ。

問六　傍線部⑦「結局、描くという現象にすら僕はたどり着かなかった」とあるが、どういうことか。最も適切なものを、次の**イ**～**ホ**の中から選び、符号を記せ。

イ　「僕」はまじめに画題に向かい、実際に手を動かしたにもかかわらず、大きくつまずいてしまった。そのため紙と筆による練習には限界があると感じ、次に「僕」は逃げるようにして空想での練習を始めた。意外とこれが功を奏し、さまざまな技法を自分のものにするに至ったので、姉弟子や師匠の言葉に励まされるまま、「僕」は起筆しないで空想で腕を鍛え続けることにしたということ。

ロ　「僕」は画仙紙を前にして菊の絵をどれだけ練習しても、自分の水墨画を水墨画たらしめる、菊の形以外の植物の情報が組み込めないでいた。次に「僕」は画仙紙を用いず、記憶をもとにさまざまな植物を再現することで画題の種類を増やしつつあったが、画仙紙を前にすると菊以外の植物の印象はたちどころに消え、「僕」は一周回ってはじめの状態に戻ってしまったということ。

ハ　「僕」が湖山《こざん》先生や翠山《すいざん》先生の描く水墨画をめざして練習に没頭していたころは、手本に遠く及ばない未熟な作品を多量に生産し続けていた。次に「僕」は斉藤さんや千瑛のやり方を模倣して、想像上の筆の動きのみで画題をこなすやり方を採用し、練習の効率が向上したように感じられた。しかし、実物の紙の前では自身の失敗作が頭に浮かび、「僕」は起筆をすることもできなかったということ。

ニ　「僕」は自分の未熟さを練習量でカバーしようとして繰り返し画仙紙に向かったが、いくら描いても水墨画らしくならなかった。次に「僕」は紙も筆も使わないで想像で練習を重ね、水墨画らしさとは何かをつかみつつあったが、やはり紙と墨で描かなければならない現実を直視すると、姉弟子と師匠の叱責を思い出し、「僕」にはそもそも素質がなかったと痛感するに至ったということ。

ホ　「僕」が作品の締め切りを意識し、筆をとって技術をひたすら向上させようとしていたころは、菊の形や水墨画の技法を追求していた。次に「僕」は筆をとらず頭の中で描き方をイメージするようになった。技術を磨くだけが全てではないと感じつつあったが、このまま筆をとっても納得のいく経過はたどれないだろうと先回りし、「僕」は描き始めることもできなかったということ。

〈四十点〉

《三》次の文章は『義経記《ぎけいき》』の一節である。源頼朝《よりとも》の追っ手から逃れようと奥《おう》州を目指す源義経《よしつね》・弁慶たちの一行は、修行僧のふりをして舟着き場から河を渡ろうとしていたが、その時に舟着き場の渡し守から「あの客僧（旅姿の僧）は判官殿《ほうがん》（義経）だ」と指摘を受ける。これを読んで後の問いに答えよ。

「まさしくあの客僧こそ判官殿にておはしけれ」と指してぞ申しける。その時弁慶、「あれは白山より連れたる※御房なり。①年若きにより人怪しめ申す無念さよ。これより白山へ戻り候《さふら》へ」とて、船より引き下ろし、②扇にて散々にこき伏せたり。その時渡し守、「※羽黒山伏ほど a情けなき者はなし。判官殿にてましまさずは、さにてこそあるべきよ。かほどいたはしげもなく、散々に当たり申されし事、しかしながら私が打ち申したるなり。③御いたはしくこそ候へ」とて、舟を寄せ「ここに召し候へ」とて、※梶《かじ》取のそばに乗せ 奉《たてまつ》る。

「さらば船賃出だして渡り候へ」と申しければ、弁慶、「いつの b習ひに山伏の※関船賃なす事やある」と言ひければ、「日頃取りたることなけれども、あまりに御房の c腹悪《あ》しく渡り候へば」と申す。弁慶、「かやうに我らに当たらば、※出羽の国へ今年明年にこの国の者越えぬ事は dよもあらじ。坂田の渡りは、この幼き人の父、坂田次郎殿の※知行なり。ただいまこの返礼すべきものを」とぞ脅しける。あまりに言ひ立てられて渡しけり。

かくて六道寺の渡りをして、弁慶判官殿の御袖を控へ、「いつまで君を庇《かば》ひ申さんとて、現在の御主を打ち奉りつるぞ。天の恐れも恐ろしや。八幡《はちまん》大菩薩《ぼさつ》も許し御納受したまへ」とて、④さしも猛《たけ》き弁慶、⑤さめざめと泣きけり。⑥よの人々も涙を流しけり。

《語注》

御房＝僧侶。　羽黒山伏＝羽黒山から来た山伏。　梶取＝舵《かじ》を操る水夫。
関船賃なす＝関所を越える人や船を利用する人が料金を払うこと。
出羽の国＝旧国名。　知行＝支配する土地。

問一　二重傍線部 **a**「情けなき」、**b**「習ひ」、**c**「腹悪《あ》しく」、**d**「よもあらじ」の語句の意味として最も適切なものを、次の**イ**～**ホ**の中からそれぞれ選び、符号を記せ。

a「情けなき」
イ　恥ずかしくなる
ロ　情況を無視した
ハ　反社会的である
ニ　表情の見えない
ホ　思いやりのない

b「習ひ」
イ　習得
ロ　慣習
ハ　習合
ニ　学習
ホ　習熟

c「腹悪しく」
イ　性根が曲がって
ロ　浅はかな考えで
ハ　所持金が少なく
ニ　覚悟の無いまま
ホ　体の調子が悪く

d「よもあらじ」
イ　私も止めさせよう
ロ　夜でもありえない
ハ　まさか無いだろう
ニ　互いに困ることだ
ホ　世間も許さないぞ

問二　傍線部①「年若きにより人怪しめ申す」とはどういうことを言おうとしているのか。最も適切なものを次の**イ**～**ホ**の中から選び、符号を記せ。

イ　弁慶は若い頃から人に裏切られ続けていたので、渡し守が嘘《うそ》つきだと考えたということ。
ロ　客僧が若く、判官《ほうがん》殿と同じくらいの年齢であるため、他人に疑念を抱かせるということ。
ハ　源義経《よしつね》はその若さにも関わらず優秀だったため、源頼朝《よりとも》から嫉妬されていたということ。
ニ　渡し守は年が若く、人生経験があまりにも少ないので、相手を信じられないということ。
ホ　白山の僧侶は若者でないと務まらない貴重な存在なので、人々が珍しく思うということ。

問三　傍線部②「扇にて散々にこき伏せたり」という行動をとったのは何のためか。最も適切なものを次の**イ**～**ホ**の中から選び、符号を記せ。

イ　若い客僧が判官殿だと気付かれないように、扇子で叩《たた》いて顔を変形させるため。

ロ　自分が怖い人間だと示すことで渡し守を怖がらせ、船賃の請求を回避するため。

ハ　若い客僧を敢《あ》えて叩くことで、若い客僧が自分の主人ではないことを装《よそお》うため。

ニ　迷惑をかける若い客僧に腹を立て、白山へ帰るのがお互いのためだと諭すため。

ホ　若い客僧に、お前は一行の中で蚊ほどの取るに足らない存在だと教え込むため。

問四　傍線部③「御いたはしくこそ候《さぶら》へ」とあるが、そのように感じたのはなぜか。説明せよ。

問五　傍線部④「さしも猛《たけ》き弁慶」とあるが、ここで「猛き」と弁慶の性質に言及しているのは何のためか。最も適切なものを次の**イ**～**ホ**の中から選び、符号を記せ。

イ　今の苦境を弁慶が乗り越え、この後の場面ではさらに頼もしくなることを暗示するため。

ロ　ここで弁慶が泣いてしまうと、これまでの戦いで見せた潔《いさぎよ》さに矛盾すると糾弾するため。

ハ　弁慶が思わず感涙にむせぶのは、実は弁慶の強情さの裏返しであることを確認するため。

ニ　何事にも屈することのなかった弁慶であっても、涙を流すほど辛《つら》いのだと強調するため。

ホ　優れた策士である弁慶が突然の泣き真似《まね》で相手をだましたのは、流石《さすが》だと称賛するため。

問六　傍線部⑤「さめざめと泣きけり」とあるが、弁慶が泣いたのはなぜか。説明せよ。

問七　傍線部⑥「よ」という言葉に漢字を当てる場合、何が最も適切か。次の**イ**～**ホ**の中から選び、符号を記せ。

イ　余　　**ロ**　四　　**ハ**　世　　**ニ**　予　　**ホ**　与

〈二十点〉

2021年度　ラ・サール高等学校入学試験問題（社会）

＊解答はすべて解答用紙に記入しなさい。

（50分）

1　世界の歴史について述べた以下の文章Ⅰ～Ⅲを読み、それぞれ下の問に答えよ。

Ⅰ　初期の国家は、都市国家のかたちをとることが多い。たとえば紀元前8世紀頃のギリシアでは、（　　）とよばれる都市国家が多く成立した。ローマも都市国家から出発したが、やがて地中海をとりまく巨大な帝国に成長したのである。当初、ローマ帝国ではさまざまな①宗教が信仰されていたが、次第にキリスト教が有力になっていった。

問1　文中の空欄を埋めるのに適切な語を答えよ。

問2　下線部①について、世界各地で成立した宗教に関して述べた次のア～カのうち、明らかな誤りを含むものを2つ選び、記号で答えよ。ただし順序は問わない。
ア．インドでは、バラモン教の説く身分制度を批判して、ゴータマ＝シッダールタが仏教を開いた。
イ．仏教は、インドでは7世紀頃から急速に衰え、ヒンドゥー教にとってかわられた。
ウ．中国では、孔子の教えがもととなって、家族内の秩序も重んずる儒教（儒学）が成立した。
エ．儒教（儒学）は、成立以後、次第に盛んになり、殷《いん》のときにはこれにもとづいた政治が行われた。
オ．アラビア半島では、ムハンマドがイスラム教を開き、唯一の神であるアッラーへの絶対的な服従が説かれた。
カ．イスラム教は、7世紀以降、西アジアを中心に各地に広がり、モスクではアッラーの像への礼拝がなされた。

Ⅱ　大航海時代をへてインドとの②交易が盛んになり、綿布が多くもたらされると、ヨーロッパではこれが生活に不可欠なものとなっていった。18世紀、イギリスはフランスとの戦争に勝利し、インド綿布の輸入を独占することに成功する。しかし、次第に綿布の代金として支払う銀の流出に苦しむようになる。インドへの銀の流出は、「綿布の国産化」を求める動きを生み、こうしたことも背景となって、イギリスは③産業革命に向かっていくのである。

問3　下線部②に関連して、交易や交流について述べた次のア～カのうち、正しいものを1つ選び、記号で答えよ。
ア．秦《しん》が中央アジアを支配したことをきっかけに、中国の絹織物がシルクロードをへて西方にもたらされた。
イ．モンゴル帝国が成立すると、陸・海の交通路が整備され、中国で発明された火薬や羅針盤が西方にもたらされた。
ウ．イスラム商人の交易活動にともない、インドにはイスラム文化がもたらされアラビア数字がつくられた。
エ．ベネチア商人であるマルコ＝ポーロは唐の皇帝に仕え、その経験を『世界の記述（東方見聞録）』にのこした。
オ．イスラム勢力がキリスト教徒の聖地であるアレクサンドリアを支配したことをきっかけに、十字軍がおこった。
カ．スペインが新大陸を支配したことをきっかけに、新大陸にはじゃがいもやトマトがもたらされた。

問4　下線部③に関連して、産業革命を達成した国々の多くは、19世紀末頃より帝国主義政策をとり、アジアやアフリカに進出する。この国々はなぜこうした動きをとったのか。それを説明する以下の文章の空欄を埋めるのに適切な語を、それぞれ漢字で答えよ。

これらの国々では工業が急速に発展し、自国工業を維持するための（　A　）の供給地と工業製品の（　B　）を確保しようとした。

Ⅲ　近現代の政治では、民族が重要な意味をもっていたといえる。それを示す例が、自らの民族の将来は自ら決する、という④民族自決の考えである。これにもとづき第一次世界大戦後には、ヨーロッパではいくつかの民族に独立が認められ、さらに第二次世界大戦後にはアジア・アフリカの植民地の独立を促すことになった。しかしながら民族自決は、⑤分裂していた民族の統一をもたらすこともあれば、宗教や政治信条の違いなどから、他の民族との間で、あるいは同じ民族どうしで激しい紛争を引き起こす原因ともなったのである。

問5　下線部④について、第一次世界大戦後のパリ講和会議で、民族自決を提唱したアメリカ合衆国大統領はだれか。

問6　下線部⑤について、次のア～エはその具体例である。これらをおこった順に並べたとき、3番目になるものを選び、記号で答えよ。
ア．南北ベトナムの統一　　イ．朝鮮戦争　　ウ．ユーゴスラビア紛争　　エ．第一次中東戦争問３　下線部ａに関連して、様々な時代の有力者のなかには日本列島の外から貴重な品を手に入れる者がいた。次の品物ア～エについて彼らが手に入れ始める時期を考え、その記号を年代の早い順に並べ替えよ。

ア．仏教の経典　　イ．鉄の延べ板　　ウ．宋銭《そうせん》　　エ．硝石（火薬の原料）

問４　下線部ｂに関連して、疫病や凶作・飢饉《ききん》は人々を苦しめた。これに関する文として誤りを含むものを、次のア～エから１つ選び、記号で答えよ。

ア．平安時代後期、疫病や飢饉が続くなか末法思想が広まり、多くの人々が、極楽浄土への往生を願って阿弥陀仏《あみだぶつ》を信仰した。

イ．源平の合戦のさなか、西日本を中心に飢饉が起こり、京都でもたくさんの死者が出た。

ウ．天明の飢饉のころ、百姓一揆《いっき》や打ちこわしが多発し、大阪では大塩平八郎の乱が起こった。

エ．世界恐慌のさなか、冷害にみまわれた東北地方では、「娘の身売り」や「欠食児童」が社会問題となった。

問５　下線部ｃに関連して、歴代の天皇や皇后も多く歌を詠んでいる。次の和歌は、皇后が、ＬとＭの間の時期にフランスから技術を導入してつくったある施設を、開業半年後に視察した際に詠んだ歌である。ある施設とは何か。漢字で答えよ。

いと車　とくもめぐりて　大御代の　富をたすくる　道ひらけつつ

注　いと車＝生糸を巻き取る車　　とくもめぐりて＝速く回って　　大御代《おおみよ》＝天皇の治める時代

問６　下線部ｄに関して、フランスの援助でシベリア鉄道に着工したことに象徴されるロシアの動きをうけて、イギリスの日本に対する姿勢はどのように変化したか。「条約」という言葉を使って20字以内（句読点を含む）で述べよ。

問７　Ｏのころの日本の内外の情勢について述べた文として誤りを含むものを、次のア～エから１つ選び、記号で答えよ。

ア．日本は、中華民国に対して二十一ヶ条の要求を認めさせた。

イ．大戦景気のなか、工業生産額が農業生産額を上回るようになった。

ウ．ロシア革命に対して、これを阻止するために、日本も軍隊をシベリアに送り込んだ。

エ．立憲政友会の原敬が、初の本格的政党内閣を組織し、普通選挙法を成立させた。

問８　次のア～エもまた、鹿児島県の歴史に関して述べた文である。ＰとＱの間のできごとについて述べた文を１つ選び、記号で答えよ。

ア．鹿児島県内でも水俣病の患者が確認され、裁判で患者側が勝訴し、環境庁がつくられた。

イ．鹿児島県からも多くの中卒者が、集団就職列車に乗って関東・関西地方に向かい、高度経済成長を支えた。

ウ．第28回衆議院議員総選挙が行われ、定数４名の鹿児島県１区では自由民主党１名、日本社会党１名が当選した。

エ．ザビエル来航400年の年に、記念事業の一環として、学校教育法に基づきラ・サール高等学校設立が認可された。

問９　Ｒの年の日本の内外の情勢について述べた文として正しいものを、次のア～エから１つ選び、記号で答えよ。

ア．日本は、すでに日韓基本条約を結び、韓国と国交を樹立していた。

イ．日本は、すでに日中平和友好条約を結び、中華人民共和国と国交を樹立していた。

ウ．第４次中東戦争により原油価格が高騰したため、日本の経済は大きな影響を受け、深刻な不況に苦しんでいた。

エ．沖縄返還協定による沖縄の本土復帰が実現していた。

3　世界と日本の地理に関する次の問に答えよ。

問１　次の図は、世界の３つの海域を示したものである。３つの図はすべて同一の縮尺と投影法で作成され、上が北である。

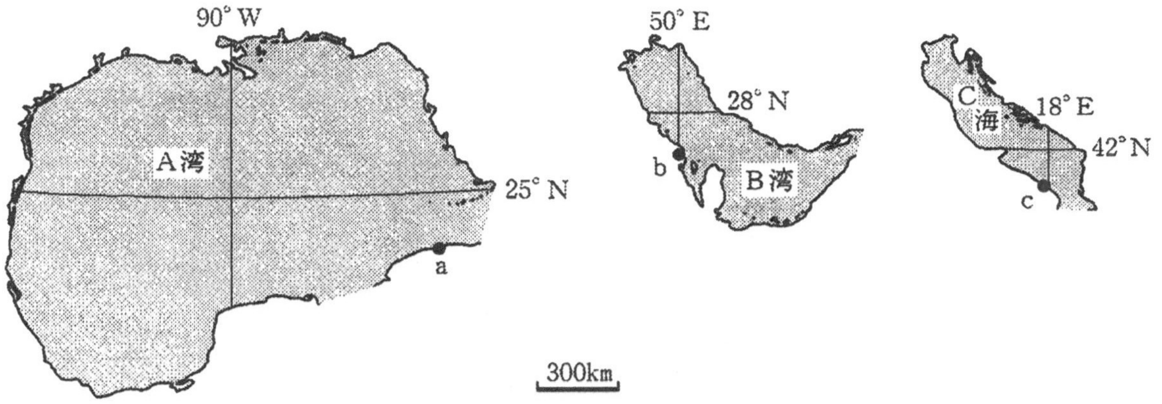

問２　次の図は、日本の３つの海域を示したものである。３つの図はすべて同一の縮尺と投影法で作成され、上が北である。
Ｐは東京湾、Ｑは大阪湾、Ｒは静岡県の湾を示している。

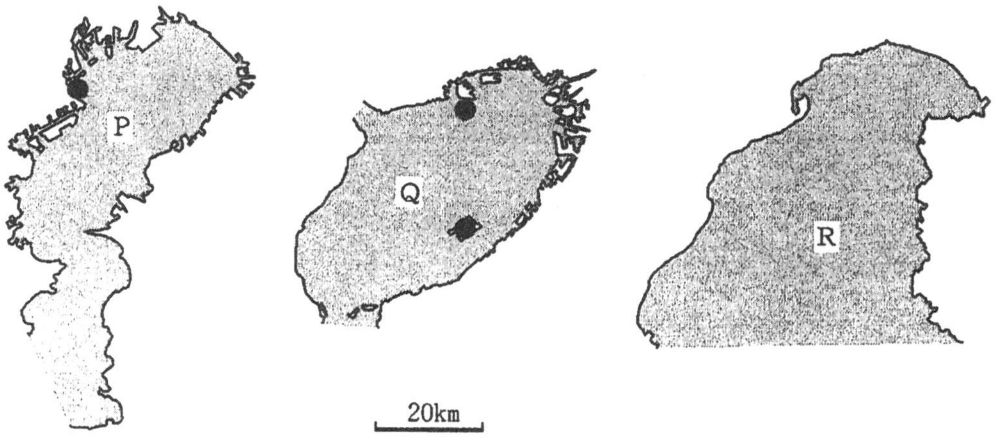

(1)Ｐに面している地域のうち、Ｐの東側は、ある半島の一部である。この半島名を答えよ。

(2)Ｑに面している地域のうち、Ｑの西側は、ある島の一部である。この島名を答えよ。

(3)Ｒの湾名を答えよ。

(4)ＰやＱでは埋立地の造成が進められてきた。このうち、●で示した埋立地に共通する用途を答えよ。

(5)次の表は、Ｐ～Ｒの湾に面した府県のうちから、千葉県、大阪府、静岡県の３府県を選び、工業出荷額にしめる各業種の割合を示したものである。①千葉県と②大阪府に該当するものをタ～ツから１つずつ選び、記号で答えよ。

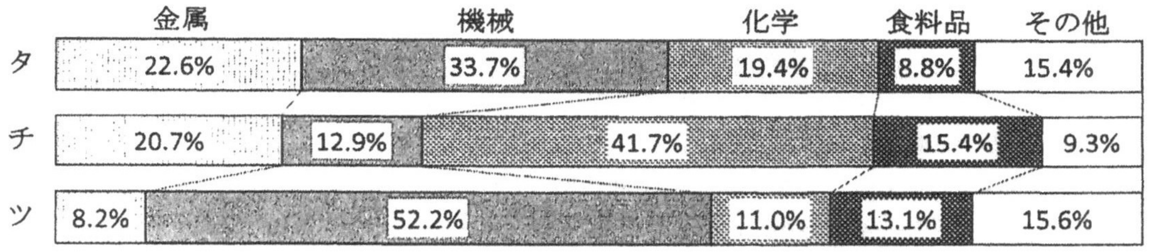

統計年次は 2018 年。工業統計表などによる。

4　2020 年９月、安倍内閣が総辞職し、菅義偉が内閣総理大臣に就任した。次の年表は、第２次安倍政権下で起きた国内外の主なできごとをまとめたものである。これをみて、下の問に答えよ。

年	日本のできごと	世界のできごと
2012 年	安倍晋三が①内閣総理大臣に就任	
2013 年	ねじれ②国会解消	エジプトでクーデタ発生
2014 年	③消費税の税率が８％に	ロシア、クリミア併合を宣言
2015 年	④安全保障関連法成立	⑩パリ協定採択
2016 年	⑤選挙権年齢引き下げ後初の⑥国政選挙	イギリス、⑪ＥＵ離脱決定
2017 年	⑦年金受給資格期間が 25 年から 10 年に短縮	⑫核兵器禁止条約採択
2018 年	⑧働き方改革関連法が成立	⑬世界人権宣言採択から 70 年
2019 年	新⑨天皇が即位し、令和と改元	米中⑭貿易摩擦が激化
2020 年	安倍晋三が内閣総理大臣を辞任	⑮香港で「香港国家安全維持法」が施行

問１　下線部①に関する次のｉ・ⅱの記述について、その正誤の組合せとして正しいものを、下のア～エから１つ選び、記号で答えよ。

ｉ．内閣総理大臣は、自衛隊の指揮監督権をもつ。さらに、日本国憲法によって、緊急時に自衛隊の防衛出動や治安出動を命令することが認められている。

ⅱ．内閣の方針や意思を決定する会議を閣議とよび、内閣総理大臣が閣議を主宰する。閣議には内閣総理大臣と国務大臣全員が出席し、全会一致で決定される。

ア．ｉ－正　ⅱ－正　　イ．ｉ－正　ⅱ－誤　　ウ．ｉ－誤　ⅱ－正　　エ．ｉ－誤　ⅱ－誤

問９　下線部⑨に関連して、天皇の国事行為に関する次の文章を読み、空欄（　ⅰ　）・（　ⅱ　）を埋めるのに適切な語の組合せとして正しいものを、下のア～エから１つ選び、記号で答えよ。

日本国憲法第６条２項では、「天皇は、（　ⅰ　）の指名に基づいて、最高裁判所の長たる裁判官を任命する。」と定めている。また、第７条では、「憲法改正、法律、（　ⅱ　）及び条約を公布すること」を国事行為の一つとして挙げている。

ア．ⅰ－国会　ⅱ－政令　　イ．ⅰ－国会　ⅱ－規則　　ウ．ⅰ－内閣　ⅱ－政令　　エ．ⅰ－内閣　ⅱ－規則

問10　下線部⑩に関連して、地球環境問題に関する説明として正しいものを、次のア～エから１つ選び、記号で答えよ。
ア．1971年には、多様な生物が生息し、水の浄化作用もある湿地を登録・保護するためにラムサール条約が採択された。
イ．1987年には、酸性雨の原因であるフロンガスの排出を規制するモントリオール議定書が採択された。
ウ．1992年には、ブラジルのリオデジャネイロで地球サミットが開かれ、ワシントン条約が採択された。
エ．2013年には、イタイイタイ病が発生した熊本県水俣市で、水銀に関する水俣条約が採択された。

問11　下線部⑪に関する説明として最も適切なものを、次のア～エから１つ選び、記号で答えよ。
ア．ＥＵ域内での共通通貨ユーロ導入により、各国が独自の金融政策を行いやすくなった。
イ．ＥＵ域内での共通通貨ユーロ導入により、加盟国間の競争が激しくなり、物価が下がりやすくなった。
ウ．ＥＵ加盟国の増加により、ドイツやフランスでは賃金の高い東ヨーロッパの国々へ働きに出る人々が増加した。
エ．ＥＵ加盟国の増加により、東ヨーロッパの国々からドイツやフランスへの工場の移転が進んだ。

問12　下線部⑫に関する説明として誤っているものを、次のア～エから１つ選び、記号で答えよ。
ア．日本は、被爆国という立場から、この条約に積極的に賛成している。
イ．核保有国は、この条約に参加していない。
ウ．この条約の交渉は、国際ＮＧＯ「ＩＣＡＮ」によって推進され、同団体は2017年にノーベル平和賞を受賞した。
エ．この条約は、核兵器の保有を背景とした威嚇を禁止しており、従来の核抑止の考え方を否定している。

問13　下線部⑬に関する次の文章を読み、空欄を埋めるのに適切な語を漢字６字で答えよ。

世界人権宣言は、「すべての人民とすべての国とが達成すべき共通の基準」とされたが、1966年に、国連総会は、世界人権宣言をより具体化し各国を法的に拘束するものとして、（　　　）を採択した。

問14　下線部⑭に関する説明として正しいものを、次のア～エから１つ選び、記号で答えよ。
ア．日本はかつて積極的に原油を輸入していたが、再生可能エネルギーが普及した現在では輸入額が大幅に減少している。
イ．日本は1981年以降、2010年まで輸出額が輸入額を上回る貿易黒字の状態が続いた。
ウ．日米間においては、1960年代に自動車摩擦が、1980年代に鉄鋼摩擦が発生し、日本は対米輸出自主規制を行った。
エ．日中間においては、2000年代に日本から中国への農産物の輸出が急増し、中国は一時的にセーフガードを発動した。

問15　下線部⑮に関する説明として正しいものを、次のア～エから１つ選び、記号で答えよ。
ア．香港はアヘン戦争以来ポルトガルの植民地であり、1997年に中国へ返還された。
イ．香港では、工場や設備の公有を原則とした計画経済が導入されている。
ウ．香港では、「香港国家安全維持法」の施行後、香港の民主化に反対する議員が次々と逮捕されている。
エ．香港の行政長官は、2020年９月の記者会見で「香港に三権分立はない」と述べた。

（以上）

2021年度 ラ・サール高等学校入学試験 数学 解答用紙

1

(1)		(2)	
(3)		(4)	$x=$, $y=$

1 小計 /16

2

(1)	最大値 , 最小値	

(2)	(ア)		(イ)	
(3)	(ア)	$a=$, $b=$	(イ)	

2 小計 /32

3

(1)	$t_1 : t_2 =$:
(2)	$x=$

3 小計 /14

4

(1)		(2)		(3)	

4 小計 /14

5

(1)	$r=$	(2)	

5 小計 /12

6

(1)

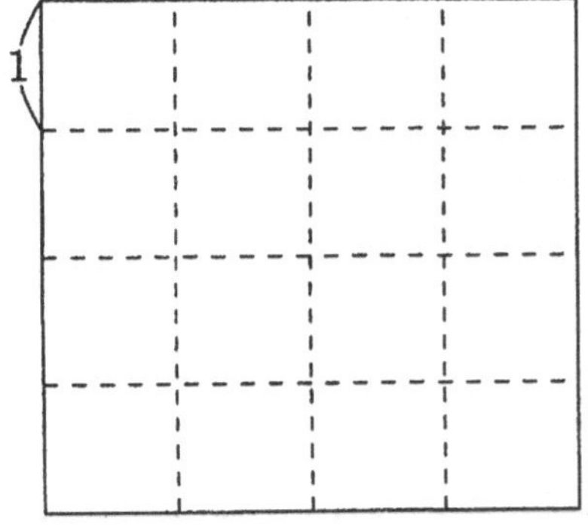

(2)

6 小計 /12

受験番号	

得点	

※100点満点

2021 年度　ラ・サール高等学校入学試験　（英語）　解答用紙　　No. 1

[1]　Part 1

1. (　　　) 2. (　　　) 3. (　　　) 4. (　　　) 5. (　　　)

小計 1

Part 2

1. (　　　) 2. (　　　) 3. (　　　) 4. (　　　) 5. (　　　) 6. (　　　) 7. (　　　)

Part 3

1. The gorilla was found missing at ______________________________ a.m.
2. The gorilla took a guard's ______________________________.
3. She is fluent in ______________________________ language.
4. She was seen by a ______________________________ driver.
5. He saw her wearing a ______________________________ sweater.
6. The phone number to call is ______________________________.
7. She climbed the city ______________________________ tower.
8. Chantelle's message said, "______________________________ my baby!"

[2]

Dear Mrs. Morita,

Thank you for your email. ______________________________

____

____

____

____

____

____

____

____

Best wishes,

Toru　　　　　　(　　　　words)

小計 2

受験番号

令和３年度　ラ・サール高等学校入学試験　理科　解答用紙

【１】（１０点）

	(1)	(2)			(3)	(4)	
A		ア	イ	ウ		①	②

	(5)	(6)		(7)	(8)	
B			C		ア	イ

【２】（１２点）

(1)	(2)	(3)			(4)	(5)
		有色	無色	無色		

(6)		(7)	(8)
⑥　　　プレート	⑦　　　プレート		

(9)

40字

【３】（１４点）

	(1)	(2)	(3)		(4)	(5)
A		二酸化炭素：水 ＝　　：	①　　g	②　　g		kg

	(1)	(2)	(3)	(4)
B		個		e
	(5)			
	① 塩化銅 ： 塩酸 ＝　　：	②　　個	③	f

【４】（１４点）

	(1)	(2)				(3)			
A		①　cm	② 最大値　cm	② 最小値　cm	③　cm	①	②	③	④

B	Ⅰ	①	②	③	④	⑤	⑥	⑦

		(1)	(2)	(3)	(4)	
B	Ⅱ				①	②

受験番号	得点

※50点満点

2020年度 ラ・サール高等学校入学試験問題 数学(90分 100点) No.1

1 次の各問に答えよ。(16点)

(1) $142^2+283^2+316^2-117^2-158^2-284^2$ を計算せよ。

(2) $(2x+y)(3x+1)-(3y+1)-3$ を因数分解せよ。

(3) 連立方程式 $\begin{cases} \dfrac{x}{2}+\dfrac{y}{15}=2 \\ \dfrac{x}{8}-\dfrac{y}{3}=-3 \end{cases}$ を解け。

(4) 2次方程式 $6(2x+1)^2-2x-16=0$ を解け。

2 次の各問に答えよ。(32点)

(1) 座標平面上に2点 A(1, 0), B(0, 2) があり, 直線 $y=\dfrac{1}{4}x+k$ と x 軸との交点を C とする。直線 $y=\dfrac{1}{4}x+k$ が ∠ACB を二等分するとき, 定数 k の値を求めよ。

(2) 放物線 $y=\dfrac{1}{3}x^2$ と直線 $y=\dfrac{1}{3}x+k$ が右図のように2点 A, B で交わっている。直線 $y=\dfrac{1}{3}x+k$ と y 軸との交点を C とし, 原点を O とする。AC : CB = 5 : 3 のとき, 定数 k の値, および三角形 OAB の面積 S を求めよ。

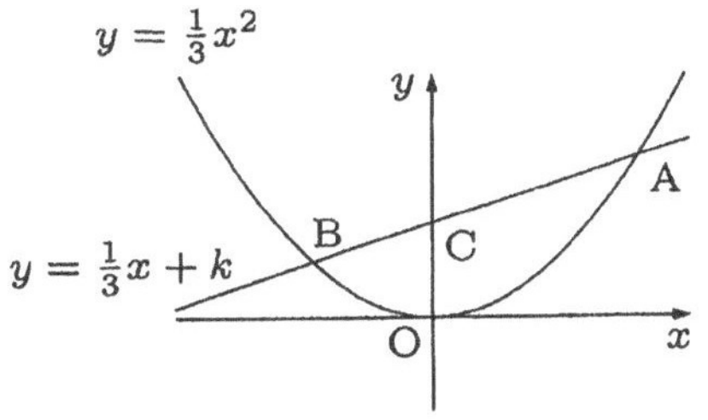

(3) 12, 330, 1221 のように2種類の数字のみからなる正の整数について, 次に答えよ。

(ア) このような整数で2けたのものはいくつあるか。

(イ) このような整数を小さい順に並べたとき, 2020 は何番目か。

(4)

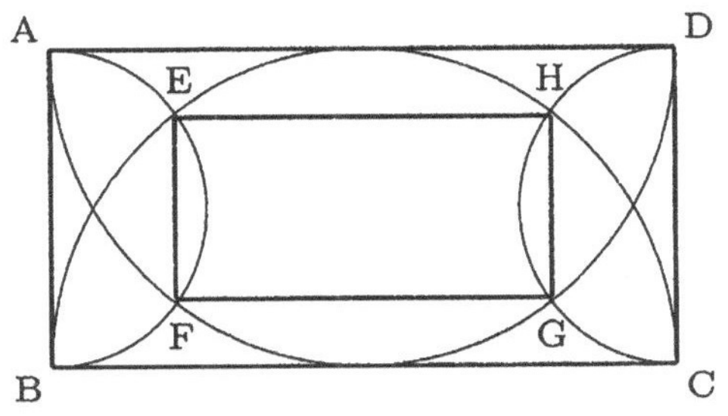

左図のように, 長方形 ABCD の各辺を直径とする半円との交点で作られる長方形 EFGH の面積は, 長方形 ABCD の面積の何倍か。ただし, BC, AD を直径とする半円は, それぞれ辺 AD, BC と接している。

3 A, B 2人が P 地を出発して Q 地へ向かい, Q 地に到着するとすぐ P 地へ引き返す。A は B より 15 分遅れて出発したが, Q 地より 2km 手前の地点で追いつき, その 9 分後に Q 地に向かう B と再び出会った。その後, A が P 地に到着したとき, B は P 地より 4km 手前の地点を P 地に向かっていた。A, B 2人の速さは毎時何 km か。また, PQ 間は何 km か。(14点)

2020年度 ラ・サール高等学校入学試験問題 数学 (90分 100点) No.1

1　次の各問に答えよ。(16点)

(1) $142^2+283^2+316^2-117^2-158^2-284^2$ を計算せよ。

(2) $(2x+y)(3x+1)-(3y+1)-3$ を因数分解せよ。

(3) 連立方程式 $\begin{cases} \dfrac{x}{2}+\dfrac{y}{15}=2 \\ \dfrac{x}{8}-\dfrac{y}{3}=-3 \end{cases}$ を解け。

(4) 2次方程式 $6(2x+1)^2-2x-16=0$ を解け。

2　次の各問に答えよ。(32点)

(1) 座標平面上に2点 A$(1, 0)$, B$(0, 2)$ があり, 直線 $y=\dfrac{1}{4}x+k$ と x 軸との交点を C とする。直線 $y=\dfrac{1}{4}x+k$ が $\angle$ACB を二等分するとき, 定数 k の値を求めよ。

(2) 放物線 $y=\dfrac{1}{3}x^2$ と直線 $y=\dfrac{1}{3}x+k$ が右図のように2点 A, B で交わっている。直線 $y=\dfrac{1}{3}x+k$ と y 軸との交点を C とし, 原点を O とする。AC : CB = 5 : 3 のとき, 定数 k の値, および三角形 OAB の面積 S を求めよ。

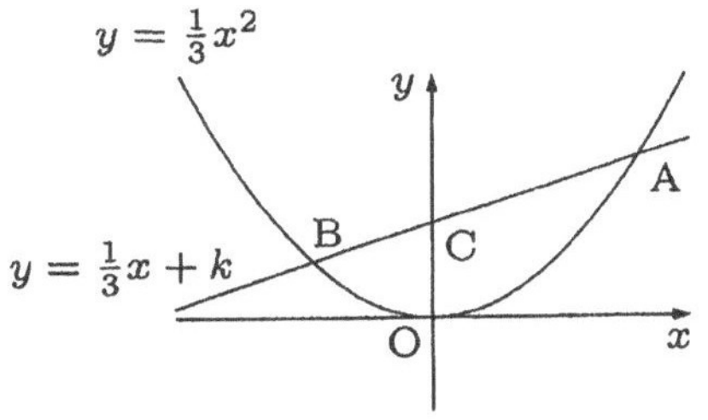

(3) 12, 330, 1221 のように2種類の数字のみからなる正の整数について, 次に答えよ。
(ア) このような整数で2けたのものはいくつあるか。
(イ) このような整数を小さい順に並べたとき, 2020 は何番目か。

(4)

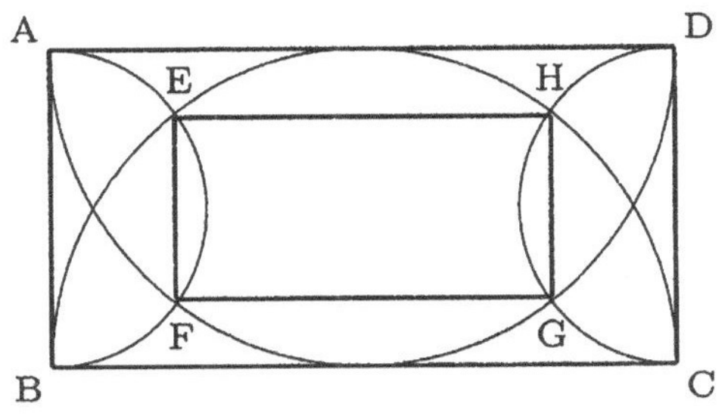

左図のように, 長方形 ABCD の各辺を直径とする半円との交点で作られる長方形 EFGH の面積は, 長方形 ABCD の面積の何倍か。ただし, BC, AD を直径とする半円は, それぞれ辺 AD, BC と接している。

3　A, B 2人が P 地を出発して Q 地へ向かい, Q 地に到着するとすぐ P 地へ引き返す。A は B より15分遅れて出発したが, Q 地より 2km 手前の地点で追いつき, その9分後に Q 地に向かう B と再び出会った。その後, A が P 地に到着したとき, B は P 地より 4km 手前の地点を P 地に向かっていた。A, B 2人の速さは毎時何 km か。また, PQ 間は何 km か。(14点)

2020年度 ラ・サール高等学校入学試験問題 数学 (90分 100点) No.2

4 さいころを4個ふって出た目の数の積を N とする。このとき, 次の問に答えよ。(12点)

(1) N の正の約数が2個となる確率を求めよ。

(2) N の正の約数が4個となる確率を求めよ。ただし, 途中の説明もかくこと。

5

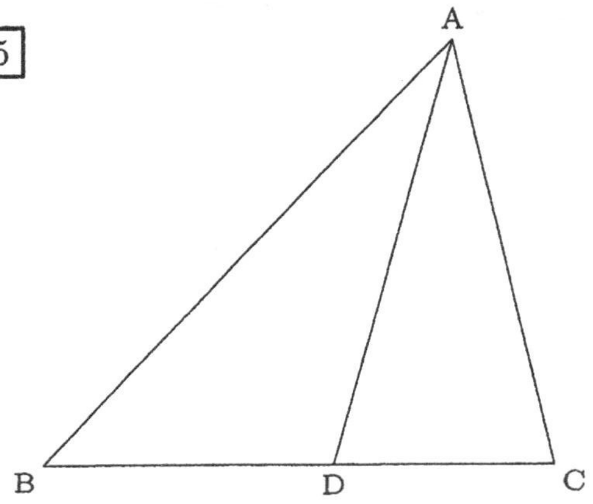

$AB = 8, BC = 7, CA = 6$ の三角形ABCがある。∠BACの二等分線と辺BCの交点をDとして, 三角形ABD, 三角形ACDの内接円の中心をそれぞれP, P′, 半径をそれぞれ r, r' とする。このとき, 次の問に答えよ。(14点)

(1) 三角形ACDの面積を求めよ。

(2) r, r' の値を求めよ。

(3) 線分PP′の長さを求めよ。

6

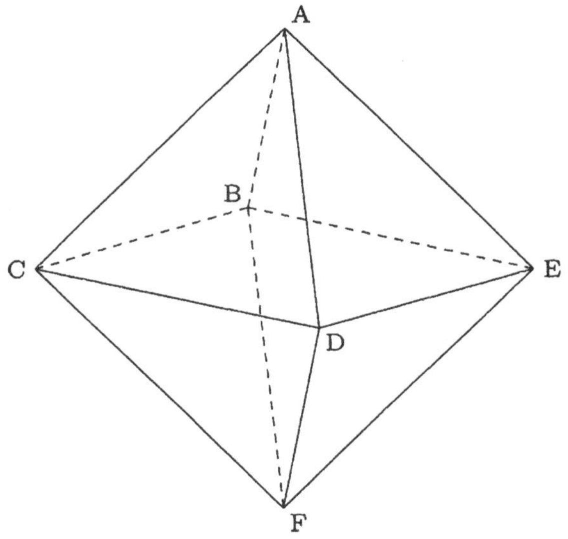

左図のような一辺の長さ12の正八面体ABCDEFがあり, AB, ACそれぞれの中点をP, Qとし, FD, FEそれぞれを5 : 1に内分する点をR, Sとする。このとき, 次の問に答えよ。(12点)

(1) PQの中点をT, RSの中点をUとするとき, TUの長さを求めよ。

(2) 4点P, Q, R, Sを通る平面で, この正八面体を切ったときの切り口の面積を求めよ。

時間：70 分　　問題用紙は 5 枚、解答用紙は 2 枚ある。[1]、[2]の解答は解答用紙 No. 1 に、[3]、[4]の解答は No. 2 に記入せよ。試験を開始してから約 5 分後に[1]に関する放送を始める。

※音声は収録しておりません

[1] This is the La Salle Entrance Examination Listening Test. There are three parts to the test.

Part 1

You will hear five short conversations. Choose the best reply for each one. Write a, b or c.

Part 2

You are going to hear a conversation in a movie theatre. Choose the best answer to complete each sentence a, b or c.

1. Their seats are __ of the movie theatre.
   a) at the front　　b) in the middle　　c) at the back

2. They bought __ popcorn.
   b) caramel and plain　　b) plain and butter　　c) caramel and butter

3. They are watching a __.
   a) horror movie　　b) documentary　　c) comedy

4. The old man says he will __.
   a) go to the toilet　　b) get the manager　　c) move to another seat

5. The old man's ticket cost £ __.
   a) 6　　b) 16　　c) 60

6. Mark's Mum wants to know where __ is.
   a) Dad　　b) Tim　　c) Aunt Mabel

7. The manager told the boys to leave the movie theatre because __.
   a) they were eating and drinking loudly
   b) one of the boys was talking on the phone
   c) they said bad things to the old man

Part 3

Listen to a guide giving a tour of a museum. Complete the sentences with the missing information.

1. King Royston's career lasted from ______________ to 1980.

2. The boy was ______________ King Royston's boots.

3. King Royston painted his car ______________.

4. His real car is now in a ______________.

5. The oil painting is ______________ the fireplace.

6. His pet ______________ is called Millie.

7. King Royston had an ______________ two years ago.

8. King Royston didn't leave anything to his ______________.

［2］以下の指示に従って設問に答えよ。使用した語数も書くこと。解答用紙に印刷されている語は含まない。

Here is part of an email you received from your friend, Mo.

It was so funny that I couldn't stop laughing. What was the last thing you really laughed about?

- **Write an email to your friend answering his question.**
- **Write 60-70 words.**

［3］次の英文は、筆者が9歳のときに入学した寄宿学校 St Peter's での生活の一端を綴っている。これを読んで下のA～Gの設問に答えよ。

At St Peter's, Sunday morning was letter-writing time. At nine o'clock the whole school had to go to their desks and spend one hour writing a letter home to their parents. At ten-fifteen we put on our caps and coats and met outside the school in a long line and marched a couple of miles down into town for church, and we didn't get back (1) lunchtime. Church-going never became a habit with me. 2Letter-writing did.

From that very first Sunday at St Peter's until the day my mother died thirty-two years later, I wrote to her once a week, sometimes more often, whenever I was away from home. I wrote to her every week from St Peter's (I had to), and every week from my next school, Repton, and every week from Dar es Salaam in East Asia, where I went on my first job after leaving school, and then every week during the war from Kenya, Iraq and Egypt when I was flying (3) the Royal Air Force.

Letter-writing was a serious business at St Peter's. It was not only a way [4a], but also a lesson in spelling and punctuation. The Headmaster would patrol the classrooms all through the sessions, looking over our shoulders [4b]. But that, I am quite sure, was not the main reason for his interest. He was there [4c].

There was no way, therefore, that we could ever complain to our parents about anything during term-time. ① If we thought the food was awful or if we hated a certain master or if we had been beaten for something we did not do, we never risked saying so in our letters. ② In order to please that dangerous Headmaster who was leaning over our shoulders and reading what we had written, we would say great things about the school and go on about how lovely the masters were. ③

I have to say the Headmaster was a clever fellow. He did not want our parents to think that those letters of ours were censored in this way, and therefore he never allowed us to correct a spelling mistake in the letter itself. One day, I had written *... last Tuesday knight we had a lecture ...*, he said:

"[5a]"

"Y-yes, sir, K-N-I-G-H-T."

"[5b]"

"Which kind, sir? I...I don't understand."

"The one in shining armour! The man on horseback! [5c]"

"I...I...I'm not quite sure, sir."

"It's N-I-G-H-T, boy, N-I-G-H-T. Stay in and write it out for me fifty times this afternoon. No, no! Don't change it in your letter! You don't want to make it any dirtier than it is! It must be sent as you wrote it!"

Thus, our trusting parents received in this cunning way the impression that our letters had never been seen or censored or corrected by anyone.

A. 空所1に入れるのに最もふさわしい語を次から選び、記号で答えよ。
　ア after　　イ during　　ウ since　　エ until

B. 下線部2を did の意味を明らかにして和訳せよ。

C. 空所3に入れるのに最もふさわしい語を次から選び、記号で答えよ。
　ア into　　イ from　　ウ over　　エ with

D. 空所 4a～4c に入れるのに最もふさわしいものを次から選び、それぞれ記号で答えよ。重複不可。

ア　to make sure that we said nothing terrible about his school
イ　to read what we were writing and to point out our mistakes
ウ　to stay in touch with our loved ones

E. 第 4 段落には次の文が抜けている。①～③のどこの位置に入れるのが適切か。解答欄の番号を○で囲め。

In fact, we often went the other way.

F. 空所 5a～5c に入れるのに最もふさわしい文を次から選び、それぞれ記号で答えよ。重複不可。

ア　Are you sure you want to be one?
イ　Don't you know how to spell night?
ウ　How do you spell Tuesday night?
エ　That's the other kind of knight, you idiot!

G. 次の子どもたちの架空の手紙の中で、親元に届いたと思われる手紙を 1 つ選び、記号で答えよ。

ア Dear Mother, This week, the Headmaster gave us a boring lecture on the origin of the universe. I was one of the few students who stayed awake and listened to his lullaby carefully. Your loving son, Alex	イ Dear Mother, Yesterday, we hiked up the hill near our ~~shool~~ school. Unfortunately, I forgot my lunch, but the Headmaster kindly gave me his ~~sandwitch.~~ sandwich Your loving son, Russell
ウ Dear Mother, On Monday, I saw the Headmaster hiting my friend Jim hard on the head for cheeting on a test. I told him it was Russell that had cheeted. And then he hit me on the head, too. Your loving son, Tom	エ Dear Mother, I'm enjoying my school life more now. Thanks to the Headmaster, as you can see, my writing skils have greatly inproved. And I am doing fairy well in almost all the subjects. Your loving son, Jim

［4］次の英文を読んで下のA～Hの設問に答えよ。

Today, scientists know that the Black Death was an illness we call bubonic plague. The plague was caused by an infection carried by fleas that lived on rats. When traders moved along the Silk Road from China towards the Black Sea, the rats came with them, eating the grain they carried and hiding in their bags of cloth. When the traders sailed for Europe, the rats went with them in the cargo holds of their ships. As soon as the ships arrived, the rats ran down the anchor ropes onto shore spreading the disease all over 1the continent. Rats were everywhere in the Middle Ages because people (a) their garbage and leftover food into the streets, so there was always plenty of food for them. And wherever the rats went, the Black Death went with them.

But people in the Middle Ages didn't know that rats were spreading the disease. Some thought that the plague was the judgment of God and others thought that it had been caused by earthquakes, evil spirits, or bad food. No one knew how to prevent it. They carried flowers and herbs with them, ate onions and garlic to keep the sickness away, and 2on / of / stomachs / slept / their / instead their backs so that they wouldn't breathe in the sickness at night.

But nothing (b). One history book from that time tells us, "3So many died that all believed it was the end of the world."

The Black Death lasted from 1347 until about 1352 and when it finally ended, a very different world was left. 4One out of every three people had died! Whole villages and towns were wiped out. Fields were full of weeds, and crops went bad before they could be harvested. Cows, sheep, and pigs escaped and (c) wild – or died because there was no one to look (5) them.

Noblemen who owned huge estates wanted their fields to be farmed again. But [6a]. This meant [6b]. The noblemen couldn't afford to pay workers to farm all their land, so [6c]. On the other hand, [6d]. As a result, the feudal system, in which peasants worked for noblemen in exchange for the use of a small piece of their land, began to fall apart.

Another result of the Black Death was that many of the villages hit by the plague were abandoned. The survivors moved to the cities instead. As more and more people left the countryside, the cities began to grow larger. So craftsmen went to the cities as well, where they could sell their crafts to more people. This increase in the population of cities and large towns is known as urbanization.

In the country, however, hundreds of farms and houses were (d) empty. Some of the peasants who remained moved into these empty houses and farmed the lands as their own. They took over their masters' beds, clothes, tools, and animals. There was no one to chase them out, so they became the new owners.

The Black Death even changed the land itself. Before the plague, forests all over Europe had been cut down and the land turned into fields. But now, with so few farmers left, forests began growing back all over Europe. In fact, seventy years after the Black Death ended, the woods had grown so close to the borders of Paris that wolves hunted along the edge of the city! And a hundred and fifty years after the plague, huge, thick woods covered mile after mile where farmland and villages had once stood.

The Black Death happened over six hundred years ago, but it had 7a long-lasting effect on the people and the land of the Middle Ages. And we still have at least one reminder of the plague with us today. Have you ever heard this children's song?

Ring-a-ring-o' roses
A pocket full of posies.
A-tishoo! A-tishoo!
We all fall down!

Many historians think that the song's origin dates back to the Black Death. "Ring-a-ring-o' roses" describes the red rash on the skin of sick people. A "pocket full of posies" is the bouquet of flowers and herbs that many people carried [8]. "A-tishoo! A-tishoo!" is the sound of an ill person sneezing. And 9"We all fall down" reminds us that most people who caught the plague died.

flea: ノミ　nobleman: 貴族　peasant: 小作農　rash: 発疹　bouquet: ブーケ

A. 下線部1が指すものを文中の1語で答えよ。

B. 下線部2を適切に並べ替えよ。

C. 下線部3、4、9を和訳せよ。ただし、9は解答欄の書き出しに続けよ。

D. 空所5に入れるのに最もふさわしい語を次から選び、記号で答えよ。

ア at　　イ like　　ウ into　　エ after

E. 空所6a〜6dに入れるのに最もふさわしいものを次から選び、記号で答えよ。

ア the peasants and farmers grew richer, and were able to buy land of their own

イ so many peasants had died that they couldn't find anyone to work on their land

ウ their estates grew smaller and smaller and they became poorer and less powerful

エ the peasants and farmers who were left alive could easily find work and demand to be paid higher wages

F. 下線部7の例に当てはまるものを次から2つ選び、記号で答えよ。

ア Traders stopped traveling along the Silk Road.

イ Noblemen gained more power.

ウ More people moved to the countryside.

エ Peasants were able to get their own land.

オ Forests covered a large part of Europe again.

G. 空所8に入れるべき文中の5語から成る表現を、最初の2段落から探して書け。

H. 空所a〜dに入れるべき語を次から選び、必要なら形を変えて答えよ。

(a)	burn	catch	eat	throw
(b)	carry	help	read	try
(c)	have	let	make	turn
(d)	become	get	grow	leave

放送原稿

Part 1

※音声は収録しておりません

You will hear five short conversations. Choose the best reply for each one. Write a, b or c. You will hear each conversation one time only.

1. Have a nice day.
   (a) Yes, you will.
   (b) You too.
   (c) Yes, it is.

2. Can you tell me where the post office is?
   (a) Yes, it's over there on the right.
   (b) Yes, it opens at 9:00.
   (c) Yes, there's a post office.

3. It looks as if it's going to rain today.
   (a) Oh good. I don't need an umbrella.
   (b) Really? Can I borrow your sunglasses?
   (c) OK, I think I'll take my raincoat.

4. Excuse me, when's the next train to Santa Barbara?
   (a) It takes five hours to get there.
   (b) It costs fifty-five dollars.
   (c) It's the 5:15, from platform five.

5. Would you like the fish or the beef, sir?
   (a) I think I'll have the beef.
   (b) Yes, that sounds delicious.
   (c) I like to fish. It's fun.

6. Have a nice day.
   (a) Yes, thanks.
   (b) You too.
   (c) Yes, it is.

Part 2

Tim: Hurry up Mark! The movie's going to start.
Mark: What are our seat numbers? I hope they're not at the front.
Tim: I think they're in the middle. No wait…V13 and 14. We're at the back on the left.
Mark: Excuse me…excuse me…ow!…sorry miss was that your foot?
Tim: Hurry up and sit down. It's going to start.
Mark: What kind of popcorn did you get? Caramel or butter?
Tim: Half and half.
Mark: Good. I hate plain popcorn.
Tim: I should have bought that flavour then.
Mark: Anyway, what movie is this again? Is it that new horror movie *Big Bad Zombies*?
Tim: No, that's not showing till next week. We're watching *My Mum's an Alien*.
Mark: So it's a documentary about your family. Ha! Ha!
Tim: No, it's a romantic comedy. You moron!
Angry man: Excuse me. Would you please stop talking. I'm trying to watch the film.
Tim: Oh, sorry, sir. We'll keep the noise down.
Mark: Calm down grandpa.
Angry man: I heard that!
Mark: Good!
Angry man: Sssh! Sssh!
Angry man: For God's sake. Move to another seat or I'll call the manager.
Tim: We're happy where we are thank you. Why don't you move? There's an empty seat in the boring old man's section down near the toilet.
Angry man: How rude! My 16-year-old granddaughter gave me this ticket for my 60th birthday and it cost her £6, and I can't hear the movie.
*phone rings
Mark: Sorry, can you be quiet please. Hi, Mum. No, I don't know where Dad is because I'm with Tim. Ask Aunt Mabel.
Angry man: Oh, that's enough. You can't use phones in here. Give that to me.
Tim: Hey! You can't steal his phone. That's a crime.
Manager: I'm the manager of this cinema. What's going on?
Tim: We've been trying to watch this movie and this old man has been really noisy. Please throw him out.
Angry man: But…that's not true. They…
Mark: And while I was talking to my mom on the phone, he stole it.
Manager: I see. So that's your phone and you were speaking to your mom.
Mark: Yeah! But…
Manager: You two come with me. There's the exit. Get out!
Tim: What did you say that for?
Mark: What did I do?
Manager: I said get out!
Audience: Hooray! Well done grandad! Grandad! Grandad! Grandad!
(Line from movie) But mummy. If you're an alien, what does that make me?

Part 3

Welcome boys and girls to the East Wing of the King Royston IV Museum. This part of the museum is all about King Royston's early career from 1968 to 1980. On your left, below the disco glitter ball, are his leather disco dancing boots which he wore when he won third prize in the 1978 Southwest Memphis regional finals. Hey you in the yellow cap! Yes, you boy! Stop touching his boots! There's a chocolate mark on them now!

On the desk below the window is a model of his Rolls Royce Silver Shadow which he painted green and called his Rolls Royston. His was the last one ever made and it cost him a quarter of a million dollars, but, unfortunately, we can't show you the real car because he drove it into Lake Lambo on his first and last date with his girlfriend Peggy Sue. And, no, chocolate fingers, cars don't float!

Above the fireplace is an oil painting of Royston with his best friend, Millie, his pet sheep. The story of how they met is wonderful. He rescued Millie from an attack by a mountain lion when he was on vacation in Colorado, and after that they were always together. Sadly, as most of you know, two years ago there was a terrible accident. While he was drying Millie with a hairdryer after a bath, Royston fell into the water and died from an electric shock. He left all his money – and this museum – to that greedy…little…animal, and not to his only brother, me. (Baa! Baa!)

令和２年度　ラ・サール高等学校　入学試験問題　理科　（５０分）

注意：　１．解答はすべて解答用紙に記入せよ。
　　　　２．いくつかの中から選ぶ場合は，記号で答えよ。特に指示のない場合は１つ答えよ。

【１】

　ＬＳ高校のＡ君，Ｂ君，Ｃ君の会話である。

Ｂ「先週の日曜日，開聞岳に登ったのだけど，遠くまではっきり見えて，素晴らしく気分が良かったよ。」

Ｃ「高いところに登ると，なぜ遠くまで見えるのだろう。」

Ａ「それは，①地球が球だからだよ。」

Ｃ「えっ，なんで？」

　Ａ君は右の様な図（図１）を描き

Ａ「地球の半径をＲ，高度ｈの山頂から見渡せる距離をｘとしたとき，

$$x=\sqrt{2(\text{②})+(\text{③})^2}$$

という式で表せるわけだが，(③) は (②) に比べてとても小さいので，$(\text{③})^2$ を無視して式を簡単にすると

$$x=\sqrt{2(\text{②})}$$

となって，高いところほど ｘ が長くなることがわかるだろう。」

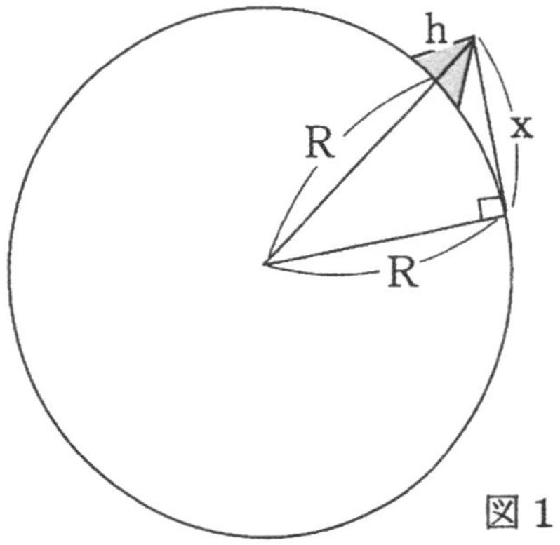

図１

Ｃ「なるほど。ということは，地球の半径を６４００ｋｍ，富士山の高さを3.8ｋｍとすると，ｘは地面に沿った距離とほぼ等しいので，障害物が無く，空が晴れ渡っていれば，富士山の山頂から（④）ｋｍ先の（⑤）あたりまで，理論上見ることができるわけだ。」

Ｂ「⑥地球が球であることは，紀元前４世紀頃，アリストテレスが初めて発見したといわれているよ。」

Ａ「地球一周の長さは，紀元前３世紀頃，エラトステネスが，エジプトのアスワンという町で，夏至の日の正午に太陽が頭の真上（南中高度が９０°）にくることを知り，翌年の夏至の日の正午に，アスワンの北方９３０ｋｍにあるアレキサンドリアで太陽高度を観測したところ，南中高度が８２.８°であったことから求めているんだよ。」

（１）下線部①について，紀元前３０００年頃のエジプトの人々は，地球は球ではなく円盤であると考えていた。地球の表面が球面ではなく，凹凸のない完全な平面であったとしたら，見る場所の高度と見渡せる距離の関係はどのようになるか。正しい説明を次から選べ。
　ア．見る場所の高度に関係なく，どこまでも見渡せる。
　イ．見渡せる距離は，見る場所の高度に比例する。
　ウ．見渡せる距離は，見る場所の高度の２乗に比例する。
　エ．見渡せる距離は，見る場所の高度に反比例する。
　オ．見渡せる距離は，見る場所の高度の２乗に反比例する。

（２）②，③にＲ，ｈを使った文字式を入れよ。

（３）④にあてはまる数値を次から選べ。
　ア．６９　　イ．１１５　　ウ．２２０　　エ．３８０　　オ．６９０

（４）⑤にあてはまる地名を次から選べ。なお，富士山から名古屋までの距離はおよそ１６０ｋｍである。
　ア．静岡　　イ．京都　　ウ．岡山　　エ．福岡　　オ．鹿児島

（５）下線部⑥について，地球が球であることが原因となるものを次からすべて選べ。
　ア．月食の時，月に映る地球の影が常に丸い。
　イ．山に登ると，気温が下がる。
　ウ．海が青く見える。
　エ．北極星の高度は，見る場所によって異なっている。

（６）地球の断面を示した図２を参考にすると，アスワン，アレキサンドリアと地球の中心を結んだ線がなす角ａは（⑦）°なので，地球一周の長さは（⑧）ｋｍと計算できる。⑦，⑧に適当な数字を入れよ。なお，遠方から来る太陽光は平行と考えて良い。

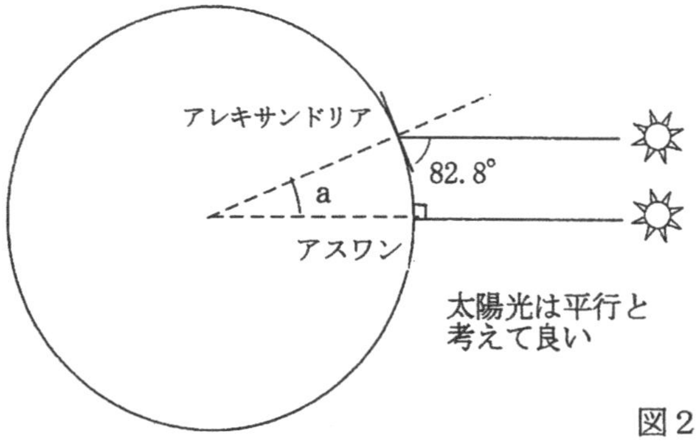

図２

（７）現在の地図を見ると，アレキサンドリアとアスワンの位置は図３のようになっている。⑧の値は，現在知られている地球一周の長さ４００００ｋｍとは大きく異なっているが，異なった原因を図３を参考に考察せよ。

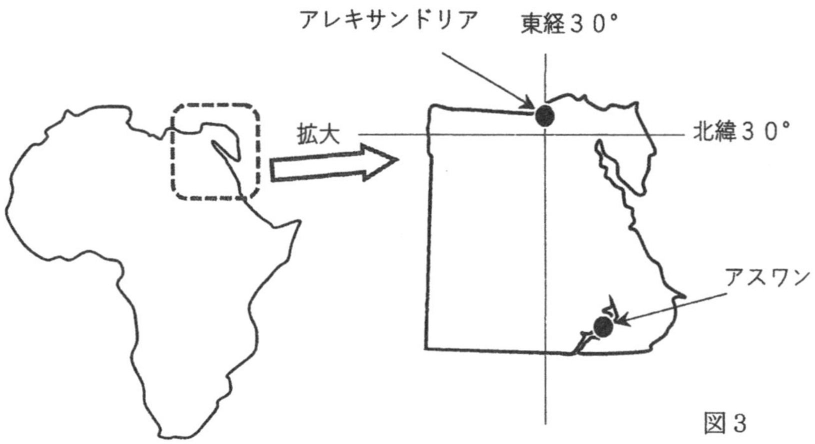

図３

【2】

〔A〕

流れる電流とかかる電圧との関係が図1のグラフのように表される2つの抵抗X，Yと，電源を用いて図2～4のような回路をつくった。ただし，図4においては抵抗X，Yを2つずつ用いており，それぞれX_1，X_2，Y_1，Y_2のように表記してある。

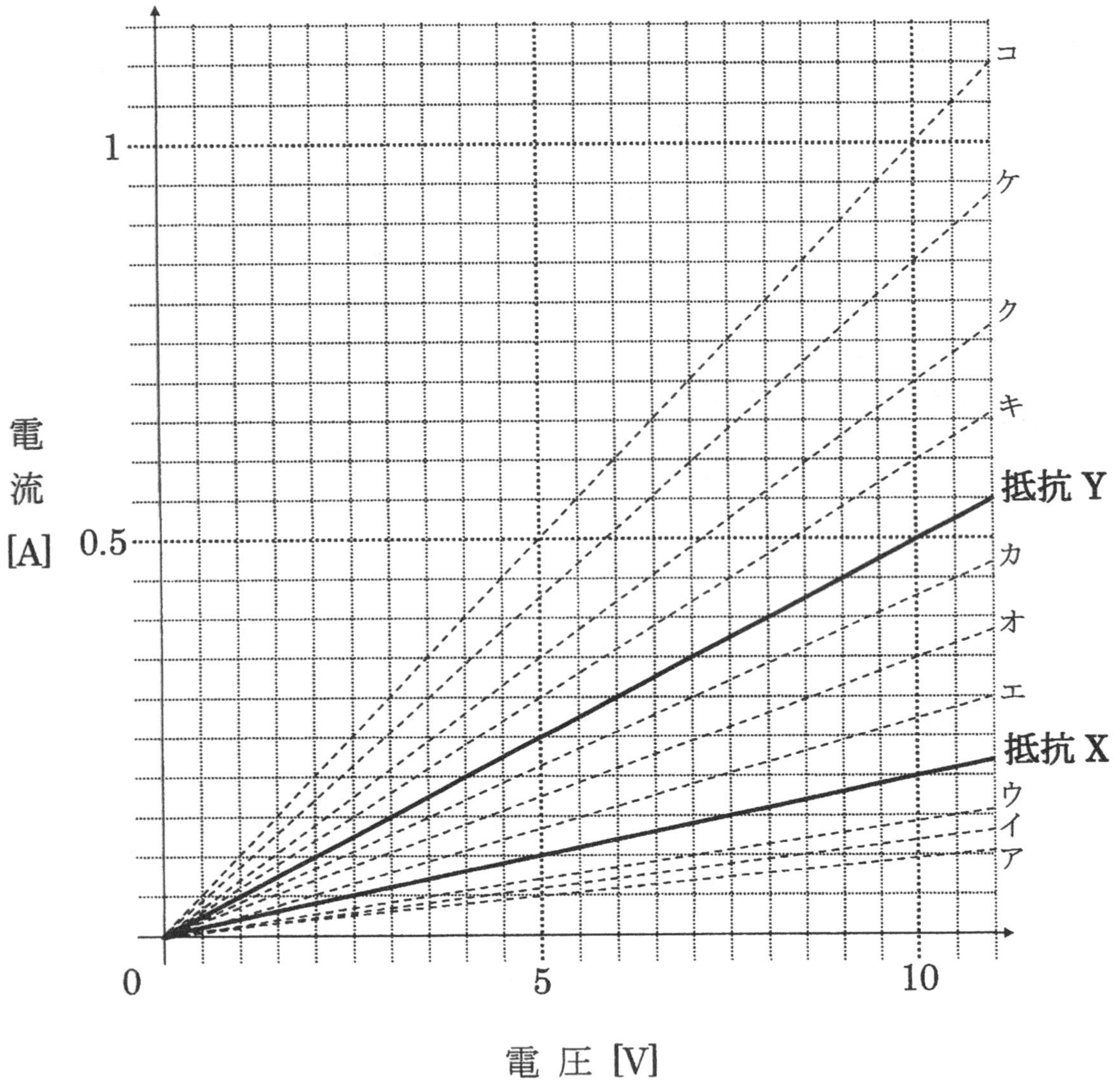

図1

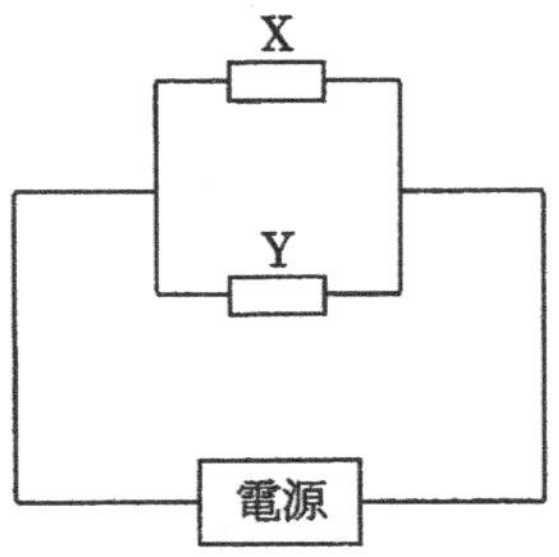

図2

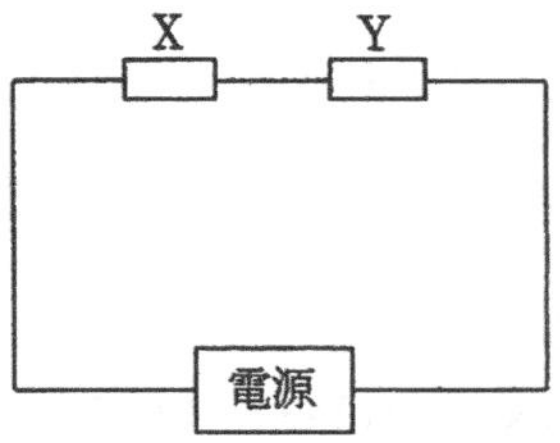

図3

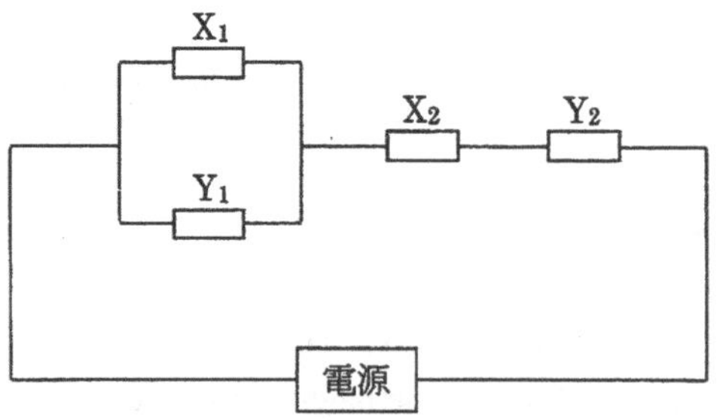

図4

図2の回路について

（1）電源に流れる電流と電源の電圧との関係を表すグラフは図1のア～コのうちどれか。

（2）電源に流れる電流が0.35 Aのとき抵抗Xで消費する電力は何Wか。

図3の回路について

（3）電源に流れる電流と電源の電圧との関係を表すグラフは図1のア～コのうちどれか。

（4）電源の電圧が10.5 Vのとき抵抗Yで消費する電力は何Wか。

図4の回路について

（5）電源に流れる電流と電源の電圧との関係を表すグラフは図1のア～コのうちどれか。

（6）抵抗X_1で消費する電力は抵抗Y_2で消費する電力の何倍か。分数で答えよ。

〔B〕

摩擦のないレールを用いて，水平な床の上に【図１】のような装置をつくる。この装置は，左端Aから始まり，斜め軌道，水平軌道，２つのループ軌道（それぞれ半径が１mと２m）を経て，右端Dへと続く。はじめに，水平軌道上の点Oにある質量0.1kgの小球を，床から高さ６mの位置Aまで移動させ，その位置で静かにはなすと，小球は運動を始めた。以下の問いに答えよ。ただし，各軌道はなめらかに接続しており，小球の大きさや空気抵抗の影響は考えないものとする。また，質量１kgの物体にはたらく重力を10Nとする。

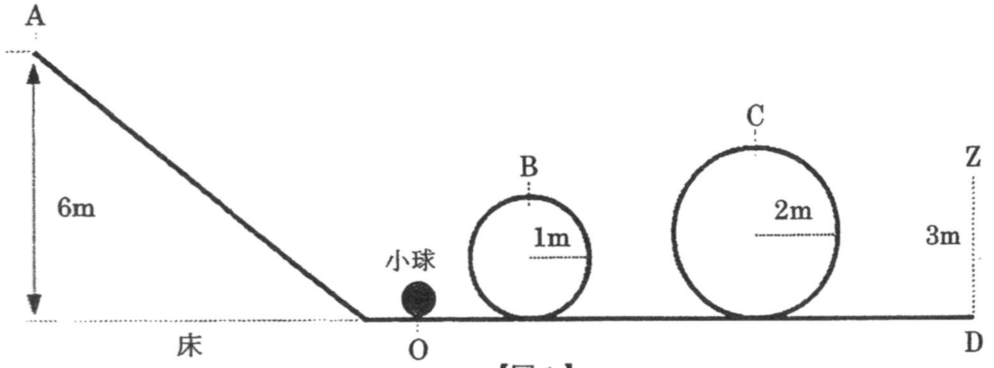

【図１】

（１）水平軌道上の点Oにあった小球を，レールに沿って，位置Aまでゆっくりと移動させるのに要する仕事は何Jか。

（２）２つのループ軌道の最高点をそれぞれ位置B，位置Cとすると，小球の位置Bにおける速さ v_B と位置Cにおける速さ v_C の関係について，適当なものを選べ。

ア．$v_B < v_C$　　イ．$v_B = v_C$　　ウ．$v_B > v_C$

【図１】の右端Dの先に続く円軌道の一部をなすレールとして，【図２】のような，位置Eで途切れる「レール１」と，位置Fで途切れる「レール２」の２種類を準備する。これらのレールは共に摩擦はなく，鉛直線XYが【図１】の鉛直線DZと一致するようになめらかに接続する。

以下，小球の運動は常に点Aから小球を静かにはなして始めるものとする。

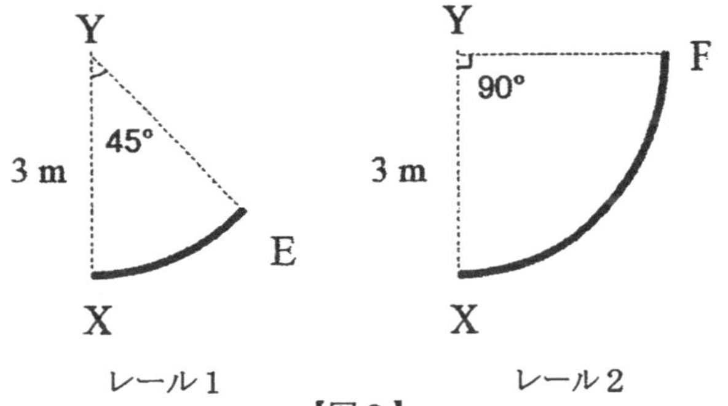

【図２】

（３）レール１を使ったとき，小球が位置Eから【図３】のイの向きに飛び出した。飛び出した直後の小球にはたらく力をすべて足し合わせた力の向きとして，適当なものを【図３】から選べ。ただし，【図３】のア～クは，レール１を含む鉛直平面内にある。

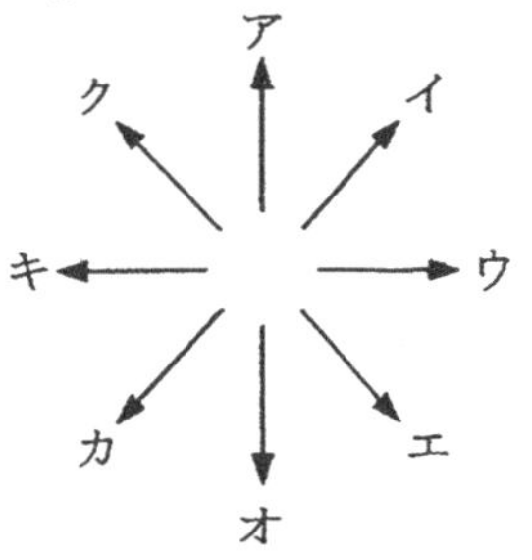

【図３】

（４）レール１を使って小球が位置Eから飛び出した後に到達する最高点の床からの高さを h_E，レール２を使って小球が位置Fから飛び出した後に到達する最高点の床からの高さを h_F とする。これらの関係を表すものを以下から選べ。

ア．$h_E < h_F$　　イ．$h_E = h_F$　　ウ．$h_E > h_F$

（５）レール１を使って位置Eから飛び出した後の小球の運動エネルギーについて，小球が床に到達するまでの様子をグラフで表した。次の（ⅰ）（ⅱ）の様子を表すグラフの概形として最も適当なものを【図４】のグラフの中からそれぞれ選べ。

（ⅰ）縦軸を運動エネルギー，横軸を飛び出してからの経過時間としたとき

（ⅱ）縦軸を運動エネルギー，横軸を床からの高さとしたとき

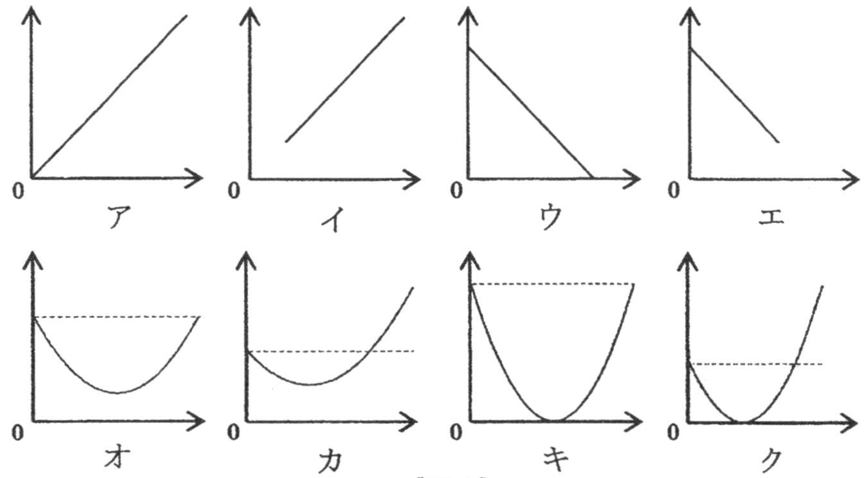

【図４】

（６）レール２を使って位置Fから飛び出した小球が，最高点に達した瞬間の時刻を基準として，それ以降の小球の速さ v (m/s)と経過時間 t(s)の関係をグラフにすると，【図５】のようになった。１秒後における小球の床からの高さは何mか。

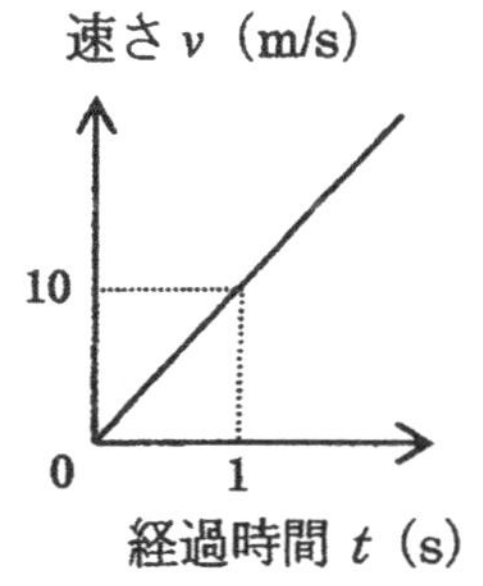

【図５】

【３】

〔A〕

①～⑦は，アンモニア，水素，酸素，硫化水素，窒素，二酸化炭素，塩素の７種類の気体のいずれかである。これらについて実験を行った。

実験１　①～⑦をそれぞれ水に溶かしたところ，①，②，⑥はほとんど溶けなかった。

実験２　空気より軽い気体は①，⑤，⑥であり，同温同圧の下で，同じ質量の体積を比較すると，⑥＞⑤＞①の順であった。

実験３　⑦だけが有色であった。

実験４　過酸化水素水に物質Ｘを加えたら，②が発生した。

実験５　④，⑤，⑦だけに臭いがあった。

実験６　石灰水に③を吹き込むと白濁した。

（１）実験４の反応を化学反応式で表せ。また，物質Ｘの名称を答えよ。

（２）②と⑥を混ぜて点火したときの反応を化学反応式で書け。

（３）⑤の捕集方法として適しているものを選べ。
　ア．水上置換　　イ．上方置換　　ウ．下方置換

（４）④の臭いを一般に何というか。漢字３文字で答えよ。

（５）実験３の有色は何色か選べ。
　ア．赤　　イ．青　　ウ．黄緑　　エ．赤褐　　オ．白　　カ．紫　　キ．茶　　ク．黒

〔B〕

海水に多く含まれる物質に食塩がある。食塩水にアンモニアと二酸化炭素を吸収させると白い沈殿物Ａ（炭酸水素ナトリウム）が生成し，それを取り出して加熱するとガラス製造の原料となる白い物質Ｂができる。

（１）海水中に存在する主なイオンを次の表に示す。表のイオンの中から
①１価の陽イオン，②２価の陰イオンをそれぞれすべて選びイオン式で書け。

ナトリウムイオン	マグネシウムイオン	カルシウムイオン
塩化物イオン	硫酸イオン	カリウムイオン

（２）下線部の反応の反応物は「塩化ナトリウム，水，アンモニア，二酸化炭素」で，生成物は「炭酸水素ナトリウムと塩化アンモニウム」である。化学反応式を書け。

（３）下線部の反応で生じる炭酸水素ナトリウムと塩化アンモニウムの質量比は，およそ３：２である。また，これらの水 100 g に対する溶解度を下の表に示す。以下の文中の空欄に当てはまる数値を書け。ただし，２つの物質の溶解度は互いに影響を及ぼさない。

温　度　[℃]	0	10	20	30
炭酸水素ナトリウム [g]	7	8	9.5	10
塩化アンモニウム　[g]	30	33	37	40

「炭酸水素ナトリウム 150 g と塩化アンモニウム 100 g を（　あ　）g の水に加え 30℃に保ちよく混ぜた。このとき，塩化アンモニウムは完全に溶解したが，炭酸水素ナトリウムは 100 g 溶け残っていた。この溶け残りを含む水溶液を 10℃に冷やし，すばやくろ過すると得られた炭酸水素ナトリウムは（　い　）g であった。」

（４）物質Ｂに当てはまるものを次の中からすべて選べ。
　ア．Ｂを溶かした水溶液は中性である。
　イ．Ｂを溶かした水溶液はアルカリ性である。
　ウ．Ｂを溶かした水溶液は酸性である。
　エ．ＢはＡより水に溶けやすい。
　オ．ＢはＡより水に溶けにくい。
　カ．Ｂはアンモニウムイオンを含む。
　キ．Ｂは炭酸イオンを含む。
　ク．Ｂは塩化物イオンを含む。
　ケ．Ｂは炭酸水素イオンを含む。

（５）1000 g の Ａ を十分に加熱すると Ｂ は何 g できるか。答えが割り切れないときは小数第１位を四捨五入して整数値で書け。
ただし，原子１個あたりの質量比はＨ：Ｃ：Ｏ：Na＝1：12：16：23 とする。

（６）Ｂを溶かした水溶液に水酸化カルシウム水溶液を加えたときどのような変化が観察されるか。１０字以内で書け。

【4】

〔A〕

異なる人の血液を混ぜ合わせた時に，赤血球同士が互いにくっついてかたまりになることがある。これを赤血球の凝集といい，赤血球の表面にある物質（凝集原）に，血しょう中にあるタンパク質（凝集素）が結合することで，赤血球同士がつながることによって起こる。

凝集原にはAとBの２種類があり，凝集素にもαとβの２種類がある。凝集原Aと凝集素αが結合することで赤血球の凝集が起こる。同様に凝集原Bと凝集素βが結合することで赤血球の凝集が起こる。この凝集原と凝集素の組み合わせによってABO式血液型が決められている。各血液型の人の赤血球の凝集原と，血しょう中の凝集素を以下の表１に示す。

血液型	A型	B型	AB型	O型
赤血球の凝集原	A	B	AとB	なし
血しょう中の凝集素	β	α	なし	αとβ

表１

（１）血液型の異なるア～エの４名の血液を採取し，赤血球と血しょうを分離した。これらを混ぜ合わせたところ，表２のような結果が得られた。ア～エの血液型を答えよ。
なお，イの血しょうには凝集素αのみが存在していた。

		赤血球			
		ア	イ	ウ	エ
血しょう	ア	−	＋	＋	＋
	イ	−	−	＋	＋
	ウ	−	−	−	−
	エ	−	＋	＋	−

表２

表中の「＋」は赤血球が凝集したことを，「−」は赤血球が凝集しなかったことを示す。

（２）50名の血液から赤血球を取り出し，凝集素αのみを含む血しょうと凝集素βのみを含む血しょうを用いて凝集反応の有無を調べ，次の①～③の結果を得た。これをもとに各血液型の人数を答えよ。

① 凝集素αのみを含む血しょうに凝集反応を示した者 … 24名
② 凝集素βのみを含む血しょうに凝集反応を示した者 … 16名
③ どちらの血しょうにも凝集反応を示さなかった者 … 15名

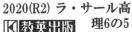

〔B〕

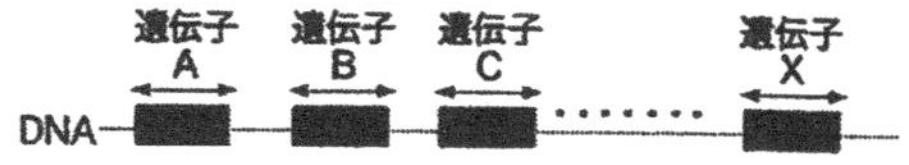

生物のDNAには個体のもつ様々な遺伝情報が含まれている。DNAの中で，遺伝情報が含まれている領域を遺伝子という。同じ遺伝子であっても内容や長さには個体差があり，この違いが形質の差として現れる。**ある形質に関する遺伝子（遺伝子X）**の長さを調べた。

遺伝子の長さを調べるためには図１のように細長い穴を開けた寒天を用いる。DNAから目的の遺伝子を取り出して，この穴にその溶液を入れて電圧をかけると，遺伝子が寒天中を移動する。遺伝子の長さが長いほど，寒天の中を移動しにくく，遺伝子の長さが短いほど寒天の中を移動しやすい。このことを利用して，遺伝子を長さ（単位 bp）によって分けることができる。

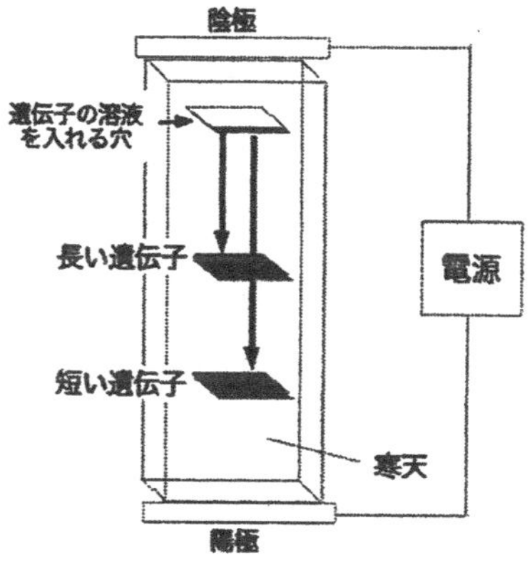

図1

マウスA（オス）の体細胞のDNAから，遺伝子Xだけを取り出してその長さを調べると，図２のようになった。図中の丸で囲んだ帯の中に遺伝子Xが入っており，マウスAは２種類の遺伝子Xを持ち，それらの長さは400 bpと200 bpであった。同様に調べると，マウスB（メス）の遺伝子Xの長さは500 bpと300 bpであった。

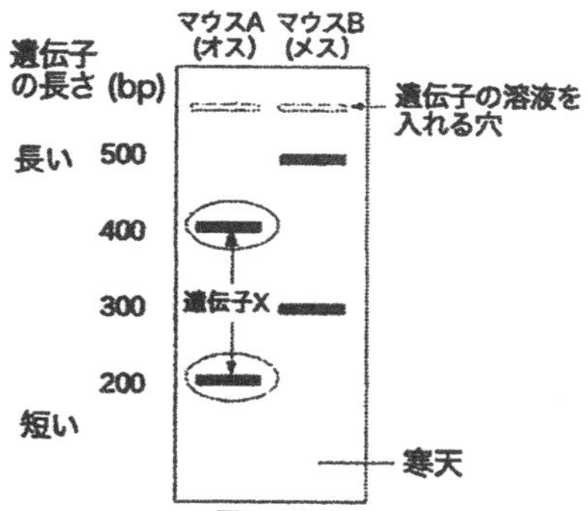

図2

（１）DNAは核内のある構造体のもとになる。この構造体の名称を答えよ。

（２）マウスAのつくる精子１つのもつ遺伝子Xの長さを調べた。結果として考えられるものを図３のア～カからすべて選べ。

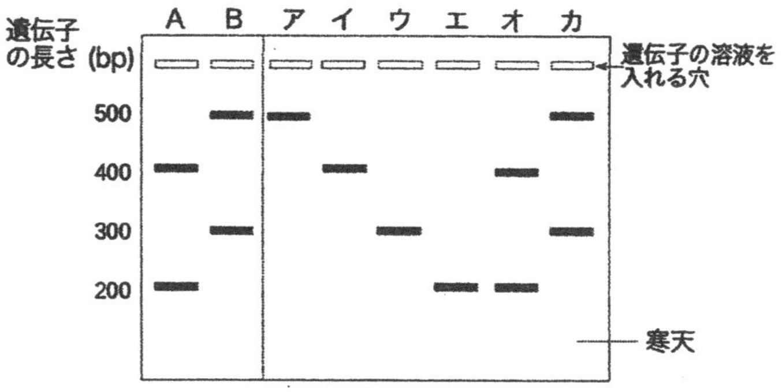

図3

（3）マウスＡとＢが交配して生まれてくる子の体細胞の遺伝子Ｘの長さを調べた。このときに得られる結果として考えられるものを図４のア〜コからすべて選べ。

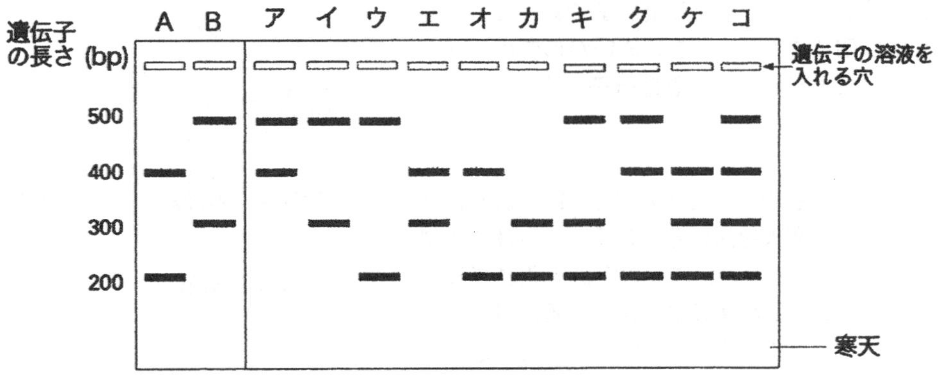

図4

[終わり]

2020年度　ラ・サール高等学校入学試験問題（社会）

＊解答はすべて解答用紙に記入せよ。

（50分）

1　次の**地図１**、**地図２**は南北アメリカを描いた地図である。これらの地図を見て、以下の問いに答えよ。ただし、２つの地図の縮尺は同じではない。なお、地図中の点線は国境線である。

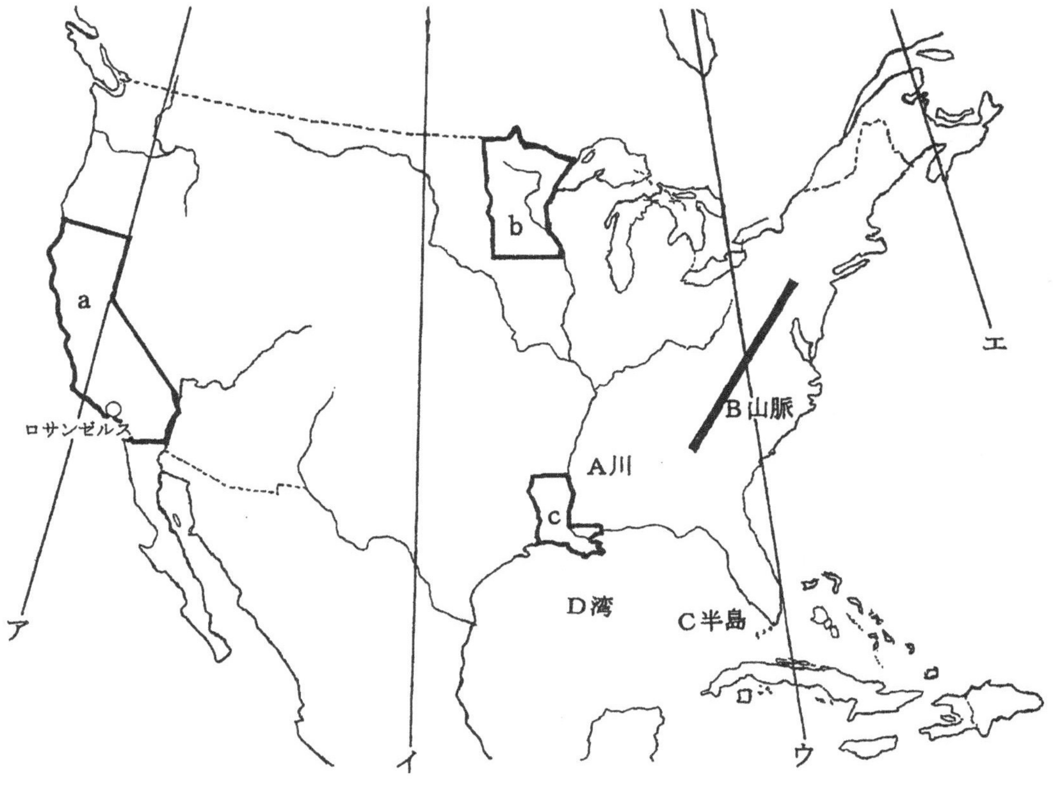

地図１

地図２

問１　**地図１**中のＡ～Ｄの地名を答えよ。

問２　**地図２**中の経線Ｘに最も近い経度の経線はどれか、**地図１**中のア～エから１つ選び、記号で答えよ。

問３　**地図１**中のロサンゼルスから、真北に向かって出発し、地球を一周するとき、その途中に位置する国を次のア～エから１つ選び、記号で答えよ。

ア　イタリア　　　イ　ウズベキスタン　　　ウ　バングラデシュ　　　エ　フィリピン

問４　次の**表１**は**地図１**中のａ～ｃの各州の人種構成比とヒスパニックの人口割合、**表２**は主な農産物の生産量を表している。ａ、ｂに該当する組合せをあとのア～ケからそれぞれ１つ選び、記号で答えよ。ただし、人種とヒスパニックは重複して数えられている。

表　１　　（単位：％）

	白人	黒人	アジア系	先住民	ヒスパニック
あ	72.5	7.3	16.7	2.6	38.9
い	84.1	7.8	5.7	2.1	5.7
う	63.2	33.1	2.2	1.4	5.4

統計年次は 2018 年。データブック オブ・ザ・ワールドによる。

表　２　　（単位：万ｔ）

	小麦	米	とうもろこし	大豆	さとうきび	綿花
か	2	141	198	170	1597	9
き	32	197	29	…	…	20
く	253	…	3463	1060	…	…

…は該当数なし・資料なしを表す。統計年次は 2018 年。データブック オブ・ザ・ワールドによる。

	ア	イ	ウ	エ	オ	カ	キ	ク	ケ
表　１	あ	あ	あ	い	い	い	う	う	う
表　２	か	き	く	か	き	く	か	き	く

問５　アメリカ合衆国の工業に関する次の文章を読み、あとの問いに答えよ。

　アメリカ合衆国は、豊かな資源に恵まれ、五大湖周辺を中心に鉄鋼業や(ア)自動車工業が発達した。20世紀後半に、日本をはじめとするアジア諸国で生産された鉄鋼や自動車がアメリカ合衆国へ輸出されるようになると、これらの工業は衰退した。そこで、アメリカ合衆国は、(イ)航空機産業や航空宇宙産業、コンピュータ関連産業、バイオテクノロジーなどの先端技術産業に力を注ぐようになり、工業の中心も北緯 37 度以南の＜　Ａ　＞とよばれる地域に移った。特にサンフランシスコ郊外の＜　Ｂ　＞とよばれる地域には、大学や研究機関、ＩＣＴ関連の企業が集中し、世界中から集まった研究者によって、高度な技術の開発が行われている。

（１）　文章中の＜　Ａ　＞・＜　Ｂ　＞に適する語句を答えよ。
（２）　下線部(ア)に関して、五大湖周辺の自動車工業が発達した都市名を答えよ。
（３）　下線部(イ)に関して、アメリカ合衆国以外で航空機産業が発達している都市を次のア～エから１つ選び、記号で答えよ。
　ア　トゥールーズ　　イ　マンチェスター　　ウ　ムンバイ　　エ　ポハン

問６　次の**表３**は**地図２**中のＥ国、Ｇ国、Ｈ国の主な輸出品目と輸出額に占める割合を表している。Ｅ国、Ｇ国、Ｈ国に該当する組合せをあとのア～カから１つ選び、記号で答えよ。

表　３　　（単位：％）

さ		し		す	
大豆	11.8	銅鉱	25.3	原油	32.4
鉄鉱石	8.8	銅	25.3	魚介類	23.4
機械類	8.1	野菜・果実	9.1	野菜・果実	18.7
原油	7.6	魚介類	8.1	切り花	4.6
肉類	6.9	パルプ・古紙	3.8	石油製品	3.8

統計年次は 2017 年。国連“Commodity Trade Statistics Database”による。

	ア	イ	ウ	エ	オ	カ
Ｅ国	さ	さ	し	し	す	す
Ｇ国	し	す	さ	す	さ	し
Ｈ国	す	し	す	さ	し	さ

問７　次の**表４**は、**地図２**中のＦ国、Ｈ国、Ｉ国の人種・民族構成比である。

表　４　　（単位：％）

た	白人 86、混血 7、先住民 3、アラブ系 3
ち	先住民 55、混血 30、白人 15
つ	白人 54、混血 39、黒人 6

統計年次はＦ国は 2006 年、Ｈ国、Ｉ国は 2000 年。データブック オブ・ザ・ワールドによる。

（１）　**表４**中の混血のうち、先住民と白人の間の混血を何というか答えよ。
（２）　Ｆ国、Ｈ国、Ｉ国に該当する組合せを次のア～カから１つ選び、記号で答えよ。

	ア	イ	ウ	エ	オ	カ
Ｆ国	た	た	ち	ち	つ	つ
Ｈ国	ち	つ	た	つ	た	ち
Ｉ国	つ	ち	つ	た	ち	た

問８　**地図２**中のＨ国・Ｉ国について述べた次のア～エのうち、正しいものを１つ選び、記号で答えよ。
　ア　Ｈ国はプロテスタントの信者が、Ｉ国はカトリックの信者が多い。
　イ　Ｈ国は小麦の輸入国であるが、Ｉ国は小麦の世界的な生産国である。
　ウ　Ｈ国はコーヒー豆の世界的な生産国であるが、Ｉ国はカカオ豆の世界的な生産国である。
　エ　Ｈ国・Ｉ国の公用語はともにスペイン語である。

問９　Ｈ国では、バイオエタノールの普及が進んでいる。この主な原料は何か答えよ。

2　世界の都市について述べた次の文章Ａ～Ｄを読み、以下の問いに答えよ。

Ａ　パリはセーヌ川のほとりに①古代ローマ人によって建設されたルテティアの町などを起源とする。６世紀初頭にフランス王国の首都となって以来、②様々な歴史的事件の舞台となってきたほか、ヨーロッパの中心地の一つとしてたびたび国際会議が開かれてきた。

問１　下線部①に関連して、古代ローマ人の歴史について述べた次のア～ウを、年代の古い順に並べ替え、記号で答えよ。
ア　剣闘士のスパルタクスが中心となって奴隷《れい》の大反乱が起こった。
イ　ローマ皇帝がキリスト教の信仰を公認した。
ウ　カルタゴとの３回目の戦争に勝利してこれを滅ぼした。

問２　下線部②に関連して、パリで起こったできごとについて述べた次のア～エから、正しいものを１つ選び、記号で答えよ。
ア　国王ルイ14世が国民議会を武力で抑えようとしたため、パリの民衆はバスチーユ監獄を襲撃した。
イ　パリはヒトラー率いるナチス＝ドイツによって占領されたが、パリの民衆は抵抗運動（レジスタンス）を行った。
ウ　1884年から翌年にかけて、アフリカの植民地分割について話し合う国際会議がパリで開かれた。
エ　第１次世界大戦の講和会議がパリで開かれたが、民族自決の原則に基づいて新たな国が独立することは一切認められなかった。

Ｂ　③南京は江南地方（長江下流域）の中心都市であり、その歴史は戦国時代までさかのぼる。明の建国時から、1421年に永楽帝が北京に遷都するまではその都であった。また19世紀には洪秀全が民衆を率いてこの都市を占領し、（　④　）の都と定めたこともある。

問３　下線部③に関連して、南京で起こったできごとについて述べた次のア～エから、正しいものを１つ選び、記号で答えよ。
ア　袁世凱《えんせいがい》は南京を首都に中華民国政府を建てると、自らは臨時大総統の地位を孫文に譲った。
イ　日本の首相と周恩来が南京で会談し、日中共同声明を発表して両国の国交が結ばれた。
ウ　アヘン戦争の講和条約が南京で結ばれ、広州など５港を開港することや、賠償金を支払うことが決まった。
エ　遊牧民族に北部の領土を奪われた宋が南京に都を移し、日本など海外との交易を盛んに行った。

問４　文中の（　④　）に適する語句を答えよ。

Ｃ　（　⑤　）は、８世紀にアッバース朝（イスラーム帝国）のイスラーム教徒がチグリス川西岸に建てた都で、円形の城壁を持つ計画都市であった。ここには⑥イスラーム世界各地から商人たちが集まり、最盛期の人口は100万人を超えたと考えられている。

問５　文中の（　⑤　）に適する都市名を答えよ。

問６　下線部⑥に関連して、イスラーム商人の活動について述べた次のア～エから、誤りを含むものを１つ選び、記号で答えよ。
ア　イスラーム商人は三角形の帆を持つジャンク船を利用し、季節風を利用してインド洋を航海した。
イ　バスコ＝ダ＝ガマがアフリカ東岸の港町にやって来た時、そこではイスラーム商人が活動していた。
ウ　イスラーム商人はラクダを利用してサハラ砂漠を縦断すると、ニジェール川流域から金を持ち帰った。
エ　イスラーム商人はインドや東南アジアから香辛料を仕入れると、ヨーロッパに中継して大きな利益を上げた。

Ｄ　ボストンは⑦17世紀にイギリスから入植した人々が建設し、後にアメリカ独立革命のきっかけとなる事件の舞台になった港町である。それは⑧1773年に植民地の人々が先住民に変装してボストン港に停泊していたイギリス東インド会社の貿易船を襲い、積み荷を海に投棄したという事件であった。

問７　下線部⑦に関連して、17世紀のイギリスでは、専制を行う国王とこれに反対する議会との間で内戦が起こり、国王が処刑されて共和制になるというできごとが起こっていた。これを何というか。

問８　下線部⑧に関連して、植民地の人々が投棄した積み荷は何であったか。

3　次の文章Ａ・Ｂを読み、以下の問いに答えよ。

Ａ　経済社会においては、ａ貨幣を仲立ちにして取り引きが行われる。通貨制度として、かつては、金本位制度が採用されていた。金本位制度のもとでは、中央銀行の発行する紙幣は金《きん》との交換が保証されており、一国の通貨量は中央銀行の保有する金の量に制約され、通貨量の増減による景気調整はむずかしかった。1929年に起こった世界恐慌後、各国は金本位制度をはなれて、（　１　）に移行した。（　１　）のもとでは、紙幣は金との交換性をもたず、通貨の価値は政府によって保証されるようになった。

資金に余裕のある者から資金が不足する者へ融通が行われることを金融といい、これにはｂ金融機関が大きな役割を果たしている。金融機関の中心が銀行である。銀行は預金の受け入れや貸し付けだけでなく、売買代金の受け取り・支払いまたは資金の移動を、現金を移動することなく実現するｃ為替の業務も行っている。

一国全体を国民経済としてみたとき、一般的には、家計は、所得の一部を用いて消費を行い、また、租税や社会保険の保険料などの義務的な経費を賄い、残りを貯蓄する。一方、企業は、利潤の一部を社内留保として貯蓄を行うが、新たな工場の建設や機械の購入などの投資を行おうとすれば、貯蓄だけでは資金が不足する。また、政府も、税収入を超えて歳出を行おうとすれば、資金が不足する。このようにして、資金供給者と資金需要者が生まれ、金融市場において需要者は供給者からｄ資金を調達する。

ｅ金融の分野における経済政策は、中央銀行が中心となり、物価の安定、景気の調整、国際収支の均衡などを目的として行われる。日本の中央銀行がｆ日本銀行である。日本銀行法第３条第１項は、「日本銀行の通貨及び金融の調節における自主性は、尊重されなければならない」と定めて、日本銀行が、金融政策について、ｇ政府から独立した中央銀行として、中立的・専門的に運営すべきものとしている。

問１　（　１　）を埋めるのに最も適切な語を、次のア～オから選び、記号で答えよ。
　ア　規制金利制度　　イ　銀本位制度　　ウ　自由金利制度　　エ　私有財産制度　　オ　管理通貨制度

問２　下線部ａに関連して、貨幣の機能に関する記述として誤っているものを、次のア～エから１つ選び、記号で答えよ。
　ア　貨幣を所有していれば、必要なときに商品を購入できるので、貨幣という形で価値を蓄えておく「価値保存」の機能。
　イ　特定の商品の価値だけが高く評価されることを防止する「価格抑制」の機能。
　ウ　商品の価値を貨幣という共通のものさしで表示する「価値尺度」の機能。
　エ　自分がもっている商品を売って貨幣に換え、その貨幣で自分に必要な別の商品を購入する「交換手段」の機能。

問３　下線部ｂに関連して、金融機関の１つに政府系金融機関と呼ばれるものがある。政府が発行済み株式のすべてを保有し、特別の法律に基づいて設立されている政府系金融機関のなかで、現在活動しているものを、次のア～オから１つ選び、記号で答えよ。
　ア　日本政策金融公庫　　イ　日本長期信用銀行　　ウ　住宅金融公庫　　エ　中小企業金融公庫　　オ　日本債券信用銀行

問４　下線部ｃに関連して、外国為替に関する記述として誤っているものを、次のア～エから１つ選び、記号で答えよ。
　ア　円高になると、日本が輸入する製品の日本での価格が下がるので、輸入量が増加する。
　イ　日本からアメリカ合衆国の有価証券への買い注文が増加することは、円をドルに替える動きをひきおこすので、ドル高に向かって作用する。
　ウ　アメリカ合衆国と比較して日本の利子率が上がることは、資産をドルで運用するより円で運用する方が有利になるので、円安に向かって作用する。
　エ　ドル安になると、アメリカ合衆国が輸出する製品の輸出先での価格が下がるので、輸出量が増加する。

問５　下線部ｄに関連して、企業の資金調達に関する記述として誤っているものを、次のア～エから１つ選び、記号で答えよ。
　ア　社債の発行による資金調達を直接金融という。
　イ　株式の発行による資金調達では、一般に証券会社が、資金供給者と資金需要者の仲介をする。
　ウ　株式の発行による資金調達は間接金融には該当しない。
　エ　銀行からの借り入れによる資金調達を直接金融という。

問６　下線部ｅに関連して、日本銀行が金融政策の手法で政策目標を達成しようとする場合の記述として最も適切なものを、次のア～エから選び、記号で答えよ。
　ア　景気が過熱してインフレーションになる恐れがあるとき、貨幣価値の安定を図るため、手持ちの国債を民間銀行に売る。
　イ　環境を汚染している企業に対して有害物質の排出量に応じた課税をすることにより、環境汚染を減らしていく。
　ウ　民間の企業にまかせておいたのでは十分な建設が期待できない道路などの社会資本の建設を行う。
　エ　不況の克服を図るため、法人税率を下げて、より多くの設備投資が行われるようにする。

問７　下線部ｆに関する記述として誤っているものを、次のア～エから１つ選び、記号で答えよ。

ア　金融政策の決定などを行う日本銀行の政策委員会は、総裁１人、副総裁２人および審議委員６人の委員によって構成されている。

イ　日本銀行が金融政策を行う際の基本的な姿勢について、日本銀行法は、「通貨及び金融の調節を行うに当たっては、物価の安定を図ることを通じて国民経済の健全な発展に資することをもって、その理念とする」と定めている。

ウ　日本銀行は、民間の銀行や企業から預金を受け入れ、また、それらへの貸し出しを行っている。

エ　日本銀行は、「政府の銀行」として、税金や社会保険料などの政府の収入を預かり、また政府に代わって年金や公共事業費などの支払いの事務を行っている。

問８　下線部ｇに関連して、政府の経済である財政についての指標のひとつが一般会計予算である。一般会計予算については、2019年12月に2020年度政府案が閣議決定されたが、歳出を賄うのに税収入だけでは足りず、国債で不足分を補っている。その政府案で示された国債依存度に最も近い値を、次のア～オから選び、記号で答えよ。

ア　22％　　イ　32％　　ウ　40％　　エ　47％　　オ　55％

Ｂ　近代憲法は、立憲主義に基づく憲法であり、国家権力を制限して、その濫用を防ぎ、国民の基本的人権を保障することを目的としている。日本国憲法も立憲主義的憲法として、第３章「国民の権利及び義務」でｈ基本的人権を保障し、第４章から第６章で、統治機構である国会・内閣・司法について定めている。

ｉ国会について、憲法は、「国権の最高機関であつて、国の唯一の立法機関である」（第41条）と定めている。内閣については、「行政権は、内閣に属する」としたうえで、その構成について「内閣は、法律の定めるところにより、その首長たる内閣総理大臣及びその他の国務大臣でこれを組織する」としている。また、国会と内閣との関係については、アメリカ合衆国で発達した大統領制ではなく、ｊイギリスで発達したｋ議院内閣制を採用している。

司法とは、社会に生ずるさまざまな紛争について、法を適用してｌ裁判し、解決する国家の作用である。裁判は、国家権力が強制力をもって紛争の解決を図るものであるから、法にもとづいて中立かつ公正におこなわれる必要があり、政治的な圧力や干渉は、排除されなければならない。これを「司法権の独立」という。「司法権の独立」について、憲法は、第76条第１項で、「すべて司法権は、ｍ最高裁判所及び法律の定めるところにより設置するｎ下級裁判所に属する」としたうえで、同条第３項において、「すべて裁判官は、その良心に従ひ独立してその職権を行ひ、この憲法及び法律にのみ拘束される」と定めて裁判官の職権の独立を保障している。そして、その裏付けとして、第78条では裁判官の身分保障を定めている。

問９　下線部ｈに関連して、日本国憲法下における基本的人権の保障に関する記述として誤っているものを、次のア～エから１つ選び、記号で答えよ。

ア　個人の私的な生活や情報を他人の干渉から守るプライバシーの権利は、憲法の個別の人権規定には明示されていないが、「新しい人権」として裁判では認められている。

イ　憲法は、「財産権は、これを侵してはならない」としながらも、それが公共の福祉に適合するように法律によって制限されることがあると定めている。

ウ　憲法は、信教の自由を保障し、さらに「国及びその機関は、宗教教育その他いかなる宗教的活動もしてはならない」として政教分離の原則も規定している。

エ　団体交渉権は労働組合法によって保障されているが、憲法にはそれを保障する規定はない。

問10　下線部ｉに関連して、国会を構成する両議院に関する記述として誤っているものを、次のア～エから１つ選び、記号で答えよ。

ア　憲法は両議院の議事について、「総議員の３分の１以上の出席がなければ、議事を開き議決することができない」と定めている。

イ　国政調査権は、衆議院のみに認められた権限であり、参議院にはその権限がない。

ウ　憲法は両議院の議事について、「この憲法に特別の定のある場合を除いては、出席議員の過半数でこれを決し、可否同数のときは、議長の決するところによる」と定めている。

エ　両議院の本会議については、公開を原則とするが、出席議員の３分の２以上の多数で議決したときは、秘密会を開くことができる。

問11　下線部ｊに関する記述として誤っているものを、次のア～エから１つ選び、記号で答えよ。

ア　2019年、メイ首相の労働党政権から、ジョンソン首相の保守党政権へと政権交代があった。

イ　2019年に行われた下院の総選挙において、保守党は過半数を超える議席を獲得した。

ウ　欧州連合加盟国であるドイツやフランスなどがユーロを導入したとき、イギリスはユーロを採用しなかった。

エ　2019年に行われた下院の総選挙において、労働党は選挙前の議席数より議席数を減らした。

問12　下線部ｋに関連して、議院内閣制を実現するための規定とは言えないものを、次のア～エから１つ選び、記号で答えよ。

ア　国会が内閣総理大臣を指名する。

イ　内閣は、行政権の行使について、国会に対し連帯して責任を負う。

ウ　国務大臣は、在任中、内閣総理大臣の同意がなければ、刑事事件について起訴されない。

エ　内閣総理大臣およびその他の国務大臣の過半数は国会議員でなければならない。

問13　下線部ｌに関連して、民事裁判と刑事裁判に関する記述として誤っているものを、次のア～エから１つ選び、記号で答えよ。

ア　民事裁判では、３つの審級で裁判を受けても、終審が高等裁判所になることがある。

イ　刑事事件では、ある人が捜査機関の捜査の対象になった場合でも、検察官が不起訴処分にして裁判が開始されない場合がある。

ウ　刑事裁判では、被告人に不利益な唯一の証拠が本人の自白である場合には有罪とされないことを、憲法は保障している。

エ　民事裁判では、いったん訴えが提起された場合、常に判決によって裁判を終了する必要があり、和解をすることはできない。

問14　下線部ｍに関する記述として誤っているものを、次のア～エから１つ選び、記号で答えよ。

ア　法律は、最高裁判所の裁判官について、その長たる裁判官を最高裁判所長官とし、その他の裁判官を最高裁判所判事とするとしたうえで、最高裁判所判事の人数を15人と定めている。

イ　最高裁判所の長たる裁判官については、内閣の指名に基づいて、天皇が任命する。

ウ　最高裁判所の大法廷は全員の裁判官、小法廷は５人の裁判官によって構成される。

エ　憲法は、最高裁判所が、「訴訟に関する手続、弁護士、裁判所の内部規律及び司法事務処理に関する事項について、規則を定める権限を有する」と規定している。

問15　下線部ｎに関する記述として誤っているものを、次のア～エから１つ選び、記号で答えよ。

ア　下級裁判所として法律が定めているのは、高等裁判所、地方裁判所、家庭裁判所および簡易裁判所である。

イ　事件の性格により、第一審が高等裁判所になることもある。

ウ　下級裁判所の裁判官については、法務大臣の指名した者の名簿に基づいて、内閣で任命する。

エ　東京高等裁判所の特別の支部として、知的財産高等裁判所が設置されている。

4　千葉県佐倉市にある国立歴史民俗博物館（歴博）は、原始時代から現代までの日本の歴史と文化について調査・展示する日本唯一の国立博物館である。2017 ～ 19年には、『わくわく！探検　れきはく日本の歴史』（全５巻）を出版し、各時代の人々の暮らしをはじめとして、その展示内容をわかりやすく伝えている。次の文章 Ａ ～ Ｍ はこの本の説明を加工したもので、年代の古い順に並んでいる。また、あとの問題の図版は、すべてこの本から選んだ。それらを見て、あとの問いに答えよ。

Ａ　人々はムラの周囲を切り開き、クリやウルシを植え、豆類も栽培していたと考えられる。どんぐりを集めて食料に加工し、犬を飼育して狩りなどに役立てた。

Ｂ　人々は亡くなると、土製・木製・石製の棺《ひつぎ》に葬られた。時期や地域によって様々な棺がある。北部九州では大きく重い矛《ほこ》が多く造られ、鏡・玉・剣という副葬品のセットができた。

Ｃ　各地の豪族は、倭王と同じ形の墓を造るようになった。その墓の規模と形で互いの地位を認め合うしくみを通じて、ヤマト政権は成り立っていた。倭王や各地の豪族は、いろいろな産業を導入したが、そこでは渡来人が大きな役割を果たした。

Ｄ　政権は、中国や朝鮮半島から新しい制度や文物を取り入れて、新しい国づくりをめざした。各地に寺院が造られ、都城の建設、暦、「天皇」号などが整えられ、律令によって社会を動かす仕組みがつくられた。

Ｅ　藤原道長が権力を握ったころ、貴族社会で浄土信仰が盛んになり、やがて庶民にも広まった。貴族たちは寺院を建て仏像を作り、お経を写し、懸命に極楽往生を願った。

Ｆ　竹崎季長《たけざきすえなが》という肥後国の武士は、文永の役の恩賞を求めて鎌倉に行き、高い地位にある安達泰盛《あだちやすもり》という武士の屋敷を訪ねた。『蒙古《もうこ》襲来絵巻』に、その場面が描かれる。この場面では、左側の襖《ふすま》障子を背に泰盛が、その正面には季長が座っている。

Ｇ　一乗谷に造られた朝倉氏の居館は、当時の都の様子を題材とした『（　①　）屏風《びょうぶ》』に描かれた将軍の御所や、管領だった細川氏の居館とよく似ている。このことから、地方の有力な武士も京都の将軍や上級武士と共通する文化を持っていたことがうかがえる。

Ｈ　一向一揆は、天下統一を目指す織田信長と対立し、越前では大名となった前田利家に弾圧された。その残酷な様子を瓦に書いたものが残っていて「一揆の千人ばかりが前田利家に捕らえられ、はりつけにされたり釜《かま》で焼かれたりした」と書かれている。

Ｉ　杉田玄白たちは西洋の新しい学問を取り入れようとたいへんな努力をした。やがて西洋の学問を学ぼうとする人が、江戸や大阪、長崎などの大きな都市だけでなく、村々にも現れた。

Ｊ　徴兵令に基づいて、佐倉城跡（現在、歴博があるところ）に軍隊の拠点がつくられた。ここには兵隊が集まり、旅館や飲食店、土産物屋、本屋、写真館などが多数生まれ、軍事輸送の必要から（　②　）がいち早く整備された。

Ｋ　日本は台湾、朝鮮、南太平洋諸島などを植民地として統治した。ここでは日本式の学校が建てられ日本語で教育が行われたほか、神社やお寺も建てられ、植民地の人々が自分たちの言葉を自由に使うことや自由に宗教を信じることがしだいに困難になった。

L　アメリカ軍を中心とする占領軍が日本に上陸した。当時の人々は彼らを GHQ とか進駐軍などと呼んだ。占領軍はサンフランシスコ平和条約が発効するまで日本を占領した。

M　日本はオリンピックを成功させた。これは、戦後の復興を遂げ、高度経済成長に向かっていた日本にとって大きな意味を持った。オリンピックが始まる直前には、東京と大阪を結ぶ東海道新幹線が開業した。

問１　（　①　）・（　②　）に適する語を入れよ。

問２　この本には、平成に入ってからの内容は記されていない。次のア～カのうち、平成元年以降に起こったできごとで、なおかつ内容の正しいものをすべて挙げ、記号で答えよ。

ア　オイルショックで物価が上がり、トイレットペーパーや洗剤などを求める人たちによってパニックが起こった。
イ　米ソ首脳がヤルタ会談を開き、冷戦の終結を宣言した。このあと東西ドイツが統一され、ヨーロッパ共同体がつくられた。
ウ　阪神・淡路大震災や東日本大震災が起こり、多数の犠牲者が出て、防災やエネルギー面での課題が明らかになった。
エ　インターネットが一般家庭にも普及し、大量の情報が双方向的にやりとりされ、社会のあり方が大きく変わった。
オ　高度経済成長が続く中、大阪で万国博覧会が開かれた。一方、公害が社会問題になり、四大公害裁判で被害者が勝訴した。
カ　非自民連立の細川内閣が作られたが、その後政権に復帰した自民党は、それ以来現在まで途絶えることなく内閣を組織している。

問３　次の図版ア～エを、時代の古い方から順に並べ替え、記号で答えよ。

ア

長崎から輸出された

イ

十三湊で見つかった

ウ

志賀島で見つかった

エ

安土城跡で見つかった

問４　次の図版③～⑤と同じ時代・時期の記述を上のＡ～Ｍから１つずつ選び、記号で答えよ。

③（部分）
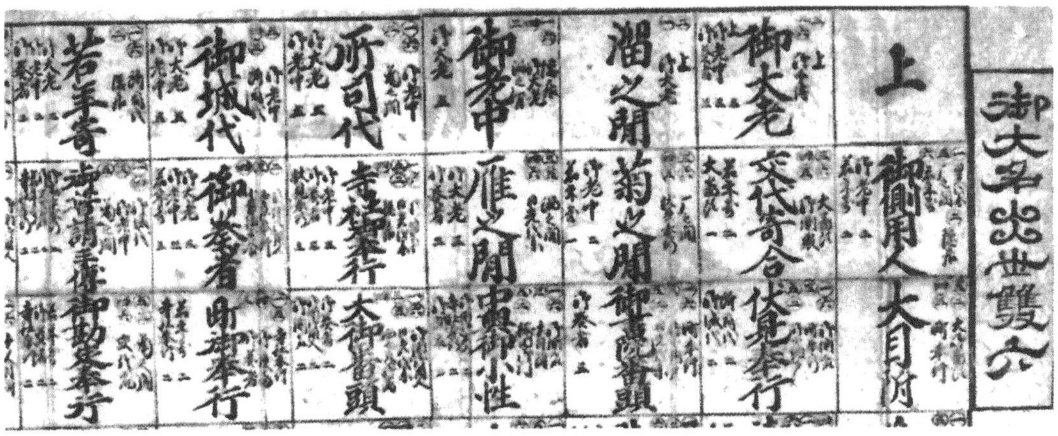

④
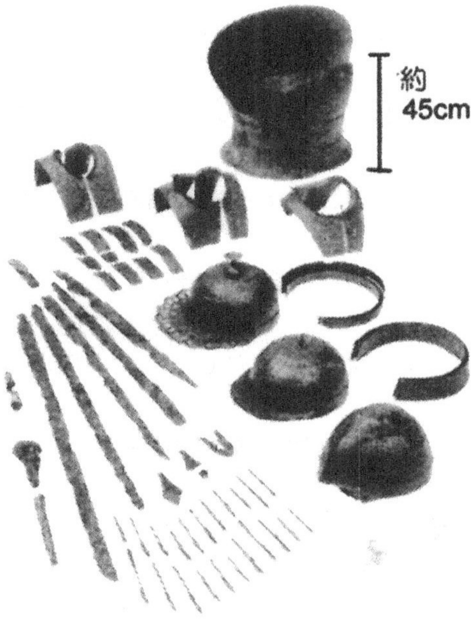

⑤
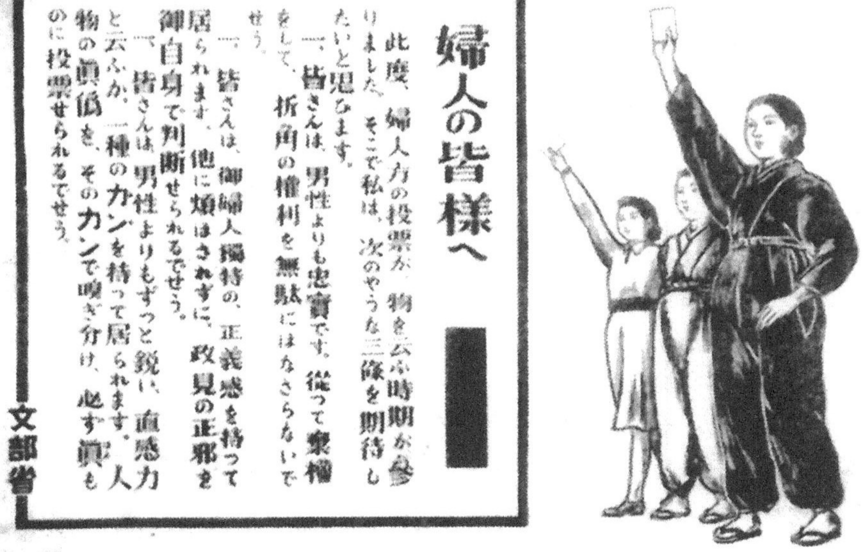

問５　この本の中で、生糸は江戸時代と明治時代の２度にわたり、貿易品として図版入りで出てくる。江戸時代と明治時代の生糸貿易の違いについて、生糸が何と交換されるかについても触れながら説明せよ。

問６　次の住宅内部（いずれも、歴博に復元されたもの）の写真ア・イは、１枚が大正時代、１枚が昭和時代後半である。どちらが昭和時代後半のものか。その記号を答えよ。また、そう判断した根拠を１つ挙げよ。

ア

イ

問７　この本には、日本の最南部や最北部についてもさまざまな記述がある。それらについて述べた次のア～エの中に、誤りを含むものが１つある。それを除き、残りを年代の古い順に並べ替え、記号で答えよ。

ア　政府は北海道開拓を進めるため、屯田兵の制度を作って北海道の警備と開拓にあたらせ、ロシアの動きに備えた。一方アイヌの人々は生活の場を奪われ、伝統的な生活の仕方や文化を変えるよう強いられた。

イ　アイヌは蝦夷《えぞ》地で取れるさまざまな産物で生活していた。松前藩はそれらの産物をアイヌから安く手に入れ、本州方面に売りさばく権利を独占し利益をあげた。

ウ　沖縄では日本で最大規模の地上戦があり、連合国軍の攻撃は陸海空のそれぞれから無差別に行われた。激しい戦闘は兵士だけでなく一般の人々をも巻き込むものとなった。

エ　琉球は日本の支配下にも置かれ、将軍や琉球国王が代替わりした時に将軍に使節を送った。薩摩藩は琉球が朝鮮との貿易で得た品物を管理して日本に運んで売り、利益をあげた。

問８　産業や流通について述べた次のア～エの中に、正しいものが１つある。それを探し（ただしその記号を答える必要はない）、それと同じ時代・時期の記述を上のＡ～Ｍから選び、記号で答えよ。

ア　西日本では二毛作が広まった。荘園や公領の中心地や寺社の門前に市が立ち、日宋貿易で輸入された宋銭が使われた。

イ　土倉や酒屋は高利貸しとして栄えた。同業者が株仲間という組合を作り、特権を認められた。馬借などの輸送業者も活躍した。

ウ　海上の東廻り航路や西廻り航路が発達し、西廻り航路には菱垣《ひがき》廻船や樽《たる》廻船が就航した。大阪には各藩の蔵屋敷が置かれた。

エ　国家総動員法に基づいて富岡製糸場などの官営模範工場や日本銀行がつくられ、特に紡績業がめざましく発達した。

問９　Ｊ～Ｋの時期の文化について述べた次のア～エの中に、正しいものが１つある。それを探し（ただしその記号を答える必要はない）、その（　　　）に入る適切な語句（人名、作品名など）を漢字で答えよ。

ア　美術では西洋にならう動きと、日本の古美術などを評価する動きがあった。『（　　　）』を代表作とする日本画の黒田清輝、洋画の横山大観、彫刻の荻原守衛《おぎわらもりえ》らが活躍し、日本近代美術の基礎が造られた。

イ　高等教育が充実し、医学では破傷風菌を発見し伝染病の研究所を開いた（　　　）や、黄熱病を研究した野口英世、物理学では長岡半太郎など、世界的な研究を行う日本人があらわれた。

ウ　文学では（　　　）が言文一致を訴え、その流れの中で夏目漱石《そうせき》は人間の心理に深く立ち入った作品を残した。この時期には『たけくらべ』の平塚らいてうや、短歌の津田梅子など、女性の文学者も現れた。

エ　文化が大衆化し、新聞の発行部数が百万部を超え、総合雑誌や『（　　　）』のような児童向け雑誌も多数印刷されて広まった。蓄音機やレコードが売れ、テレビ放送も始まり、新聞と並ぶ情報源や大衆の娯楽として定着した。

二〇二〇年度　ラ・サール高等学校入学試験　国語　（時間　七十分）　解答用紙

≪一≫

問一

問二

問三

60字

受験番号

得　点
※100点満点

問四

150字

問五

問六

a　i　ii

b　i　ii

c　i　ii

d　i　ii

問七

e　i　詞　ii　形

f　i　詞　ii　形

g　i　詞　ii　形

問八

押しこめられて現実の世界との接触を絶たれていた

問九

A

B

C

D　る

E　く

一　小計

≪二≫

問一

A　かし

B

C

D

E

問二

①

②

⑤

問三

100字

問四

問五

90字

問六

二　小計

≪三≫

問一

a

b

c

d

問二

問三

問四

問五

問六

問七

三　小計

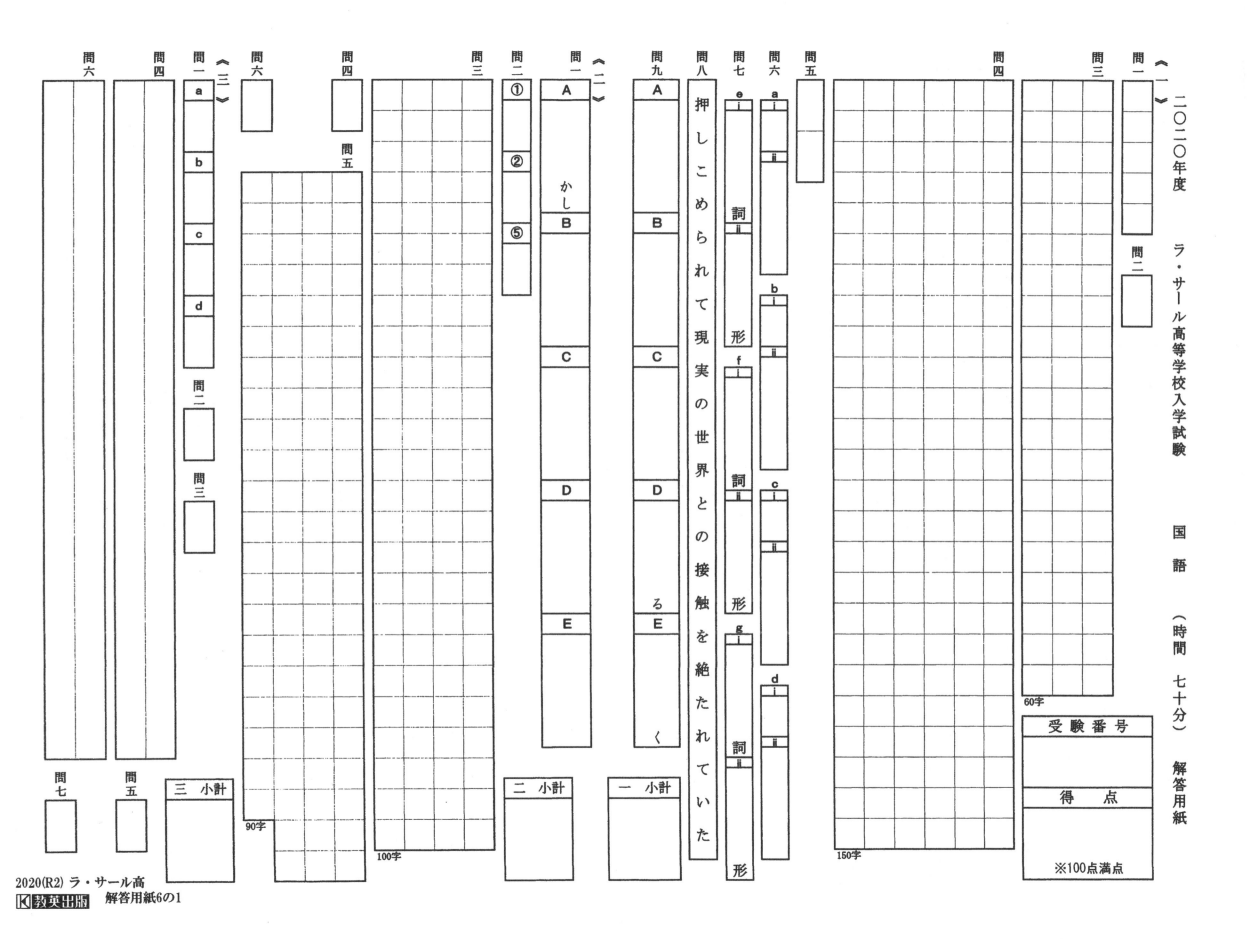

2020年度 ラ・サール高等学校入学試験 数学 解答用紙

1

(1)		(2)	
(3)	$(x, y) =$	(4)	$x =$

1 小計 /16

2

(1)	$k =$	(2)	$k =$, $S =$
(3)	(ア) 個 (イ) 番目	(4)	倍

2 小計 /32

3

A 毎時 km	B 毎時 km	PQ = km

3 小計 /14

4

(1)	
(2)	(答)

4 小計 /12

5

(1)		(2)	$r =$, $r' =$
(3)	$\mathrm{PP}' =$		

5 小計 /14

6

(1)	TU =	(2)	

6 小計 /12

受験番号	

得点	※100点満点

[1] Part 1

1. (　　　) 2. (　　　) 3. (　　　) 4. (　　　) 5. (　　　)

小計 1

Part 2

1. (　　　) 2. (　　　) 3. (　　　) 4. (　　　) 5. (　　　) 6. (　　　) 7. (　　　)

Part 3

1. King Royston's career lasted from ______________________ to 1980.
2. The boy was ______________________ King Royston's boots.
3. King Royston painted his car ______________________.
4. His real car is now in a ______________________.
5. The oil painting is ______________________ the fireplace.
6. His pet ______________________ is called Millie.
7. King Royston had an ______________________ two years ago.
8. King Royston didn't leave anything to his ______________________.

[2]

Hi Mo,

Thanks for your email. ____

____

____

____

____

____

____

____

Best wishes,

Taro　　　　　　　　　　　　　　　　　　　　(________ words)

小計 2

受験番号

[3]

小計3

A.　(　　　　)

B. ____

C.　(　　　　)

D.　4a (　　　　)　4b (　　　　)　4c (　　　　)

E.　1　2　3

F.　5a (　　　　)　5b (　　　　)　5c (　　　　)

G.　(　　　　)

[4]

小計4

A. ______________

B. ____

C.　3 ____

____

小計1

4 ______________________

9「私たちは皆倒れる」は、________________

____

小計2

D.　(　　　　)

E.　6a (　　　　)　6b (　　　　)　6c (　　　　)　6d (　　　　)

F.　(　　　　)(　　　　)

G.　__________　__________　__________　__________　__________

H.　a __________　b __________　c __________　d __________

受験番号

総得点
※100点満点 (配点非公表)

令和２年度　ラ・サール高等学校入学試験　理科　解答用紙

【１】（１１点）

(1)	(2)		(3)	(4)	(5)	(6)	
	②	③				⑦	⑧

(7)	

【２】（１３点）

	(1)	(2)	(3)	(4)	(5)	(6)
A		W		W		倍

	(1)	(2)	(3)	(4)	(5)		(6)
B					(i)	(ii)	
	J						m

【３】（１３点）

	(1)	
A	反応式	名称

	(2)	(3)	(4)			(5)
A						

B	(1)	①	②
	(2)		

	(3)		(4)	(5)
B	あ	い		g

B	(6)										

【４】（１３点）

	(1)				(2)			
	ア	イ	ウ	エ	A型	B型	AB型	O型
A	型	型	型	型	名	名	名	名

	(1)	(2)	(3)
B			

受験番号	得　点
	※50点満点

解答用紙 2020年度高校社会

1

問1A 川	B 山脈		C 半島	D 湾		
問2	問3	問4a	b	問5(1)A	B	
問5(2)	(3)	問6	問7(1)	(2)	問8	問9

点

2

問1 → →	問2	問3	問4	問5	問6
問7	問8				

点

3

問1	問2	問3	問4	問5	問6	問7	問8
問9	問10	問11	問12	問13	問14	問15	

点

4

問1①	②	問2	問3 → → →	
問4③	④	⑤	問5	
問6	根拠	問7 → →	問8	問9

点

受験番号	

得点	※50点満点 (配点非公表)